德州学院校级科研项目资助（2023XKZX042）
德州学院学术著作出版基金资助

德州学院黄河运河文化研究院专刊

德州明清人物传记举要

张金平　王元民 校注

中国社会科学出版社

图书在版编目（CIP）数据

德州明清人物传记举要 / 张金平，王元民校注. --
北京：中国社会科学出版社，2025.4. -- ISBN 978-7
-5227-4913-6

Ⅰ．K820.852.3

中国国家版本馆 CIP 数据核字第 2025HF6062 号

出 版 人	赵剑英
责任编辑	郭　鹏
责任校对	刘　俊
责任印制	李寡寡

出　　版	中国社会科学出版社
社　　址	北京鼓楼西大街甲 158 号
邮　　编	100720
网　　址	http://www.csspw.cn
发 行 部	010-84083685
门 市 部	010-84029450
经　　销	新华书店及其他书店

印　　刷	北京君升印刷有限公司
装　　订	廊坊市广阳区广增装订厂
版　　次	2025 年 4 月第 1 版
印　　次	2025 年 4 月第 1 次印刷

开　　本	710×1000　1/16
印　　张	27
字　　数	376 千字
定　　价	156.00 元

凡购买中国社会科学出版社图书，如有质量问题请与本社营销中心联系调换
电话：010-84083683
版权所有　侵权必究

整理说明

一、《德州明清人物传记举要》是对当前德州市所辖县区范围内明清两代地方名人传记性资料之辑录校理。

德州目前包括市区及辖县共十一个县级区域，本书内容按县、市分卷，依次编为德城区卷、乐陵市卷、临邑县卷（附德平县卷）、陵城区卷、宁津县卷、平原县卷（附恩县卷）、齐河县卷、庆云县卷、武城县卷、夏津县卷、禹城市卷。原德平县撤销后，其辖区分别归入乐陵、陵城、临邑，原县衙驻地德平镇今属临邑县，故附在临邑后；原恩县撤销后，其属地分别归入武城、夏津、平原，原县衙驻地恩城镇今属平原，故附于平原县后。另武城、夏津、恩县在明代隶属东昌府，乐陵、宁津、庆云隶属河间府，清代隶属略有调整。又某些乡镇于县属上亦有离合变化，如原属长清县之潘家店，今属齐河县；原属齐河县之伦镇，今属禹城市，其人物归属一依今制。书以德州命名，意为今德州市辖区内明清两代人物之传记资料。

人物选择以德行学业有足称道，并在德州文化史上有一定影响者为主要对象。以举人、进士为主，偶也兼及生员，同时偏重择取家族群体人物，以彰显家族文化传承。家风传承中女性之贡献亦不可忽视，然限于资料，仅选取田雯之母张氏、萧惟豫之母程氏为代表，以表彰女性之美德懿行。

二、时间限于明清两代，每卷中人物按姓氏音序排列。同姓氏家族,再按世系行辈顺序排列,同行辈者按生年先后排列;同姓不同族者,按所收该族传记首见人物生年早晚排列,或者按指称习惯排列。如德州三李家族,先南李、次北李、次南关李。家族在明清两代有延续传承,故将明清作为一个时间段看待,不再明确区分。

三、传记资料依程仁桃《清代文集人物传记资料汇编》分类标准而略作调整,包括碑志文(或称碑铭,包括墓志铭、墓表、墓碣、神道碑等)、传状文(传、小传、家传、别传、行状、事略等),以及二者之外可归于传记类之序祭赞颂文(赠序、寿序、祭文、哀辞、像赞、家谱序、别集序跋等)三类。本书传记仅采辑于文集、方志、家谱等传世文献,不收出土文献。

(一)碑志文。碑铭虽以勒石为目的,然同时亦或编入撰者文集,或被收入方志、家谱中,本书材料即来源于此。或有碑铭今已出土,如谢重辉之父谢陛墓志铭(张忻撰)、谢重辉之母于氏墓志铭(高珩撰)等,此类出土文献或者无文集本传世,或者文集未收,虽资料弥足珍贵,亦舍而不录。若碑铭载于方志,志有前编后修之别,则依据现存最早之版本。

(二)传状文。传状文主要采自文集。或文集未收,则采自家谱、方志。方志主要采录其"艺文志"之传记,而不采其"人物志"之传记。然有仕历三品以上者,无其他资料可供采撷,则从方志"人物志"采录传文,以见德州人才之盛。正史《明史》《清史稿》所载人物传记,因易得易见,不予收录,仅存其目以便检索和参阅,如《明史》中之《程绍传》《纪纲传》等,《清史稿》中之《田绪宗妻张传》《卢荫溥传》等。而《清史列传》非正史,故其中的传记予以收录。

(三)序祭赞颂跋文。此类文章于人物虽非全面介绍与评价,然数量甚夥,乃人物传记之重要补充。因受到本书篇幅所限,仅采择部分典型文章,以示此类材料亦可利用。

整理说明

四、本书属于古籍文献选辑的进一步整理。

（一）篇章与次序。按今德州区县名称音序分为十一卷。每卷以传主姓名音序排列，姓氏同音异字者，以声调先后排列，如先封氏，后冯氏。同姓不同族者以所选族中第一人的生年先后排序。

（二）篇目与版本。传记篇目依原文照录，少量无篇目者，酌情添加，以醒眉目，便于指称，并加注说明。同一文章存于不同著作，一般以文集为依据；同一著作有不同版本，以今存最早版本为依据。所有文章均注明出处与版本等信息。

（三）异文与校对。文章所载古籍，或为雕印本，或为抄本，俗写、异体、隶定、讹字时见。原文讹字径改，出注说明；俗写、异体、隶定字，径直改为规范化汉字，不出校记。部分文字或字迹漶漫，或为空格，或作墨丁，或为空围等，凡此均以"□"代之，不再区分与说明。

（四）录校与注释。古籍原文不分段，无标点，今据文义适当分段，以清层次；施加新式标点符号，便于今人利用。本书读者对象为有一定古文基础者，故仅对其中古今意义差别较大或非常用词语、典故以及典章制度与人物等加简要注释。典故注释，一般引证较早之文献。人物注释只限文中所及人物仕履等，至于文章作者，概不出注，以免以偏概全，挂一漏万。

五、书末附录《德州明清人物传记续目》，或为未辑入正文传主之资料，或为正文未及之人物传记，以广见闻，俾便参阅。

目　　录

一　德城区卷 …………………………………………………………（1）

　1. 陈洪谏（1614—1699）………………………………………………（1）
　　　中宪大夫陕西神木道按察使司副使陈公觉庵
　　　　墓志铭 ……………………………………………………………（1）
　2. 程珤（1512—1597）…………………………………………………（4）
　　　自撰墓志铭 …………………………………………………………（4）
　3. 程绍（1561—1636）…………………………………………………（7）
　　　工部右侍郎加服俸一级赠尚书程公行状 ………………………（7）
　　　工部右侍郎赠尚书程公传 ………………………………………（12）
　4. 程绍妻袁氏（1563—1637）…………………………………………（14）
　　　诰封淑人程母袁太君墓志铭 ……………………………………（14）
　5. 程泰（1589—1647）…………………………………………………（17）
　　　江西建昌府通判鲁詹程公墓志铭 ………………………………（17）
　6. 党淳（1509—1574）…………………………………………………（19）
　　　明故中顺大夫两淮都转运司同知济西党公墓志铭 ……………（19）
　　　祭故中顺大夫运司同知党公文 …………………………………（21）
　7. 封元解（1687—1774）………………………………………………（22）
　　　修职郎进野封公暨德配孺人吴太君合葬墓志铭 ………………（22）

8. 封元巺（1689—?） …………………………………… (25)
　　德州封顺斋先生八十寿序 …………………………… (25)

9. 封之旭（1704—1769） …………………………………… (27)
　　修职郎候选学博筼香封先生墓志铭 ………………… (27)

10. 冯沛（1616—1664） …………………………………… (29)
　　故孝廉冯君沛墓志铭 ………………………………… (29)
　　孝廉冯公墓表 ………………………………………… (31)

11. 冯廷櫆（1649—1700） ………………………………… (33)
　　文林郎内阁中书舍人管典籍事冯君大木墓志铭 …… (33)

12. 顾聪（1469—1556） …………………………………… (35)
　　明故行唐县教谕直庵顾公墓志铭 …………………… (35)

13. 金炼（1565—1635） …………………………………… (37)
　　陕西右布政使金炼传 ………………………………… (37)

14. 金寿祖 ………………………………………………… (38)
　　池州府通判孺莱金公生志 …………………………… (38)

15. 金桱 …………………………………………………… (40)
　　德州贡生复公金君墓表 ……………………………… (40)

16. 李逢时（1492—?） …………………………………… (41)
　　山西承宣布政使司左布政使在川李公墓表 ………… (41)

17. 李嗣美（1578—1640） ………………………………… (44)
　　文学李胤方墓志铭 …………………………………… (44)
　　赠奉政大夫工部员外郎李公合葬墓表 ……………… (46)

18. 李允祯（1600—1662） ………………………………… (48)
　　李工部修庵传 ………………………………………… (48)
　　诰授奉政大夫广西分巡左江道按察司佥事
　　李公墓志铭 …………………………………………… (51)

目 录

　　诰授奉政大夫广西按察司佥事分巡左江道
　　　李公墓表 ································· (54)

19. 李浃（1619—1698） ························· (57)
　　封奉政大夫陶庵李公传 ····················· (57)
　　奉政大夫陶庵李公墓志铭 ··················· (58)

20. 李涛（1645—1717） ························· (60)
　　少司寇李公涛传 ···························· (60)

21. 李润（1647—1683） ························· (63)
　　德州文学李先生状 ·························· (63)
　　文学李君墓碣 ······························· (65)
　　文学李君墓志铭 ···························· (66)

22. 李蕃 ··· (68)
　　无锋居士墓表 ······························· (68)

23. 李大华（1538—?） ·························· (69)
　　自撰墓志铭 ································· (69)

24. 李应科（1557—1628） ······················· (71)
　　李忠庵先生墓志铭 ·························· (71)

25. 李诚明 ······································ (74)
　　外祖孝廉李公小传 ·························· (74)

26. 李源（1619—1688） ························· (75)
　　河津令李公退庵墓志铭 ····················· (75)
　　河津令李公墓表 ···························· (77)

27. 李源妻王氏（1633—?） ······················ (80)
　　李孺人传 ··································· (80)

28. 李桢（1637—1688） ························· (81)
　　国子监学正李君墓志铭 ····················· (81)

29. 李杙（1649—1696） ························· (82)
　　李友楷墓志铭 ······························· (82)

3

30. 李庭灿 ……………………………………………………… (83)
    仪矩李君墓志铭 ……………………………………………… (83)

31. 李升（1658—1729）………………………………………… (85)
    李槐村墓表 …………………………………………………… (85)

32. 梁文度（1686—1746）……………………………………… (88)
    副贡生候选教谕梁君墓志铭 ………………………………… (88)

33. 梁鸿翥 ………………………………………………………… (90)
    梁鸿翥传 ……………………………………………………… (90)

34. 卢宗哲（1505—1574）……………………………………… (90)
    大中大夫光禄寺卿涞西卢公墓志铭 ………………………… (90)

35. 卢茂（1534—1598）………………………………………… (93)
    承德郎升五品服俸河南归德府通判卢公墓志铭 …………… (93)

36. 卢蕃（1555—1627）………………………………………… (97)
    辽东前屯卫经历从叔考二田卢公墓志铭 …………………… (97)

37. 卢世㴶（1585—1638）……………………………………… (99)
    先兄太学生带河卢公墓志铭 ………………………………… (99)

38. 卢世㴭（1588—1653）……………………………………… (101)
    卢南村公传 …………………………………………………… (101)
    德水卢公墓志铭 ……………………………………………… (105)

39. 卢道悦（1641—？）………………………………………… (108)
    偃师知县卢君传 ……………………………………………… (108)

40. 卢见曾（1690—1768）……………………………………… (109)
    故两淮都转盐运使雅雨卢公墓志铭 ………………………… (109)

41. 卢谦（1713—1785）………………………………………… (113)
    直隶广平府同知前湖北武汉黄德道蕴斋卢公墓志铭 ……… (113)

42. 卢荫溥（1760—1839）……………………………………… (115)
    卢荫溥传 ……………………………………………………… (115)

4

目 录

43. 吕芝房（1623—1693） ·················· （119）
　　明经吕公芝房墓铭 ·················· （119）

44. 马九德（1512—1578） ·················· （121）
　　故中宪大夫御史中丞小东马公墓志铭 ·················· （121）

45. 孟愿 ·················· （123）
　　孟幼舆行状 ·················· （123）

46. 石云倬（1684—1742） ·················· （125）
　　原任西路振威将军石公墓志铭 ·················· （125）
　　石云倬传 ·················· （127）

47. 宋兆李（1647—1712） ·················· （130）
　　郯城县教谕省庵宋先生墓志铭 ·················· （130）

48. 宋来会（1668—1748） ·················· （132）
　　皇清敕赠儒林郎翰林院编修显考秋圃府君
　　暨敕封安人显妣李氏行述 ·················· （132）

49. 宋弼（1703—1768） ·················· （137）
　　甘肃提刑按察使司按察使宋公神道碑 ·················· （137）

50. 孙继（1619—1697） ·················· （140）
　　故长洲知县书台孙先生墓志铭 ·················· （140）

51. 孙勷（1657—1740） ·················· （142）
　　莪山自叙笔记 ·················· （142）
　　朝议大夫通政使司参议莪山孙公遗事 ·················· （145）

52. 田三戒（1516—？） ·················· （148）
　　德州田公画像记 ·················· （148）

53. 田实栗 ·················· （150）
　　田裕所先生传 ·················· （150）

54. 田绪宗（1609—1654） ·················· （151）
　　赠奉政大夫蓼庵田公传 ·················· （151）

5

浙江丽水县知县蓼庵田公墓志铭 …………………………（152）

55. 田绪宗妻张氏（1615—1691） …………………………（155）
张太恭人传 …………………………（155）
诰封太恭人田母张太君墓志铭 …………………………（157）
田母张太恭人墓表 …………………………（159）

56. 田雯（1635—1704） …………………………（161）
蒙斋生志 …………………………（161）
通奉大夫户部左侍郎田公雯神道碑铭 …………………………（165）

57. 田需（1640—1704） …………………………（168）
皇授文林郎翰林院编修先仲兄鹿关田公行状 …………………………（168）
翰林院编修文林郎鹿关田君墓志并铭 …………………………（171）

58. 田霡（1653—1730） …………………………（172）
香城先生自作墓志铭 …………………………（172）

59. 田同之（1677—1756） …………………………（174）
西圃病翁自传 …………………………（174）

60. 王都（1585—1644） …………………………（175）
太常寺卿介清王公墓志铭 …………………………（175）

61. 萧惟豫母程氏（1604—1691） …………………………（177）
封萧母程孺人合祔墓志铭 …………………………（177）

62. 萧惟豫（1636—？） …………………………（179）
萧侍读公小传 …………………………（179）

63. 谢陞（1579—1645） …………………………（180）
谢陞传 …………………………（180）

64. 谢陞 …………………………（183）
谢公墓志铭 …………………………（183）

65. 谢重辉（1644—？） …………………………（186）
谢重辉传 …………………………（186）

目 录

66. 谢紫芝 ………………………………………………（186）
　　谢五郎生志 …………………………………………（186）
67. 叶洪（1496—1571）……………………………………（188）
　　明故征仕郎工科右给事中洞庵叶公墓志铭 …………（188）
68. 张海（1436—1498）……………………………………（191）
　　明故山西等处承宣布政使司右参政前兵部左侍郎
　　　致仕张公墓志铭 …………………………………（191）
69. 张惠 ……………………………………………………（194）
　　资善大夫南京礼部尚书东园张公惠传 ………………（194）
70. 赵启睿（1623—1688）…………………………………（197）
　　顺天通判思伯赵公墓志铭 …………………………（197）
　　赵别驾传 ……………………………………………（198）
71. 赵廷讲（1649—1684）…………………………………（200）
　　太学仲闻赵君墓志铭 ………………………………（200）
72. 赵善庆（1667—1718）…………………………………（201）
　　金华府知府怡斋赵先生墓志铭 ……………………（201）
73. 赵念曾（1677—1741）…………………………………（204）
　　澧州知州赵公墓志铭 ………………………………（204）
74. 杨士彦（1591—1649）…………………………………（207）
　　文学杨明桢墓志铭 …………………………………（207）

二　乐陵市卷 ………………………………………………（209）
1. 董养性（1615—1672）……………………………………（209）
　　宁国府通判董公墓志铭 ……………………………（209）
　　毓初董先生传 ………………………………………（210）
2. 杜樾（1632—1695）………………………………………（211）
　　林庵杜先生墓志铭并铭 ……………………………（211）

3. 贾三奇 ……………………………………………………（213）
   贾苍眷先生传 ………………………………………………（213）
4. 贾声槐（1767—1845）………………………………………（215）
   诰授中宪大夫温处道艮山贾君墓志铭 ……………………（215）
5. 史邦直（1539—1586 ………………………………………（217）
   河南按察司副使史公墓志铭 ………………………………（217）
6. 史谱（1776—1837）…………………………………………（224）
   兵部左侍郎史公墓志铭 ……………………………………（224）
7. 史评（1778—1837 …………………………………………（226）
   礼部侍郎松轩史公墓志铭 …………………………………（226）
8. 宋檠（1575—1633）…………………………………………（228）
   赠兵部尚书宋公传 …………………………………………（228）
9. 张泼（1584—1638）…………………………………………（229）
   中丞张念山传略 ……………………………………………（229）

三 临邑县卷 ……………………………………………………（232）

1. 纪纲（？—1416）……………………………………………（232）
   纪锦衣卫传 …………………………………………………（232）
2. 李汝相（1539—1610）………………………………………（234）
   明河南布政司左参议进阶朝议大夫岩宾李公行状 ………（234）
3. 李若讷（1572—1640）………………………………………（238）
   渤海李君暨配合葬墓志铭 …………………………………（238）
4. 王洽（？—1630）……………………………………………（243）
   王洽传 ………………………………………………………（243）
5. 邢如约（1512—1602）………………………………………（245）
   先侍御史府君行状 …………………………………………（245）
   临邑邢庄惠公墓表 …………………………………………（260）

目　录

　6. 邢侗（1551—1612） …………………………………………（266）
　　邢子愿先生传 …………………………………………………（266）
　　陕西行太仆寺少卿邢公墓志铭 ………………………………（269）

附　德平县卷 ……………………………………………………（278）
　1. 葛守礼（1505—1578） …………………………………………（278）
　　太子少保都察院左都御史赠太子太保谥端肃葛公墓表 ……（278）
　　明故太子少保都察院左都御史赠太子太保葛端肃公
　　　神道碑铭 ……………………………………………………（281）
　2. 葛如麟（1580—1650） …………………………………………（285）
　　陕西提刑按察司按察使子仁葛公墓志铭 ……………………（285）
　3. 蔺琦（1441—1511） ……………………………………………（288）
　　顺天府尹蔺君琦墓志铭 ………………………………………（288）

四　陵城区卷 ……………………………………………………（290）
　1. 康丕扬（1552—1632） …………………………………………（290）
　　侍御公家传 ……………………………………………………（290）
　2. 康樵（1661—1712） ……………………………………………（293）
　　癸未进士兖州府儒学教授友渔康君墓表 ……………………（293）
　3. 李蕃祚（1658—1728） …………………………………………（295）
　　山西马邑县知县拙斋李公墓志铭 ……………………………（295）
　4. 石维屏（1573—1638） …………………………………………（297）
　　山西左布政使石维屏传 ………………………………………（297）

五　宁津县卷 ……………………………………………………（298）
　1. 王良贵（1517—?） ……………………………………………（298）
　　山东副使龙门王公墓表 ………………………………………（298）

9

2. 庞际云（1812—1887） …… （300）
　　庞际云传 …… （300）
3. 吴名凤（1767—1854） …… （301）
　　吴名凤传（附子浔源传） …… （301）
　　丙申七旬自寿序 …… （303）

六　平原县卷 …… （305）

1. 董讷（1646—1701） …… （305）
　　兵部尚书两江总督董讷传 …… （305）
2. 董思凝（1663—1723） …… （306）
　　通议大夫直隶分守口北道山西布政使司参议加三级
　　　董公墓志铭 …… （306）
3. 任士凭（1521—1571） …… （309）
　　南京刑部侍郎任士凭传 …… （309）
4. 任士审 …… （309）
　　文学觉亭任公暨配刘孺人继配赵孺人合葬墓志铭 …… （309）
5. 宋仕（1538—1618） …… （312）
　　少司寇宋公家传 …… （312）
6. 姚文渊（1475—1532） …… （314）
　　明故陕西布政使姚公神道碑铭 …… （314）
7. 张方晋（1672—1727） …… （317）
　　山西潞安府长子县知县虞封张君墓志铭 …… （317）
8. 张予介（1699—1749） …… （319）
　　赠同进士出身江南新阳县知县张石屏墓志铭 …… （319）
9. 赵焞（1534—1613） …… （321）
　　进阶中大夫福建按察司按察使平原缉斋赵公墓志铭 …… （321）

目 录

附 恩县卷 ··· (326)
  1. 董伦（1323—1403） ··· (326)
    礼部右侍郎兼翰林院学士董伦传 ································· (326)
  2. 段锦（1512—1585） ··· (327)
    明故朝议大夫陕西布政使司参议二泉段公墓志铭 ············ (327)
    朝议大夫娱恬段公墓志铭 ·· (329)

七 齐河县卷 ··· (332)
  1. 马人龙（1730—1798） ··· (332)
    授中宪大夫礼部郎中前工科给事中松云马公墓志铭 ········ (332)
  2. 王宫臻（1586—1660） ··· (334)
    陕西西宁道按察司副使王君小传 ···································· (334)
  3. 尹秉衡（？—1593） ··· (335)
    右军都督府都督佥事镇守保定总兵官齐河尹公墓志铭 ······ (335)

八 庆云县卷 ··· (340)
  1. 崔旭（1767—1846） ··· (340)
    崔旭传 ··· (340)
    崔旭传 ··· (341)
  2. 崔光笏（1803—1856） ··· (342)
    崔光笏传（附子钟善传） ·· (342)
  3. 刘清华 ··· (343)
    刘清华传 ··· (343)

九 武城县卷 ··· (344)
  1. 苏之中（1623—1672） ··· (344)

太学生黄中苏先生君墓志铭 …………………………………… (344)
2. 苏伟（1642—1699） ……………………………………………… (346)
  敕授征仕郎中书科掌印中书舍人茂弘苏君墓志铭 ………… (346)
3. 苏俊（1650—1707） ……………………………………………… (348)
  诰授奉政大夫兵科给事中苏君钝夫暨元配龙宜人
   合葬墓志铭 …………………………………………………… (348)
4. 苏珽 ………………………………………………………………… (351)
  敕授儒林郎例授奉直大夫翰林院检讨记名御史杏村
   苏君自志铭 …………………………………………………… (351)
5. 苏襄云（1694—1751） …………………………………………… (354)
  敕授文林郎山西临汾县知县前翰林院庶吉士木斋苏公
   暨配沈孺人合葬墓志铭 ……………………………………… (354)
6. 王士嘉（1369—1455） …………………………………………… (355)
  侍郎王公墓志铭 ………………………………………………… (355)
7. 王道（1487—1547） ……………………………………………… (357)
  明吏部右侍郎王公神道碑 ……………………………………… (357)
8. 吴中（1372—1442） ……………………………………………… (360)
  故光禄大夫柱国少师工部尚书追封茌平伯谥荣襄
   吴公神道碑铭 ………………………………………………… (360)

十　夏津县卷 ……………………………………………………… (363)
1. 郭四维（1533—?） ……………………………………………… (363)
  明都察院副都御史郭四维传 …………………………………… (363)
2. 栗节（1517—1539） ……………………………………………… (364)
  明诰赠奉政大夫户部郎中栗公暨配封太宜人萧氏
   合葬墓志铭 …………………………………………………… (364)
3. 栗祁（1537—1578） ……………………………………………… (367)

目 录

  明故大中大夫山西布政使司右参政东岩栗公墓志铭 ………（367）

十一 禹城市卷 ………………………………………………（370）
  1. 房守士（1537—1604）………………………………………（370）
    明巡抚大同兵部右侍郎兼都察院右佥都御史赠
     兵部尚书房公传 ………………………………………（370）
    明巡抚大同兵部右侍郎兼都察院右佥都御史赠
     兵部尚书房公墓志 ……………………………………（374）
  2. 毛琦（1438—1513）…………………………………………（377）
    明奉直大夫前军都督府经历毛公墓志铭 ……………（377）
  3. 刘庄 ………………………………………………………（379）
    送冀州马曹刘判官序 …………………………………（379）
  4. 刘贵 ………………………………………………………（380）
    敕封征仕郎中书舍人加四品服色禹城东冈刘公暨
     封孺人元配王太君合葬墓志铭 ………………………（380）
  5. 刘中立（1541—1590）………………………………………（383）
    明故嘉议大夫陕西提刑按察司按察使禹坪刘公
     墓志铭 …………………………………………………（383）
    求撰诰敕文行略 ………………………………………（386）
  6. 刘士骥（1566—1613）………………………………………（388）
    翰林院检讨征仕郎祝阳刘公暨元配褚孺人行状 ……（388）

参考文献 ………………………………………………………（395）

附录 德州明清人物传记续目 ………………………………（399）

后 记 …………………………………………………………（411）

一　德城区卷

1. 陈洪谏（1614—1699）

中宪大夫陕西神木道按察使司副使陈公觉庵墓志铭[①]

田　雯

公陈氏，讳洪谏，字宪宸，号觉庵，德州人也。溯受姓之源，系本姚妫；自敬仲以后，氏别陈田[②]。太丘[③]盛德，流为家风；元龙[④]清襟，不乏豪气。祖□□，处士。父□□，赠如公官。

公仪表外朗，风神内照。未逾龆龀，已诵读百氏书；方在蓬茅，好议论天下事。室无儋石之储，意作冥鸿之慕。陈孺子分肉而归，唯唉糠

[①]（清）田雯《古欢堂集·铭表卷二》，《山东文献集成》第一辑第35册，山东大学出版社2006年影印康熙间德州田氏刻本，第753—754页。
[②] 陈完，春秋陈国人，陈厉公之子，谥号敬仲。陈宣公二十一年避祸奔齐，齐桓公授官工正，改田氏，其后世子孙田和，代姜氏为齐国国君。
[③] 陈寔（104—187），字仲弓，颍川人。任太丘长，修德安民，行范世人。其子纪、谌，亦有名，时号三君。
[④] 陈登（163—201），字元龙，下邳人。官广陵太守，执纪严明。归附曹操，助擒吕布，加伏波将军。许汜评曰："陈元龙湖海之士，豪气不除。"

粑；刘穆之江家一饱，便索宾郎。伤哉，贫也！庄周车辙，实有涸鱼；信陵鞭前，元非穷鸟。嵇康锻灶，既煨而堪眠；管宁藜床，虽穿而可坐。谁能识公之素志哉？

迨入庠食饩，登顺治戊子科贤书①。含吐性灵，抑扬才气。勾稽八股，落落词高；麾洒千言，飘飘意远。铸金之术，不学王阳；章台之游，几同张敞。杜牧之薄幸扬州，司马相如涤器临邛。终莫掩其才华，何尝铩其毛羽。呜呼！奇矣。

己亥科②，成进士。辛丑，任四川合江令。峡路五尺，緪约才通；縣水三门，桥飞齐渡。公乃芟荆榛，创城社。民襁子而来，虎俾耳而去。佩犊带牛，有侔龚遂；桑枝麦穗，无谢张堪。

乙巳，调云南临江府推官。访金马碧鸡之神，入怪雨盲风之地。典斯谳狱，职佐士师。犴户苔生，囹关籁动。载酒属车，幸无冤气；虑囚军府，或听鸣琴③。裁缺回籍。

戊申，补授兴化令。当斯际也，河伯不仁，阳侯肆虐。灶烟皆水，民命其鱼。公请蠲请赈牒，凡数十上。绘图以陈，无愧监门使者；啮指呼救，可怜南八男儿④。今邑人俎豆之不衰。

辛亥，迁江西袁州府同知，旋擢抚州太守。正值寇变，屡建奇绩。恢复六邑，招徕万户。公示人赤心，与人颜色。盗不敢发，民不忍欺。楚城邻境，实有让田；吴人对营，无妨赠药。而且赎妻鬻儿，劝农课士。在在美政，不可偻述。公之经济弘矣，公之惠泽深矣！杜镇南之作牧，当世树碑；黄颍川之居官，生年刻石。公何让焉！

庚申，迁陕西神木道副使。秦中山黑，关上泥青。露冕观风，停车

---

① 贤书：亦称举贤书、登贤书，明清时指乡试中式为举人。
② 顺治十六年（1659）己亥为加科徐元文榜，陈洪谏中第三甲225名进士。
③ （北周）庾信《周故大将军赵公墓志铭》："载酒属车，幸无冤气；观囚军府，或听鸣琴。"见（清）严可均辑《全北周文》卷十七。
④ 用唐代南霁云典，见韩愈《〈张中丞传〉后叙》。

一 德城区卷

待雨。百城解印,惮朱穆之威严;千里相迎,爱王基之德化。居陕三岁,癸亥致仕乞归。眷眷吏民不无河内之请,依依父老实念黎阳之别。公还里之日,年七十矣。乡里称为善人,自署衔曰发衲。或栖心禅悦翻贝叶而披袈裟,或散屦林泉曳红藤而亲鱼鸟,如是者十馀年。康熙己卯囗月卒,享年八十有六。

公志气纵横,风情倜傥。平生好声伎,弄丝竹。尝以语人曰:"崔骃以不乐损年,吴质以多愁婴疾。若使详其音律,是所邈然。但能记其铿锵,于兹为幸。不然,无地埋忧,有天皆醉。吾何惜焉?"引商刻羽,萧琛移情;捩楔换头,周郎顾曲。故由壮至老,日以家乐自随,良有以也。与先大夫为布衣交,谊均缟纻,契比金兰。五月披裘见寻,三春负锄相识。洎乎出处易迹,生死殊途。五十年间小子有深悲矣。

今卜于囗年囗月囗日,葬于卫河之西阡。嗟乎!伯道无儿,若敖有鬼。嵇叔夜之山庭,尚多杨柳;王子猷之旧径,空馀竹林。铭旌墓碣书神木道副使官爵,礼也。嗣子囗丐余文而痛之。坟前之树染泪先枯,庭际之禽闻哀斯下。元配王氏,继配曲氏,皆以公官赠封如例。铭曰:

长河之浒斜阳悬,老柏铁干生寒烟,中有陈公之墓田。
内蛇外蛇伤不全,新鬼故鬼家其间,狐狸昼语鸱夜眠。
过其下者闻哀猿,乍疑搊筝弄管弦,再一听之涕泗涟。
六龟四绶公生前,白衣苍狗八十年,四周板上草连天。
泰山鸿毛落言诠,彭殇一理吾悲焉,橐馀沽酒青铜钱。
一滴何曾到九泉,丰碑二丈高丘巅,旁有流水声潺湲。
我作诔辞惭如椽,聊代楚些招魂篇,吁嗟陈公后世传。

2. 程珌（1512—1597）

自撰墓志铭①

程　珌

予尝谓古之人也达，今之人也拘。古人有自为寿藏者，若汉赵嘉是已。有自为祭文者，若晋陶潜是已。有自为志文者，若唐傅奕、杜牧之，我明杨文贞、刘忠宣是已。如司空表圣预置冢棺，时延宾酌酒其中。皆识度旷逸，私心窃向往之。世俗讳死，不敢一出诸口，况肯预治乎其他？呜呼！亦大惑矣。世当有不死之人哉？予今年八十有四。盖自六十后，棺已具矣，真容已写矣，所少者志耳。自知生平无可称述，恐异日复劳高贤溢美，是重吾不德也。乃自叙其大略如左。

夫程氏，盖休父之苗裔云。休父为周大司马，佐宣王中兴，封程伯，子孙因以国氏。由周而降，代有闻人，载在史册，历历可考镜也。迨及我明，南宗莫盛于徽，北宗莫盛于洛。散而居四方者，亦多有之，若吾山东程氏，盖其一也。

程氏世家东莱之掖县。永乐中，高祖福徙隶德州左卫戎籍，此德郡程氏之始也。曾祖清、祖恕，皆敦厚朴茂，乡称长者。父贤，慷慨刚毅，有烈丈夫风，封承德郎、兵部主事，母李氏，封安人。

承德公生二子，长兄琳，娶张氏；次即珌，娶吴氏，封孺人，早

---

①（明）程珌《程右丞稿》卷八。按，《程右丞稿》有国家图书馆藏明刻本、《明别集丛刊》采录之明刻本。国图藏本比《明别集丛刊》本多程珌为自己与夫人所撰《自撰墓志铭》《吴孺人墓志铭》及其子程讷于两文后识语。两书板式不同，国图藏本半页九行十八字，白口，四周单边。《明别集丛刊》本半叶十行，行十九字，白口，单黑鱼尾，四周双边。《明别集丛刊》本当为初刻本，国图本为递增本。本书文章凡采自《程右丞稿》者，除本篇用国图本外，皆以《明别集丛刊》本为底本。

卒，继娶刘氏。

珤生二子，长讷，吴孺人出，封文林郎，户科给事中，娶马中丞九德女，赠孺人，继娶赵隐君哲女；次切，刘出，太学生，娶周别驾泗女。一女，刘出，配壬辰进士、阳城令叶敬愿。

讷生三子，俱马孺人出，长绍，登己丑进士，初授汝南司理①，擢户科给事中，娶平山令袁勿女，封孺人。次绶，郡庠生，娶右通政李勋女，早卒，继娶郡庠生顾烔女。次绂，郡庠生，娶学博孙光耀女。女一，适太学生杨应亨。切生一子，经，尚幼。

绍生三子，长坤，聘郡庠生曾弘女；次震，聘郡庠生李枝发女；次泰，聘甲午亚魁李诚明女。三女，长聘太学生卢永锡男，二尚幼。绶二子，长观，聘郡庠生沈尚忠女；次晋，聘郡庠生吴之茂女。一女，尚幼。绂二子，长济，聘郡庠生郑大纶女；次贲，聘郡庠生杨桐女。一女，尚幼。凡吾子女诸孙暨诸曾孙男女共二十人。后有生者，吾不得而知也。

珤，字子彬，别号静泉。早岁受学于耆儒赵先生，嗜学若渴，日记数前千言。嘉靖丁亥补弟子员。辛卯举顺天乡试。壬辰成进士，年甫二十一。国制，年未三十不选台谏。时将刻登科录，或私语予可伪增为他日地，珤曰："吾岂以一官欺吾君？又欺此心耶？"卒不增。甲午授覃怀司理②。虽少不更事，而以廉自律。讼狱立剖，廷无留牍。先后抚按交章荐于朝。戊戌奉诏入都，授兵部武库司主事。癸卯改尚宝司丞。丁未升本司卿。维时严分宜③执国政，其任子与珤同列符台，恃势骄恣，珤独睨视平交不为礼。渠心衔之，即欲贬斥，无由也。会戊申地震，遂

---

① 汝南司理：汝宁推官的俗称。司理，推官的旧称。
② 覃怀：怀庆的古称，《明史·地理志》："怀庆府，洪武元年十月为府，属河南分省。领县六（河内、济源、修武、武陟、温、孟津）。"
③ 严嵩（1480—1567），字惟中，袁州府分宜县（今江西省分宜县）人。弘治十八年进士，入阁二十年。才奸并，误国深。其行止，为世所恶。

嗾铨部以灾异考劾庶官,左迁珏司徒郎,同时迁谪殆数十人,皆严所忌也。茌苒郎署,又复数年,始叨四川重夔副宪,严实抑之耳。缙绅咸谓珏直道而行不阿,权贵心窃愧之。辛亥乙卯间,承德公与李孺人相继见背,珏读礼六年。再起家为临巩兵宪,走秦陇,历蜀越,艰险备尝。甫移西江右丞,未之任。而前在关中以愚性不习委蛇,与直指使者有隙,遂以复命波及覆拟更调,珏亦置不辨,即屏居田里为终焉计矣。

乙丑万安朱少宰力劝之出,乃复参知广东。丙寅迁晋中观察使。丁卯再迁西江右丞。前后悉以抑强扶弱为事,奸胥污吏尤加痛惩,其他盘据窟穴为含沙蠚螋于钱谷讼狱中者,按得其情悉置之法。自谓风纪振扬,可幸无罪。戊辰复当还职,而前直指公正居要津,又具疏列诸言官名,诸言官多新进,实不知其故也。珏两挂弹音,皆出一人手,公论屈之,铨曹第以诸言官疏不可逆。藉口年力向衰,覆疏致仕,得旨。时年五十七矣。报至,珏欣然曰:"吾以弱冠入仕,三十七年,自愧过分。尝以不得正首丘为惧,兹归正吾愿也。"

珏赋性质直,不能俯仰时俗,且刚肠疾恶,好面折人过,以是为人所忌。即仕进,且起且仆,至再至三,其迁拙概可睹矣。归休之日,恬然泰然,人亦以此服之。自少善饮,多而不乱。家居不营货利,不事请托。尝有怀金乞一刺者,面斥之去,久而相信,门庭悄然。服食每从简素。黎明即起,率以为常。勤俭修洁,老而弗易,盖其天性也。居第后筑一书舍,扁曰静轩。日诵书史及大家诗若文,不释卷。著有《右丞稿》行于世。时召亲知饮酒弈棋其中,甚适也。如此者十有五年。忽病,左手足不仁,不能复入静轩矣。惟诸孙若曾群戏堂前,日玩而摩之,窃自幸为人间至乐。栖迟又十馀年,而至今日齿跻耆鼗子姓蕃衍,更何憾哉!乃超脱尘情,达观生化,援笔而自为之铭,诏永永焉。铭曰:

才微德凉兮噫,儒业弗昌兮噫,

一 德城区卷

空游四方兮噫，太直而刚兮噫，
受命彼苍兮噫。

先君生于正德壬申二月二十一日，卒于万历丁酉九月二十日，享年八十有六。不孝孤于本年十二月十七日，扶柩城东南隅祖茔之次，启先妣吴孺人圹而合窆焉。呜呼！先君宦迹乡评，士林郑重。其所自撰，不足道其什一。不孝孤又惧违先君命，不忍更乞鸿笔，表扬先烈。噫嘻，痛哉！惟是言言实际，与先君人品性行酷相肖也。虽懿轨略而不详，实足以取信来者，又安事谀辞貌语粉饰之为！

不孝男讷、讱泣血谨识。

3. 程绍（1561—1636）

工部右侍郎加服俸一级赠尚书程公行状①

卢世㴶

崇祯九年九月二十九日，少司空程公薨于里第，守臣以闻，上念旧劳，曾褒"恬尚"，下所司议祭葬如制，赠工部尚书，复荫子孙入监读书，盖特数云。公大渐时，神观不乱，谓墓文当求都宪邹平张公②，状属之卢仲子。小子再拜受命，俯首流涕。忆先大人与公莫逆，当年一片幽石，实出公手。今兹之役，其何敢辞？谨三沐三薰，据公次子泰所具行述列而为状，状曰：

---

① （清）卢世㴶《尊水园集略》卷十，《续修四库全书》第 1392 册，上海古籍出版社 2002 年版，第 512—516 页。
② 张延登（1566—1641），字济美，号华东，山东邹平人。万历二十年进士，官至工部尚书、左都御史。

程公，讳绍，字公业，别号肖莪。世家东莱掖县，永乐初有讳福者，徙德州左卫，遂占籍。祖珮，登嘉靖壬辰进士，历官江西右布政使。阶资政大夫①，正治卿，进阶通奉大夫。父讷，累封文林郎、中宪大夫，赠通奉大夫、工部右侍郎；配赠淑人马氏，实生公。

公幼清凤慧，十岁能属文，十三补博士弟子，旋廪上庠。二十七举于乡，连掇万历己丑科进士，授河南汝宁府推官。卓越明融，劈肌分理。顾仁心为质②，用经术饰法律，多所平反，以祥刑闻。公介甚，洗手矢盟，纤尘弗染，又饶于干济。凡中丞御史台行部辄引公与俱，所至规筴利弊兴革，无弗行者。从赈院钟公经理荒政，足迹几遍河洛，特为蠲起运减积逋，请残黎旦夕命，所全活无算。

任满钦取擢户科给事中。一入垣，即上苏中州民困疏，盖其全副精神所注也。复自念谏臣之职，莫大于判贤奸、定国是。既膺耳目之官，若渜涊嚅结负上简拔恩，大不忠，濯虑入告较然，以勿欺为主。白黑芳秽分别言之，侃侃肃肃绝不瞻顾，一时正人君子倚为名教干城，而宵任之魄已潜褫矣。若兵部荐匪则疏参，督臣贪纵则疏参，抚臣横诋则疏参，文选坏法则疏参，权奸方逐党与若狂则又疏参。而阁臣误票及密揭微巧，公参驳尤力。时矿议繁兴，一切鬼辈鼠子蛇盘蚓结，油铛插手，血海伸拳，几酿揭竿斩木之变。公明白开陈，引绳批根，一疏再疏，以至于五，不彻底不休。至貂珰蹂躏缙绅，公心伤焉。昌言争之，不遗馀力。适知府吴宝秀、知县吴一元为税监所搆被逮，公抚膺雪涕，慷慨陈辞，以身倡诸垣合救。即毒焰凶锋，触辄糜烂，不顾矣。要与二人，初无半面识，夫何为哉？公盖为国家惜体统，为无辜惜性命，发于至诚，佐以不惧，如烈火烧心，冷水浇背，不得不鸣耳！无何江西税使又保通判沈榜，公痛唾榜为无耻。山西矿

---

① 疑为中奉大夫。布政使为从二品，明代文散官从二品，初授中奉大夫，升授通奉大夫。而资政大夫为正二品升授阶。

② 《史记·袁盎列传》："袁盎虽不好学，亦善傅会，仁心为质，引义慷慨。"

使又参知县韩薰，公特保薰为可留。疏入，奉旨革职为民。究其根由，乃政府衔之，同官挤之也。

公初无几微见于颜面，浩然而归，筑啸轩以乐志，复因林水为园亭。花晨月夕，奉封翁为逍遥游，志养承欢者二十馀年。至光庙御极，诏海内建言遗佚诸臣，起公太常寺少卿。公笃志念翁春秋高，坚卧不动，翁力趣之出，勉就任。倏而讣至，一恸几绝，徒跣号泣，哀感傍人，六十而慕者，吾于公见之矣。服阕，征擢太仆寺卿，寻奉敕巡抚河南。河南故公所旧游地，为民求瘼亘三十年如一日。曩入垣时，即首请苏中州民困及兹报代，遂畅言之。

疏曰："臣质本颛蒙，才非大受。猥以赐环馀息，滥竽会推。今臣抚绥之地，即向臣司理之地也。身亲目击的有所见者，无如百姓徭赋之苦、里甲科派之苦、驿递索扰之苦，至行户之赔累、佐领之追呼，尤民间剥肤之害。第有司狃为故常，上下诿于莫挽，不思州县与百姓。惟此数事最为关切。有司舍此，无以安百姓；臣舍此，亦无以甄别有司。他如饷匮兵单，综理匪易；庶宗藩禄，处驭惟难。绿林之啸聚思防，黄河之冲决当备。一切振纲饬纪，厘弊除奸，臣敢不急为参详次第修举，而以视闾阎之痛痒尚隔一层。顾抚之名、思抚之实，必当以前数事为第一义。昔知而不能行，今已能行，而复行之不力，是臣自负三十年隐衷，即负皇上任使甚矣，臣不敢也。"盖抚豫之全局当入告时，已规画定矣。于是奖廉退、抑墨竞，吏治翕然一变。举行户官价，历民积习立洗而空之。凡疏中所扼腕沥臆而陈，有关百姓者，真实施行，悉中肯綮。即军务旁午，公故敏而静应之，宽然有馀。

故事，兵刍饷笾之藩司，主者渔剥军卒，徒饱虚名。自公建铖，人无敢染指。士马饱腾，思得一当。故归德、汝宁、彰德间，妖盗煽乱，旋就扑灭。虽公不自以为功，然所以奠安全豫者，贤于十万师矣。又约己撙费籍羡金积谷四万馀石备赈，刻石纪焉。省会万宗仰食藩司，至有经年未给者，饥宗麋集，且泣且詈，几酿变。公悬牌昭示，如数如期，而欢声雷动。有仪封罪宗，窟盗椎埋，大肆淫逞，赃证确据。先任者次且①，未敢发，乃稔而不悛，蕴崇日甚。公独忧之，直揭诸不法状，参送高墙而根蔓斩除，诸宗敛戢。是举也，最犯手、最快心。建威销萌关系甚大，非公而谁肯任哉？

会玉玺出临漳，时逆珰贡谀方侈符命。公耻以玺献媚，上疏曰："秦玺之不足征久矣。且纪载所传闻宝，实有不在此者。昔王孙圉不宝白珩，而宝观射父之作训辞，及左史倚相之献善政。齐威不宝照乘珠，而宝照千里之四臣。彼叔季侯王宝得其宝，犹能名显列国、声施来兹，斯足述耳。今圣主惜才，赐环拔滞，固宜哲人布列，野无留良。尚有一代名臣，如总宪邹元标、冯从吾，尚书王纪、周嘉谟、盛以弘、孙慎行、钟羽正、余懋衡，侍郎曹于汴等，沉沦丘壑，空赋白驹，不及今大用，人寿几何？又有一斥不还之词林、久锢不起之台谏，此皆王国祯祥、盛朝珍瑞，臣不能挽回天听，汲致明廷。乃仅仅执一古灵光效七十二代之故事，臣实羞之。惟是玉玺之出，适在臣封疆之内，事属旷异，道路喧传，邮亭驿使，恐有闻之。禁闼者既不应瘗地下，又不敢私秘人间，欲议委的当官员，捧进殿阙。迹涉贡媚，亦非臣所宜。然似应少缓须臾，恭候皇上之命。至玺之世代篆之工拙，俱非臣之所敢知也。臣迂且固愧，不能歌《天保》之九如②、效华封之三祝。惟窃自附于遵君好君之义，谨会同巡按河南监察御史杨方盛，先具奏闻，伏望皇上达观永命之真符，不在偶获之旧宝。怡神寡欲、亲贤纳谏，在朝之忠直勿事虚拘，遗野之名流急为登进。庶玉瓒瑟于清朝，瑚琏贲于明堂，蔼蔼吉人为天子使，共襄大器永固金瓯。虽谓虞舜之黄玺、夏禹之玄圭，至今

---

① 次且：又作"趑趄"，难进的样子。《周易》夬卦："九四，臀无肤，其行次且。"
② 《诗经·小雅·天保》是给贵族祝福的诗，诗中用了九个"如"字作比，以寄福寿之绵长。分别为："天保定尔，以莫不兴。如山如阜，如冈如陵，如川之方至""如月之恒，如日之升，如南山之寿，不骞不崩，如松柏之茂。无不尔或承。"

一 德城区卷

存可也。区区传国宝不足贵矣，况未必真乎？"① 疏入，大拂逆珰意，悬憾百出。公遂闭门不视事，决意请告，蒙恩允放，渡河而北，士民扶携遮道泣送，车枳不得行。盖仁声之入人者，深矣。公即家居杜门，而心未尝一日忘朝廷也。忽有己巳之变，痛念主忧，忠愤激烈。募兵擐甲入援，奉旨前进，自办行粮万馀金。事平叙功，公逡巡弗居。至癸酉秋起升工部右侍郎，随承宝顶大修之命。公仰体圣孝，殚力营综，风雨寒暑，昏旦寝食，甘苦劳怨，俱不遑问阅。岁告成，奉旨加服俸一级。一日谓仲子泰曰："君恩逾渥，吾力已衰。知足知止，吾其归矣！汝可具舟潞水以待。"四疏乞休，蒙旨俞允，嘉曰："恬尚。"

归来家务人事，一起谢绝。惟朝暮谒家庙焚香，阅养生家言。凡有益于身心性命者，手录成帙，板而行之，名《尊生镜》。公以积劳之馀，会哭仲弟过伤浸，寻病剧，临没遗言："惟国恩深重，勉图报塞。"语不及他。公生于嘉靖四十年七月初二日寅时，卒于崇祯九年二十九日申时，享年七十有六。配封淑人袁氏，子姓具详行述中。

呜呼！我公往矣，犹想公退休时，小子与撰杖屡，其燕居申申，赤舄几几，粹然有道气象，至今在心眼中。告教后进皆胸怀语，不少缘饰。善善恶恶，根于天性。以名教为己任，掩鼻匪人如同屎溺，醉心善类不啻芝兰。自牵丝以至解组，未尝一日变塞也。才识胆，三者具备，而一本之诚。犯大难、解大疑、捍大患，江荡山凝，云行雨施，事定功成，敛于寂寞，其心休休焉，不得窥其际也。忠孝清勤，平生所学惟此四字。若公者，可谓天之君子、国之宝臣、道之宗盟、人之师保矣。若文章小抄，犹其馀事，疏草简牍，井然如发之就栉。即专门名家，莫能或先。凡同考试河南、陕西，副主考江西，三典文柄，得士斐然。公固文质彬彬云。呜呼！公治命即求华东师台矣。窃

---

① 此疏收入《明实录·熹宗实录》卷四十七，文字略有异，《明实录》载程绍任河南巡抚时，兼右副都御史。

惟当今燕许手笔,惟师台一人。自有鸿文,用成惇史。小子不贤,聊识其小。谨状。

工部右侍郎赠尚书程公传①

钱谦益

公讳绍,字公业,山东掖县人也。永乐初,占籍德州左卫。曾祖贤,封怀庆府推官。祖珤②,举进士,历官江西右布政使。父讷,赠工部右侍郎。

公生十岁,能属文。二十七举于乡,次年举进士,除河南汝宁府推官。廉明仁恕,多所平反。从赈荒使者巡行河、洛,单车徒步,与残民相劳苦。民拥道泣曰:"微公,吾侪小人无孑遗矣。"

行取擢户科给事中。当是时,人主深居,貂珰四出,大臣环私植党,举朝贸贸然如行雾雾中。公在谏垣,以别白贤奸、澄清世道为己任。白简屡上,皆弹劾执政私人,抉擿③其票拟踳驳。执政心衔之。矿税之使,奏逮有司,银铛桁杨,道路狼藉。公再三论救,危言抗论,触冒忌讳,人主优容之。山西矿使劾知县韩蕙,公特疏申理,遂除名为民。或曰:"执政假以修怨,非上意也。"公归,奉太公里居,晨花夕月,馨膳洁飧者二十馀年。

光庙御极,即家起太常寺少卿。旋奉太公讳。服阕,征拜太仆寺卿,廷推都察院副都御史,巡抚河南。至则举其为理官时经营储偫者,倒囊出之,凡所施罢,不蹈漏刻,栉垢爬痒,若民自为。仪封宗人为盗

---

① (清)钱谦益《牧斋初学集》卷七十,明崇祯十六年刻本。
② 珤,《牧斋初学集》明崇祯刻本误作"瑶",径改。
③ 抉擿:揭发。《资治通鉴》卷七十二《魏纪四·明帝太和元年》:"尚书郎乐安廉昭以才能得幸,昭好抉擿群臣细过以求媚于上。"

囊橐，淫虐彰闻，莫敢何问。公列上其罪状，诏囚送高墙。诸宗惕息，杜门穴墙，相戒莫敢犯。

天启四年，玉玺出临漳，公上疏曰："秦玺之不足征久矣。今玺之出，适在臣疆内。道路喧噪，流闻禁闼。既不应还瘗地下，又不敢私秘人间。欲遣官恭进阙庭。迹跻贡媚，非臣谊所宜，亦恐皇上之所宝者，在彼不在此。臣虽什袭荐之，皇上且瓦砾置之也。谨先驰奏闻，候命进止。昔者王孙圉不宝玉珩，齐威王不宝照乘，蛮夷偏霸，犹知尊贤宝善，照曜史册，况于全盛之朝、明圣之主乎？今之大臣，如总宪邹元标、冯从吾，尚书王纪、盛以弘、孙慎行，侍郎曹于汴等，忧国奉公，白首魁艾。又有一斥不还之词林，久锢不起之台谏，思皇多士，国之宝臣。臣不能挽回天听，汲致明廷，徒献符贡玺，效七十二代之故事，臣窃羞之。伏望皇上，践履大宝，克受贞符，怡神寡欲，亲贤纳谏。在朝之忠直勿事虚拘，遗野之名贤急为登进。玉瓒瑟于清庙，珊琏贲于明堂。共襄大器，永固金瓯。虽谓虞舜黄玺、夏禹玄圭，至今存可也。区区传国宝，其真伪岂足论哉！"逆奄方侈言符命，得公疏，大怒。公遂移疾告归。

又十年，而今上即家起公为工部右侍郎。庆陵宝顶成，加服俸一级。年至乞休，四疏始得请家居。又三年而卒，享年七十六。赠工部尚书，复荫一孙入监。娶袁氏，子二人，震为南京户部郎中，泰为中书舍人。

公为人深衷笃厚，真率坦迤，善善恶恶，根于天性。与人居，虚怀折节，退然如不胜衣。一旦犯大难，解大惑，捍大患，云行雨施，雷轰电掣，死生祸患，视之蔑如也。中州承平日久，兵马刍粮，藩司窟穴其中。公一切按核，讨军实而申儆之。中州之有兵，自公建钺始也。归德、汝宁、彰德间，群盗扇动，旋就扑灭。厥后有勤王之役，后抚范公率公部兵以行，踊跃前驱，为诸镇之冠焉。己巳冬，奴薄都城。公家居募壮士入援,自办行粮①七千馀两。事平议叙,公固让曰:"主辱臣死,用此叙功,独不虑贻奴唇哂乎?"其慷慨任事,持大体如此。

公之葬也,次子泰属其友卢礼部世㴶为行状以上史馆。礼部之状公曰:"忠孝清勤。生平所学,惟此四字。"又曰:"才、识、胆,三者具备,而一本之诚。"此六言者,可以蔽公矣。余旧待罪太史氏,知公事为详。礼部笃论君子,其言足征也。平生为人作传,而独为此文。后有君子,得以考览焉。赞曰:

玉玺之献也,天子亲御文华门,玺贮御前,逆奄②手捧之,凭轩颁示,群臣皆呼万岁。传制受贺而罢。奄初侍上侧,传玺时当宸而立,指挥下上,示人以魁柄在手,非人臣之度也。已而屡兴大狱,斩艾善类,几至移国。程公之奏上玉玺,有旨哉!以道事君,知几其神矣。程公身事四朝,扬历中外,悬车致仕,以恩礼始终。观公所遭际,盖犹有庆历间盛世大臣之流风焉。呜呼!休矣!

4. 程绍妻袁氏(1563—1637)

诰封淑人程母袁太君墓志铭③

卢世㴶

吾德有贞亮廓敏、渊凝开济之大臣曰程司空,其元配袁淑人年德并俪,以崇祯十年三月十四日考终,越十二年四月初七日,伯子震、仲子泰将奉淑人之柩与司空同穴。襄兹大事,仲子自状数千言,摭述徽懿甚

---

① 行粮:亦称行米。军队开拔时加给的粮饷。
② 逆奄:指魏忠贤。
③ (清)卢世㴶《尊水园集略》卷十一,《续修四库全书》第1392册,上海古籍出版社2002年版,第550—552页。

备，属小子淮铭其穿中之石。淮凄凄肃肃喟然叹曰："先承德公与司空公欢如兄弟也。先安人与淑人欢如兄弟也。余与伯子、仲子又欢如兄弟也。则小子固母事淑人者，其曷敢辞？"

按状，袁氏为安德著姓，自都宪公讳揆为世名臣。再传讳一德，高隐弗仕。又传为荫君讳勿，历官赵城平山县令，配杨孺人，生淑人于平山官舍。平山公既没，淑人甫九岁，哀毁若成人，端重庄靖，动中《内则》。时程与袁闳衡相望，封公闻其贤，遂奉右丞公之命为司空委禽焉。年十五于归，值姑马太淑人久病倚床第，故淑人庙见后，即操作躬亲，忘其为新妇。会太淑人即世，淑人与司空擗踊欲绝，丧祭以礼。封公遂絜家橐悉付淑人，淑人泣下霑襟让再三而后敢承。凡夫飨祀交际仰事逮下巨细诸务，综理斩斩①易于合度。又抚诸季、诸姑尤曲尽恩勤云。既而封公继室赵淑人，之事赵也，共顺逾于新妇时。司空既以不家问，得尚精大业，业成登万历己丑科进士。司理汝宁，淑人从汝宁，冰蘗相将，赞襄明允。五年奏最，封孺人。司空擢谏垣，绳纠自矢，章累上，侧目诸津要，竟削籍。于是淑人为子女婚娶事，已先司空数月归矣。洒扫庭宇，劳若司空，曰："君不负职，无官何病？"乃督诸臧获艺桑麻、莳花竹；岁时伏腊，经营潞灉，志养封公。延名师，课二子，业稍懈，辄加呵责，知攻若则，又相拊慰。第无落殖，勿至过急。二子之严，淑人不减严司空也。

淑人偕司空委心丘壑者，几二十年。会光庙御极，司空以太常少卿应诏，淑人复从京邸，封恭人。寻终封公，制哀慕一如丧马太淑人。服阕，征太仆，司空开府中州，淑人不以颂而以规，谓："盗广兵骄，民穷财尽。封疆重任，肩荷实难。欲展恩威，宜勤夙夜。"司空韪之。会以疏驳玺忤逆，罢归。淑人脱然而喜，愉愉如也。

---

① 斩斩：整齐，整肃。（唐）韩愈《昌黎集》卷二十八《曹成王碑》："持官持家，内外斩斩。"

至今上癸酉特起司空田间，升工侍，督修宝顶，淑人佐司空拮据缮役，遂晋今封。工成，屡疏乞休，抵家年馀而卒。时伯子时官南都，仲子奉淑人命治丧。附身附棺，必周必慎。淑人故善病，复笃于悲哀，病遂剧，竟弗起。将迁正寝，连呼吾儿者三，若有隐隐不自安者，然缘所服之补鹤也，易之乃瞑。其卓识定力，撲符大道，即先民易箦，何以加焉？

状又称淑人至孝，以不及亲母杨孺人含襚为终天憾。迨膺翟服潸焉涕出。笃念外家诸子姓，多所匡挈。卵翼亡姊之后，俾无替落。盖念母以施为德不匱矣。幼不知书，而训诫诸子女悉本彝典，筹事决策冥合古昔。听儿孙辈谈说经史，辄能默识其指归。性俭约，虽极贵，无縠绮珍馐之奉，笄髢袗佩皆有常度。顾喜振人之急，三党姻族，寒待衣，饥待举火，殁待槥。无室家者，待室家。虽顷筐不吝。崇正黜邪，凡巫尼牙媪，举不敢闯其门阈。笼扃钥多年，专而不私，季与姒娌胥信之。驭下不为刻核，然奴仆凛凛奉约束，无轶越。和神当春，清节为秋，淑人是已。司空公官中外，所蒞与俱。虽经济节义自其天授，要以一德相成内助懋焉。如淑人者，不止闺帏之女师，抑亦夫子之良友。仲子所以悲号泣血，痛懿德之阔略，不忍以袝葬，而合其铭有以也。

淑人生嘉靖癸亥十月二十九日寅时，卒崇祯丁丑三月十四日巳时，享年七十有五。其子女婚嫁，具司空志中。卢世㴆曰："小子既志淑人，而于是乎三叹。忆先安人大故时，方盛暑，尚未属纩，淑人亦老矣病矣。顾驱而至，伏床启手哭甚哀。小子搏颡阶下，叩谢淑人。小子哭，淑人又哭。嗟呼！淑人既姊事吾母，吾何能不母事淑人？"追想徬徨，黯然雪涕，谨斋心沐手而为之铭。铭曰：

女德之迪，恭和端敕。闺范凤闲，孝思维则。
妇道之持，相夫剔历。勋铭旂常，光昭宗祐。
母仪之极，谷成无逸。清白代传，子孙燕翼。

穆卜新阡，阴阳叶吉。汇水盘山，春秋窀穸。
纶綍煌煌，堂坊奕奕。七尺崟岑，过者矜式。
我勒铭诗，劙之贞石。亘千百年，发祥兹宅。

5. 程泰（1589—1647）

江西建昌府通判鲁詹程公墓志铭①

卢世㴶

别驾程公既没，其子工部郎先贞执状垂涕稽颡再拜，请铭于卢子："惟先生知吾父，惟先生能不朽吾父。"卢子泫然久之。吾实知公，吾实能铭公，其何可辞？三复来状，孝子之言，信而有征，稍檃括以志其平生，庶乎先友之如在也。

公姓程氏，讳泰，字仲来，别号鲁詹。本掖县人，七世祖福占籍德州左卫，生处士公清；处士生文学公恕；文学生文林公贤；文林生布政公琔；布政生通议公讷；通议生尚书公绍，尚书元配淑人袁太君，生二子，长户部郎中、署江西驿传道震，次即公。

公七岁就外傅，十七岁蜚声上庠，凡六赴山东乡试，甲子年以天启改元覃恩贡国学，又三赴顺天乡试，数奇不偶，遂厌薄举子业，一意修古。比崇祯甲戌修《熙宗实录》，吏部旁求选人中谙先朝故事者数人，送内阁史馆办中书事，而公与焉。越明年，尚书得请，公御而归，相接丁内外艰，哀毁过礼。服阕，如京，再历寒暑而《实录》成，例得敕

---

① （清）卢世㴶《尊水园集略》卷十一，《续修四库全书》第1392册，上海古籍出版社2002年版，第544—545页。

诰撰文，公乃俯而就外，改授江西建昌府通判。

先是公在子舍，随尚书之官邸，最得厥考欢。政事巨细必与公谋而后行，悉中窾会，缘公留心世道，有干略，能断大事。及是改授通判，即新发于硎，居然经济老手。建昌士大夫在都下者喜色相告，走贺盈庭。逮公甫出都，而闯寇之难作矣，公愤恨伤心，致婴沉疴，闭户伏枕荏苒以及于尽。嗟乎！四十年名家，胸中度世，掌上匡时，曾不得展其粟发之用，岂非命哉？

公性笃孝，聚百顺以事两尊人，两尊人亦最宜。公离须臾即若隔岁月。及两尊人没，凡遇忌日，先期斋戒，设诚致祭，哀号若初没，即生忌亦然。余每为之感动，愧不及也。公豁达好施，三党姻亲仰食甚众，至四方之客，半夜之求，割少分甘，与同丰约①，即洗囊挫产亦不暇顾。所居尚书旧庐，一椽不增。日开筵高会，极欢大噱，酒波茶浪，丝丝在襟袖间。每曰："天生左右手，为卷帙樽罍耳！"凡古今要书点定殆遍，而《周易》《毛诗》熟读几千遍，大意微言，有所独得，手录藏之巾箱，发为文章，瞬息数十纸，若决江河，都不留稿，身后止存遗诗《啸歌》一帙，余有专序。

公生于万历己丑九月十一日申时，卒于顺治丁亥七月初六日寅时，享年五十有九。元配李氏，甲午举人李公诚明女，于制得赠安人。继配李氏，太学李公焕女，于制得封安人。子男一，先贞，用祖荫补官，历任工部营膳清吏司员外郎，娶杨氏，州诸生杨士俊女，于制得封宜人。孙女一，适余侄孙诸生道登。

兹卜本年十一月初七日襄葬于城东十二里庄祖茔之次，与李安人同穴。卢世㴶曰："余与别驾游五十年如一日，不啻兄弟云。"别驾身不踰中人，内外完好，色清气夷，沉毅卓朗，忠信笃敬，顾喜容暨书与

---

① 《三国志·虞陆张骆陆吾朱传》："陆瑁字子璋，……就瑁游处，瑁割少分甘，与同丰约。"

酒，不问家人生产。余每谓别驾曰："二哥以朋友为性命，以图史为园林，以曲蘖为肴馔，以泉布为秕糠，可谓奇绝。"别驾笑而不答。二哥者，别驾行次也。别驾以行次呼余曰二哥。夫二二耦，俱无猜，同声同气。今别驾舍我而逝，我单矣。俯仰今昔，岂复有斯人哉？因挥泪而为之铭。铭曰：

  庄生有言："畸于人而侔于天。"维鲁詹先生，天则丰，人则啬。德不形而才全。抑庄生又有言："造物者之报人也，不报其人而报其人之天。"盖将啬君一身之遇合，而丰君之子孙于万亿斯年。

6. 党淳（1509—1574）

明故中顺大夫两淮都转运司同知济西党公墓志铭①

程 珒

万历二年冬十月二十四日，吾友党公卒。其子用、周卜以三年十二月二十日葬于郡城北祖茔之次，先期来请铭。窃念君志学时与予同补弟子员，暨登第后，宦游南北，音问不绝。晚岁公归自淮南，予亦归自江右，相与笑傲林园，作真率会②，为莫逆交。自以为桑榆之娱，可百年保也；孰谓公一旦舍我而去耶！呜呼！伤哉！予安忍不铭。

按状，党氏其先济宁人，国初高祖顺有军功，授德州左卫百户，遂以官为家。曾祖俊、祖雄、伯父钦，俱袭百户。父镇、母姜氏生公一

---

① （明）程珒《程右丞稿》卷八，《明别集丛刊》第二辑第93册，黄山书社2016年版。
② （宋）邵伯温《邵氏闻见录》卷十："司马公与数公又为真率会。有约：酒不过五行，食不过五味，惟菜无限。"中华书局1983年版，第105页。

人。公讳淳，字子朴，号济西。家世武胄，公考独业儒，攻《诗》《礼》，尤邃于《易》。游郡庠，且六十年，十入秋闱，弗利，叹曰："命也。况有子可教，何以干仕为哉？"乃日课公读书。公颖悟精勤，性复温良。学日益进，文藻日益富。其考喜曰："吾子必大吾门。吾有后矣。"嘉靖丁酉，果举山东乡试。寻丁内外艰，哀毁骨立，丧葬如礼。服阕，试南宫不利，乃谒选部，除淮安府治农别驾。公视官犹家，视民犹子。禁屠牛，给种具，勤劝课，田遂大辟。时兼马政，则禁科敛，却馈遗，一无所扰，马用蕃息。

漕河乃国家命脉，常患淤塞，而淮之三里沟尤甚。公承檄治河，疏浚有方，综理周祥，费金以巨万计。选廉吏，司出纳，秋毫无犯，郡人纪其事于石。巡抚中丞郑公、巡按侍御郭公交章荐之。世庙兴大工，命于徐州采花石，数多限促，人皆惮难且惧罪，承委辄避，无敢任其事者。公毅然请行，入山谷，冒寒暑，以身率人，卒如期报完。人益以为才且贤。

淮府故事，除正役外，别选富民注一簿，遇有不时需，贵即以充役，往往有破家者。公摄府事，焚其簿，置不用。君子曰："仁人之举，其利溥哉！"尝摄盐城县事，恩威并用，逋负告完，豪右屏息。值岁荒发廪，所全活甚众。海州守御所千户杨威、陈震，以姻戚构讼十余年不解，公鞫得其情，温言开谕，为治其教诱之人，两家感悟，遂和好如初。

嘉靖丁巳，倭寇犯通州。公摄州事，率敢死士，亲冒矢石与寇战，斩首五十余级。寇退，州赖以全。巡按侍御马公奏其绩，有旨进一阶。寻擢本府同知，复值倭寇入犯，公督兵逆战于庙湾，又战于姚家荡，斩首六百级，贼大败遁去。巡抚中丞李公奏其绩，有旨进一阶。时严氏执政，官以贿迁。公素廉，无所馈，乃仅迁运司同知、兼松江府同知①。提兵海上，专防海寇。海寇闻之，曰："是尝破我于淮上者耶。"相戒

---

① 运司同知，从四品。府同知，正五品。

避勿犯。未几，台臣交奏，命公还视运司事。运司治扬州，素称利窟。凡宦于斯者，多以赂败。公乃益励晚节，凛然不可犯。富商絜金者，无门而入。公欲以高标立勋名，致远大，而忌嫉者众。公见几遂致仕而归，大用未究，士论咸惜之，公恬然不以屑意。

家居俭素，无异寒士。与人处，油油和易，不立城府。而刚明内蕴，屹不可干以私，邦人推重。性爱菊，尝手植数百本，芬芳奇异，晚号为菊隐山人。清修强健，谓公寿且无疆。乃一夕疾作而逝，年六十有六。邦之士庶，无问识与不识，咸悼痛之。配于氏，贞静勤俭，以淑德闻；继郭氏，俱先卒。侧室滕氏。男子二：长即用，娶郭氏，处士环之女。次即周，太学生，娶屠氏，千户觉之女。女子二：长适武举高思忠，都指挥洪之子。俱于出。次许聘太学生王缵曾之子，按察使汝楫之孙，滕出。孙男二：长聘杨氏，审交女；次聘顾氏，庠生桐女。俱周出。孙女七，长适卫镇抚时雨化，馀尚幼。呜呼！公德业在淮扬，声望在缙绅，清议在乡评，是足以不朽矣。珫既论次其事，而系之以铭。

徛欤党公，圣世循良。淮南遗爱，振古流芳。
致身金紫，既显且崇。当官弥慎，持己弥冲。
积善馀庆，垂及后昆。克绍《诗》《礼》，郁郁振振。
存兮顺事，没兮永宁。奠兹玄宅，不骞不崩。

祭故中顺大夫运司同知党公文①

程　珫

惟持身之淑慎兮，兼赋性之温良。粤辞华之迈众兮，弥退讷而谦

---

① （明）程珫《程右丞稿》卷八，《明别集丛刊》第二辑第93册，黄山书社2016年版。

光。复贞介之内蕴兮，固甄别其否藏。负济时之弘猷兮，初展足于淮扬。敷德泽之汪濊兮，播颂声之洋洋。摄郡邑之烦剧兮，显经略之优长。值倭夷之内犯兮，屹保障之多方。卒殄寇而安民兮，隐然南服之金汤。肆台臣之交荐兮，贤名上达乎肃皇。诏增秩而褒美兮，佩紫绶与金章。谓久谙乎戎旅兮，爰阅视乎江防。信先声之夺人兮，致海波之不扬。旋监理乎食货兮，励晚节于秋霜。将勋名之丕振兮，遽高蹈而退藏。聿早返其初服兮，达人岂恋乎轩裳。惟琴棋之为娱兮，息绿野之徜徉。旷襟度之飘飘兮，与世物而相忘。厌时俗之所好兮，爱秋菊之幽香。当众芳之摇落兮，菊灿烂其盈堂。集佳宾于四座，意绸缪以称觞。方期约于晚岁兮，谓兹乐之可常。何须臾之变故兮，忽无疾而云亡。呜呼哀哉！哲人萎兮梁栋伤，龙蛇蛰兮剑埋光。黄花殒兮三径荒，悲哀切兮泣浪浪。永怀君兮何时忘，陈芜辞兮写衷肠。君有知兮尚来享。呜呼！尚飨。

7. 封元解（1687—1774）

修职郎进野封公暨德配孺人吴太君合葬墓志铭①

韩锡胙

国家磨励风化，敦贞教孝，靡善不彰。乾隆丙辰，旌表山东德州故儒林郎封运隆继妻李氏并子妇太学生封玑继妻任氏，褒曰双节②。当是时，玉音甫下，州人士咸嗟叹，封氏姑媳茕茕，备尝甘苦辛勤。自青年至白首，衡门相依，垂五六十年，豢迪遗孤，以大其家。其遗孤孱弱，

---

① （清）韩锡胙《滑疑集》卷七，国家图书馆藏清同治甲戌重刊浙江处州府署藏版本。
② （清）韩锡胙撰《封氏双节传》，见《滑疑集》卷五。

若无所建树，又奚能请邀宠嘉显两太母苦节用垂不朽？前贞后孝，可称两茂。

公，其冢子也。公讳元解，字进野，国子生。系出北魏仆射隆之，世居河间蓨邑。历北齐、隋唐为宦族，宋迁洛阳，明永乐时复返景州。至儒林公，于国初奉母罗氏依德州母家假居巡按第，遂为德州封氏。

儒林公元配刘，育子太学生而卒，继配李，抚之成立。太学公初娶刘，继娶任，生公及弟元巽。即两世节母之夫，公之祖若父也。公七岁而孤，承两太母之训，读书砥行，友爱其弟，悦豫重慈，恂恂如也。

先是公祖好稼事，积仓囷，家颇丰足，及两世孀居，不能知阃外事，岁收黍麦，辄为有力者侵去。公瞻顾不便与校，仅掇其所给馀粒，数米衡薪以充甘旨，不使堂上两太母知忧其家匮乏也。配吴夫人，知书识大义，勤女红；非疾病，未尝一日废织也。训子日令识五字，渐至十字及四五十字。迨子就傅时，经书已成诵。两太母颇钟爱诸孙，吴夫人佯令其戏舞姑嬉前，少间促令开卷，一灯诵读与机梭轧轧相应。暇则公自督课之。尝诲之曰："有子孙方是人家，有好子孙方是好人家。教汝曹读书，原以明道理、做好人，非为科名也。且读书如耕田，未有耕而不获者。"吴夫人曰："读书如织布，未有机无丝而能成布者；亦未有一抛梭而即成布者。积字为句，积句为章，日增月总，岁滋满十馀年，计之名成行立矣。"会两太母前后逝世，岁歉不克葬。吴夫人谓："公毋忧今日之不继，吾数年前故筹及之。"因出其织纴所易二百馀金襄事。其他吉凶祭祀，相助操作，免公内顾。宗族妯娌间均无间言。

公明晰物性，多植花卉，庭除生意盎然。每游行田野间，命仆人就陇畔隙地，种榆桑杂木，蓊蔚成林，或曰："林樊之趣乎？俄贫人死无棺殓者，胥取材焉。"里人皆叹息公仁。生即饘粥之，死复棺椁之，其用意笃厚如此。公年八十后病目，诸孙扶持坐檐前，命诵古人嘉言懿行，或名人诗句之秀者，倾耳不倦，曰："欲吾心常光明也。"

乾隆甲午春，长孙嵘选曹县学博①，赴任请公训，公曰："吾夙命汝等做好人。今改一字，做好官，足矣！"请问："何谓好官？"曰："汝若闻人言某官不好，其对面即好矣。"是岁十一月，公以病卒于家，年八十有八。配吴夫人，同里郯城教谕口口公女，戊寅九月先公卒，年七十有二。子二，长之旭，岁贡生，候选学博，娶景州州同知张勗曾公女；次之昭，廪贡生，娶同里监察御史萧炘公②女，俱先公卒。孙五人，嵘，壬午举人，候选知县，借补曹县司训③；巁，诸生，例授登仕郎，之旭出。嵒④，廪生，峒，国学生；四涟，早卒，之昭出。曾孙七人，廷桂、廷相，诸生，廷槐，嵘出。廷梅，巁出。鹤年、永年，嵒出；长年，峒出。元孙一，畴，廷相出。女四人，孙女六人，曾孙女七人，元孙女四人。以明年乙未十一月合葬景州封家庄祖茔之兆。冢孙嵘来请铭，因余曾为德水山长，稔公家世也。铭曰：

> 魏齐世家，封最古也。徙于洛阳，后还故宇也。
> 千载绳绳，如丝有缕也。自景而德，儒而兼农圃也。
> 两世贤贞，延门户也。公孝无怨，踵前武也。
> 扬双节于朝，受天之祜也。礼立诗言，示懿矩也。
> 无忮无欺，无怨无侮也。而弟而宗，分餐爱普也。
> 坐花以自怡，艺材亦有取也。寿而且康，益伛偻也。
> 孙枝林林，名在天府也。百年虽易淹，令德众所睹也。

---

① 学博：明清府州县儒学训导的别称，又称司训。
② 萧炘：康熙五十二年癸巳恩科顺天榜举人。康熙六十年辛丑科进士，与德州戴寿名、卢见曾同榜。
③ 民国《德县志》卷七《贡举表二》载"程嵘官临安县知县"。
④ 民国《德县志》卷七《贡举表二》载"程嵒官栖霞县教谕"。

铭于幽宫，真士之谱也。

8. 封元巽（1689—?）

德州封顺斋先生八十寿序①

韩锡胙

乾隆丁亥春，德州明经封文舒买小舟走二千馀里，至余金匮官署，叙寒温之契阔，问无恙于兴居，起而请曰："家君以今岁年跻八十，昶将称觞为庆。且伯父亦八十有二矣。聚白首而相欢，纵清谈而忘老。其肯睠怀旧雨②，贶以一言乎？"

余喜曰："美哉！笃棣华于既翕，而齐眉寿于大年。天伦之厚福，依古所希觏也。余与若翁交，能详其家世，又记其年岁。极遐瞻于岱岳，驰尺素于邮筒。子虽不来，余亦将有言以寄也。且子亦知夫福之所由征与夫年之所由永乎？

"余闻之，太上以天寿，其次以人寿，又其次乃以年寿。呼出吸入，息与化通。兑口坎聪，形从祖析。是故上下左右，胥非空空如也。凛明旦而不违，继敦庞而罔坠。爇椒者香腾于太清，击钟者音传于空谷。其行也，或辅之；其敝也，或弥之，此寿天也。

"积财而丰，贫者思夺之；积学而博，才者思毁之。聚而能散，邻里无怨嗟也；文而能谦，名流无訾议也。谷饥菜馑，饘粥资其晨炊；史洁骚幽，讽咏联于夜酎。芳英之灼，其焉忍揉之？乔木之翳，又谁弗荫之？此寿人也。岁递嬗夫寒暑，寇莫盛于阴阳。旷云海于心胸，慎凉暄

---

① （清）韩锡胙《滑疑集》卷四，清同治甲戌重刊浙江处州府署藏版本。
② 旧雨：代指老友。典出杜甫《秋述》："旧，雨来；今，雨不来。"

于寝膳。优柔乐易，风雨之所不侵；温厚宽慈，祥和之所共绕。譬户枢之运动而弥坚，若铣荡之镕烹而益灿。山川恣其啸傲，林壑供其品题，此寿年也。

"夫商风动而卉木谢，丛桂何以连蜷？甲子周而丽容枯，姑射何以淖约？故天以年与人，而其身不固则罔克承之，人以身历年，而其骨不贞则末由①久之。仁者会神之方也，德者召和之器也。苟其好仁，莫尚树德务滋。涤内疚之纤埃，握延龄之左券。倘赞以梵语，应诵金身；若拟诸元门，定推仙骨。岂非君子操行之大，凡百世不易之至论乎？若翁幼而岐嶷，长即有声。艳笔底之江花②，溢才名于曹斗。凡槐市之英，泮宫之彦，未有不叹佩其词华者也。片词九鼎，解纷侔于鲁连；一诺千金，重义伸于季布。孔融好客，适馆授餐；疏广爱闲，散金娱族。凡葛蠹之庇，鳏子之遗，又未有不沾丐其惠恺者也。其从兄也，埙篪谐于雁序，花萼茂于鸰原。班衣爱日则春满萱闱，银管搜奇则灯辉蠹简。

"自弱冠以至皓首，宁有参差？视诸侄无异所生，奚区厚薄？斯又酝酿夫善气，以增益其寿年者矣。犹忆余丙子之岁为山长德州时，环讲席之多英，征传闻于人杰，佥云康熙年间封氏有双节焉！其姑李既呼天只而陨所天，其媳任亦称三从而早从子。茹荼饮蘗，勤鞠育以闵斯；暮呇晨曦，鸣机梭而涕下。两世共罹夫哀惨，二子俱奋以成名。节已奖于天家，人能言其轶事。用是谬为作传，庶可垂示来兹。

"余传中所谓任夫人之二子者，即若翁与其兄进野先生也。若夫达人之后，必炽而昌；而孝淑之馀，宜康而寿。今若翁兄弟之子若孙，象贤学礼均扬双桂之芬，绳武克家并艺丛兰之茂。昆裔既抟风而上，曾孙咸秋水为神。故承先裕后以孝绵之，建阀树坊以孝大之。扇祥风于仁里，高美谊于德门。如若翁者，可谓兼之矣。八十曰耋，若翁之少于汝

---

① 《论语·子罕》："虽欲从之，末由也已。"
② 江花，指江淹文彩俊发，如笔底生花。

伯也二年；朔旦合符，汝伯之先于若翁也一日。昨宵今日，诚哉兄友而弟恭；同气连枝，依然仲随而伯倡。肇履长于㠜竹，待顾问于蒲轮。陈诗而笙叶咒觥，健饭则匙挑香稻。方诸往昔，如君实之事伯康；载忆旧闻，似令公之颔孙子。于以剥安期之巨枣，而餐曼倩之蟠桃也，不亦懿乎！"

文舒欢忭而拜曰："有是哉！"于其归也，即书之以为公寿。

9. 封之旭（1704—1769）

修职郎候选学博筠香封先生墓志铭①

韩锡胙

乾隆己丑六月，德州贡士候选学博筠香封先生卒，年六十有六。未卒之前数日，止子孙辈："毋拥我卧榻前流涕，无益。毋顷刻无人祖父之侧，使惊闻吾病莫救。"且曰："吾有弟不得其死。吾又先朝露不能奉老父馀年，不孝罪大。其以白衣冠殓我。毋以行状、志传诬我。我游魂依老父旁。"闻之犹悲痛汗下也。曰："谨如命。"

先生为修职郎元解公长子，读书颖悟，下笔淹贯，有作家风味。年十八补州诸生，寻食饩。恩诏举贡士。常与州名士考订会文，州名士佥谓："先生学富文丽、志直行醇，近可式乡间，而远亦当名后世。"先生怫然曰："恶，是何言欤？吾父奉两世太母苦节，命我效莱衣嬉戏，博两太母欢。步思步，趋思趋，未能肖也。吾与弟俱有子孙，吾日引子若孙列侍，听吾父之教：读书宜何若？立身接物宜何若？吾领略尚不能得半，退而举吾父语提撕子若孙，尚遗忘指授大意。吾有何美而可式可

---

① （清）韩锡胙《滑疑集》卷七，清同治甲戌重刊浙江处州府署藏版本。

名乎？夫名者以貌实也。貌有妍媸而绘以肖之，媸而妍之非其貌矣！称德行则颜闵，颂经济则伊周，美高蹈则巢许。不惟实非我，而貌亦非我矣。诸君子见闻所及，凡纪传所载人物，其或无免此否也。吾窃病之。"

故先生卒，其子孙不敢以行状讣于人，先生之志也。越六年，乙未十一月，先生长子嵘合葬祖父母于景州封家庄祖茔，以先生柩附葬左次，遵遗命不刻墓石。松江太守青田韩锡胙闻之曰："是可铭也已！"《礼》："父在，子无外交之文。"先生自力学工文，以至名登仕版，皆在父母荫庇中。凡宾客过从，自应试外，非命之往不敢往也。亲姻岁时交际，非命之馈不敢馈、命之饮不敢饮也。终身为人子。夫妇同心，孝事高堂，养志承欢，不知日月之逝。善皆亲之善而己无善，惠皆亲之惠而己无惠，斯孝德之挚，笃行君子也，而掩诸乎？闻先生病危时，梦至古松林山亭下有联云："汲来飞瀑试新茗，坐对悬崖横古琴。"嵘适应礼部试归家，命识之，不知此境在何所也？

案先生讳之旭，字晓东，作诗文自署筠香居士。庚辰恩贡士，候选学博，例授修职郎。先世系次已详父修职公志中。娶景州候选州同知张勗曾公长女，冬炉夏扇，偕先生事翁姑及两世太祖姑，抑抑颤颤以逮白首。子二，长嵘，乾隆壬午顺天举人，知县借补曹县训导，娶同里剑川州知州罗以书女。次嶰，登仕郎，娶故城监生秘象贲女。女四，一适布政司经历李景莲，一适监生张企曾，一适廪生李景程，俱景州人，一适同里监生吕谔。孙四，廷桂、廷相，德卫诸生，廷槐，嵘出。廷梅，嶰出。孙女七。曾孙男一，畴。曾孙女四。

先生弟讳之昭，字葆文，少先生六岁，十五始读书，二十一入州庠，食饩，膺岁荐祗，事父兄，内睦外辑。辛巳冬，境有公事，需助于众，封氏素封宜多助，既助之。复索马，即助马。司事者谓封氏故以驽马应，遣人呶之，先生弟当之而叹曰："不可使警吾父兄。"因自经，年五十有三。先生弟娶御史萧炘公女。子三，长嵒，廪生；次峒，国学；四溓，早卒。女二，皆归名家。孙男三，鹤年、永年，嵒出；长年，峒出。孙女三。其子嵒等亦即如期随嵘奉柩葬于祖茔右次。理宜附书铭，曰：

　　窅乎非谦，暗乎非潜。娱亲友弟，庭舒昼恬。
　　渊丧路前，谁云先淹？不著而著，千春所瞻。

10. 冯沛（1616—1664）

故孝廉冯君沛墓志铭①

王士禛

康熙乙亥冬十二月，冯舍人廷櫆驰书京师，请志其先人孝廉君之墓。其言曰："先君子以甲辰八月十六日弃不孝而逝也。迄丙辰十月初六日，始葬于曹村之阡，相距盖十年，而墓石阙焉。今又二十年矣。不孝适有母之丧，将以丙子三月十六日启窆以祔，敢以志请。"予读其述，质而不华，谨而不溢，而君之质行实有可书者。予与君以顺治八年举于乡，为同年，籍中凡百人。倏忽四十馀年，所谓百人者，乃今无十人在。而君之殁且三十年，宰木拱矣。循览今昔，怆然以悲。

君冯氏，讳沛，字云生。世即墨人，迁德州，数传至仲选，移居董子祠侧，君曾祖也。嘉桢②始治儒术，君祖也。君少卓荦负奇、疏眉广颡而多髯，人呼曰髯仲。从游故太常卿王公都之门，称高第弟子。明末

---

① （清）王士禛《带经堂集》卷六十九《蚕尾文集》卷五，清康熙程哲七略书堂刻本。
② 桢，《带经堂集》卷八十七《冯君大木墓志铭》作"祯"，田雯《古欢堂集·铭表卷二》之《孝廉冯公墓表》亦作"祯"。

天下乱，避地卫河之西，葺园庐、读古书，暇则携渔具临流终日。凡纬萧织箔渔网蟹簎，手自为之，悉皆精妙。遇者以为涪翁渔父之流也。

乱定，中辛卯乡试。君性狷介，不屑与世俯仰，然亦不为崖绝之行。尝畜小伶度曲，时时召亲故置酒高会，或围棋博簺，跌宕自喜。昼引宾客，夜则然烛视书，一过目终身不忘也。君素重意气，赴人之急如其私。姊之夫为里人仇陷，君慷慨白有司得解，仇遂并螫君。事已，乃杜门谢交游。日为子弟授《周易》《孝经》，是时君年四十馀矣。

君事祖母至孝。母寿终，君哀毁踰制，未葬遂不起，年四十有九。廷櫆之幼也，君诫之曰："士不得志，渔于水，樵于山，佯狂于市，无不可者。惟不可挟媚道以事人。吾闻之：趋势者，市井之行也；阿意者，妾妇之道也。一或失身，万事瓦裂，慎之哉！"

廷櫆居京师十年，孤诣独行，目不识贵游所。舍人谓："君有子克自立，而不知君之教者，豫也。"汉陈万年诫其子咸，咸睡，头触屏风，怒诘之，对曰："具晓所言大要，教咸谄也。"① 以视君父子间何如？予读六朝诸名士史传，多称述清谈奕棋马矟诸细事。王介甫志建安章君，亦但言其读书通大指，善音乐、书画、弈棋而已。君虽不得志于时，年不及五十，迹其平生，欹嵜跌宕，岂愧名士哉？

君初娶于周、继娶于曹，皆赠孺人，行治相望，胥有令誉；又继郭孺人。而廷櫆，曹出也，郭抚之，三十年不啻所生。而廷櫆事郭，如君之事祖母，亦至孝。里人两称之。廷櫆登康熙二十一年壬戌进士，官内阁中书舍人，君赠如其官。女一，适赵廷谏，早卒。孙一，炎。系以铭曰：

负俗不羁，才足以有为，而命止于斯。

---

① 见《汉书·陈万年传》。

有子而贤,以大君之年,以永君之传。

百世不迁,维曹村之阡。

孝廉冯公墓表①

田 雯

孝廉冯公,与先大人少同里闬,同以顺治辛卯登贤书。有子舍人廷檄,与余少长相优恩若兄弟也。公以康熙甲辰八月卒,丙辰十月葬于曹村。直廷檄以太夫人之丧,予宁三载,今兹岁在丙子三月十有六日乃卜合葬,谨琢石纪德揭于新阡。

公讳沛,字云生。其先魏氏有华侯之封,长卿食冯城之采②。秦则上党之守,世为公卿;汉则代相之裔,与论将帅。继自即墨迁于德州,故又为同里人也。祖仲选公,与父嘉祯公,并以儒术有声,都讲开簧,诸生负帙,他他藉藉,动邑倾都。

公德水降灵,岱宗表异。仲任逞一见之敏,世叔夸五行之捷③。累试高等,遂登乡荐。于是与先大人公车北上矣。夫称之刘向,当为王佐之才;对在汉庭,不让贤良之策。方当排金门,上玉堂。使钧天有奇丽之观,帝室靓非常之宝。有志不遂,致乃啸傲烟霞,寄情丘壑。春秋四十有九而没,嗟哉!

---

① (清)田雯《古欢堂集·铭表卷二》,《山东文献集成》第一辑第35册,山东大学出版社2006年影印康熙间德州田氏刻本,第761—762页。参见文渊阁四库全书本《古欢堂集》。

② (汉)刘珍等《东观汉记》:"魏之别封曰华侯,华侯孙长卿食采于冯城,因以为氏。"

③ 王充(27—约97),字仲任。《后汉书》本传载:"家贫无书,常游洛阳市肆,阅所卖书,一见辄能诵忆,遂博通众流百家之言。"应奉,字世叔,生活在汉顺帝前后,《后汉书》本传载:"奉少聪明,自为童儿及长,凡所经履,莫不暗记。读书五行并下。"

公捍其目，皤其腹，于思于思①，与伯兄状貌无异，故乡人称髯仲焉。事马太夫人至孝，奉兄惟谨。王延有扇席之勤，季江寻共被之雅。与人弘恕，谦退不伐。苟有不平，则大声雷动，虬须直视。有姊氏家贫，公携二甥归，抚为己子。姊婿为驵侩②所陷，几辱有司。公乃奋髯抵几，深入排解。然弱寡既出，奸党终衔。既而案牍连年，络绎道路。纳宁子之橐饘，缚子犹之美锦。事获平反，乃归杜门。其振穷周急皆此类也。

公以文章经术为己任，鸠集子弟群从③诸出授《周易》《孝经》。讲河间颜芝所藏，法南城郑氏之学。致使王家诸子多浑浚浚沉，谢氏之门尽封胡遏末。其为韩康伯，则不别舅甥；其为魏阳元，则成兹宅相。捐馆之日，值遭母丧，哀毁灭性，有仆陈印死之。子为母没，仆为主殉，孝义之道，一朝总集。非公仁孝忠恕，曷以有此？

先是公尝奉太夫人避地城西，葺庐卫水之上。公傲游其中，良朋萃止，有宿酒数壶；好友相过，视陈书十箧。又吾乡之酿，有银浆承露，醟醟截昉；或墨汁三升，黔过纯漆。错水出自屠苏，银鲤触于罟网。陈罇设醴，酒酣耳热。效嵇阮之狂歌，兼韦房之诗酒。有齐讴激楚之声，有鱼龙曼延之戏。于是风流雅韵，名播青齐矣。夫徙居好时，本无使越之装；别馆河阳，不在牧荆之富。食指既繁，生计日促。临终之日，尝戒子云："吾心鄙货殖，程郑、孔、卓之流，虽谷量牛马，不愿尔曹学之。即佞幸之家，伊优上堂，闪榆见纳、皮钻毛羽、珠成咳吐。士苟一失此，足身名俱堕，吾死不愿尔曹为之也。"以此而言，见公之风范矣。昔者庾信诛茅在于宋玉旧宅，国让诫子必

---

① 捍，《四库全书》本作"睅"，是。《左传·宣公二年》："睅其目，皤其腹，弃甲而复，于思于思。"睅，《说文》："大目也。"皤，杜注："大腹。"思，同偲，多须貌。杜注："于思，多须之貌。"

② 驵侩：马匹经纪人，亦指市侩。

③ 群从：堂兄弟及诸子侄。（北齐）颜之推《颜氏家训·兄弟》："兄弟不睦，则子侄不爱。子侄不爱，则群从致薄。"

葬西门墓边。公生居董相祠前，死近东方墓侧。方之古人，诸葛有云："未及髦之逸群绝伦也。"

元配周孺人，继配曹孺人，年各二十有九，并皆端庄惠淑，贤才之室，霜露先侵。再配郭孺人，享年六十有五，抚育遗孤三十馀年，备历艰辛，其高节行义，渔洋王公为墓碣已书之矣。舍人廷樾盖曹出也，遇覃恩赠父母如例。女一，适赵廷谏，早卒。孙一，炎。公一经世守，安如鹿门之遗；寝丘无馀，贵甚江陵之树。且昔人云"庐于承明，署于金马，皆明察之官，贤于管库之末"①者也。余所以叙其梗概，贻诸好事，永为灵表云尔。

11. 冯廷樾（1649—1700）

文林郎内阁中书舍人管典籍事冯君大木墓志铭②

王士禛

康熙庚辰，冯君大木卒于京邸，予哭之过时而悲。嗣是数往来安德，望君之庐，未尝不腹悲也。昔秦少游死，东坡先生叹世无复有如此人。大木死，世岂复有如此人哉？丁亥冬杪，其孤炎来告葬期，且请书其隧道之石。予方病困甚，言念平生，不忍例辞，乃伏枕略述君之梗概而铭之，以代楚些③云。

按状，君讳廷樾，大木其字。先世莱州即墨人。曾祖仲选，祖嘉

---

① 见《宋书》卷六十二《王微传》。
② （清）王士禛《带经堂集》卷八十七《蚕尾续文集》卷十五，清康熙程哲七略书堂刻本。
③ 楚些：《楚辞·招魂》多用语气词"些"，为《楚辞》所特有，"楚些"成为招魂辞的代称。

祯，父沛，顺治辛卯举人，不仕卒。君幼号奇童，读书一览，辄诵于口，强记不忘。十五工为制科之文，五经三史庄骚以下四库二氏之书，无弗浏览。于是落笔辄绌其辈行，亡敢当者。

康熙戊午举乡试第六人，壬戌赐进士出身。君文词赡博，又善摹赵承旨书，时论以为鼎望，无以踰君。会有尼之者，竟置二甲①，及馆选以名士荐者五十人，复不及君，君于是浩然有归志矣。又三年，授内阁中书舍人，官闲无事，儤直稀少，益取古人书枕籍读之。足迹踽踽，终岁不识贵人之门。性孤峭益甚，而诗文亦益奇。丁卯典湖广乡试，所取多振奇服古之士，居然楚之雄风也。既撤棘，蜡屐筇杖，登黄鹤楼，俯江汉之流，眺内方、大别诸山，南望潇湘、洞庭，慨然远想，有诗百馀篇，识者以为骚之苗裔，今所传《晴川集》是也。寻以次久掌典籍事，宅继母郭忧，泣血三年，毁几灭性，人称笃孝。居久之，强起，补旧职，量移曹郎有日矣。一夕与友人会饮邸舍，欢甚。丙夜客皆去，君始就寝。明日日高不起，其仆启户视之，君卒矣。

君生平嘐嘐然，慕古近狂，不屑不洁近狷。与人少可而多怪。非其人，虽比屋，不相往来。苟其道谊契合，推心置人腹，坦然无机械、无町畦。而内行纯备、洁修自好，尤为士君子之所难。独不能突梯闪揄以媚世而诡遇耳！语云："宝剑不可刈韭，古鼎不可柱车，其所挟持者非也。譬舆人造车而方其轮，欲以致千里，得乎？"计倪曰："有高世之才，必有负俗之累。"于君益信，顾人忌之，天亦忌之。使之颠颔没世，年甫及艾以死，此则太史公所致疑于天道是非者也。

君之文清迥绝俗，歌诗尤超逸，似不从人间来。予为刊削，存尚数百篇。其友人李子、田子将谋刻之，其必传于后不疑。君卒以康熙三十九年九月十七日，年五十有二。娶李氏，子一人，炎。今将以康熙四十

---

① 冯廷魁中二甲第十四名进士。

七年三月三日葬曹村之阡。铭曰：

> 云中白鹤兮警露高翔，下视鸡鹜兮争趋稻粱。
> 幽兰空谷兮无人自芳，菉葹杂糅兮罗生北堂。
> 巫咸上天兮天道茫茫，孰分菀枯兮孰辨彭殇？
> 文冢幽幽兮上烛星芒，嗟嗟冯君兮德音不忘。

12. 顾聪（1469—1556）

明故行唐县教谕直庵顾公墓志铭①

程 珛

安德为齐鲁望郡，其间臣室为多，而蔚然称望族者，其惟顾氏乎？顾氏族既大，其间英儁为多，而伟然称望人者，其惟直庵乎？嘉靖丙辰五月二十四日，公年八十有八，以疾卒。于是宗族失其所尊依，士庶失其所瞻慕，州长党正失其所咨承，罔不咨嗟痛悼为之泣下，岂不谓生荣死哀者邪？公子代辈以□年□月□日葬城东南原，先期持邹君慎所为状，诣予请铭。

公讳□②，字□，号直庵，其先淮南人。高祖子英，郡庠生。曾祖本，大名府通判。祖琏，九江府检校。父谊，七品散官，妣王氏。公弱

---

① （明）程珛《程右丞稿》卷八，《明别集丛刊》第二辑第93册，黄山书社2016年版，第277页。
② 原文空格，据下列两方志空格处名讳为"聪"字。（康熙）《内黄县志》卷二《人纪》"训导"条："嘉靖年"下介绍的第一人："顾聪，德州人。"（乾隆）《德州志》卷九《贡举·岁贡》"正德"条下载："顾聪，教授。"盖《墓志铭》所云"戊戌岁升鲁王府教授不就"者。按明代《吏部执掌》，王府教授，官阶从九品。

冠游郡庠，有奇才；及长游京师，师友①天下士。其学无所不窥，尤精戴氏《记》，门下士赖公指授因以成名者甚众。

嘉靖癸未，贡如京师，除内丘县训导。内丘士久无登科者，公教以读书为文之法。已而李鹏、王宗周、吴相，皆相继取高第，文风由是大振。尝辨同官之诬及葬弟子之贫者，行事卓有古风。内丘士竦然敬服，非儒衣儒冠不敢以见。

庚寅岁，升行唐教谕。故事俸廪之馀者归教谕，公独不受。教士一如内丘。巡抚中丞某，廉知公贤，命视县章。时有乔汉者为母讼不孝，橐金求免，公却曰："吾岂有邪德邪？斯物奚为至哉？"卒置之法。

戊戌岁，升鲁王府教授，不就，遂归老于家。制为祭祀燕享之礼，于是族人亲睦。族有私鬻茔地者，乃责以大义，卒取赎焉。

公刚方厚重，凝然山立，人望而敬惮之。虽交游亲昵，终身无一亵语，尤绝意声色，竟日端坐，至八十馀岁犹然。盖其得于天者厚，而养于己者全，禄寿兼备，岂偶然哉？配傅氏，有懿德，与公齐年，尤世所难得者。生男子六，女子一，孙男十，孙女八，曾孙六，曾孙女四。铭曰：

> 泰岱之秀生伟人，精研礼经淑其身。
> 久司教柄士所尊，科第发轫文风振。
> 长裾不肯曳王门，素怀高蹈箕颖②伦。
> 祭祀燕享族以亲，休风能令薄夫敦。
> 麟趾振振蔚有闻，公虽逝兮名常存。
> 我铭斯石愧不文，于千万年志此坟。

---

① 《程右丞稿》国图本无"友"字。
② 箕颖，即箕颍，代指贤士。皇甫谧《高士传·许由》："由于是遁而耕于中岳，颍水之阳，箕山之下。"

13. 金炼（1565—1635）

陕西右布政使金炼传①

程先贞

金炼，字伯精，德州卫人。父世臣，字汝勋。以岁贡为沧州训导，擢山西广昌知县。邑小而冲，冠盖往来，疲累不支。世臣悉心经理，客无留行。民俗素悍，每睚眦自杀，以倾仇家。世臣谳决得情，民咸革面。以子贵奏封去官。

炼中万历丁未进士，授户部主事，督楚漕司延饷，挽输以时。赐金增俸，拜河南参政，升按察使，再升江西右布政。两院请以新秩留。炼在中州五年，执法不阿，风采岳立。擒灭禹郑间妖人刘显吾、王抚民，剧盗马一腾等。上特书屏纪勋。摄篆左伯。全豫所输上金钱，第令输者自衡，中程则给符亟遣去，人咸便之。辟书院，课诸生甚勤，禹州始有登解首者。

连丁二艰，起补陕西②，平凉多朱邸，难治。炼弹压肃然，宗民帖息。俘斩流贼王天寿、马角脑等。固原军谯，擒首恶十三人诛之，指麾而定。以病乞骸骨归。居家孝友廉静，无问疏近，皆有恩纪。扬历中外二十三年，却苞苴，斥厨传，朝夕所给俱平直市之民间。所至以治绩闻。卒年七十一，崇祀乡贤祠。

子寿祖，以贡生任池州府通判。

---

① 原无详题，据传文添加官号以醒目。(清)金祖彭修、程先贞辑《（康熙）德州志》卷九《人物传·金炼传》，康熙十二年刊本。按，(清)王道亨修、王道源纂《（乾隆）德州志》卷九《金炼传》比《（康熙）德州志》在文字上略有增益，可参考。

② 《乾隆德州志》于"陕西"后有"右布政"三字。

14. 金寿祖

池州府通判孺莱金公生志①

卢世㴶

别驾金公作《素患难说》，余既序而行之矣。别驾有当乎余之言也，爰出自著《谱略》一卷曰："子其为我志之。"余曰："公年甫踰四，精神更大于身，何遽早计至此?"公笑曰："以子为悟矣！而犹未也。向子平有言：'吾已知富不如贫，贵不如贱，但未知生何如死。'我今知之矣。觉向子犹隔一尘，不意子又后向子也。"余恍然曰："公，达人也。我则陋矣。我闻在昔，赵岐、司空图皆预作寿域，画古人之象于四璧②。日引宾友饮酒赋诗于内，数十年而后以老寿终。公亦犹行古之道也，我则陋矣。"因脱手为别驾作生志。

公姓金氏，名寿祖，字同生，别号孺莱，又号性拙散人。考讳炼，世所称丹庭先生也，官至右方伯，生而祠于官所，没而俎豆于学宫。以别驾生与祖同月日，遂命名字焉。

别驾生而凝重不佻，勤读书，守家训惟谨。弱冠补诸生，慨然有经营四方之志。缘方伯翁老而授政，遂循循一室，婉娈如处女，问安视膳十余年，未敢通宾客。方伯没，而毁几灭性，黾勉襄葬事。爱其所亲，抚幼弟小妹，恩礼倍常。一切婚嫁经费，即倒箧弗恤，而情尤肫挚，惟恐伤之。又推姊之爱，以抚两甥，无异弟妹。盖别驾之天性如此，而同

---

① （清）卢世㴶《尊水园集略》卷十一，《续修四库全书》第1392册，上海古籍出版社2002年版，第556—557页。

② 璧，当为"壁"之讹。

心协力，则陈安人与有成劳。安人乃陈令君大章先生之女，作配别驾，相敬如宾。闺阁中慈祥慷慨，盖未见其匹也。已别驾以恩拔入太学候选，时将天地反覆，别驾见几而作，色举翔集①，迤逦渡江，授池阳别驾，涕泪而受之。

公具经世大略，一别驾尚不足展骥足，乃规模宏远，缔搆精密，即盘根错节，不啻承蜩弄丸。时土寇侵凌，危在旦夕，公以半刺②任一郡，按辔登陴，不疏不扰，寇退民苏，始知金使君保障功高，恩及万世子孙难忘也。一时上大夫咸倚别驾为左右手。会英王屯兵池口，阖池士庶赴言别驾德爱于王，愿补府正以救此一方民，王即为题请，公固辞，仍服旧官以待新守。新守履任兵马，从水陆来者不下数万，派粮逾三万石，池居积如扫，一时百姓计无复之。公呕血为民造命，百计调亭③，仅完十一，馀获豁免。池民感公入骨髓，后拜命如旧官，拮据半载而公病矣。公慨然曰："官与身孰重？"决计乞休，即士民拥道遮留不顾，而上官乃有嫌其去之遽者，后事体详明，始得致仕。公归而后喜，可知也。

归与里社诸兄弟日修觞政，余为祭酒。公素不喜饮，自遭患难以来始藉杯觞以浇块垒，遂与余并称大户。然当意兴稍阑，即强之一滴不肯。余每服其直，谓："公之凡事斩截，有如此酒矣。"公内行淳备，孝友天植，求之古人中亦不多见。营综家务，丰俭得宜，非其意一毫不取。从池阳洗手而归，豁如也。陈安人助公为仁人、为君子、为廉吏、为逸民，冀缺梁鸿，不得专美于前矣。其事雅，足不朽。余故不辞而志之。既志之，复语公曰："公之谱，余之志，可并刻于石。"余固得略

---

① 《论语·乡党》："色斯举矣，翔而后集。"
② 别驾为州刺史属官，故常半刺。晋庾亮《答郭预书》："别驾旧与刺史别乘，同流宣王化于万里者，其任居刺史之半。"
③ 调亭，即调停，此处意为安排处理。

其所详，详其所略。且公年未及艾，乃求余望七十老人之荒言，盖直寄焉，以代寿章云尔。过此以往，优游恬畅，伉俪偕老，不百年不已，尔时自有三管①手作铭诗以佑余志。余虽在冥漠中尚能神听之。家世详载自谱，不具论。

15. 金柽

德州贡生复公金君墓表②

赵执信

安德固多谊士，余旧识者尽矣。顷岁③与金生英游，知其先人复公君者，孝友笃行君子也，惜乎年不酬德。既葬，而生请余为文，以表其墓。余惟今天子方以至孝为治，海内蒸蒸向风，如君之行当上之礼官，载诸国史，以为敦伦善俗之助。此有位者事也。若夫纪述其美，勒之贞珉，俾其州里远迩称颂不衰。或过其墓者，流连而不能去。是则能文者尸之，余何敢辞？

谨按，金氏，州之名族。有明之季，有仕为陕西右布政使者讳炼，君之曾大父也。君之考，讳庭进，娶于郝，实生君。君讳柽，复公其字。有弟三人，皆继母陈出。君性敏慧，儿时丧母郝，知号痛。长好读书，以心疾不能穷其业。年二十，即承父命秉家政，君力疾综理出入，

---

① 三管典故约出自梁元帝萧绎故事，（清）崔龙见总裁，（清）黄义尊纂修《江陵县志》卷五十八《外志·杂记》云："梁元帝为湘东王时，好学著书，尝记录忠臣义士及文章之美者。笔有三品，或以金银彫饰，或用斑竹为管。忠孝全者用金管书之，德行清粹者银管书之，文章赡丽者斑管书之，故湘东之誉，振于江表。"乾隆五十九年刻本。

② （清）赵执信《饴山文集》卷九，《清代诗文集汇编》第210册，上海古籍出版社2010年版，第413—414页。

③ 顷岁：近年。

无私内外，井井然。父殁，哀礼无亏，亲族称之。侍陈曲尽诚敬，陈亦忘其为非己出也。待诸弟友爱无不至，叔弟疾困，手为煎药，至竟夜不寐。其勤笃，盖出于天性，人无间言。年三十有二而卒。卒后，其弟病中恒思之而泣。每岁时吉凶有所感触，陈为流涕久之，则其所感之深可知矣。

娶赵氏，与君同德，克勤内政，无少缺。侍陈尽礼，视君存日如一。教英勤学取友，动有法则，英用是能自立。年五十有八而卒，与君合葬。余中岁往来南北，过德州无不留。其贤豪文士，无不识君。所娶赵氏，盖余之宗人也。以故君之行谊，不俟英言，而已知其大概矣。近以老病卧深山中，与世杜绝，而英渐知名，频以诗寄政于余，复走五百里游余之门。将返则手君之状以请，余念君之孝，则慨然于世风，而心敬之。闻君之友，则内伤于薄俗，而心愧之。虽殚精纪述，故不足以为君重轻也。然余之篇咏谬为知交所重久矣，而安德诸君子尤爱余书法。今余有左氏之疾，但强为文词，不复能握管抽毫，还其旧观，庶有称于今而取信于后。昔人所云临文嗟悼有以也夫！

16. 李逢时（1492—?）

山西承宣布政使司左布政使在川李公墓表[①]

高珩

公讳逢时，字化甫，号在川，世为江西赣县人。洪武十九年选壮士实畿辅，有讳牛仔者，自宁都卫调戍德州卫，遂为德州人。数传至清，

[①] （清）高珩《栖云阁文集》卷十五，《四库全书存目丛书》集部第202册，齐鲁书社1997年版，第409—410页。

清有子二人，长珍，次琳。琳生芥，即公父也，赠文林郎、湖广道监察御史。母董氏，封孺人。公生而端恪，不习儿曹嬉戏。嘉靖庚子举于乡，甲辰成进士①，授行人，选湖南道试监察御史，奉命巡青②，遍历马坊。稽盈耗，不避权要。

越岁，按宣大，适逆帅仇鸾主互市。鸾偃蹇畏懦，不敢御敌。又恃通市，忽边备。而大同总兵徐仁复骄纵，声言既与敌平，无庸戍守，恣意朘削为囊橐计。巡抚何思亦以通市故禁边军，杀敌者抵死。俺答之众以故出入关隘，动称贡市，有司廪饩惟谨。其狡黠者，变服入城，奸辱妇女，莫敢谁何。公具疏极陈其害，曰："数日之内俺答三入寇，似与通市，情实相左。乞敕边臣多方备御，仍遣使宣示恩威，令其约束部落，勿启边衅。每岁六月九月通市外，不许频复求请及零骑侵犯。倘彼服从则与通市如故。若面从心违，据实奏报，一意战守可也。"

次岁正月，俺答寇大同，公又上言："诸部落于岁初入犯，俺答之约束全虚，马市之羁縻难恃。今日之计，惟一意讨伐，乃帝王恩威并施之道，宜行各边臣合兵征剿。仍敕京营大将仇鸾训练甲兵，勿得隐忍顾忌酿成大患。"其后败盟悉如公言。先是俺答以万骑入塞，抵怀仁县大掠。总兵徐仁、副总兵王怀邦等各拥兵观望，惟指挥王恭帅所部力战死之。公疏劾仁等而请赠恤恭以作忠义之气。乃械系仁等，赠恭都督佥事，为立祠塞下。自后边备始修矣。事详国史及《典汇》诸书中。

再按徐淮，时大盗李之强聚众流劫，蔓延丰沛，巡抚督漕诸大吏匿不以闻。公上奏且驰檄剿捕，不踰月盗平。公以保御功受上赏。既以资深差南畿刷卷，例应内转。浙人赵文华者，公房师也，方居显位，与阁臣严嵩相结，势张甚，谓公曰："稍自圆通，即卿寺可得。"公拂然曰："去留惟公所命，品行吾自主耳！"赵衔之，遂出而为湖广按察司副使。

---

① 《明代进士登科录》第10册载：李逢时，中嘉靖二十三进士时三十二岁。
② 巡青：巡视禾苗、牧草生长情况。

比之任，值汉水数溢，公殚力修筑，阳侯不为虐也。进布政司参政，仍守荆南，寻擢广东按察使。丁内艰，服阕，补山西，历左右布政使。时宗室蕃衍，禄米日增，诸藩府又多预支常赋，所入往往不足。公剂量画一，出纳两平，人情翕然。入觐却筦库，羡馀不纳。及大计日，于吏部堂上议属官去留，忤时宰意，遂以年老致仕，中外方惜之，公怡然自若也。

归田谢绝人事，尺牍不入公门。日以课子明农为务。公庭训严切，诸嗣君绳绳奉以周旋，勤刺六术①如奉三尺，务期得当于贤书，以代饘芌之荐。次子庚午举于乡，长子不敢复见公，即潜身别墅，服箧淬心，直至癸酉登科，始入拜膝下焉。门以内肃若朝典，家人望而肃然。常端坐中庭，三岁儿子不敢踰阶，乃伏于檐石之下，匍匐而过。其门内端严可概见矣。

生平廉以持己，服官日，冰烈自矢。巡方两地以及历任中外，官至左方伯，而田不过数顷，仅供饘粥，家无馀赀，若寒士然。予不佞八载长林，复趋阙下，则□□□左顾，被服儒素，彬彬大雅君子也。心窃念英年巍科乃能恂恂如是，名德固当有渊源。及询家世，知为公孙。昆冈之玉，洵不虚矣。古来贤士大夫之立朝崇替，非所计也，必以名节为立身之本。昔人有言"不事孙刘，不过不为三公"②耳。钩曲封侯丧吾鼎者，不既多乎？先生冰霜栗栗，不屑以权贵取要官，可谓齐国男子矣！而谋国之忠，先于薪火，瞻言百里，维其有之。立身之大节、筹国之远略，既以度越时贤。而世业以约、庭训以严，里门之淑德，复有如此

---

① 《史记·封禅书》："使博士诸生刺《六经》中作《王制》。"六术即六经。贾谊《新书·六术》："《诗》《书》《易》《春秋》《礼》《乐》六者之术，以为大义，谓之六艺。"

② 《三国志·魏书·辛毗传》："时中书监刘放、令孙资见信于主，制断时政，大臣莫不交好，而毗不与往来。毗子敞谏曰：'今刘、孙用事，众皆影附，大人宜小降意，和光同尘；不然必有谤言。'毗正色曰：'主上虽未称聪明，不为闇劣。吾之立身，自有本末。就与刘、孙不平，不过令吾不作三公而已，何危害之有？焉有大丈夫欲为公而毁其高节者邪！'"

者，柳氏家法①于是乎在，不上俪古人乎？先生之嗣君，复能世守不替，丹腹重光，宜哉！□□，克光前烈也。《诗》有之"无念尔祖，聿修厥德"，此故□□君之服念维则者也！陇西之祚其未艾乎！

17. 李嗣美（1578—1640）

文学李胤方墓志铭②

卢世㴶

胤方大兄，古倜傥磊落君子也。余于友朋中严事胤方，胤方弟畜余，相得甚欢。胤方曾与余伯氏结婚姻之好，顾特于余昵，即一岁不数见，见必倾倒，或酒阑客散，胤方必坚坐俟余，尽醉同行，两人之相欢如此。及其没也，余于役京口，不获执手而诀。今将葬矣，其子孝廉君修状求铭。孝廉人文如冰雪语语实录，余读之不觉泪洒行间。呜呼！所可藉手以报先友于地下者，此耳！于是端拜而志之曰：

胤方，姓李氏，讳嗣美，字伯宪，别号胤方。先世江西赣县人。始祖清，以从戎隶籍德州卫。清生琳，琳生芥，以子贵赠监察御史。芥生逢时，繇监察御史历任山西左布政使。逢时生二子，次汝栋，中隆庆庚午科举人。汝栋生焕，太学生。焕生二子，公其长也。

公生而颖异，不与尝③童伍。伯考洪洞公④深器之，恒曰："此子若

---

① 唐朝中期柳玭，为官廉政，历仕吏部侍郎、御史大夫，昭宗欲相之，因逸罢。《新唐书》本传："常述家训以戒子孙。"是謂柳氏家法。
② （清）卢世㴶《尊水园集略》卷十一，《续修四库全书》第1392册，上海古籍出版社2002年版，第538—540页。
③ 尝，即"常"字。
④ 应为"伯王考洪洞公"，李汝材为汝栋长兄，官洪洞知县。

非国宝，定为家珍。"甫垂髫，即游泮。志大心虚，尊师取友，研席间所咨叩者甚至。居恒无他嗜好，惟刻心于本义。凡古今训诂靡不取，而研究冰解冻释，寸心自喻，欣然曰："道在是矣。"发而为制举义，渊懿蕴藉，似嘉隆间大家。曾受知府主受寰文公①，文公负人伦鉴，得公卷大奇之，拨居第一。逢人说项②，以为国士无双。数奇不偶，屡试报罢，文公甚惜之。每告人曰："吾不识汤宣城，而宣城魁天下。吾深识李德州，而德州老一经。有数存焉，可奈何？"其为名公巨人所叹服如此。

公之严君胜情好客，及公身而产已中落，公绝不关怀。与二三同人读书谈道，泊如也。公性喜交游，遇人无城府，把臂谈言，肝肠尽露。间而滑稽玩世，诡随浅者，意无可不可。一至大节攸关，义所不然，山嶪斧断，无毫发假借。丁外艰，哀毁几于灭性云。

公仗清刚之气，洗手盟心，长贫不悔。曾有至戚以重赀托公市美材者，同事鬼辈谋以赝物冒真而微词餂公，公动色峻拒之，曰："此岂人所为尔？以李胤方不丈夫耶？"言者大惭。公生平洁身不负人，大率如此。公课子最严，孝廉幼善病，时施夏楚③，挑灯口授，每过夜分。少子祐、元孙淡，相继成童，提耳而诲，不少姑息。今孝廉蔚有公辅之望，而祐与淡骏发庠序间，旦夕飞举。公之家学渊源，一何长且厚也！

公晚岁为林泽之游，枕河开园，倚树而读，凡田夫野老以至五尺之童皆通怀抱，解衣推食，一乡咸饮太和。觉武陵花源，去人不远。综公

---

① 文球，字受寰，河南固始人。万历二十三年进士。曾官济南府知府、济南道副使、兵部右侍郎、蓟辽总督等。
② 逢人说项：项指唐朝诗人项斯。遇到人就夸赞项斯的诗才好。宋计有功《唐诗纪事》卷四十九："斯，字子迁，江东人。始，未为闻人。……谒杨敬之，杨苦爱之，赠诗云云。未几，诗达长安，明年擢上第。唐杨敬之《赠项斯》："几度见诗诗总好，及观标格过于诗。平生不解藏人善，到处逢人说项斯。"
③ 夏楚：古代两种体罚学生的用具。《礼记·学记》："夏、楚二物，收其威也。"郑玄注："夏，榎也；楚，荆也。二者所以扑挞犯礼者。"

一生行业，一言以蔽之，曰："诚善乎！"孝廉之言曰："先君天怀朴直，知无不言，言无不尽。遇善必扬，不善必教。疏脱慷慨，从不作一违心语。生平不知欺人。胸怀浩落，见者有无怀、葛天①之思焉。"呜呼！此余所谓倜傥磊落君子也。

公生于万历戊寅二月初四日辰时，卒于崇祯庚辰五月初十月未时，享年六十有三。元配高孺人先卒，自有志。子男二，长允祯，即孝廉君，崇祯癸酉举人，娶廪生宋懋胤女，卒，继娶儒士赵愫女，卒，继娶廪生董元勋女。次允祜，庠生，娶处士周呈芝女，卒，继娶处士魏璁女。女三，一适廪生陈洪谟，卒。一适庠生俞道行，卒。一适指挥孙弼明。孙男一，浃，廪生，娶庠生刘育民女，祯出。孙女二，尚幼，一祯出，一祜出。曾孙一，松，尚幼，浃出。兹于崇祯十六年十一月十二日葬诸祖茔，高孺人偕。铭曰：

功名有命，文章有神。德馨书种，化旧为新，
奕奕振振，有子有孙。不于其身，于其后之人。

赠奉政大夫工部员外郎李公合葬墓表②

汪懋麟

德州有合葬于城之北原者，为文学、赠奉政大夫工部员外郎李公之墓。予尝屡过其州，土高而坚，水清而潆，桑枣沃然。问其故老乡间之贤者，曰有笃行好学之君子即公也。事于亲而孝，敦于族而仁，交于友

---

① 无怀氏、葛天氏，传说中远古两个部落首领，后世借指淳朴之世。陶潜《五柳先生传》："衔觞赋诗，以乐其志，无怀氏之民欤？葛天氏之民欤？"
② （清）汪懋麟《百尺梧桐阁文集》卷五，《清代诗文集汇编》第151册，上海古籍出版社2010年版，第314页。

而信。乡之人稍于伦常有背，惧公其闻之也。平居闭门好书，深沉刻励，无所不窥。乡之人于问学有未即达必于公乎资之也。

公之殁久矣，其亲疏及州近远，无不称道思慕之不忘。其配封宜人高太君，州左卫指挥佥事鹤寿公女。少失恃，哭母以孝闻，及归李，奉两世姑有为常人妇所难者。赞公内外，能助其不及，合葬于北原者是也。公之卒得年六十有三，实崇祯十三年五月，其葬以十六年十一月。

公讳嗣美，字伯宪。先世江西赣县人。其始祖洪武初隶籍于州，遂为州人。其嘉靖二十三年进士，由监察御史历官山西左布政使讳逢时者，为公曾王考。隆庆四年举人讳汝栋者，为公王考。太学生讳焕者，为公考。其以工部员外郎赠公者曰公之子，崇祯六年举人，由县令入为工部郎，迁广西按察司佥事讳允祯。志公之墓者，为监察御史州人卢世㴶。方李氏之兴也，方伯公起于前，孝廉君继于后，寖盛矣。至太学公而中衰，公怡然养亲力学，不以盛衰易其志。诸生时受知于济南守文球，目以国士，及试屡蹶，文叹曰："吾不识宣城汤某，而汤魁天下。吾深识德州李某，而李老一经，命也，奈何？"其才望见重于时如此。世㴶志公墓称公为人直质，无城府。与人交油油然。虽田夫野老及童稚皆得通怀抱，至义所不可，则不假毫发。世㴶，字德水，与虞山钱尚书谦益友善，尝称其为人，其文足信也。

予生公后，距公殁时已四十有四年，乃因过公之里，式公之墓，而重为之表者，以获交公之孙浃与涛也。浃，顺治三年进士，知芮城县。涛，康熙十四年举乡试第一，十五年进士，翰林院编修。余与芮城君论诗有合，尝次第其作。又与编修君同在史局，数以表墓之文见属，逡巡数载未即报，愧予言无足为公表也。编修君请不倦，乃直述所闻于其州人之言与卢侍御之志而复。考公之行义文章，于两文孙无弗合也。呜呼！世之贤人君子，修身砥行，或不幸而不显，或显矣而不大，比一再世，已失其氏名，又遑问其墓乎？若公之久而愈彰，不惟其州之人知之，行且传于天下后世，岂仅甲第相望在其子孙者之为世重也哉？

18. 李允祯（1600—1662）

李工部修庵传①

潘耒

李君修庵，讳允桢②，字贞甫。其先自江西赣县徙山东之德州，数传至逢时，嘉靖中为御史，官至山西左布政使。二子，长洪洞知县汝材，次举人汝栋。汝栋以哭父卒，是生焕，焕生嗣美，君之父也。

君生而笃孝，祖患痹症，转侧需人，左右多不称意，得君乃安。力学工文章，中崇祯癸酉乡试，丁内外艰，哀毁骨立，遗田千亩，悉推与其弟。顺治元年起家，知故城。地当舟车之冲，军兴邮传驿骚。君一切按符以给，贵客不得苛取，有强直声。邑丁旧二万馀，兵疫死徙过半，额征不减。君编审得见丁七千有奇，具牒乞除旧额，会调知丰县，吏胥迁延为奸。君锁闭一室，集众焚旧册于廷，昼夜治文书，竟得请而后行，民去重累。

丰俗喜告讦。豪民与奸吏通囊橐，有睚眦辄控上官，使所厚吏下其事，逮系株连。事即白，辄破数家产。君廉得其情。甫视事，有奸民通词监司吏，持符来索人，君持不发，吏出不逊语，君怒杖之堂下，立见监司言状，请自今越诉者尽予县鞫。监司素重君，立发十数事，按治具得诬罔，杖杀刘某等数人，县中帖息。初到官，库吏陈设有金银物，君愕然曰："此何为者？"对曰："库中例有羡馀。"君怒曰："库中秋毫皆

---

① （清）潘耒《遂初堂文集》卷十八，《四库全书存目丛书》集部 250 册，齐鲁书社 1997 年版，第 198—200 页。
② 桢，当为"祯"。

官物，若奈何以此饵我？"杖而斥之。终君之任，不支一钱，吏无敢干没者。

有富民某甲，挑其僚婿①某乙之妻，乙造门詈之。甲因赂盗引乙，乙不胜拷掠，自诬服。君至录囚，见一囚瘠甚，手足俱被创，心疑之。暮微行，见狱门半闭，有二人切切暗中语。君曰："此必有异。"搜狱得外人，诘之则曰："某有亲在狱，来馈食耳。"命呼囚来，则昼所见瘠而创者。问之曰："彼诚亲也。但尝挑吾妻，吾詈之，绝不相往来。是安肯食我？"君阅成案，见他盗赃甚多，乙独有布一匹，叹曰："知此布是谁物？而可据以杀人乎？"鞫甲具服，搆盗诬引并贿狱吏毙乙暗中语者，惧新令覆谳趣毙之也。因释乙而论甲及吏如法。

有嫠妇富而子幼，其夫之兄欲嫁之而不可，乃谋于其党。使一人踰垣入，掩获之，言于县，其人自承与妇奸。妇号恸言："为伯氏所枉，垣外即伯氏家也。"君系踰垣者，遣妇与伯氏归，迟十馀日不讯。令吏给系者曰："彼妇与伯氏分财相睦矣。且独坐汝。"比讯，呼伯氏至案前语，良久引去。呼其人前，叱之曰："尔罪应死，知之乎？"顷某言："隔垣闻妇叫呼，因捉获，是强奸，律应斩。"趣下重囚狱，其人惶急曰："本无奸。渠令某贿我为之。今乃陷我死。"令逮某至，一讯而伏，三人者俱论坐。

有兄弟争田者，直在弟而官常直其兄，弟不服，数讼不休。君判田与弟而切责之曰："奈何讼兄？"兄曰："我亦久悔，欲归田与弟，临讼畏曲，故不敢耳。"弟曰："向因不直，故讼。今直矣，愿以田与兄。"相持恸哭，即为兄弟如初。

河决徐州，县当致柳万束，期以五日。吏请责里甲办输。君曰："是必扰民，且惧后期。尝见某所有柳林数顷，伐之可立办也。"官偕

---

① 僚婿：姊妹丈夫的互称或合称。《尔雅·释亲》："两婿相谓为亚。"郭璞注："今江东呼同门为僚婿。"（清）梁章钜《称谓录》卷七："僚婿，北人呼连袂，又呼连夹，亦呼连襟。"

牛车送之，四日而毕事，民寂不知。

砀缺令，国子生吴某作乱引贼破城，君摄令剿贼，出不意夜掩击贼，走之。抚安居民。自吴某外无所问，全活若干家。数日济宁军至，声言且屠城。城中尽哭。君曰："无怖。吾当自往。"即具牛酒迎数十里外犒师，言贼遁已久，可不烦兵。即有事，摄令者当之。兵竟不至。

自砀破后，民动相告以反，君一不听。有言某监生盛作兵弩，将以某日举事。君驰往视其家，见积钱甚多，兵刃数事，皆缺钝。君曰："是无反形。若辈无妄言。"既而言者，不止。君召某谕之曰："汝以多藏见憎。吾去，将不免。可去为兵官自全。"其人竟以军功显。其保全善良多此类也。

迁南城兵马司指挥，擢工部营缮司主事，新作端门，君督琉璃厂。董作有劳，晋一官，有文绮名马之赐。九年抽分清江浦，督造船。船政百弊所丛，君锐意剔除侵渔，破冒之奸无所容。工匠卫军咸便安之。关无无名之征，隐漏者补税而已，不取罚镪。向之猾吏，身无完衣。在官三年，凡所兴革，皆为后法。著《漕使》五集数十卷。岁饥出谷数千石，为粥赈民，民立碑颂之。既事有羡金数千，悉表上诸朝。

历虞衡屯田二司，以郎中迁广西左江道佥事。舟行至岳州而病，致仕。家居又五年而卒。君天姿英敏，应机立决，丰裁峻厉，人不可干以私，而用心乐易表里，洞然不为崖异之行。所至有惠爱，人皆久而思之。始公之去丰，夜渡河遇劫贼，君大声曰："我丰县官也。"贼竟言："此清官，勿犯。"遂解去。江行过小孤，大风昼晦，舟如磨旋，君出立船上，祝曰："李某生平作吏无私，神其鉴之。不然者，舟速覆。"祝毕，天清风顺，瞬息百里。寓岳阳楼数月，忽梦中闻人言："宜速去。"质明而行，其夕楼毁于火。州人至今传以为异。君卒若干年，有司祀之学宫。子三人，长浃，芮城知县。次涛，翰林院编修。

赞曰：余久客淮阴，往来徐沛，见榷关使者及诸守令率龊龊，鲜能以风节自树，而后乃今知修庵君之贤。君去今仅三十年，迹其行事已为古人。悲夫吏治之日下也。世言廉吏多矫饰，若君之治行，至于格凶暴、通神明，非至诚而能然哉？余于编修为后辈，得悉君之生平，采其大者，著之家传，异日传循吏者，庶有征焉！

诰授奉政大夫广西分巡左江道按察司佥事李公墓志铭①

韩菼

往余在翰林，今广西布政使述斋李先生为编修，余尝叹其有文学政事才，后出知临江，督府范公②上其治状，寻拜转运两浙之命。余尝自喜言之不诬。后每当廷推，意未尝不在我述斋也。今年秋，述斋将举母董宜人之丧，合诸乃考佥事公之兆，而属余以志铭，因得读忍庵黄宫赞所为状，始稔佥事公之历官声迹足以启翼后人。而又窃怪捐馆舍时，述斋方在襁抱，何以能得之详？则又知孝子之克追念先德，询诸士大夫及甘陵淮徐诸父老之口，件系以为家法世谱，而其事皆出于众论之所同。然益可知其非无美而称之也。

按状，佥事公，讳允祯，字贞甫，号修庵。先籍江西赣州，明洪武初调德州卫，隶右所，遂为德州人。累传至逢时，嘉靖甲辰进士，官御史，论马市有直声，历山西左布政使，公高祖也。次子汝栋，隆庆庚午举人，生焕。焕生嗣美，以子贵，赠奉政大夫、工部员外郎，公其长子也。自少力学工文，癸酉举于乡，顺治元年随牒除故城知县。地冲困供亿，一切办而民安之。核旧丁二万馀之仅存者七千，将请除。会调丰，

---

① （清）韩菼《有怀堂文稿》卷十六，《四库全书存目丛书》集部245册，齐鲁书社1997年版，第548—549页。

② 范承勋（1641—1714），字苏公，号眉山，大学士范文程三子，1694年由都察院左都御史，出任两江总督。至1699年，改任兵部尚书。从本书所录陆奎勋《少司寇李公涛传》载："丁丑擢浙江盐运使。"康熙丁丑年，为1697年，其间范承勋任两江总督。

县吏观望为奸。公收缚吏集众焚旧册而别，具状竟得请。后述斋除清江县蠹吏，董宜人喜曰："此尔父在故城时，清丁地法也。"

丰俗多告讦，富家大率破，曰镞状①。公请于上官，悉下其状于县置对，杖毙其魁于通衢，风乃息。民有二女，次艳而贫。姊夫欲私之不可，遂以盗陷其夫，论死。公微行入狱，诇知其姊夫贿盗与狱吏作奸状，论如法，而释其夫。

又有富家子，利其亡弟之财，诬其妇以奸，廉得其主谋者痛绳之，冤始白。有兄弟争财，直在弟，判归之。各责以大义，皆感动，泣谢去。会砀缺县官，监生某引贼破县城。上官以公才贤，委剿贼，出不意掩捕之，皆败走。甫定而防兵至，声言欲屠城。公以牛酒犒师，力止其帅入城，民恃以无恐。后述斋知临江，尝擒斩盗魁，董宜人则又喜曰："我尝以尔父在砀率兵捕贼告尔，尔庶无负也。"

寻升南城兵马司指挥，遇籍没家，辄收其往来札，火之，保全者甚众。进工部营缮司主事。寻督琉璃厂，革侵蚀，清逋课，窑户工价实给如额。时端门大工赖以速成。迁员外郎加一级，有文绮鞍马之赐，覃恩晋阶奉政大夫。顺治九年，出督清江船政兼理钞关，清船厂大料小料之弊，革关钞滥差及额外加税之弊。因排纂《漕使》五集以示后云。进屯田司郎中。十三年升广西左江道按察司佥事，抵岳州病甚，不能前。明年遂告归。

公历任十有四年，即任繁事剧，皆自擘理，不一假他手，奸猾吏咸累息②，而尤以清操著称。抵丰时，库吏张设甚盛，骇问之故，曰："库中羡馀耳。"怒而斥遣之。所拔丰诸生，持百金为贽，谢弗受。署

---

① 镞状：诬告。明顾起经《客座赘语》卷一《诠俗》："以渐而刮剔其所有曰镞。"明万历四十六年刊本。清周右纂道光《东台县志》卷十五《方言》："以渐而刮剔其所有曰镞。诬讼人于官而诈其财物亦曰镞。"

② 累息：屏气惧动。汉蔡邕《表贺录换误上章谢罪》："臣邕怔营惭怖，屏气累息，不知所自投处。"

砀山，途遇贼数十艘，皆呼曰："此清官。"各散去。清江任满，校公帑馀数千金，不一取也。

性孝友，甫举于乡，即以先所析产授之弟，自奉甚约，而能急人。丰与清江，两旧任各以缺额被留，为力任代偿而听其去，皆感泣曰："公活我。"归，以疾杜门，官长造请谢不见。尝为家训曰："我祖父忠厚传家，愿予利于人，不取人利。我为官尝存此心。尔等后有居民上者，其勿忘祖父训。"则知述斋之清节，历任不渝，其教有自。而公不获之左江，后其民竟享贤方伯之利者无穷，公利人之心又可以不恨也。

公生于明庚子十一月十一日，卒于康熙元年九月二十六日，年六十有三。又三年乙巳二月十五日，葬于州之北卫河东原。凡三娶，始宋氏，廪生懋胤女，赠宜人；继赵氏，儒士愫女；继董氏，廪生元勋女，封宜人。自公知故城县，即任以家政，内外肃睦，一不贻夫子忧。而自述斋少长即举公之政绩以教人，皆以为贤母云。生于明庚申十一月二十四日，卒于康熙四十二年正月二十八日，年八十有四。子三，淏，顺治丙戌进士，延庆知州调芮城知县，卒，宋宜人出。次涛，康熙丙辰进士，由翰林院编修今官广西布政使，世所称述斋先生也。次润，廪生，卒，皆董宜人出。女一，适高苑教谕赵珏。孙六人，元璐，贡生，任奉天府通判；元琛、元堪、元琮、元琪、元瓒，皆诸生。铭曰：

  廉吏不可为也，而可为安民之吏。
  岁计有馀也，而日计亦如之。
  左江之历政皆立效兮，曾几何时维清节之。
  未讫厥施兮，维后之贻。
  噫嘻！往者多不可追，
  孰知去后四十馀年而五岭以西如食左江之遗爱兮，以莫不思。

诰授奉政大夫广西按察司佥事分巡左江道李公墓表①

汪 琬

公讳允祯，字贞甫，其先家江西赣县，后徙山东之德州。前明世宗朝，有讳逢时者，以进士历官山西左布政使，尝为监察御史，谏止大同马市，与倖臣仇鸾忤，其事具载前史，即公之四世祖也。曾大父讳汝栋，隆庆庚午科举人。大父焕，国子监生。父嗣美，以公贵赠奉政大夫、工部员外郎，母高宜人。

公少工场屋之文，举崇祯癸酉科乡试。入国朝，用荐除故城知县，调丰县，已兼摄砀山县事。砀山土寇方炽，上官欲拣材干吏使剿贼，度无逾丰令者，故遂以委公。公乘间冒重围，出贼不意，入其城，贼疑有大兵继公后，遑遽遁去。于是砀诸大家争以通贼相告讦，公罪其渠，而条疏宽释其株连者甚夥。砀人甫定，会济宁驻防军至，声言将屠城，城中汹汹思溃。公先谕民无恐，即治牛酒往逆其师于数十里外，为言境内皆良民，已无贼矣。帅不肯从，公与往复数四，大声曰："县，固某之县也。脱有不虞，某自任之。"卒拒使不得入。及公还，老幼拥拜马前，曰："使君活我。微使君，不死于寇，必死于兵矣。"

治状暴闻，迁南城兵马司指挥。踰三年，进工部营缮司主事。顺治八年初建端门成，以督琉璃窑功，予员外郎衔，加一级，赐文绮、名马各一。又以覃恩阶奉政大夫。十一年，进虞衡司员外郎，以督清江船厂。竣事，疏献羡馀白金数千两于朝，再加一级，寻进屯田司郎中。十三年，迁广西按察司佥事，分巡左江道，行次岳州，遘疾，遂乞致事归。阅五年，终于家，康熙改元九月某日也，享年六十有三。

---

① （清）汪琬《尧峰文钞》卷二十，哈佛燕京图书馆藏康熙三十二年刻本。

公性严重,寡言笑,居官以公廉自持,尤长于治剧。凡所区画必先事为之备,好厘奸敝,勇于敢为,虽老猾吏,无不缩手屏气者。而又能拊惜细人,若惟恐伤之。案牍满前,迎刃立解,抉摘其根株悉尽。以是士民始而畏,继而爱。及其既去且久,而益思慕不释也。

故城额丁二万馀,兵燹后,死徙者过半,顾岁征犹如故,民间大困。公编审已有绪矣,适改官将去,乃大集父老,取故册焚之,曰:"毋为若曹异日累也。"因锁书吏密室中,昼夜开除,以新册申上官,竟得请,其困始苏。

丰库吏张某号蠹魁,乘公始至,豫陈金帛什器于署。公大骇曰:"此出正项乎?抑尔所自置也?"吏漫应曰:"司库者故例耳。"公怒曰:"库中丝毫皆公赋,何得借是饵我?"命悉撤其具,杖吏黜之。未几,吏果以赇败。自是终公之任,未尝支库中一钱。黄河决,上官征柳材急,丰当输柳万馀束,吏请率下里,公曰:"如是则敝,安底止?且必误期日。"遂呼诸大家,告以某所废地有柳可刈,某某户有敛禾牛车,可发官钱以赁,众皆曰:"然。"不踰日而事办。

丰有豪民,欲淫妻之妹,为其夫所辱,衔之,赇大盗引为同劫,其人不胜榜掠。前此狱已具,瘐且死矣。公独觉其冤,微行入狱中,具得狱吏与豪相左右为奸状,立置豪及吏于法,而释其人。

有嫠妇拥赀甚厚,其大兄利所有,谋嫁之,不可。嗾某甲使自诬与妇奸,甲既至官,公以无左证不信也。姑缓其讞,而系甲空舍,阴使吏诳之曰:"伯得弟妇财,将解讼矣。"久之,公召甲于庭,阳正色呼曰:"若知死罪乎?众皆质若强奸。律强者死。促入死囚狱,勿留行。"甲大惧,泣且诉曰:"实无奸也,彼诛某为之,又欲卖某死乎?"妇遂得白。

有兄弟讼田者,官得兄赂,抑其弟,弟讼不已。公廉知其情,即判归弟田,并以大义加镌责,两人皆感泣,卒为兄弟如初。砀诸生有讦监生范某欲叛者,公呼骑将诣其家,众力谏不听。即止诸从者于外,亲行视室中,所在钱谷充斥,而叛具无有也。出叱诸生曰:"若曹殆利其财耳,奈何遽陷人灭族事?"未几,复诡言范监生将引贼至矣。先是公颇奇范状貌，乃勉使以武自奋，遣卒卫致诸徐州，其后范果官守备，屡向公垂涕以谢。公之爱护①士民多此类也。

尝夜渡大河，猝遇大盗数十，从者不知所出，公言笑自如。已而盗询知为公，辄哗语曰："此好官也，不可犯。"遂以次散去。是时民间争藉藉颂公，而诸上官迄缙绅大夫亦数相引重，尤受知于徐州道张公兆罴，每语僚属曰："李君真能吏也。"最后公出权清江，巡按御史秦公世祯抵境，所逮系他关奸胥不下数十辈，独清江一无所问。叹息谓公曰："某雅闻君清操，今所见殆胜所闻矣。"秦公，名御史。以风采著江南，虽同时大吏，莫不震慴者，而公顾为所知如此。

公历宦中外十四年，橐无馀赀，家无膏腴之产，先世所授田数顷，既举于乡，悉以其弟。及引疾归，杜门谢绝干请，有司莫能识公面。居常训戒诸子，严而有法，子姓无敢违公教者。

娶宋宜人，继赵氏，又继董宜人。子男三：长浃，顺治丙戌科进士，芮城知县，尝与讨叛将姜瓖有功，不得叙，中考功法免；次涛，康熙丙辰科进士，由庶吉士授翰林院编修；次润，州学生。孙男六，曾孙男二。

既葬，编修君撰次公事略，畀琬识其墓。琬曰：考诸前史所纪，如汉之黄丞相霸、卓太傅茂，皆非有帷幄之劳，介甲汗马之绩，惟以吏治循良，遂得封侯锡土。茂又图像南宫，列名元勋之次，照耀史册，声施无穷。以今观公之为政，夫岂不颉颃古人哉？至于砀山之乱，揭竿弄兵者遮塞道路，公挺身策②骑，挟数吏卒蹈不测之险，视群媮譬若豚犊然，不烦尺篝寸镞，驱之境外。卒能抚恤其善良，而保全其子女，俾砀之遗黎得沐国家休养生息之化，殆三十馀载者，其谁之赐也？惜乎！寿不酬德，位不配功。故公所可表者，仅止于此。琬不敢以老病无文为解，谨掇拾其大端识之，非徒慰公地下而已，盖将告国史之传循吏者，

---

① 护，《四库全书》本作"防"。
② 策，《四库全书》本作"防"。

使有所考焉。公之葬也，以某年月日，其地在州之某乡某原，是为表。

19. 李浃（1619—1698）

封奉政大夫陶庵李公传①

陆奎勋

公，讳浃，字孔皆，一字霖瞻。其先自江西宁都卫徙居山东德州，世有达人。四世祖方伯公逢时始官侍御，疏谏马市；公之尊人金事公允祯，有声循吏，后先尤相照耀云。

公丙戌成进士，旋除直隶延庆州知州，置义仓，建社学，法绳边军，毋为民扰。上官奇其才，委署怀来判篆。既调湖广茶陵州，以失察怀来逃人降补山西芮城县知县②。甫下车，豁浮额丁银，革除蒲州协济。既而姜瓖叛，据大同，三晋馀孽蜂起响应，平阳六州二十七县之民望风延领。芮城势孤不能守，奸党内讧，潜谋迎贼。贼骑猝至，公跃马突围出，渡河走潼关，乞师于秦督孟乔芳。会秦督奉敕救晋，大破贼于蒲州。公身为向导，收复条山，抵芮城。伪将军姜瓖夜遁，公蹑之，擒斩伪知县薛勤王。城既复，转运刍粟，以佐军储，开释芮民胁从者千馀户。秦督叙功凡六县，而公为冠，部议竟落职。嗟夫！孤城当累卵之秋，变生肘腋，智何所施？勇何所济？而乃间关走险，率偏师身先矢石，蹈不测之危以歼寇，而恢复土宇。此其功，即韩司马之赞平蔡③、

---

① （清）陆奎勋《陆堂文集》卷十七，《四库全书存目丛书》集部270册，齐鲁书社1997年版，第699—700页。
② （清）言如泗《解州芮城县志》卷五《职官》（光绪刻本）载"李浃，顺治五年任知县"。
③ 唐元和十二年七月，门下侍郎同平章事兼彰义军节度使裴度，出讨叛逆淮西蔡州节度使吴元济，行营皆一时之选，韩愈为彰义行军司马随行。十月擒吴元济，平蔡州。

伍太守之助擒逆濠①，曾不是过。彼云台高议之臣，拘牵绳尺，不惟没其功，且厚责以失守之罪，其亦未见为持平矣。

公不为世用，将以著作之事自娱。南浮江淮，搜洞庭七十二峰，遍揽鹫岭、西子湖，以迄禹穴、宛委诸胜。既归，而山川清淑之气，一发于诗。今所刊三卷，少司农田公以为格如白陆、体涵韦柳者，非谀词也。筑室，颜曰陶庵，贮书数千卷，外环竹木。游其门者，率称陶庵先生。行年七十自制一棺，题曰适斋。又九年，自著年谱成，阅明年而公殁。呜呼！公寻山似向平，诗酒之乐复不减于五柳柴桑公，亦可以无恨。独惜其以通明练达之才，膂力方刚，不使之四方宣力，乃遽斥诸寂寞宽闲，冉冉以老，同于葆真作达者之所为，此诚有负于上天之生才而不能不为当路之君子疑也。

公性孝友，九岁丧母宋宜人，哀毁骨立。丁外艰颁白，犹孺子泣也。与都运公及故文学静岚公，昆弟之好，踰于花萼。德配刘宜人，先公卒。子三人，长元瑨，官刑部郎。遇覃恩，授公奉政大夫，如子官。生卒月日子女，已详萧侍读行状年谱中，轶事亦不胜书。书其出处之大概，使百世以下知士君子之立身，无人不可自得，而任术巧宦之徒，庶乎报焉知息矣。

奉政大夫陶庵李公墓志铭②

田　雯

李公，讳浹，字孔皆，号霖瞻。先世江西宁都卫人。远祖牛仔以总

---

① 明正德十四年，宁王朱宸濠于南昌叛乱，都察院右佥都御史南赣巡抚王守仁组织平叛，擒获朱宸濠，吉安知府伍文定居功甚大。
② （清）田雯《古欢堂集·铭表卷二》，《山东文献集成》第一辑第35册，山东大学出版社2006年影印康熙间德州田氏刻本，第750—751页。参考《古欢堂集》文渊阁四库本。

旗官戍德州卫，遂家焉。数传祖清，习农事。六世祖逢时，嘉靖间进士，官御史，山西布政使。高祖汝栋，举人。曾祖焕，太学生。祖嗣美，以子贵赠大夫。父允祯①，举人，历官广西左江道佥事。公其长子，顺治首科乙酉举于乡，明年丙戌登傅以渐榜进士，除直隶延庆知州，调楚茶陵，旋谪山西芮城知县。值寇变，解组以归。以子元瑨官授奉政大夫、工部屯田员外郎，卒年八十。著有《陶庵集》四卷②、《年谱》一卷。《年谱》中自述生平事迹，详而有体，复文辞可观，余故为序之。今复志其墓。

公称南李。王祥佩刀，世为卿族；鲍永骢马，家传司隶。公之本源远矣。年踰二十，以文章著名。兰台石室，是所洽闻；白马飞狐，弥高词气。与北李星来先生，美同双璧，誉动一时。策名并驱，不啻机、云之入洛，轼、辙之出蜀也。

其仕也，两地牧伯，三载邑良。邓攸清白，见称五袴之歌；刘宠廉能，名为一钱之郡。无何狂寇西来，孤城莫守。既堕包胥之泪，覆楚复全；遂作彭泽之吟，挂冠竟去。于是相羊泉石，殆五十年；纵横典坟，几数千卷。虽无辟疆之名园，羊县之别墅，而一丘一壑，一觞一咏，自谓过之。晚号陶庵，明志也。雅善作诗，格如白、陆，体涵韦、柳。渔洋评之："海内才士诵之。方之圭璧，涂山之会万重；譬彼云霞，赤城之岩千丈。"

其作《年谱》也，时年七十有九。最其大致，好客则樽中座上似孔北海，托兴则名山屐迹似宗少文。撰《生志》似杜牧之，营生圹似司空表圣，为《自祭文》仍似靖节先生，可谓达人高致矣。况公性德冲和，资神渊粹。马少游之居乡曲，果为善人；陈太丘之多令闻，实有盛德。古所云"守柱下之和光，得北叟之晚福"者，非耶？尤其异者，

---

① 《古欢堂集》四库全书本作"桢"，误。
② 现存《陶庵漫兴》一卷，见《四库未收书辑刊》第七辑第21册，北京出版社1997年版。

嗟交道之衰久矣。夙昔以管、鲍相期，迨生死殊途，凉燠骤易，甚至势利诪张，下同驵侩市儿之行。孝标之叹无闻，叔敖之贫谁惜？公力挽颓俗，独全大雅。闻公之风者，其亦少愧矣乎！余所以于公之没而潸然出涕也。公之葬有日矣。山阳车马，望别寒原。颖川宾客，遥悲松路。元瑨来京师丐铭，余故为铭。子皮之死，子产哀之；有道之碑，中郎奚愧？其生卒年月，子孙姻娅，同里萧侍读书于行状之纸尾，例不更书。铭曰：

长河之里兮，代有哲人。
吁①嗟李公兮，古道犹存。
余是以作诔辞，锓丰碣于公之羡门。

20. 李涛（1645—1717）

少司寇李公涛传②

陆奎勋

公讳涛，字紫澜，别字述斋。先世江西赣人。明初徙山东德州卫。四世祖逢时，嘉靖间以御史出按宣大，具疏谏止马市，有直声，后官至方伯。曾祖焕，太学生。祖嗣美，庠生。考允祯，前癸酉举人，由直隶故城知县，历任广西左江道佥事，政绩彪炳所在，崇祀名宦。生三子，长浹，丙戌进士，知芮城县。季润，州廪生。公行居仲，顺治二年乙酉

---

① 吁，四库全书本作"嗟"。
② （清）陆奎勋《陆堂文集》卷十七，《四库全书存目丛书》集部270册，齐鲁书社1997年版，第700—701页。

生于故城县署之鸣琴楼，有异征。十岁能文，年十六应州府暨道试，俱第一。遭佥宪公丧，服除，下帷攻苦洛诵，每至彻晓。乙卯领解。明年成进士，改庶常。戊午，授编修，充明史纂修官。己未会试，为同考官，得汪晋征以下七人。

戊辰①冬，上念词臣久壅滞，欲试以外职，公首被命知江西临江府事。临江统辖四邑，赣袁二水交汇之区，巨浸森茫，为盗贼薮。其尤剧者，曰张茂生、曾禽。茂生故桀骜盛党与，一食需米数石，沿江剽掠，白昼夺人子女，莫敢谁何。前守招为伍长，岁与金二百，令保四邑无虞。公闻而笑曰："此正所谓城狐社鼠也。"密请于抚军，甫至郡，缚置通衢，立毙之，百姓欢声雷动。禽营窟荒野，枕二屠刀而卧。远近盗牛者，以禽为匿主，牛种几无遗育。其党出没彭蠡、浔阳以及清象诸江②，舟楫帆樯如蚁。公出不意，夜半率健卒十馀捕得之，同馀党置之法。自是迄公任盗几绝踪。其他救旱灾、雪冤狱、惩奸胥、遴真才、绝苞苴、革火耗，善政不可枚数。

丁丑擢浙江盐运使，盐官处脂自润，往往与诸贾人酒食谳会，若平等交。公至，凡牟利入私橐者去之若浼。浙课亚于淮扬，岁额不登有入赀得官者，其课缺与之杖，荷校于市。一时闻风竞输纳。爬梳利弊，法必画一。久之，商灶亦悦服，谓："公实生我。"天子南巡幸浙，特书"惠爱"二字褒之。寻摄臬司事，翦藋属邑豪猾为民害者数人。有甲与乙争墓地，甲鉥乙目尽眴。令入甲赂，翻罪乙。公夜突系甲至，一讯而输情服罪。其善断狱类如此。

辛巳擢广西布政使，端已帅属。未及一载，请终养。癸未，丁董太夫人忧。后仍补粤藩，吏民望公如望岁焉。修复华掌书院，广招博士弟子员，厚以廪饩，亲为校文，讲晰经旨。戊子科，得隽者十人，又请开

---

① 宋荦于康熙二十七年（1688）四月至三十一年（1692）八月任江西巡抚。
② 《读史方舆纪要》卷八十七临江府新淦县：象江"源出新喻县界，东流三十里，合于清江。"

武生乡试，以储将材。粤西之有武科自公始。庚寅，以太常少卿内召，库有羡金万馀，具册封识而去。是年冬，上有事南郊，公执香骏奔走，仪度雝肃，虽老于奉常者不及也。明年连陟左右通政、光禄卿。又明年，出尹奉天。不三月，以宗人府丞召，遇覃恩诰授通奉大夫，赠祖考如其官。癸巳秋，升左副都御史。时朝廷，重保举之法，公注意人材，荐剡屡上，悉报可。是冬，迁刑部右侍郎。一日语其宗人勷曰："方今圣主当阳，律例具备，海内臻刑措矣。吾年几七十，古大夫致仕，时也。敢恋职而素餐乎？"乙未遂援迁葬例，请急归，未期遘疾，绵延不起，卒于康熙丁酉六月十一日，享年七十有三。遗命勿请卹勿讣，勿作佛事，葬无踰小祥。墓志铭无烦朝贵。

嗟乎！公学养兼至，有得于中，故一毫不事表暴，讵有所矫强而然哉？天性孝友，佥宪公见背，哀毁骨立。太夫人董亦以忧伤成羸疾，公迎养京邸，出守临江，公馀问寝视膳，太夫人体迺渐康。粤西道远，势不能为安车之迎，既知抱恙，涕泣陈情，五日中申详者六。略云："老母景逼桑榆，疾病淹染，卧床悬盼，度日如年。有子如此，不如无子。皇上孝治天下，屡施格外之仁。每广特开之例，遭逢圣世，讵忍忘亲背旨？败坏名教、澌灭天伦，古人嚼指痛心、瞻云陨涕。某不生空桑，而置老病之母于勿顾，此所以号天欲绝也。"巡抚今相国萧公鉴其诚，为具题，得俞允。星夜遄发，途中大雨雪，马蹩蹩泥淖不稍休，抵家犹及侍汤药。三日，既没，为孺子泣，哀感行路。是年，驾复南巡过德州，迎谒河干，陈奏母子相见状，上为之改容。非至性感乎而能然与？弟文学君病殁，尔时官编修，先期梦折一臂，寤犹隐隐作痛，即日乞假归里，买地营葬，抚其孤如己子。族叔父母丧未葬者有四，兄弟夫妇丧未葬者有六，予告归悉出赀为经营。乡党无贵贱，接之以礼。非公事不出户。偶出则乘肩舆，一童子奉杖以随，见者忘其为卿贰也。燕居无惰容，虽溽暑必整襟结袜，读书外无他嗜好，间作小诗以自娱。闺门之内，不令而行。配程氏，继谭氏。长子元琪，贡生；次秩临，贡生，早卒。叔子徵临①，廪生，皆恂恂儒雅，克缵厥绪。季女，字孔传，钜未婚，而守志终身，此足征公之施政于家，仁义渐渍者素矣。当公转运浙西，奎以诸生从游，命校阅所著《李氏宗谱》，并为芮城公作传。后蒙荐举，事虽寝，受知者最深。迨奎老而成名，得与馆选，距公没已四年矣。追维公出处，大节卓卓，可垂不朽。其操守洁廉，材识英伟，有似乎杨伯起、张复之，而德量渊涵，内行完粹，堪与柳子宽、范文正相颉颃。《大雅》云："令仪令色，古训是式。"又云："柔惠且直，闻于四国。"若公者，洵足当古大臣而无忝与！谨按状为传，壹通以备史馆采择，然不敢以知己感恩之故而一辞有所溢美也。

21. 李润（1647—1683）

德州文学李先生状②

毛奇龄

先生讳润，字静岚，德州卫李氏。父监枭公为郎时，以仪部督少府行钱，生先生京师。先生生有异禀，受书不再过，目兼行下顾。儿告，五岁始行地，迨就外傅，诵不得过午，过午辄肌热，家人子为日程寅往卯退，终一日之诵，而同学之聚诵者终六时，皆不之及，然亦终不能日往。会监枭公督清江船政，归里。复入都，留先生于家。既而以诸道使之广西，家人不能随，则复留先生武昌。先生既善疾，且又以随养故，往复道路。虽与兄编修公年上下相逐同砚，究未殚于学，顾且试辄高

---

① 李徵临，中雍正元年癸卯恩科（1723）第二甲二十六名进士。
② （清）毛奇龄《西河合集》之《事状》卷三，《清代诗文集汇编》第88册，上海古籍出版社2010年版，第159—160页。

等，予食廪。每举必应有司荐，而卒以他故舍去。

康熙乙卯，兄编修君领乡荐第一，先生书义皆完好，人之见之者咨嗟赏叹谓："此行伯仲必并济。"而复以失黏，不令誊卷入。先生乃慨然拊其首曰："吾知命矣！"于是究黄符之术，呼噏沆瀣。尝视兄京师归，语人曰："年来析性命之旨，颇得其要。始知七还九转、茹芝餐醴之事，非虚语也。顾时不我与，而老冉冉将至矣，谓之何哉？"

先是先生就试时，从武昌还归。虽善疾，然思殚于学。散书一室，阒然若无人者。人隔轩棂听，少顷度一纸①，霅然而响，而既而仍寂，其勤如此。顾其所旁及，凡揲蓍数草、推历算步以及姑布子卿、公乘阳庆之学，无不毕备。尝以方书疗家人疾，立效。会太夫人病下痢，先生侍汤药谓："必以梅诸治之。"群医不可。既而病剧。先生濩②药时觅诸藏袖间，暗投之，果愈。

先生性警敏而意甚容暇。东地震，家人争窜走，先生坚坐曰："将安之乎？"书室不戒火，先生从容率家人运书，运毕整衣冠而出。十岁时与兄编修君随父监臬公于郊，昼晦雷发声，家人恐雨至，促亟行，望村而避，先生独否曰："徐之。昼雷郁律③，不成雨。纵雨，不必久。况未雨耶？"既而，果然。

先生以癸亥五月年三十七卒，卒之明年甲子，而其兄编修君属予为状。编修君，讳涛，字紫澜，予同馆前辈也。尝谓予言先生孝且友，五岁时监臬公以缮部提督两窑，居琉璃厂官署，而编修君疹疾发，惧传染，不令见也。先生日寻兄哭泣不食，不得已见之。时编修君痂未雪，瘢者满颊不可识，先生对之，挽其颈号啕。在旁观之者，至不能仰。及

---

① 度一纸：翻过一页纸，《南史·梁纪下·元帝》："（帝）常眠熟大鼾，左右有睡，读失次第，或偷卷度纸，帝必惊觉，更令追读，加以榎楚。"

② 濩：煮。《诗经·周南·葛覃》："维叶莫莫，是刈是濩。"（汉）毛亨传："濩，煮之也。"

③ 郁律：声音郁结不散。（汉）扬雄《甘泉赋》："雷郁律于岩窔兮，电倏忽于墙藩。"

编修君官京师，先生隔岁必诣兄，留十日去。癸亥夏将复来，忽意不自乐，揲蓍得蹇困，以为不吉，遽止。而逾月而卒。卒之日，编修君在京，夜梦右臂折，醒而臂痛，而既而讣至。其友爱相感如此。

先生席累世外台之后，以州牧、编修两君为之兄，而身抱奇器，独不得少展其志，以上承先业，诚为可哀。而编修君于卒服之后，岁月已移，尚恐其弟之不得嬗，后而哀思涕洟，房徨踯躅，以向夫同馆之后进而为之状之。嗟乎！此其兄弟何如已！

文学李君墓碣①

姜宸英

平原李编修述修先生之弟，曰文学静岚君，讳润者，以去年癸亥五月卒于家，编修哭之。逾年除服而不忍也。葬有期矣，谋于余，思所以抒其哀者，且曰："甚矣！吾之不良于时也。吾自年十八先大人金宪公见背，时家中落，太宜人勉吾兄弟以缵承先志。而弟之少吾者两岁，体羸然弱耳，然独能攻苦淬厉，屡试于场屋，俛得失。今春秋仅三十七，竟以诸生食饩终，可为悲矣。吾前年丧室程，次年复哭余幼女，泪日渍枕席间，弟知吾之不乐也。思奉母京师，以慰余怀。临行自筮得蹇，占之不吉，不果行。而吾母独来，浃月而弟讣至矣。吾不忍吾母之呜呜哭也。闻弟属纩时，口呼母不绝声，曰：'吾则已矣，垂白之老何以堪？此夫其身死之不恤也，而母之遗痛是忧焉。'噫！吾弟孝子也。"又曰："弟平生与余读书寝食无暂离，自余得第后，聚首日始益寡。然犹间岁一来京师，来辄连床谈，日夜不休。尝语余曰：'比颇究心方外旨，知

---

① （清）姜宸英撰，黄叔琳编《湛园集》卷六，《文渊阁四库全书》第1323册，台湾商务印书馆1986年影印本，第795—796页。

其言非虚设。顾人事纷扰,转瞬老矣,可为伤悲。其意欲规余以学道,而不料其身之先没也。悲夫!弟性沉静,于人事寡所与。苇帘绳几,展玩经籍,终日不忘。謦欬人过,听之惟微,闻翻纸声馨而已。又谙岐黄家言,老母在家善病,按法调剂,数得无困。今弟卒,而吾母思归愈亟。吾向之所以得安于此者,徒以弟在也,今复何望哉?吾行侍母归,哭吾弟矣。子盍为吾辞而志之?且并藉以抒吾母之哀,子其不可以缓?"

余素闻编修君,内行修,乐交其人,幸得以编纂之役,追随于史局者有年。今复将别去,因如其言,而表之于墓道。非独为静岚君贤也,亦庸以见编修之孝友,而志余向慕之私焉。君父某,进士,仕至按察司佥事。母某氏,封安人。娶某氏,无子,以编修之仲子某为后。

文学李君墓志铭①

韩 菼

翰林编修述修李君,将谒假归,语余以故,曰:"自吾留京师,不及省吾母董宜人也。惟吾弟朝夕事之惟谨,以无贻吾忧。癸亥春迎吾母邸中,而弟以病不获侍以来,而竟死矣。吾母痛吾弟之能养,日夜哭泣思归。吾又自惟失吾弟而无以助吾之所不能养者自痛,今将慰吾母而归也。"则又请曰:"吾弟于亲孝,于兄友。寡于世味,诚于制行。尤力于读书发闻,而不幸不得伸其志也。惧将泯没而无传。今将窆有时,惟乞能文章一言以纳诸窀,以不朽吾弟,以纾吾无穷之悲,且老母亦可以不恨也。"余哀其诚,而弗敢以辞。

---

① (清)韩菼《有怀堂文稿》卷十五,《四库全书存目丛书》集部第245册,齐鲁书社1997年版,第530—531页。

君讳润，字静岚。父佥宪公，讳允祯，历官治行与世次，具详新城王祭酒所为志中。君生为名家子，自小时已崭崭见头角。五岁，编修君病疹，家人止君勿见，辄涕泣不食，佥宪公亦堕泪。其孝诚盖天性也。补弟子员，发愤力学，不少休。一再试不利，辄究心性命之旨。常语编修君："古所谓九丹八石、玉液金醴，不是过也。"

佥宪公既殁，君所以左右母宜人者尤谨。宜人常病，君故多才艺，伺候母病状，究药物方书，遂精其理。常以方瘳宜人之疾者数矣。编修君为余言："吾母今幸康强无恙，皆吾弟是赖。吾言之辄痛，不能一一详也。"凡孝子之所得致于亲者，无或不尽，所亡可奈何以不可知之疾，付之不可知之医，其痛有不胜言者。《春秋》所以罪不尝药者也①。夫视于无形，听于无声，问衣于燠寒，视膳于早晚，敬抑搔于疾痛疴痒②，人子于亲直一气之呼吸，有如视见垣一方者矣。不犹易夫他人之视色听声写形者乎？刲肉作糜，以愈其亲，世俗所为孝，而君子以为不然。由君之术以尽君之养，斯可谓之无方也。已往读《文中子》，书铜川君善病，子乃述方③，而列传所载以侍亲疾业医者多有。余故为君论著之，以待史家。

君卒于康熙癸亥五月十日，距其生年顺治丁亥五月十日，年仅三十有七。娶程氏工部员外郎某女。子二，元琮、元璕，俱诸生，有声。女二，尚幼。编修君名涛，寔举君之丧而从于佥宪公之墓。铭曰：

亲惟厥子疾之忧，其则不远子何求？
何当其身弗自瘳，天命弗假短与修。

---

① 《左传·昭公十九年》："夏，许悼公疟。五月戊辰，饮太子止之药，卒。太子奔晋。书曰：'弑其君。'君子曰：'尽心力以事君，舍药物可也。'"

② 《礼记·内则》："疾痛苛痒，而敬抑搔之。"《集韵·痒韵》："痒，肤欲搔也。"

③ （隋）王通《文中子》卷二《天地篇》："铜川夫人好药，子始述方。"铜川君，王通之父。

《南陔》《白华》此其俦，我铭补亡传千秋。

22. 李蕃

无锋居士墓表①

宋 弼

  吾州士大夫之族李氏有三，而称南李者为大。前明嘉靖中方伯公逢时，以进士起家至山西左布政使，三传为赠公嗣美，生左江道允祯，以仲子侍郎公涛贵，两世皆赠通奉大夫、侍郎。兄浃，顺治丙戌进士，知芮城县，封奉政大夫。子元瑨历官松江知府。百馀年间，衣冠相继，可谓盛矣！盖有世德焉。

  松江公长子讳蕃，字介公，别号无锋居士。天性孝友，居母陈宜人忧，父老矣，于哀毁骨立中，曲尽孝养。素病胃气，力疾定省，松江公安焉。尝以潜见怒，批其颊，跪受而不辨。俄悟其潜，召慰居士，而罪潜者，居士为叩头求解乃已。耽诗及琴，抚弦动操，有遗世之音。诗取寄兴而已。颇以教仲子国柱，然不欲以为名，孤怀淡对，不事声华。非意相干者，未尝与较。莳花竹，蓄鱼鸟，闭门自得，有古高士风。

  早岁饩于庠，以例贡成均，当得官，耻于营求，遂不仕。疾既亟，戒家人勿修佛事。延名师，授幼子业。命诸子居内厢，而以前后厅舍与季弟。配赵孺人，一守其训。孺人家世名族，与李氏相埒。松江公之终，居士病方剧，孺人哀痛之馀，理丧仪，奉汤药，皆得其宜。已遭居士丧，竭力治葬事。值岁歉，遂落其产弗恤也。季弟以所居售于人，仅存数楹。孺人泣语国柱，俾复其遗址曰："是先公所营，神犹依焉，不

---

① （清）宋弼《蒙泉文集》卷三，哈佛燕京图书馆藏清乾隆丁亥稿本。

可弃也。"教国柱兄弟亲师取友,不暇以辞色,卒成名士,不负居士之训。

孺人之卒,距居士三十年。国柱既襄葬事,乃嘱予为文,以表于墓。盖居士之卒,国柱方幼稺,其伯兄肇曾亦卒。当时志墓之词无复省记,大惧居士之德之湮没不彰也。然所状以视予者,皆孺人所尝称说,什得一二云尔。昔之志于墓中者,固不止此。国柱以拔贡第一入成均,文名籍甚。其弟国弼亦登贤书。人皆知其将继先世之盛,而不知居士所以承先而启后者,诚无愧其世德也。故略其行谊之概以表之曰:

是为吾州无锋居士李君之墓。
城阴河东,郁郁宰树。同穴爱藏,神物是护。
德潜光幽,来世所慕。贞石不泐,以识厥处。

23. 李大华（1538—?）

自撰墓志铭①

李大华

予曾遇异人授一诗,结云:"九九是归期。"诗中语俱奇验。今九九之期已过,殆将归乎?念予生于许商②,时嘉靖十七年十月二十一日。未周年,先大人卫泉公、母王孺人怀抱来德之崇德乡占籍焉。比

---

① （清）王道亨修；（清）张庆源纂《乾隆德州志》卷十二,《中国地方志集成·山东府县志辑》第10册,凤凰出版社2004年版,第372—373页。
② 许商：即商河县。

时，孤苦伶仃，一贫如洗。无何，王母早逝，浅葬于城东南三里许，会河决墓崩。予以张继母抚养，不知也。后为弟子员，稍知为王母出。每露濡霜降，私焚纸钱，吞声涕泗，不令张母知也。娶于康，得配孺人，甚勤且俭，以是中馈不乏。予又食饩，家渐饶。先王父尚在许商，岁时伏腊，常具衣履脯醢，从先大人往至养焉。

岁在癸酉，今上改元，先王父春秋八十有八矣，呼予云："鹿鸣迩矣。孺子勉之，恐吾老人不及见也。"忽无疾告终。越五月，而予果荐于乡，遂以坊金易田数十亩，以养二人。先大人课仆治耜于外，张继母督婢治馌于内，瓯窭所入，足供甘旨二人者，融融乐也。

因屡上春官不第，乃谒选，得武强县令。服官三载，所兴起风化，厘革弊端，一主于抚字劝课焉。若保甲乡约，亦用古法申饬之。何按台中寰公①亟荐云："循良之最也。"有一观察欲得三县劣状，予注以优考。有一巨室，欲诬七人以重比②，予更从轻条。又一盐差使者，托私人索百金为寿，予峻拒之，以此投劾以归。时予长子诚明已为诸生，遂解所束带授之曰："吾衣钵，吾不做，儿子必做。"比于王之槐焉③。居二载，诚明果登贤书。又二载，为先大人开八秩④，求工绘像，夜乃梦先妣王孺人告予以遗骸所在。醒审梦中颜色，更为王孺人像，以示先大人。先大人惊云："此，尔母也。"遂相抱痛哭。因之城东南三里许，阙地得骸。予心动，刺指端，血渗之。移时，骨皆朱殷，又不胜大痛。虽具衣衾改葬，实抱终天之恨矣。先大人以此伤悼，寝疾。予延医祈

---

① 何出光，字兆文，号中寰，河南扶沟人。万历十一年进士。官监察御史，曾巡畿南、山东。

② 重比：从重拟罪。

③ （宋）邵伯温《邵氏闻见录》卷六："初，祐赴贬时，亲宾送于都门外，谓祐曰：'意公作王溥官职矣。'祐笑曰：'某不做，儿子二郎必做。'二郎者，文正公旦也。祐素知其必贵，手植三槐于庭曰：'吾子孙必有为三公者。'已而果然。天下谓之三槐王氏。"中华书局1983年版，第54页。

④ 八秩：八十岁。白居易《喜老自嘲》诗："行开第八秩，可谓尽天年。"

神，备殚心力。后治丧，俱如礼。乃先大人归窆次日，张继母又以过痛，奄忽终矣。连举二丧，内子康孺人，亦以经纪劳瘁得足疾，为予置侧室，生次子诚明，爱逾己出。今得著青衿，而康孺人先予逝，亦不及见也。

予谢政后三十年，强半在田间，足迹不甚履城市。又性好俭，寡交游，食止充腹，衣止蔽体，无他费。所劳苦经营，得宅二区，书二架，田数百亩，粟数十斛。命两子各取其半。而两子涕泣义让，不忍析焉。予其逍遥以瞑目矣乎！予家素贫，所缔婚皆士人后。两孙女，一字程给谏公子诸生泰，生外曾孙先贞；一字康直指公子诸生瀜，生外曾孙宣，若女萝附苍松矣。以病弥留，漫留数语，诚恐他人溢辞，予魂不安也。因自为铭，瘗之墓中。铭曰：

少业儒兮，以慕亲兮。
壮作吏兮，以字民兮。
老明农兮，以训子兮。
足志吾之生平兮。

24. 李应科（1557—1628）

李忠庵先生墓志铭①

卢世㴶

夫履信思顺，百行之攸贵；抱朴守静，君子之笃素。故随踵而立

---

① （清）卢世㴶《尊水园集略》卷十一，《续修四库全书》第1392册，上海古籍出版社2002年版，第540—542页。

者，人之薄也；会心而游者，天所厚也。则拥孤襟以毕岁，谢良价于市朝，诚难乎觏矣！何意乡党中乃有忠庵李先生，其人岂不伟哉！

忠庵先生，吾郡之幽居者也。任真忘怀，休心于自得之场者七十馀年，今往矣。冢嗣孝廉君述其平生懿行而托不朽于卢子，卢子读而叹羡者久之，因约略比属为先生志其大都。

先生上世原商河人，始祖讳子实，子实生敬，敬生柰，柰生斑，斑生志皋。志皋生二子，曰兰，曰芝，先生为芝出，行居次。先是兰避家难，携其子大华爱来于兹，李之隶籍安德，盖自兰始。先生依其伯父偕来，遂家焉。卜居于城之东村，茅屋瘠田，躬耕自给。初不知人世有城市事，无何而大华领万历癸酉乡荐。大华之子诚明，又领万历甲午乡荐。一门衣冠，后先竞爽。他人有因人熟者矣。先生与兄若侄周旋，宁作我也。茹藿披褐，缓步田间萧萧然。居常自矢曰："无荣辱，即是富贵。无是非，即为安乐。"嗟乎！安得此有道之言？而称之天性，最孝友，事两尊人，曲尽子道。从兄抚弟，动法古人，而明秀豁达，排难解纷，别具一副侠骨。性微卞急，一涉不留，光风霁月，恬如也。生来独喜谈阴阳事，《太上感应》一书略皆上口，时时为里人诵之。

岁大祲，村氓有欲转而之他者，先生垂涕泣止之，至自辍口实，果彼枵腹。又聚众而画补救之策，凡邻近少有盖藏者，各出粟若干硕①，仿古义仓法行之。行之数年，而天不能灾矣。至埋枯骨一事，尤足以敦薄夫而恻仁者。先生老于田园，乎雅②豪酒，每岁倾家以了曲糵事。客到必留饮，饮辄醉，醉辄歌，歌声参差衍曼，一座尽欢。故里中长幼卑尊，靡弗欲共先生饮。而其课孝廉君特严甚。孝廉君在上庠最有声，乃小得意则小抑之，大得意则大抑之，惟恐以名高故而习于沾沾者流。至

---

① 硕：通"石"。
② 乎：疑为"平"字形近而误，"平雅"，平和而雅致。

天启丁卯孝廉君捷音至，先生是时已有末疾九年矣。喜极而继之以泣，及孝廉君衣冠拜于床下，先生正色曰："急谢客，无荒思废业。"其抑之如故也。

屡遣孝廉君偕计吏上京，孝廉君低回不能去，先生勉作健状且慰且遣之，孝廉君不得已就道。甫踰岁而先生之病病矣，孝廉君在闱中不知也。归而一恸几绝。原先生所得于天者厚，极人世之荣，乌足与易？而光远有耀，遂畅美于孝廉君①。且玉树琪枝阶庭颖列，君子长者之报，良不诬矣！

先生讳应科，乡党爱敬之，咸称为忠庵先生。先生生于嘉靖丁巳十月初三日，卒于崇祯戊辰二月十三日，得寿七十有二。子三，长讚明，丁卯举人，娶薛名世女；次谏明，娶赵朝用女；次试明，娶张东周女。女三，一适故郡吏李三戒；一适州增广生吕之蕃；一适马延龄。孙男七，曰淳、曰涌、曰澄、曰涵，俱讚出；曰浩、曰沛，俱谏出；曰济，试出。孙女四，一讚出，三谏出。曾孙男一，曰植，淳出。纪先生生孝廉君时不三十年，内外孙共计得十有一人，称极盛矣。今欲于十月初六日将扶先生柩卜葬于城东之新阡。

卢子曰：余综先生大都而得数端焉。其石隐终身而确乎不可拔也，则类荷蓧丈人。其陶然一觞，不知尔为尔、我为我，则又类魏晋间人。其介性冰心，热肠傲骨，倪然不为世故所羁束，则又类寄庑皋桥、脱屣海上诸人。至其事亲教子，有典有则，则故主持名教人也。夫合数端以拟先生，先生正自渊然有馀。余所为染翰慷慨屡伸而不能已已者，以此谨系之铭。铭曰：

百世高风配五柳，无怀葛天为师友。

---

① 意谓成功远应在下一代身上。《左传·庄公二十二年》："不在此，其在异国；非此其身，在其子孙。光远而自他有耀者也。"

一寸古心真不朽，不忮不求既醉酒。
平生事业在林薮，道德原田耕为耦。
三径蒙茏宫一亩，中有琼璜与琼玖。
沐日浴月灼星斗，席珍应运行当剖。
神之听之和平否？我作铭诗垂久久。

25. 李诚明

外祖孝廉李公小传[①]

程先贞

公讳诚明，字思伯，学者称为泰云先生[②]，万历甲午第六名举人，余之外祖也。天性谦退，与人无忤，事父武强公最孝。好为黄老之术，诗文庄严典雅，斧斩刀齐，映日视之，如有光焰耀人双瞳。连赴公车十馀科，妇人童子皆以为且售，然竟不售，盖天啬之也。

公学贯天人，以至星历、壬遁、太乙、堪舆之书皆有特解，名倾海内，垂五十年。逆珰魏忠贤潜遣人以厚币结之，公托病坚辞。延医数辈往来如织，乃公固精于轩岐，无所用医为也。避地东村，筑一亭，瓦木皆方，颜曰矩。朝夕觞咏其中。卒之日，士林共嗟惜之。著作汗牛充栋，今亦不无散佚，有初年所刻《翾翾草》行于世。

[①] （清）李源等《德州北李家集》，徐雁平、张剑主编《清代家集丛刊》第38册，国家图书馆出版社2015年版，第5—6页。
[②] 泰：原文作"岱"，程先贞避父程泰之讳。

26. 李源（1619—1688）

河津令李公退庵墓志铭①

田 雯

当世祖章皇帝时，海宇甫定，行会试贡举大典。岁丙戌②，称首科，进士出身者四百人。复邀殊恩，破往例，拔置翰林、科道官各四十人。由是奋微起陋之士，无不争自濯励，效尺寸以树立功名。不数年，而跻通显位至公卿者，指数十屈，馀科皆莫及，非其遭逢多幸哉？乃有新颖方脱而猝罹非常，一试辄蹶，终身不复振如李公退庵者。此亦有志之士，为之太息也。

公以进士授河津县令，值流寇变后，城市为墟，殚力招徕，政刑修举，治行居第一，剡章屡上矣。无何，姜瓖反大同，破汾潞，全晋震动。公缮城浚濠，募健士，庀炮石，擐甲登陴，为死守计，凡五阅月。城中叛宦张家璧者，先是纵族子为暴，公置之法，以是衔之，将为乱。公慨然曰："吾之不即死者，为城耳。城既不保，徒死无益。何如杀贼以报朝廷？"乃率庐儿十馀人突围出。至蒲州城陷，遂如秦乞师，制使孟公乔芳③为发卒，公前驱击贼于蒲，大破之，进克河津，擒张家璧。四境有未下者，军士欲屠之，公持不可，乃已。事平，孟公列其绩以

---

① （清）田雯《古欢堂集·铭表卷一》，《山东文献集成》第一辑第35册，山东大学出版社2006年影印康熙间德州田氏刻本，第738—739页。

② 顺治三年丙戌科（1646）傅以渐榜，李源中三甲第131名进士。同里李浃中三甲第14名进士。

③ 孟乔芳（1595—1654），字心亭，直隶永平人。顺治二年，任兵部右侍郎兼右副都御史、陕西总督。

上，部议以功过均不叙。而他失守从贼者，多复原官，公竟拂衣归。

顺治十三年，奉旨有城池失守官员情势可原者，该督抚代题具奏，公归已七年。河津耄倪数百人诣省白状，抚军白公汝梅①即具疏闻，终格于部议而止。夫城亡与亡，臣道也。当事以此持公议，非不正，独不念情势可原之旨谓何？夫河津，一斗大孤城耳，受围五月，外援不至，内患复萌。即使张、许处此，亦必有所变计矣。卒之秦庭，一哭覆楚复全，视死事不尤难乎？孟明释而殽尸封，未闻有咎缪公之失刑者。况或复或否，又不一例也。且公之才又不廑于百里者，方在总角，举止若老成人。居父丧毁瘠踊礼，弱冠成进士，以文章名世。及其治河津也，精敏强干，发奸摘伏如神，能使老吏咋舌。若之何以一令终也。

公家旧有园亭，筑退庵，因以自号。发藏书而尽读之，意有所当，标而出之，加以评断，非徒论古，将以风世也。而于国家典故，河漕盐屯兵农诸务，讨核尤详。每一抵掌，自谓可见诸施行，而徒托空言，良足悲矣。其一切牢骚抑郁之感，尽发之于诗。又著有《见可园集》如干卷，不得于今将以信于后。然既不得于今，庸冀后乎？

公好洁，盥颊必数易冠舄，几榻不容纤尘。亭午熟眠，即达官在门，不为强起。每夕折束延宾，浮白博簺，不达曙不休。其胸中浩浩何如也。晚年杜门谢客，注《东坡养生录》而行之，而作《腹责说》以自嘲。州大夫举为乡饮宾，辞之。其不同于流俗如此。

公姓李氏，讳源，字江馀，一字星来，号退庵。其先商河人，迁德州，数传至公。王父大华，万历癸酉举人，官武强知县，生二子：长诚明，万历甲午举人；次諴明，庠生，公父也。诚明无子，以公嗣。公顺治乙酉举人，丙戌进士，山西平阳府河津知县。生于某年月日，卒于某年月日，寿七十。元配朱孺人，继配王孺人。生子四：桢、森、棟、柽，女三人，孙七人，孙女九人，曾孙一人。

---

① 白如梅（？—1776），顺治十二年十二月，授山西巡抚。后加太子少师，陕西总督等。

余于公为晚进，且有世讲，平昔庄事之。伺其眠起，载酒过从，无虚日。履其径，莹洁如洗。入其室，篆烟花气披拂鼻。观聆其謦欬，川涌蜂起，无非用世之学。扬扢古今，一一出人意表，余竦听之，下间出一语以相析，又未尝不虚衷而首肯。遂成忘年交，每念与公同时者，九列三事布满中外，而如公者几人？倘展公之才，大业荣名，何遽出通显公卿下耶？

公里居时，年方及壮，其雄心盛气消磨于隐囊歌扇者，垂四十年。人以为游情物外，自适其适，文酒啸傲，无与于人世，而不知非公志也。公卒之三年冬，其子以状来，请余铭。余时以勘事入滇，冲冒雨雪，肃肃宵征，不敢以剧迫辞。乃捃摭其事行而志之。铭曰：

  有玉于此，虎质龙文。精神既见，贡之大廷。
  其光熊熊，照乎四邻。胡为一蹶，坠井埋耕。
  虽则坠埋，莫奄其瑛。影留宫殿，声出瑟琴。
  或辟寒而厌火，亦伏禽而生虹。
  弃即敝蹝，价自连城。欹惟我公，道泰身屯。
  所收于人者无馀憾，而所得于天者独难伸。
  宜其浇块垒以酒杯，泄孤愤于高吟。
  读其书者悲其志，感其遇者艰其辰。
  惭摛辞之詹詹，奚以诔于大君子之坟？

河津令李公墓表[①]

姜宸英

公讳源，字星来，一字江馀，姓李氏。其先自遵化徙居商河。高祖

[①] （清）姜宸英撰，黄叔琳编《湛园集》卷六，《文渊阁四库全书》第1323册，台湾商务印书馆1986年影印本，第791—792页。

讳志皋，寿百有十岁。志皋生兰，明嘉靖间再徙德州，而兰子大华遂以举人起家武强令，生二子，明诚、明諴①。明诚领乡荐，十上春官不第。魏忠贤闻其名，币招之不得，由此名益重。无子，以明諴长子为后，即公也。

顺治乙酉举于乡，次年成进士，除知河津县事。县残于贼，少居民。公洁己视事，宽徭轻刑，以与之休息。未几，流亡复聚。于是锄奸吏，屏豪强。有张家璧者，侵夺人田产子女无数，历数政不敢问。公榜其子于庭，以次列被冤者簿质之，而尽录其所夺，还之主。于是傍近县闻之，诉状者皆书纸尾，请下河津治案牍，填委剖决无滞，老吏不得上下手，政声日闻。上官虽素威严者，辄为公霁容，以戒于他县令，曰："若治县，何不效河津耶？"一日，上谒台使："闻河津何所有？"对曰："止有龙门山耳！他固无所有也。"凡台所下檄不便，即封缴上司。初不能平，久之反以为贤。而慰荐公章屡上报最矣。

会大同总兵姜壤②反，破汾路，尽下平阳诸属县。公筑隍浚壕，募勇卒，援甲登埤为死守计。相持至五月，不能支，乃率健儿十馀人突围出。而张家璧者遂乘乱伏党山中，谋劫公投贼。适风沙昼晦，疾驰数十里得脱。时蒲州已陷，即求援于陕西总督孟公，且请身为向导，前驱击贼。得兵三千人，大破贼蒲州，收复河津，而家璧亦就擒。村堡尚有为贼守者，军士欲屠之，公持不可乃止。寇平，总制上公功状，吏议以功过相准不叙，遂拂衣归。

顺治十三年，诏城池失守官情势可原者，许督抚以名奏。河津数百人诣台白状，抚军立为疏闻，终格于部议不行，公自此无意当世矣。家故有别墅，筑"退庵"居之，因以自号。积书万卷，朱墨点勘，于国

---

① 应为"诚明，諴明"，下同。
② 壤：应为"瓖"字之误。

家典故河漕盐屯兵农诸务，皆有论次。而其馀古治乱、兴废、得失之故，遇事感发胸中排筜，有耿耿不能下者，则托之诗歌。时复放浪于世外之言。园居乘夜折柬招客，浮白大叫，博簺竞进，丝竹迭奏，非达旦不休。或时昼眠，虽达官在门，撼之不可起，人以为任达也，而不知其中之所寄有难言者。即读其书者，亦以为感愤无聊而已，而不知其身之既老，而才之有可用也。晚岁闭门静坐，屏绝宴会。预定亡日，期戊辰四月某日，果至期卒，寿七十岁。

夫疆场之事，城亡与亡，正也；就身求援，以图恢复，亦正也。不幸而事败，图不克遂原心者，犹录其功。况于出万死一生之力，收城杀贼，名为功过相准，而不以功擢，何也？且其时失守从贼，因缘还职者相望，而公独以深文被黜，不屑出一言自解说，遂至老死不复，不大可惜乎？虽然自公罢官及捐馆，垂四十年，其间仕宦风波之振撼，樯摧轴折，或身家之不保，后先接踵也。乃公独萧然尘埃之外，是非不入其耳，得丧不关其心。晚有贤子四人，诸孙林立，一门师友，乡里归重，彼此相较，其得失何如耶？

公元配朱孺人，能佐公贫贱以成名者也。继王孺人。又继王孺人，父讳梦卜，十六归公于河津署中。公归里后，日对客饮宴，不问家人产。孺人闻客至，泊具立办。御家严肃，口授《孝经》《论语》，教诸子毕，方就外傅。抚前母子如己出者，恩意反过之。河津公虽失志久困，而能怡然自忘其忧者，亦以有孺人也。孺人后公八年，以丙子八月日卒，享年六十有五。朱孺人生桢，国子监学正。王孺人所生子森，助教；棣，举人；柽，庠生。女之婿曰赵廷讲、于德慎、金庭遴。某曾祖太常公与武强公同癸酉乡举，而某又舆棣同举癸酉顺天乡试，交谊最厚，故因棣请，不敢以固陋辞，谨掇其梗概，而揭之于墓道之右。

27. 李源妻王氏（1633—?）

李孺人传①

田　雯

南北李为长河望族，世盛簪组，户被诗书。而于女德母师，前无闻焉，闻之自孺人始。晋京陵公王浑之子济，负盛名于时，史称其母钟夫人琰，贤明有法度。鲁敬姜之治内政也，男女效绩，忽则有辟。由孺人观之，特细节耳。孺人之子森、棅、柽，英异多才，不数封、胡、遏、末。述母之行，意诚有在。无论他日载于史氏，或者乌头双阙、丰碑宰木之间，纪吾文辞以传乎？

孺人王氏，王梦卜女，少读《孝经》《内则》诸书，女红、文绣多出意匠。年十六，归河津公为继室，前朱孺人遗儿桢，抚为己出。逾年，遭晋阳之乱，姜瓖踞大同叛，所至蹂躏郡邑，河津公为死守计，孺人提儿女间行千里，途遇盗，仰天叹曰："宁死吾与女，无死桢儿也。桢儿死，弗祀矣。"乃置女道旁，抱桢伏石窟中，获免。抵家募健士夜奔河津，甫入城内，盗飙起，河津公死战，破围渡河，效包胥泣请秦师，城复以完。寇平，河津公罢官归，绝意仕进，筑退庵，诗酒自娱，偕隐以老。宾客至，必盛供张、列桦苣②，文酒高会，孺人咄嗟立办。垂四十年，河津公卒。孺人课诸子成立，皆以文章著声誉。今长河里

---

①（清）田雯《古欢堂集·传卷一》，《山东文献集成》第一辑第35册，山东大学出版社2006年影印清康熙间德州田氏刻本，第771页。
② 供张：供给陈列，指宴席丰盛。《汉书》卷七十六《王尊传》："后上行幸雍，过虢，尊供张如法而办。"苣，通"炬"。桦炬，即火把。陆游诗："桦炬如椽点不明，还家潦水与阶平。"

闻，咸称母教云。

论曰：《诗·秦风》之作，盖言武矣。其卒章曰："言念君子，载寝载兴。厌厌良人，秩秩德音。"岂军旅之事女子得预闻乎？当孺人之缒城以出也，盗尘障日，间道取归，募数十人为死士，以十馀日下河津，秣马醳兵，椎牛飨士。后河津公以请师树平寇绩，孺人力也。可不谓贤哉？《诗》又云："何有何无？黾勉求之""釐尔女士，从以孙子。"室家之常仪，不屑道矣！

28. 李桢（1637—1688）

国子监学正李君墓志铭①

姜宸英

李氏家世爵里，具见予所为《河津公墓表》。君讳桢，字文宁。河津公长子，公元配朱孺人生，君三岁而没，继母王孺人爱之如己出。顺治中，公令河津。大同总兵姜瓖变起，旁近州县皆被陷。公誓死守，先遣孺人舁君出，冀存宗祀。中途遇盗，追之急，孺人取自所生女置之道傍，曰："宁失吾女，无死桢也。"抱君藏山穴中得免。君长亦善事孺人，偕诸弟依依绕膝下，见者不知其为前后母也。

君天性聪慧绝人，工文辞及书画，洞晓音律。邀里中诸名士为文会，广席谈宴，标格详整，音吐雅亮。遇风月清朗之辰，酒酣以往，吹箫擪笛，清歌徐引，飘飘若出尘外，一时钦挹，有衣冠领袖之目。不幸久踬场屋，遂以明经司教博兴。士子闻君至，皆欣然谓得师。君亦能悉

---

① （清）姜宸英《湛园藏稿》卷四，陈雪军、孙欣点校《姜宸英文集》，浙江大学出版社2015年版，第326—327页。

心训迪。

迁国子监学正,为大司成新城王公所赏识。当是时,校正监板诸经史,王公以君所分校,特为详核,他不及也。旋中忌者,罢去。归而河津公已老病,依栖子舍,谨侍汤药,不离侧。暇则与诸弟茗饮剧谈,洒然无复沦谪意。河津公捐馆,君痛之甚,卒不胜丧,未祥除而没,年五十有二。娶陈氏。三子,奕烈、芳焯、裔煐。女适何炜。奕烈介叔父文众,求予文志墓。于是君没八年矣,予未尝识君,而观君友中翰冯君大木所为状,其文醉既美矣,其言当益可信,又合诸文众所述系之。铭曰:

才之讦讦,不失步趋。窘于一第,而官于儒。
竟止于斯,谁之不如?一毁而灭,天与人与?
天吾不知,孝则有馀。

29. 李栻(1649—1696)

李友楷墓志铭①

方 苞

康熙己亥秋七月,余在塞上,同年友李圣木,自安德以书来,为其从兄友楷乞铭曰:"先君子与先世父,期之兄弟也。以先君子后小宗为大功之兄弟。而从兄少孤,先君子视犹子也。从兄无子,先君子以吾之子褒光嗣焉。以吾与子之交,故褒光愿有请也。昔吾世父之殁也,从兄年十有一,事大母及母,已能尽其欢。长而于族姻无间言。勤礼而务

---

① (清)方苞《望溪先生集外文》卷七,清咸丰元年戴钧衡刻方望溪先生全集本。

施，乡之人无不爱也。每得时珍致远物，必争先以饷遗。死之日，转相告，如失所依。先君子之丧，从兄衣裳皆功布。或诧之曰：'虽降服，犹大功也。'有姊适张氏，病革，以幼子女属焉，挈以还。女有归，子授室成家而后反之，年近五十矣。先从兄蓄德而隐于时，又不幸无年。微吾与子之交，法固宜铭。"

呜呼！果若所云，则友楷者，岂不诚乡之良士哉？余与圣木，违离久而各衰病，重违其意，又念其生平，知义人也。岂以未有之善，诬其兄哉？乃据所述而谱焉。

君讳栻，字友楷。先世商河人，自高祖始迁德州。曾大父讳大华，举孝廉，为武强令。大父讳諴明，即圣木本生祖也，父讳深，并州学生。母吕氏，妻赵氏，子即褒光。君生于顺治己丑六月十有九日，卒于康熙丙子正月十有七日。以己亥九月晦日，葬于城东老庄之新阡。铭曰：

　　生可乐，众称贤。死无忧，继嗣延。
　　铭以永世，亦何怼乎无年？

30. 李庭灿

仪矩李君墓志铭①

宋 弼

仪矩李君之丧，予既哭于其家。已而，其孙锐、釴请藏幽之词。君视予行辈较长，而交最深且久，铭君者宜莫予若也。

---

① （清）宋弼《蒙泉文集》卷三，哈佛燕京图书馆藏乾隆丁亥稿本。

君讳庭灿，仪矩其字，号肖亭，又曰仰亭，晚年自称顽禅老人。考讳棅，康熙庚辰进士，以庶吉士改官中书；祖考讳源，顺治丙戌进士，山西河津令；曾祖考讳诚明，万历甲午举人，有高行，尝筑矩亭隐焉，世所称泰云先生者也。

中书公典试贵州，卒于道，君时尚少，妣刘孺人又卒，依长兄以居。兄没始出应当世务。李氏自泰云先生以来，皆喜交游，尚意气。地当南北之冲，士大夫道此者，多归李氏，故君幼而习焉。

所居故有见可园、四清馆。君葺其屋宇，益植嘉卉，每花晨月夕，亲朋萃止，命酒征歌，觥筹交错，虽穷昼夜不少倦。天性通谐乐易，不为拘拘态。虽齿辈相悬者，时相与诙嘲亲狎，人乐近之。四方缟纻之赠，轮鞅交集，握手言欢，一见如故。远近莫不知有李肖亭者。君亦故乐此不为疲也。例授州同知衔，尝因保举引见，以残疾罢。

幼时读书不肯竟其业，颇能称说古人事，多识乡间旧闻，言论娓娓，四坐倾听。其后耆宿零落，考故事者，于君征焉。尝重建矩亭于见可园，故自谓肖亭，其擅园池之盛，宾酒之乐者，垂三十年。

尝南走吴越，为维扬、姑苏、西湖之游，以畅其怀抱。每里中有事，州大夫就谋焉。陈说辄中窍，故往往为长吏所重。君虽天赋强固，精神满腹，然亦不大自爱惜。顽禅老人云者，顽言其坚禅不系也。晚年数病，病已如故。要其生平胜情豪举，洒脱不滞，亦不可谓无过人者矣。

君卒年六十有七。娶曹氏，景州赠奉政大夫曰序女，以妇德称，能襄君之内政。男子一，衡均，太学生，前卒。女子二，适赵飞运、苏训。孙男子二，锐，贡生；鈬，庠生。曾孙女子五。锐、鈬卜以乾隆二十四年己卯二月□日举枢合葬于城东齐家庄之兆，乃铭之曰：

匪石之硁，匪蚕之缚。面目有真，曲谨曷托？
最君生平，风流如昨。足以豪矣，永妥灵魄。

31. 李升（1658—1729）

李槐村墓表①

田肇丽

呜呼！是为槐村李公之墓。公之葬也，同里通参孙公志其窀，衔华佩实，信而有征矣。孤世基等以为志藏诸幽也，不欲使其先府君孝友之德、敦厚之行、性理之学不表见于当世，乃谒予垂泣而言曰："隧道之碑，愿有请也。"予始以不文辞，既而思如槐村公者，予岂可以不文辞哉？

昔太史公之作《史记》也，七十列传中率皆丰功伟烈、图像丹青、流声竹素，不则奇节高义足以震骇古今，而独于石奋一传唯称其孝谨，始则曰："奋无文学，恭谨无与比。"又曰：四子"皆以驯行孝谨，官至二千石。"又曰："万石君以孝谨闻于郡国，虽齐鲁诸儒质行，皆自以为不及。……郎中令王臧以文学获罪，皇太后以为儒者文多质少，今万石君不言而躬行。"又曰："奋少子庆为齐相，举齐国皆慕其家行，不言而齐国大治。"一篇之中反复抑扬，寓意深远，岂非以其所重在此哉？

吾州之以孝弟恭谨称者，惟米市李氏云。米市者，其始迁祖所卜居之地，亦犹马粪乌衣②传之在昔矣。数传至太医院吏目讳岐者，孝友载在州乘。吏目之曾孙仲斗先生，生平无厓岸之行，无钩距之智，

---

① （清）田肇丽《有怀堂文集》，《四库全书存目丛书》集部第272册，齐鲁书社1997年版，第800—802页。
② 南朝王家家居建康乌衣巷、马粪巷。

无诋谰诞谩之言，以仁厚退让为德，于乡以孝谨范身砥砺诸子。予以姻娅之末，时相过从，犹及亲炙。由今思之，门以内雍穆翕和，童仆诉诉，皆可取法也。先生生三子，槐村公其仲，讳升，字阶五，晚号槐村。生而颖慧，弘厚有局度。仲斗先生钟爱之，每指以语配陈孺人曰："此吾家重器也。吾祖父艺善，世有阴德，积庆食报其在此子矣！"

性聪敏，嗜读书。初学为文，即凌猎行辈。年十七补博士弟子，试辄第一，声名籍甚。数踏青门，佹得而失者再，以循例贡入成均。国家设立八旗官学，以教卿大夫之胄子，公考授镶黄旗教习，期满吏部试上等，以知县录用。所亲谓公曰："君今释褐，出宰百里。可以克继先志矣。"公曰："未也。吾父之教我也，以科名相期，非此不足以瞑地下妥先灵。"于是下帷攻苦，晨夜吾伊，遂举康熙乙酉京兆乡试。公不以一当为喜，而以二亲不及见为憾。所得例给坊银悉置祭田以供粢盛，曰："此君恩也，祖德也。"三上春官不第，会新例内阁中书以乙榜者序次铨授，公始绝意帖括，时年已及耆矣。

公工于制举艺，准的濂洛，援据六经而独得其阃奥，所著有《槐村家课》。闭户以教子孙，时以北齐刘献之之言勖以孝弟忠信仁让恭谨。以予所见，公家三世以来，父训其子、兄诫其弟，五十年如一日，子孙不染媮薄靡丽之风。二三奴子短衣补纫，无飞扬跋扈之习。传世滋大，正未可量。而纨绔素封以结交饮博为能，鲜衣华从眩耀街衢者，每目而易之，噫吁！良可唏也。阅十馀载而卒，年七十有二。又二年，雍正辛亥三月，孤世基等遵公遗命葬于祖墓之侧，以生殁欲瞻依其父母也。娶吕氏，子四人，女二人，孙四人，孙女十一人，曾孙一人，曾孙女一人。其世系并婚嫁聘许详具志中。

公沉实恭谨，言无虚伪，行无矫饰。其孝于亲也，生尽色养，先意承志，孺慕之诚，存殁不异。其友于兄也，抱疴疾苦，药饵咸自己出，虽长日永夜未尝暂离。而友于弟尤甚，同其欲恶，煦煦慈爱，白首相对，亲如孩提。其弟子从妹婿也，向予云然。又曰："吾兄弟自析箸别居，一日不见则皇皇如有所失。"予闻之，既多公之笃于其弟，又多其弟之见德而不背也。呜呼！罕矣！可胜叹哉！昆弟继殂，言念二人，感怀同气，盼睐诸孤，一如己子。吾慨夫世之遗弃其亲者，则俪背其兄弟，仇视其骨肉，蚕食征求，满谰倾排，靡所不至。天下有孝而不友，友而戕贼其所生者哉！

公又不独克敦门内而已。从兄以仁懦遭诬，几不保其阡陌。公蒲伏公庭，力为申雪，以及割宅族兄，赒恤宗党，力农向学，无不各获其安而就其业。又念族属繁衍，缓急难浃，乃营置义田，申明规式，如范文正公故事。于是一族之人，仰事俯育，生养死送，同歌哭而长子孙；礼耕义种，油然而忠爱生。善心作，为盛世之良民。昔范忠宣有言曰："先文正置义田，非谓斗粟匹缣，便能饱暖族人，盖有深意存焉。"① 公之用意亦云深矣！

若夫设立义冢，乞药施椁，故官之旅榇，还鬻身之宦女，窃薪者倍与之，盗禾者立释之。《周官·大司徒》以六行宾兴万民，曰孝友睦姻任恤②，公殆兼而有焉。天性笃厚，善与人交，是非较然，若暴扬燕私则无之。贞不绝俗，虽后门寒素得至其前，若厌薄狎侮则无之。性善饮，花月娟媚，胜流翕集，若娈童酒纠沉湎流荡则无之。春风和霭，口出气惟恐伤人，虽豪强以非义相干，即耳热面赤未能重拂其意必屈己以从。此又公之仁厚承家，立身行己，无改于其父之道者也。

我圣祖仁皇帝仁育义正特制《圣谕》十六条，风厉海内。我皇上御极，惟恐人之遵信奉行久而或怠也，特制《圣谕广训》敕所在有司朔望宣讲。凡今之人生长休明之世，熏习圣主之化，所谓敦孝弟以

---

① （宋）钱公辅《义田记》。
② 《周礼·大司徒》："以乡三物教万民，而宾兴之。……二曰六行：孝、友、睦、姻、任、恤。"

重人伦，笃宗族以昭雍睦，如公之行事似亦无足异者。然由今观之，实为殊尤绝迹，六阙不胜表，而百城不胜图也。呜呼！岂易得哉？予是以腼□执笔排纂公之懿行，大书深刻勒诸贞珉，庶几乡邦人士过公之封，读公之碑，其知所感发而兴起也哉！按古三公称公，年之长老尊其道而师之称公，予故援毛公、申公、涪公之例①，表其墓曰李公云。

32. 梁文度（1686—1746）

副贡生候选教谕梁君墓志铭②

宋 弼

自古文章之士，抱其所得以自鸣，其业非不工也。砥躬慕义，行副乎其言，而不得志于有司，卒郁郁以老者，岂人之所为耶？是有命焉矣。予始应童子试，则识梁君景裴，君于是时为名诸生久矣。及予年益长，与里中诸贤隽角逐，君亦时预其间。诸子虽英绝，然为君屈者屡矣。君既以文章有名，与魏峻庵、任素修两孝廉、李星门进士，师事卢梦山先生。先生审于评骘，品题皆不爽，独君不获举，举又不及正额，仅贡于成均，怀其所得不一遇于世，终老死几案间，岂非命哉？然君负其文章不欲居人下，每酒酣耳熟，慷慨激昂，有不平之感。其不得志，则非人所为也。

君五岁失怙，母陈孺人苦节抚孤，孺人泣，君亦泣，止乃止，人

---

① （唐）柳宗元《唐相国房公德铭之阴》，《柳宗元集》卷九《表铭碣诔》，明嘉靖翻宋本。

② （清）宋弼《蒙泉文集》，哈佛燕京图书馆藏乾隆丁亥稿本。

皆异之。及居丧，哀毁尽礼。雍正初元，诏天下举节孝，君具疏孺人事实于有司，然胥吏持之不得上。今海宁陈相国巡抚山东，咨询疾苦，君发愤为书千馀言上之。陈公恻然，大书"劲节遗芳"旌君之门。而严檄各属官吏，趣上民间节孝状。于是，皆得报闻。君之力也。应试济南，与魏君某偕，值大疫，魏病且困，同行者委之去，君叹曰："朋友可弃耶？"独视饮食、汤药，不去。比竟，试还，质衣衾买肩舆载魏君，而己步行。盛暑劳瘁不以介意。其他事不可胜书。书其可传者。君教授生徒，善于训诱，多所成就。课二子尤严，皆郁为名士。次者，今年二十馀，《十三经》皆能默诵。庶其有以成君之志。娶经氏，贤明有妇德，能操内政。其母老而无子，迎养于家，曲尽孝谨。其卒也，殡葬皆尽其心。先君一纪卒，年四十八，实雍正甲寅七月十一日。

君讳文度，景裴其字，号鹤程，别号达夫。其先蔚州人，有官卫守备者，遂家德州。曾祖讳国标，州庠生；祖讳廷珠，顺治辛卯举人，临清州学正。考讳允谋，早卒。君有子二：轩鬺，州学生；鸿鬺，附生，即能读《十三经》者也。女一人，适附生陈凤梧。孙一人，惜羽。孙女一人。君卒以乾隆丙寅八月四日，年六十有一。葬以丁卯□月□日，墓在河西之大屯。轩鬺兄弟既卜得吉而后合葬。始予与君为同学。戊午，予举于顺天而君试本省，主司得君卷晚，置副榜。榜发谓君曰："非不知子，吾无如命何矣？"因叹息不已。自是，再应举终不遇。当得教谕，不及选，遂卒。轩鬺请铭于予，予惟君之行谊有过人者，其文章诚工，然不遇，是可悲矣。乃为之铭曰：

文宜遇而若或尼之，行则高而命不可知。
呜呼！梁君而已于斯。

33. 梁鸿翥

梁鸿翥传[①]

王锺翰点校

梁鸿翥，字志南，山东德州人。优贡生。穷老笃学，月必诵《九经》一过。每治一经，案上不列他书。有疑义，思之累日夜，必得而后已。益都李文藻一见奇之，为之延誉，遂知名于世。卒，年五十九。

有《周易观运》《尚书义》《书经续解》《春秋辨义》《春秋义类》《仪礼纲目》等书。

34. 卢宗哲（1505—1574）

大中大夫光禄寺卿涞西卢公墓志铭[②]

葛守礼

卢氏其先，范阳人也。自汉唐以来，代有名人。世居涞水，永乐中名子兴者，又徙为德州左卫人。子兴生斌，斌生得，得生信，信生经，配崔氏，公之考妣也。以公贵，封征仕郎、翰林院检讨，妣赠孺人。事

---

① 王锺翰点校《清史列传》卷六十七《儒林传上二》，中华书局1987年版，第5393页。
② （明）葛守礼《葛端肃公集》卷九，清嘉庆七年葛周玉刻本。

在顾文康公①所为志。封君三子，长宗儒；次宗贤，为汝王长史；公其季也。

讳宗哲，字浚卿，以上世居涞，自号涞西。公生而负俊才，有奇质。方六七岁，从群儿戏，一道士遇之，惊曰："儿，贵人也，法至三品。"少长，受里师业，工为文辞，诸生莫不避席。乃从河间试，郡丞姚公文清大器之，自谓不及也。嘉靖戊子，举山东省试高等。已而第乙未进士。天子躬御文华殿，授简试诸进士，每奏一卷，辄亲品第焉。得公等三十人，以为庶吉士，尚方给笔札，读书禁中。公故善古文歌诗，至是大肆其力，日益有名。当是时李文康公②执政，月试吉士，每读公文，未尝不咄嗟叹赏也，以故卢吉士之名大起。丁酉，授翰林检讨，奉迎征仕君入都下。会大庆覃恩，征仕君受锡焉，既以病卒。公当其举省试时，而丁崔孺人之艰。至是两遭重戚，皆哀毁骨立，人以为难。

庚子，服阕，补故官。辛丑，同考会试，所得皆海内知名士。其后，至卿贰者居十五，若大宗伯裴公③等是也。甲辰，同修《大明会典》。丁未，擢南京国子司业。会大司成缺，公守篆甚久。念诸生善逸，大立要束绳之，期不犯，然遇之甚有恩义。顾贵游子弟关说求出者，即不假贷，南雍至今严之。辛亥，满考奏状阙下，彼其时严公父子势炽甚，然念公留滞南中，亦欲稍超擢，异之，乃公实不持一金予世藩也。于是大忤，曰："先生第还南矣，吾行念之。"公对曰："某来考绩，不来讲迁官也。"严公惭，则以为南京尚宝卿，即徙通政参议。居三年所，乃召为太常少卿，提督四夷馆，皆抑之也。

丙辰，擢南京太仆寺卿。寺故开府滁阳。滁阳者，山水名胜之地

---

① 顾鼎臣（1473—1540），字九和，号未斋，谥号文康，昆山人。弘治十八年进士，官至礼部尚书兼文渊阁大学生，入参机务。
② 李时（1471—1538），字宗易，号序庵，谥号文康，任丘人。弘治十五年进士，授翰林编修，官至吏部尚书，华盖殿大学生。
③ 裴宇，字子大，山西泽州人。嘉靖辛丑进士，官至礼部尚书。

也。往士大夫居是，则载酒吟啸以为常。公至，乃日夜下计郡邑，问马蕃息状。寺有赎金二千，或谓公："内①之，例也。"公笑曰："岂有怀金卢浚卿哉！"竟不内也。

戊午，召为光禄卿。故事，光禄上供品，物皆榷长安中贾人物。然不时予其直，积负以万计，贾往往破产。及公索之藏中，乃故有羡金，非乏也。则谓其僚曰："夫傲人而不予直，是县官给贾人食物也，是主人使仆张空券入市买也。"乃大发金，悉偿之。当世宗时，光禄费巨，公一切裁省。诸中人不便谋，所以中②公。上使使往核之，乃知群阉所为，卒如公规画，大省矣。

久之，推为户部侍郎。严公居中，持之不报。己未朝正旦，出至里第，遂病痿痹不起，则上书请告以归。公自登第至是，侵寻二十馀年，官不出寺卿，而故同时诸吉士致位公辅者相望，然公处之甚适也。及罢归里中，就旧第筑室，陈几设关，日偃卧其中。有宾客故人来，则弹棋对语，倦则复卧，终不请谒守吏。即四方客过其门，未尝不见其下榻也。平生所著述甚富，然匿不自名。一日，取其文二十卷焚之。子茂，从外来望见，叩头流涕，公曰："雕虫小技，古人乃覆酱瓿，何至悲也？"自是无存者矣。

公生于弘治乙丑二月十一日，以万历二年四月二十七日卒于正寝，得年七十岁。公为人严毅方正，不可干以私。然与人交，出肺腑相示。其天性孝友，每遇先忌，常于邑流涕竟日，至白首不渝。先人遗产，悉以予两兄，其家乃无所有。天津故有节帅，公诸生时尝过之，帅见公冠敝，适有新冠，请易；公重违其意，为座上一着，罢酒乃着故冠而去。其介如此。后罢光禄还也，发橐中装馀四十金，则召夫人及茂示之曰："此吾二十年宦装，可中分之矣。"夫人、郎君，相视泣下，公顾甚自

---

① 内：同"纳"，收纳。
② 中：中伤。

喜也。茂绩学有声，又善治家，后居积颇饶。凡公病卧里中十五年，不困乏者，茂也。茂亦有操行，伯父长史君病且革，呼茂，畀之千金，茂谢不受。公喜曰："真卢浚卿儿。"

公配谭氏、继刘氏，俱封孺人，再继魏氏。魏孺人少，而当公病，及卒，公大感恸曰："吾悲其相敬者十年而卒夭也。"子一，即茂，太学生，谭孺人出。初娶予女，早卒；继高氏，都指挥洪女。孙男三，永锡，郡诸生，娶纪氏，按察使公巡女；文锡，聘盖氏，贡士泉达女；玄锡，幼。孙女一，适生员张凤翼，宪副子顺男。曾孙女一，幼。

于时东省抚按公，重公乡贤，为请恤典，得蒙恩，给祭葬。茂将以某月日葬公于城南原卫水之阳，与三孺人合焉。茂以方伯程公状来请铭。余与公同举于乡，已又缔姻，相从往来甚数。今公已矣，余其曷忍铭公。然窃悲公有大雅君子之行，著声翰苑而竟不得由清要贵重之阶，人耶？命耶？余不铭，谁铭者？铭曰：

嗟公乎！嗟公乎！轸稜稜兮穀转舆，渭泠泠兮泾则渠。
我长裾兮人利趋，谁不足兮谁有馀，吁嗟浚卿宁所居。

35. 卢茂（1534—1598）

承德郎升五品服俸河南归德府通判卢公墓志铭①

周世选

岁戊戌十月二十五日，归德通判卢公卒于家。越明年己亥，其孤永

---

① （明）周世选《卫阳先生集》卷十四，《四库全书存目丛书》第136册，齐鲁书社1997年版，第689—692页。卢见曾《德州卢氏家谱》卷四收录此文，题作《明归德通判绍涞卢公墓志铭》。

锡、文锡，用形家言卜十一月二十七日将奉柩窆于城南先垄之次，乃手次第其行实，涕泣以铭请。余于公，有姻娅之雅，又深知公，义不可辞。

按状，公讳茂，字如松，绍涞其别号也。先世有名子兴者，永乐中自涞水迁来，遂为德州左卫人。子兴生斌，斌生得，得生信，信中子经，封翰林院检讨。三子，季子宗哲为嘉靖间名臣，仕至光禄卿。配谭氏，赠淑人，实生公。公有异征，数月能言。甫两岁，授之古诗，辄成诵，若夙记者。七岁就外傅，诵读朗朗无羡音，闻语联对，独确悉中音律。十二能属文。稍长，游乡校，一时髦俊尽让①敏。给谏叶公一见，深器重之，曰："此卢氏千里驹也。"光禄公宦游南北，率以公从，代理内外家政，靡弗当父意指。戊午当比士，会光禄公与中阉龃龉，虑患叵测，父子相依于京。二三知厚者曰："郎君伟，负可芥拾科第。奈何令其坐守青衿？吾辈当贷赀令入成均，即可魁京闱矣。"然竟弗第也。自是屡举屡弗第。丁卯试期，仅馀三日，闻母魏病剧。或劝勿归，以魏即不讳继也。公谢之，曰："吾父耄而病，忍以缓急为累。吾方寸乱矣！"乃日夜驰还，及入门而魏病良已。因自叹曰："吾生不辰，即区区一第，固我靳乎？且亲老在堂，定省裕②大。"嗣是遂罢举子业矣。

光禄公天性廉介，不问家人生业，归来无以供朝夕。公量入较出，居积日，为③以故菽水之奉不至匮乏，而承颜顺志，日兢兢罔懈。及光禄公殁，哀毁骨立，终三年茹素衣布，未尝解颜也。

乙酉，谒选天曹，授宛平簿。簿职，笺宫府赋租办纳。往往病小民，为之均庄头，革解户④，积困顿苏。戊子，迁大兴丞。大兴近在辇

---

① "让"后，《德州卢氏家谱》本有"其"字。
② 裕，《德州卢氏家谱》本作"为"。
③ 为，《德州卢氏家谱》本作"裕"。按，此句"为"字，当与上段中"定省裕大"之"裕"勾乙颠倒，由文意看，《德州卢氏家谱》本为胜。
④ 解户：解纳钱粮的差役。

縠下，所司多传奉事。中官贪婪险愎，意不当动以大内轧之，即京兆尹①未见执法相裁。公不激不随，事集而民弗扰。潞藩之邸，行李杂沓移致，责在两县。京兆公疏请，属公任其责②，仍发帑金三万为费。公讶其多。京兆公曰："以主上贵介弟，而吾辈较省费是清，痴矣。"公曰："废事固不可，靡费尤不可。得什之一，允克有济。"事毕，上下晏如。而三千金，犹有馀羡。胥徒向公耳语云："曩奏中有不敷准听续请，矧三万乎？景藩前例可据，盍取之以充资斧？"公正色曰："金以万计，固可润囊。如法纪良心何？"竟册报而还诸帑。京兆公大奇，重而荐之，奉旨纪录。大宗伯委查披剃牒檄，行有劣者饬逐之。稍从刻核立招，重贿乃寝而不行。大都事有利窦者，人多百计营之，公则若将浼焉，一时声称籍籍缙绅间。

壬辰升卫辉府通判，职在捕奸。甫任，会川兵应调道出卫源。地方大虞驿骚。公逆之境上，委曲谕其将卒，令其雁行而前，递到递发，间阎竟获安堵。旋摄淇符。淇，京省要冲，凋弊特甚。公至甫三月，诸政概新，督抚公按部见其今昔顿异，嘉与③不置，即欲为淇请留。缘除墨尚鲜，拟衔弗便，不果。淇父老已勒碑，颂遗爱，将创祠而尸祝之。公力止，方寝。

甲午，河以南大歉，守令时多罢去。摄之者，难其材。公以推择往署襄城，乃禁讼停征，昕夕理赈事，务求实，惠在嗷嗷。猾奸惯舞无所售巧，襄民赖以全活者数万，诸财赋毫无染指。是秋，河伯不仁溃淤为漕病。总理大司空廉其才名，疏请更调归德河署。公裹糇粮以行河，不烦供应。丙申春，董分黄大役，工无定所，食息弗宁，关散工料可踰十万金，曾不移铢两充廪饩。直指使者上其功，升服俸一阶。明年，督视宿迁，挑浚运艘，藉以无阻。秋杪河决，虞城势将南徙，增堤塞口，不

---

① 京兆尹，《德州卢氏家谱》本作"堂堂京兆"。
② 责，《德州卢氏家谱》本作"事"。
③ 嘉与，《德州卢氏家谱》本作"嘉予"。

辍昼夜。公以积劳之躯，暴露于风霜间。左体遽成痿痹，遂决归计。先是有妒公者，布飞语于私揭，公夷然弗辩。会有廉访，其人者，公雅不欲为报复，惟仰天叹曰："吾当官不愧俯仰，即有厚诬。人胸有心，谁口无舌？清平①昭在水滨。矧老冉冉其将至，获归犹晚。"大计其潜果行，列以不及，调改。公闻，尚色喜，曰："才不才，亦各言其子也。惟不以墨行而辱先，死且含笑。吾今得全归矣。"抵家，病少间，乐与亲友宴会。居恒则手不释卷，弗问田舍。卒之日，犹栉沐若平昔。偶手麻，还榻而终。距其生嘉靖十三年十月十九日，享年六十有五。

公状貌魁岸，赋资英敏，前身事记之了了。诗文清劲古卓，成一家言。滁阳所作，载《会景编》中。他稿藏于家，提身简严，食无重味，衣无重绮，媟亵之语未尝出诸口。性至孝，侍父宦邸，依依膝下不忍离。即遣毕婚，外家弗往也。方母谭之背弃时在童龄，蹦踊毁瘠若成人然。素未习画，而貌其母之遗像若生。事母刘魏，亦不以继而废夔夔，非孝思纯笃者能然哉？葛孺人早亡，有侈富者，愿缔伉俪盟，可藉以润笔研，弗屑也。伯父病且革，遗孤尚幼，持千金为赠，乃婉言固却之。而于其家，拥护周至，迄今门祚如初。与人交，不取苟容，然独以然诺取重。当官务恤百姓，不避豪强。尝自信曰："臣职不难尽，惟公与任则得之。"此其清操劲节，盖无负庭训云。

於戏，以公之志若才，使究厥用，当有伟树，而仅仅以别驾终，位不胜德，有馀恫焉。然晚近世泥于资格，以例贡起家至佐郡者，海内指不一二。屈矧以郎官能以三品赠其亲，徼先人未竟之恩命，显扬之志，藉以稍伸。盖未为遇，而亦未为不遇也！公目可以瞑哉！

配葛氏，赠孺人，娶数月卒，有贤行，载在父端肃公所书志中。继高氏，封孺人，都指挥洪女。子二：永锡，监生，娶按察使巡②女。文

---

① 平，《德州卢氏家谱》本作"评"。
② "巡"前，《德州卢氏家谱》本有"纪公"二字。

锡，监生，娶按察司经历堵铨女，继盖澡女。女一，适宪副张子顺男监生凤翼。孙男四：世滋，聘吏科左给事中程绍女；世淮，聘浙江道御史谢廷策女；世治，聘庠生李煐女；世泓，尚幼。孙女三：一字庠生谢应擢①；一字余孙承荫；一字庠生曾弘子士奇。法得并书铭曰：

> 嗟嗟卢君之生兮，毓秀钟灵。志操迥不群兮，如璧如璜。
> 怀珍以待用兮，艺苑推英。胡遭回于云路兮，彼苍冥冥。
> 寄一职以纾抱兮，廉隅是衿。树甘棠于燕豫兮，口碑甸訇。
> 位诚卑而道弗枉兮，允克振其家声。
> 留不尽以遗来裔兮，将兰桂乎峥嵘。
> 觊泉台其孔固兮，百千万祀征余铭。

36. 卢蕃（1555—1627）

辽东前屯卫经历从叔考二田卢公墓志铭②

卢世㳺

公讳蕃，字如陈，故涞水人，家于安德数世矣。曾大父讳信；大父封太史公，讳经；父汝南郡丞，讳宗贤。公少孤，奉仲父。太史公教惟说，克自成立，蔚有家风。初学文，即出惊人语，太史公奇之。乃不肯竟学，入赀为国之生，欲友天下士。旋又为鸿胪丞。其丞鸿胪，辄与其长忤，而公之道固直也。由是知名，荐绅间节干岳岳矣。

---

① "庠生谢应擢"，《德州卢氏家谱》本作"东光盐运司同知刘应文子庠生重光"字。
② （清）卢世㳺《尊水园集略》卷十一，《续修四库全书》第1392册，上海古籍出版社2002年版，第547—548页。

居久之，无所事事，思得繁剧以自效。出而为枣强丞，慨然曰："丞未尝负人，人自负丞耳。吾其斧藻此官，体先太史之懿训，而施于有政乎？"诸所措置俱关至极，前后令长咸与之讲昆弟之雅，相资如左右手。公倾肝豁胆，视官事如家事，视人事如己事，无纤毫不尽。凡遇盘错，一经其手，如土委地。尝兼摄两篆，宽然有馀顾。善政一归之主者，己方袖手为客，淡如也。其吏干绝人而为长者又如此。公介甚，洗手不名一钱，更耻藉竿牍为吹嘘地。

故量移辽东广宁前屯卫经历，实左之也。公仙仙欲往，谓此行始足豁胸中之气。携轻骑出榆关，指顾山川形胜，不觉鼻头出火。至则尽取劣局陋规，彻底翻洗，一意爱护军民，绝无顾盼。与大帅讲均礼，为上官陈便宜。虽一参军乎，屹如辽左长城矣。无何，丁母太孺人忧，军民泣送百里，公浩然而归。归则蔬食断荤，绝意仕进，顾恒耿耿不寐，如有隐忧，谓所知曰："辽不可为矣。"及辽事起，公深不愿其言之中也。

公天性肫剀，以朋友为性命，家产仅中人以上。横加以素封之名，直受而不辞。觞酒豆肉，宾至如归。状岁使气任侠，抹杀鼠子，亦尝跌宕于呼鹰盘马之场，沾沾自喜。晚而约之大道，与农夫野老共为浑朴而已。偶阅佛乘，恍然有悟，自号二田居士，人共尊为二田先生，不称其官，公亦任其两行也①。已并禅亦不谈，案上止《大学》一册。每语学者曰："毋自欺，是吾三字符。虽有他书，吾不欲观矣。"世淮极受公知爱，尝请处世之道，公曰："无求到处人情好。"又请摄生之道，公曰："智者能调五脏和。"世淮为之通身一汗，刻髓服膺，终身诵之矣。初郡丞公艰，初子息晚，娶太孺人某氏，乃生公。太孺人苦目青，公所以奉侍者克聚百顺，殆纯孝云。

公生于嘉靖三十四年六月初五日，卒于天启七年十一月十八日，享年七十有三。元配邹孺人，为处士邹公悌女；继配王孺人，为廪生王公

---

① 《庄子·齐物论》："和之以是非而休乎天均，是之谓两行。"郭象注："任天下之是否。"

承诏女，俱无出。公既乏嗣，凡身后事赖我叔父暨伯兄力襄之。兹卜崇祯九年十月初二日，葬于卫河南浒，从郡丞公兆，特以石言委诸小子，小子曷敢让焉。追想生平，抚其大略，不避鄙倍①，系以铭诗。铭曰：

神萧萧，骨肃肃。清于冰，淡如菊。
丰年玉，荒年谷。七十载，抱兹独。
不衍其后，曷锡之福？
知者曰润身，不知者曰润屋。
三尺秋坟郁精光，有斐君子吟箓竹。
后之人尚勿翦松柏，而瞻兹宰木。

37. 卢世滋（1585—1638）

先兄太学生带河卢公墓志铭②

卢世㴻

呜呼！吾兄之弃今之人而与古为徒也，七年于此矣。夫此七年之中，余误出领泛舟之役，惊波骇浪，头须为白，已久入于非人，乃今而谬称未死，犹出手为吾兄作志，一则以悲，一则以愧。虽然，非吾谁知吾兄，非吾文谁表吾兄。

兄为我祖太史公曾孙，别驾公冢孙，我父承德公、我母纪太安人元子，讳世滋，字保大，别号带河。配程氏，乃大司空肖㦷先生程公长

---

① 鄙倍：浅陋背理。《论语·泰伯》："出辞气，斯远鄙倍矣。"朱熹集注："鄙，凡陋也。倍，与背同，谓背理也。"
② （清）卢世㴻《尊水园集略》卷十一，《续修四库全书》第1392册，上海古籍出版社2002年版。第548—550页。

女,生子男裕,庠生,娶贡生马贡畴女,继娶庠生曾士章女。孙男二:道登,庠生,娶庠生吕献琦女,继娶工部主政程先贞女;道悦,未聘。孙女二:一适庠生吕煌,一适庠生郑镔。兄生于万历乙酉九月十五日,卒于崇祯戊寅正月二十七日,享年五十有四。兹卜甲申十月十六日葬于城南祖茔之次。

余谨据余兄平生大略志之。兄生而清发,幼不好弄。与余共学同席。余性倪易①,凡童子戏,靡所不为。兄敛襟独诵,整日不肯出位。学究先生爱而誉之。暨兄与余同为博士弟子,余攻苦本业,兄顾夷然不屑②,稍移而之衣裳、刀剑,时驭骏马,回策如漾③。兄鬓须眉鼻,俨如古图画中人,高华自赏,光焰路傍。酒杯之馀,间寻笑伴,然一涉而已。初不沾沾也,时呼余偕一二暱友饮,穷日落月,不洪醉不休。朋辈有欲阑入者,辄坚拒不应。人亦以此严之。居无何,忽尽捐其所素习,深居简出,足不踰户限。即一二暱友亦阔绝。朝夕静晤,惟厥弟一人耳。后余官京邸,思与兄源源而见④,乃招之入监。兄出赘强应,非其志也,终不至。会余疏请终养,兄喜甚,定省太安人外,日与修筋政,向一二暱友亦少少进,而此外终不益一人也。

兄交游最寡,而交情特挚,昏暮叩门不以无为解。见穷交沦落,如身陷泥途,不遗馀力而为之牵挽。性懒,绝不问家人生产,斗粟、尺帛、觞酒、豆肉俱嫂程孺人综理,兄听之而已。食指日繁,婚嫁及时所费多端,至挫产质衣,吾兄淡如也。客位凝尘,满席雀巢殆遍,兄竟不踰户限。余从容启请曰:"'艮其背,不获其身。行其庭,不见其人'⑤,

---

① 倪易:易有轻忽,不认真,随意之义。倪易盖不受拘束豪放不羁之义。
② 心中泰然,毫不在意。
③ 漾,应为"萦"。《世说新语·赏誉第八》:"(王湛)叔姿形既妙,回策如萦,名骑无以过之。"
④ 《孟子·万章上》:"欲常常而见之,故源源而来。"
⑤ 此句语出《周易》艮卦卦辞,意思是谨慎其身后,人不得伤害其身;行于庭中,人不能见其行踪。

此语端为先生设。"兄爽然而笑，莫逆于心。兄亦诏余曰："静坐观心，闲中一乐。"余连声应曰："道在是矣！道在是矣！"

至丁太安人忧，兄已有病，犹泣如孺子，事事成礼。又哭先叔靖州公恸，遂不起。犹记兄病革独握余手谆谆命之时，声已微细，余倾耳而听，乃隆中淡泊宁静语。谓吾兄不闻道，吾不信也。又兄好洁整，凡巾履几榻笔砚卷轴，不容纤尘，下至茶灶酒炉，各得其所。妻子仆婢不衣冠不见。即与弟恣柔爱之道，而意恒肃肃。曾见其批点东坡文，犁然中解，朱墨如错绣，小楷短札仿佛晋人，乃或经岁不曾开一帙，终年不曾涉一笔，此等忍力①，尤人所难。大约吾兄有至性而无机心，人百负之百不悔，百诳之百不猜，任真推分，可谓惇信君子矣。外人不知，尽举而归之于酒，岂不谬哉？然则后死者之不丧斯文也，起九原而与吾兄相觌，定当首肯。凡交游中有思吾兄而不得见者，不必观其遗弨，第视吾友足矣。铭曰：

此我保大氏之玄宫，深稳坚固以利其后人于无穷。

38. 卢世㴶（1588—1653）

卢南村公传②

田 雯

卢世㴶，字德水，一字紫房，晚称南村病叟，涞水人。明初徙德州左卫。曾祖宗哲官翰林检讨，累迁光禄卿。祖茂、父永锡，太学

---

① 原文汗漫不清，字形略似"力"字。
② （清）田雯《古欢堂集·传卷一》，《山东文献集成》第一辑第35册，山东大学出版社2006年影印康熙间德州田氏刻本，第766—767页。

生。明启、祯之际，文士侈谭子史之学，标榜声誉，流为钩党。公为人简易佚荡，高自位置，耻矜憳伎以邀名当世。读书尚志，驰骋百家。为文章不屑雷同，笔墨飞动无馁饤僻怪之习。寻登进士第，除户部主事。未几，省母归。复强起，补礼部，改监察御史，领泛舟之役。值久旱河竭，盗贼充斥，公疏数十上，犁中漕弊，皆报可。役甫竣，竟移疾去。

当是时，国事日非，东西交讧，公俛卬兴怀，如抱隐忧，悲天悯人，往往发之于诗，游于酒人，日沉饮自放而已。甲申已后，每抠衣循髪，歌泣无聊，扫除墓地，有沉渊荷锸之意。本朝拜原官，征诣京师，以病废辞，癸巳卒于家，年六十六。

公貌奇古，身长七尺，须数茎长尺馀，土木形骸，掀髯雄辨，舌本风生，如枚生《七发》，间出雅谑语。人一与公涉，鼻间栩栩，皆以为卢公爱己，愿为之死。

屏居尊水园中，杜亭、画扇斋、匿峰庵、涪轩，十馀间茅屋耳。堆书数千卷，塞破户外，几案排连，笔研置数处，蜡泪纵横。公脱帽希鞴，立而读之。读竟，转立它处，再读它书。雒诵长吟，戊夜不休。

亟呼酒，二奴子取瘿瓢贮酨酒，大容十升，舁以进之，公叉手鲸饮，微醉则假寐，鼻息雷鸣，少顷辄醒。醒复读书如故，奴子垂头而睡，弗问也。合祀唐之子美、宋之五郎，故以杜名亭。公自谓："于子美诗四十馀读，尔来却扫，益有馀力，选摘分帙名为《胥钞》。子美《别李八秘书》云'乞米烦佳客，钞诗听小胥。'余与子美操觚充胥史而已，校之《隶人伐木》《信行修水筒》《张望补稻畦》《竖子摘苍耳》《宗文树鸡栅》《占数鹅鸭》，颇策微勋，倘藉手以见子美，想裂饼给酒，在所不靳①。"又云："子美诗如天降时雨，山川出云，木叶尽脱，石气自青。第人之才，识有偏全。子美之诗，从奔走一世中转寥寂

---

① 靳：吝惜。

耳。"五郎隐居十五年，不出户庭，桑下受风，高人冷语。公之合祀，盖因以自喻云。饮酒不论贤愚贵贱。泛滥酗醟，老兵可呼，瓮侧可眠，食豕如食人。以为轻世肆志，非也。五十后亦每病酒，大率侘傺沉塞之状，莫自摆落，酒居十之半耳。

曾丐人作生志，其词略云："潍生平得志于酒，一尊陶然，百虑俱淡，相期终此身，而不必名后世。生老病死，听之而已。性好书，般弄涉猎，聊复自娱。"问以经济，恍堕云雾。进之穷理尽性，益复茫然矣。或有举五柳先生所称无怀、葛天之民以相儗者，逡巡未敢承也。"呜呼！公之晚号南村，意可知矣。靖节作《自祭文》，公自作一棺。古怨古欢，留连三叹。浸假以尻为轮，以神为马，亦逍遥长往已耳。昔扬子云撼《离骚》而反之，尝怪屈原文过相如，至不容作《离骚》，投汨罗以没，悲其文，读之未尝不流涕。公之于靖节，亦犹是也。

公至性过人，億事屡中。如甲申春日，夫岂预知义旗西指，荡涤群凶乎？身托熙朝，与仲长子光①瘖痖相对，以泉石病废终，公实幸矣。

公之论诗也，既得其解，复神明其意，尝历举以语人曰："从唐代别起，只以诗论，不必立乐府名色。"又"五柳先生云清谣结心曲，诗之佳者，可曰清谣。"又"王右丞自称词客、画师、山中人。辋川之胜，金谷、平泉②逊其清远。绝欲养花，一味禅悦，艺苑中仅见者。"又"世多以韦柳配陶。夫韦与陶差近，柳则从谢灵运来，杂之以吴筠、何逊，其悟处独关禅理。子厚自云惜无协律者，窈渺弦吾诗所得深矣。"又"论诗者长舌为斧，斲破瑚琏，君子有忧之。"又

---

① 《唐才子传》卷一："仲长子光，字不曜。无室庐，无妻子，往来河东，佣人自给。文帝开皇末，始结庵河渚以栖身，卖药为业，自称河渚先生。善卜筮，人有请者，惟书老、易二字。"

② 金谷指西晋石崇之别墅。平泉为唐朝名相李德裕之园林。

"作诗与论诗，作画与论画，总视其胸次何如？天下事求之胸次足矣。"又"明诗当以高青丘为大宗。"又"作诗唯推襟送抱，望古遥集，凡山川、草木、风雨、寒暑、龙蛇、虎豹、霹雳、战斗、天吴、紫凤，出没变幻，或登高送远，独坐弹琴，古月新霜，雪痕花影，以至绿鬓白足，绝塞空闺，秋坟鬼唱，可愕、可娱、可怜、可诧之事悉囊于诗，而和之以天倪，夙饶胜具，青鞋布袜，兴来独往，则纯于诗矣。"公之论诗如此。

故公之为诗也，徜徉自适，抽绎吟情，结撰入微，达人禅理，奇思硬语，骈出横陈。不读公诗，几不知古今之大、天地之纯。大概公诗有句无篇，吾政恐公以篇幅见长耳。间有摘颓放之句相訾謷，以为口实者，夏后之璜不无径寸之考，固不伤其为天球弘璧也。余选公诗，合诸体不踰百篇，直使天清木响，水落石出，未敢谓"陶谢不枝梧，风雅共推激"①也。公之遗书，余仅得《离骚》《南华》读本，腕迹犹新。余于斋中设位以俎豆。公投弓而泣，跽石而吟。钟期满志于高山，成连移情于大海，则余之愿也。夫公所著有《尊水园集》，又《杜诗胥钞》《读杜微言》锓版行世。卒之日，其子孝馀，以公书千百本纳之古朴长宽之棺中。闽人黄阁学景昉②作公传。

论曰：明二百七十馀年，乡之前民声施当代者，指数偻矣。洎明之末，盖有卢南村云。其人学本董仲舒，才似颜清臣，而开济明豁，包含弘大，则东方曼倩滑稽之雄也。然此皆余乡之前民也。若夫以诗酒自污而全其晚节，又当与晋阮籍、陶潜齐名于千载之后。后之君子读其书，论其世，为之彷徨追赏，能无溯怀榖水、通梦柴桑也欤？

---

① 见杜甫《夜听许十损诵诗爱而有作》诗。
② 黄景昉（1596—1662），字太稚。福建晋江人。天启五年进士。官至户部尚书、文渊阁大学生。其为卢世㴶所作传，今不见，但其《宦梦录》记载卢世㴶遗事。如卷四："御史卢公世㴶，有恬退风。初授户部，辞疾家居，累年勉起，改台班。仍趣归隐。余过德州，与欢剧谈别去。卢笃嗜杜诗，即家为亭祀之，署杜亭。所咏有'将书抵塞三间屋，用酒消融万古愁'之句。"

德水卢公墓志铭①

王永吉

余同年友德水卢公既殁，日月将葬有期矣②。其孝子松祜等走使千里，持工部郎程君先贞所为状，特请余志其隧中之石。余泪洒行间，累欷不能卒业。忆自甲申离乱之后，同籍兄弟落落如晨星，率皆阻隔关河不相闻问。戊子四月，余放舟南还，得与公促膝道故，凡言所能尽与言不能尽者，无不曲折透露。日出而饮，日入而罢，濒行与公诀曰："从此南北殊绝，须沉醉如泥，两不相识，乃可分手。"大叫狂呼，进爵无算，薄暮登舟，果不记如何别去。

辛卯八月，余再起趋朝，意谓可重续旧欢。时公避地平原，余登堂瞻顾，怅然者久之。比入京，两寓尽备极缱绻，岂谓公遽已没耶？用是心裂肠摧，不能自已。则以余两人交情在世俗形骸之外，向年一会，遂成千古。茫茫海内，心知何人？呜呼！其可悲也已。虽然又忆公之诗有曰："攒簇身后计，学古预制棺。棺材乃椁料，古朴而长宽。一朝化异物，魂魄足盘桓。"公今盘桓于古朴长宽之棺中，应为奔走京尘仆仆牛马之劳人蹙额叹息，而余顾为公悲，余则陋矣。遂不辞烦冗，抆泪而志之。

按状，公讳世淮，字德水，别号紫房，晚称南村病叟。本涞水人，明初徙德州左卫，数传为涞西公宗哲，嘉靖乙未进士，䌹翰林简讨③，

---

① （清）卢世㴶《尊水园集略》收录王永吉所撰墓志铭，题名仅书"墓志铭"三字，卢见曾编《德州卢氏家谱》卷四收录是篇，题作"德水卢公墓志铭"，今题采自《德州卢氏家谱》本。

② 《礼记·檀弓》："日月有时，将葬矣。"

③ 简讨：即检讨，避崇祯朱由检讳。

历官光禄卿。宗哲生茂，历官归德府通判。茂生永锡，太学生，以公赠承德郎、户部主事。配纪氏，恩县人，故礼科给事中、山西岢岚道纪公公巡女，以公封太安人。生二子：长世滋，太学生，次即公。

公九龄而孤，哀毁如成人，事母太安人暨兄姊孝友特至，不可须臾离。或卒业村墅，即一饭意未尝不在庭闱也。十八岁入郡学，试则必冠其耦。又十年，而举于乡。又十年，为天启乙丑实与余同登进士，授户部主事。未几，趋归，侍太安人。养太安人既天年终。栖迟久之，始强起，补礼部，旋改御史，赞漕运。适久旱河竭，盗贼生发，条议上闻，皆犁然中綮，艰阻备偿，仅得竣役。世雅羡台官雄要，公又劳苦有功，少濡忍其间，循资取卿寺，犹掇之耳！乃复移疾趋归，掉头不顾矣。

清兴，即家拜监察御史，征诣京师，病笃不能行。蒙恩，以原官在籍调理，卒于家。乡之人以为孝友忠贞，名行修立，称其为乡先生也。请祀之学宫，而程君辑其遗文以行于世。

公生于万历戊子十二月初三日，卒于顺治癸巳三月二十九日，享年六十有六。配谢氏，浙江道御史、赠太子少保、吏部尚书谢公廷策女，封安人。继配程氏。侧室陈氏、高氏、杜氏。生六男二女：松祜，庠生，娶故城人礼部主事王开期女；孝馀，娶内院大学士、太傅、吏部尚书、谥清义谢公升女；原留，聘陕西道御史罗国士女；观德，聘举人赵起凤女；尊水，聘交河人山西道御史苏铨女；仆夫，聘山西驿传道佥事李赞明女。孙男一，道绳，松祜出。兹卜顺治十二年十二月初十日，起谢安人合葬城南祖茔之次。

今夫程君之言曰："公璨玮倜傥，髯而颀，粹然①，见于面，盎于背，指顾啸谈，精光四射。性嗜酒，多而不乱，日惟以诗书自娱。

---

① 粹然，《孟子·尽心下》作"睟然"，朱熹《集注》以"睟然见于面"为，云："清和润泽之貌。"

然而坦荡真醇,诚能动物。一与公涉,则族而族人,乡而乡人,官而官之兆人,鼻间栩栩,皆以为卢公爱己,而愿为之死。海内士大夫,声应气求,以至游侠方伎、轻客畸人,效用不乏。又心地明彻,料事多中。虽不言而示人以微,事定始觉其异。筮仕以还,即耿耿不寐如有隐忧,以故绝意功名。一出领泛舟之役,非其本怀也。甲申春,龙蛇起陆之时,公手诛伪牧,勇往直前。发□宗①之丧,哀感傍人,矢死靡他。此岂知有义旗西指荡涤凶逆者乎?孔子谓仁者必有勇,惟公有焉。托庇熙朝,独与仲长子子光瘖哑相对,以原官终其身。公则曰:'我鄙人也。病废之馀,饮酒赋诗而已。'十年前,自作棺椁,扫除墓地,浸假而已尻为轮、以神为马,亦因而乘之耳。迹其平生,淡泊宁静,凡世间声色臭味、珍奇玩好,举不足以撄其意。所谓杜亭、画扇斋、匿峰庵诸胜,茆屋耳!独架上有书万卷,数鸥夷俯仰其内。清夜诵读,夹案燃巨烛,每至达旦。称诗一遵少陵,顾其诗亦颇类青莲,独饮酒则不论贤愚贵贱,泛滥喧杂,俾昼作夜,或一日至数十家,略无倦容。食豕如食人,然非玩世肆者比也。又曰:'世所号为大贤者,理学、经济、气节三者尽之矣!'公诗酒自污于三者,必不肯居于其名,而真理学、真经济、真气节,乃反在是其所谓诗酒者性所近欤?见天下事不复可为而早自知几,预逃以晦其迹耶。浇吾块垒,寄吾呻吟耳。理学经济气节根抵在焉。不得已而应之,未始出其宗矣。大器高材,潜龙勿用,以诗酒自污而使人亦莫繇以明其非也。此公之所以为公者也。"

程君之言如此,余不识程君为何人。观其议论明爽,信而有征,足为卢公写照。因櫽括其语为铭曰:

广川之野,厥风乐易。是生伟人,拔乎其萃。

---

① 即"思宗",家谱本作"崇祯帝"。

圭璧瑚琏，蔚为重器。筮仕户曹，持筹会计。
将母来谂，承颜养志。免丧复命，出入讽议。
挽漕泛舟，鞠躬尽瘁。慨赋归欤，琴书自媚。
诗酒从容，五经鼓吹。大寇西来，邦家覆坠。
手提长剑，斩除丑类。旧君有服，模糊涕泗。
万死一生，无所回避。归命熙朝，君子喻义。
俾复原官，山中稳睡。乾坤既老，六子用事。
远比卢敖，烟霞嬉戏。全节完名，俯仰不愧。
卫河环抱，佳城幽阒。我作铭辞，纳诸埏隧。
亿万斯年，发祥启瑞。

39. 卢道悦（1641—?）

偃师知县卢君传①

刘大櫆

卢君者，德州人也。其大父世滋，世滋弟世淮，以博学工诗名于当世。君名道悦，字喜臣，尝知河南偃师县。既老而休矣，而偃师之民思其德。偃师有浔溪，君为治时尝游息其地，民于是创为生祠，岁时率子弟罗拜其下，称觥为君寿。其乡先生有道过偃师者，父老知为君之里人，皆更来问："我公康强无疾病否？"告以无恙，皆相与额手称庆。以君之既去而民思之如此，则知君之德常在民也。君之未治偃师，初出为陕之陇西县。寇贼环境，民困于悉索，而君拊循之，如恐不至。然亦

---

① （清）刘大櫆《海峰文集》卷六，《续修四库全书》第1427册，上海古籍出版社2002年版，第453页。

用是得过于上官，上官诬以罪，而君乃罢去。

卢君年三十成进士，当康熙之九年。又七年，知陇西，未及一年，罢。罢八年，复起为偃师，偃师是时旱三年矣。而同郡登封县方兴徭役，米价腾踊。有妇人饿死于室，而夫犹忍饥就役。君为请于大府发帑以赈，民皆戴大府而不知君之为阴德也，然君终不自言。君既没，其门人从敝簏中得其上书遗稿，乃知之。然则君之德在偃师者，何如也？君为偃师，凡十年，于是年六十五矣，遂告归。归二十年，而郡之长子见曾以进士知四川之洪雅，亦以廉能称。

赞曰：余与君之子见曾交，而后得闻君之贤。见曾，字抱孙，澄然豁达有度。读其诗，闳俊可喜。以是知卢氏世有闻人矣。古有克家，不陨其先绪，其抱孙谓邪。

40. 卢见曾（1690—1768）

故两淮都转盐运使雅雨卢公墓志铭①

卢文弨

呜呼！公与先君子笃兄弟之好，实以文章行谊相契合。文弨始拜公于淮南，公奖借备至有加礼焉。嗣以忧归，又尝一再见。于后以使事竣，过公里门，见于寝室，情话温款，至夜漏下数刻而别。噫！孰知遂为永诀耶！圣上以八柄驭群臣，奉三无私，临照天下。公既殁之三年，返公之子中宪君谦于戍所，今见任广平府同知，将葬公，以铭幽之文来谒。公之仕绩绰有可纪，重以知己之感，其曷敢辞？

---

① 闵尔昌《碑传集补（二）》卷十七，周骏富辑《清代传记丛刊》第121册，明文书局1985年版，第107—113页。卢文弨《抱经堂文集》未收。

按状，公讳见曾，字抱孙，号澹园。先世在明初由涞水徙德州左卫，代有显者。曾祖讳世滋，太学生，与御史世淮为同产兄弟。祖讳裕，庠生。考讳道悦，康熙九年进士。知陕西陇西、河南偃师两县，崇祀乡贤。妣程氏，生母王氏。公任长芦盐运使时，三世皆膺赠典。公生而颖异，年十五补博士弟子员，康熙五十年举于乡，逾十年中礼部试，奉廷对，赐进士出身。是科，圣祖仁皇帝诏进士未入馆选者，咸一体命儒臣教习三年，公遂留竟学。雍正元年试于廷，名列一等。时世宗宪皇帝新御极，整饬吏治，重亲民之任，凡进士在高等者，以知县即用。公念赠公年高，欲陈情归养，赠公不许。

谒选得四川之洪雅县，民困供亿久，公至悉除之。邑多地讼，前政以山径险，惮履行，公一一亲履剖决，各还主者。山中人数十年不见长官，始闻之骇，继乃大服。初邑民受采木之累，甫罢，奸人又以开矿呈大府。公亟论其害，得已。赠公卒于家，公闻讣奔丧。邑人感其德，上司惜其才，交相留公，谢曰：“若使某贪荣忘哀，何颜过毛君里门？”毛公者，邑孝子也。未几，两母亦皆下世。服既除，始克营葬。

事毕，复补江南亳州之蒙城县，制府以公协理州务。旋授六安州知州。时方行垦田之令，有监生叶乙，妄指官塘八十三口为可垦。前政已为之上报可矣。公至，亟言于上司曰：“夫水为田之母，无水则亦无田。以数千百家之世业，数千万亩之上田，岂可因奸人一言而废？”事竟已。

又调亳州，开龙凤等沟，使由涡以达于淮州，遂无水患。报最，宪皇帝亲擢庐州府知府。又奉檄摄凤阳府事。未半载，复奉旨调守江宁。时颍州新升为府，以亳州并所属之县隶焉。仍命大吏为择贤守。制府遂以公名上。恭遇今上登极，允行。颍属半旧治，闻公来肃然向化。时西湖湮塞已久，复开浚以还旧观。水有所泄，且资以灌田，大为民利。时官于豫者，欲开贾鲁河以通涡。事成，颍且受其患。公抗议，屈之，乃寝。擢江西广饶九南道，未久授两淮盐运使，复护理两淮盐政。又承中丞檄，督理扬州关务。公与中丞邵公基同年，素友善，制府盐政皆劾公以为党，谳上，上薄其罪，命往军台效力。乾隆九年召还，以直隶州知州用往保定，制府治所待缺。值滦州岁荒，有聚众借粮事。官为逮千馀人。复不即讯，托他故离治所。制府高公斌，虑其有不虞，素知公能办大事，使驰往代之。时久旱乏食，又因株连者众，民情汹汹。公至，即引逮者询所借多寡，令各自实，一切放归使得耕。雨亦随足，岁因以稔。各持粮还借者，公量惩数人以示儆，境内帖然。州人为建喜雨亭，志公德。又革地税之病民者。

期年迁永平府知府，转长芦盐运使。以商应完之正课及杂征，明注于引，而胥吏无所容奸，至今遵行之。再阅岁，复调两淮。公前时尝取刘晏遗法，觇所在盐价之贵贱，而权其缓急，江楚官民俱称便。独商以不得居奇大不悦。又往往以峻厉病公。及公再至，乃不敢有他言，公亦济以和平。地方有灾，倡率商人协力救之，全活者众。扬地洼下，乃为相水道而开通之，民始免昏垫之患。有碑纪其事。

在两淮任十年，以老得请，还家修坟墓，置祭田，恤宗族，教后学。盖离家三十年，至是始得庀其私也。谦由刑部郎中授湖北武汉黄德道，归省。公时适闻湖北有水灾，即趣谦亟往。既而任两淮盐政者，以相沿充公之提引馀银入告，于是历任盐政，皆得罪。公为运使不详请遂，逮公对簿。以乾隆三十三年九月二十八日故于苏，年七十有九。惟一孙在旁。前一日犹从人借书云。方伯胡公文伯①为殡殓，且经纪其丧以归。

公之才，长于锄强治剧，而尤以兴学造士为先。在洪雅建雅江书院，在六安建赓飏书院，在永平建敬胜书院，在长芦建问津书院。扬州

---

① 胡文伯（1696—1778），字偶韩，号友仁。山东海阳人。两任司道（广东布政使、江苏布政使），巡抚安徽。见光绪六年《海阳县续志》卷五《人物门》。

旧有安定书院，更因而廓其规制，严其教条，前后所成就者，不可枚数。于前汉古迹，缺者补，坏者修，罔不兴举。

公之曾叔祖御史君，负海内文名，世所称德水先生者也。公继起，又尝亲炙王渔洋、田山姜两先生，而得其指授，以故诗名早著，风雅之士宗焉。尝自号雅雨山人。谈艺者，无不知有雅雨先生也。公最笃师友之谊，珍其遗文而表章之。若虞山汪容斋应铨、桐城马相如朴臣、怀宁李啸村葂、全椒郭韵清肇鐄各家集，皆公序而梓之。此外，补刻朱竹垞《经义考》，成完书。又刻《尚书大传》《大戴礼》等书十四种，皆善本。又惠定宇《周易述》、王渔洋《感旧集》，亦皆梓行。其《山左诗抄》若干卷，则公所选辑也。独己之诗文，唯《塞外集》有版本，馀无暇自遴择。家居，渐次编定。被籍时，为有司所毁。今公子所掇拾，唯古文七十篇，诗二百七十首而已。公好汲引后进，孜孜如不及。其所奖拔后皆有名于时。

夫人萧氏，翰林院侍读惟豫女，性安朴素，外若无所能，而甚得两姑欢。及两姑相继卒，于细大事又治之，罔不中窾。以雍正十二年七月二十日卒，年四十有四。以乾隆四十一年某月某日，葬公于某乡某原，夫人祔焉。子四人，长即中宪君谦；次谨，候选主事，卒；次谟，监生；次閴。女子一人，适临川县知县高质敬。孙十一人，荫仁，监生，卒；荫泽，增广生；荫环，庠生；荫文，监生；荫慈、荫惠，庠生；荫溥，庠生；荫长、荫复、荫元、荫甲。孙女七人。曾孙三人，松龄、柏龄、椿龄。曾孙女二。铭曰：

敏于政，惠于民。笃于交，亲以众文人学人。

不贱贱，不贫贫。长逝永毕而转相述者，犹齿颊之回津。

子孙绳绳，以享其迪。归魂吉土，千春万春。

41. 卢谦（1713—1785）

直隶广平府同知前湖北武汉黄德道蕴斋卢公墓志铭①

纪　昀

公讳谦，字撝之。先世涞水人，明初迁德州。七世祖讳宗哲，嘉靖乙未进士，官至光禄寺卿，以忤严嵩罢归。自是衣冠相承，蔚为望祖。祖讳道悦，康熙庚戌进士，官偃师县知县。考讳见曾，康熙辛丑进士，官至两淮运使，世所称雅雨先生者也。雅雨先生，负诗坛重望，所与游者，皆海内胜流。

公承藉家学，又多见老师宿儒，聆其议论，故学问文章具有根底。早年即掉鞅词场，与一时作者相驰骤。然八入棘闱，三荐不售。年四十尚困一衿，知科名之有命数也。乃于乾隆乙亥援例官刑部陕西司郎中。丙子，以省觐归。戊寅再补湖广司郎中。甲申，升湖北分守武汉黄德道。戊子，坐累谪军台。辛卯，特旨赐环②。壬辰，署直隶祁州知州。癸巳，授广平府同知。癸卯，引疾归。归而颐养，三年以卒，年七十有三。

公天性孝友，雅雨先生有庶弟，少公一岁，公事之尽礼，问视馈遗，终公之身无虚日。异母弟三人，公视之无间。其一早卒，以己子为之后；其二久客四方，家皆待公以举火。公赡给庶母，抚育其妻子，虽窘不自给之时，宁自节衣食，不使匮乏，阅数十年如一日。晚岁更割产

---

① （清）纪昀《纪文达公遗集》卷十六，《续修四库全书》集部第1435册，上海古籍出版社2002年版，第471—472页。
② 赐环：亦作赐圜，遇赦诏回放逐之臣。《荀子·大略》："绝人以玦，反绝以环。"杨倞注："古者臣有罪待放于境，三年不敢去，与之环则还，与之玦则绝，皆所以见意也。"

分赡之。故论内行者，皆推公。公之官刑部也，持法平允，稍有不安于心者，一毫不曲狥。尤务清积案，戒淹系①，省波累②，食其福者甚众。

迨官湖北，闻所治汉阳、黄州方水灾，即兼程以往，先理赈务而后上官，民得以免转徙。又以楚俗好讼由官不为速理，乃令诸县各簿录案牍，而亲核之，讼为之减。江船多盗，公缉获巨慝二十馀案，盗亦渐弭。丁亥，所治四府被灾者三，公视检户籍，先以应赈者凡若干，人人应得钱谷若干，刊示张通衢而后散给，吏遂不能丝毫侵。沿江堤堰皆居民自修，故恒遘水患。公建议民不能修者，请帑官修，捍御始坚。数事皆凿然可为法。后官广平，虽间曹不能自表，而浚筑诸河，工料必核实。于山东巡抚，建议以民夫挽漕事。奉檄会勘，侃侃不阿，竟罢其役，尤卓然见风力，故论宦绩者亦推公。然余生平所心折于公者，则不尽于是。

夫富贵者，骄奢之媒也。困穷者，怨尤之府也。庸庸者流，心为境役，无论矣。一二豪杰之士，意气纵横，笼罩一世。当其席丰履厚，多不免声色货利之是营；即或矫矫自好，而趋附者竞起蛊惑之，为所移者不少矣。迨夫盛极而衰，遭逢蹇踬，下者抑郁侘傺如不欲生，上者托佛老以自释，或旷达以自放，求能坦然顺受者百不一二也。况夫以少壮之年处富贵，尤易于流荡；以迟暮之年处困穷，尤易于颓唐者乎！方雅雨先生之三为运使也，公方年少，意所欲致可以无所不得，顾乃刻意学问，结交老成，以克自树立。筮仕以后，留心经世，亦不以纷华靡丽与流俗征逐，此其所见何如也！年近六旬，遭逢家难，颠连于穷荒万里之外。虽蒙恩宥，再效一官，而冷署清贫，殆不自赡。公乃循分修职，不自退沮，时时以忠君报国训诫子孙，此其所见又何如也！徒据耳目所及，举某事以推公所以知公者，不亦浅乎？

---

① 淹系：拘禁，关押。《明史·师逵传》："狱囚淹系千人，浃旬尽决遣，悉当其罪。"
② 波累：连累。

公生八子，长荫仁，监生；荫泽，廪膳生，并早卒。荫文，癸卯举人，即余婿也。荫环，廪膳生。荫慈，附监生，出为公仲弟后。荫惠，庚子进士。荫溥，辛丑进士，翰林院编修。荫长，拔贡生。女五，适王弼、程汝瑛、王应申、张江城、张锴。孙一，松龄。孙女六。荫文等将以乾隆五十三年十月二十七日葬公于卢家圈之新阡，属余为铭，余义无可辞。铭曰：

  金百炼而精，人百炼而成。见道者明，守道者真。
  吾悼斯人之逝也，匪徒以姻盟。

42. 卢荫溥（1760—1839）

卢荫溥传[①]

王锺翰点校

卢荫溥，山东德州人。乾隆四十六年进士，改翰林院庶吉士。四十九年，散馆授编修。五十年，大考二等，记名以应升之缺升用。五十一年，丁父忧。五十三年，服阕。五十六年，大考三等，改礼部主事。五十八年，补主事。五十九年，充山西乡试副考官。六十年，提督河南学政。嘉庆四年，丁母忧。六年九月，服阕。十一月，充军机章京。七年，川陕楚三省教匪荡平，大功告蒇，下部优叙。八年二月，补原官。十一月，升员外郎。九年四月，京察一等，记名以道府用。六月，充浙江乡试副考官。十一月，升郎中。十三年，升鸿胪寺少卿。

十四年三月，直隶南皮县革生徐丹桂遣弟丹台控知县彭希曾贪赃受

[①] 王锺翰点校《清史列传》卷三十六，中华书局1987年版，第2816—2820页。

贿，上命荫溥偕都察院左副都御史长琇往治其狱，徐丹桂等坐诬，治如律。四月，迁光禄寺少卿。六月，御史陆言劾奏浙江学政刘凤诰代办监临印用联号，命偕户部左侍郎托津、刑部左侍郎周兆基按治之，廉得其实，刘凤诰褫职逮问，戍伊犁；缙云县民人周愈满控吕景贵殴毙其侄周三洪，并命讯焉，得其服毒图害状，治如律。十五年二月，复奉命偕工部尚书托津按四川生员易元钧控土司婪侈攘剥，民人黄映川控知县屈抑民冤事，均作诬。时京察届期，谕曰："光禄寺汉少卿卢荫溥在军机章京上行走，缮写谕旨，尚属妥协，节经派往外省查办案件，均无贻误，著加恩交部议叙。"五月，给事中胡大成劾奏勒保任四川总督时，有匿名揭帖指评总督、藩司款迹，寝息未办，仍命偕托津按验，得实，勒保坐应奏不奏罢大学士。六月，以粤洋巨匪乌石二等殄除净尽，赏加二级。十一月，偕刑部尚书勒保、户部左侍郎英和往涿州、房山县一带查办灾赈，旋以热河买补兵米，热河总管穆腾额、直隶总督温承惠筹议两歧，谕荫溥等确查妥议章程。寻奏言："热河官兵岁需米石，向由承德府及所属厅州县领银采买。今以市价昂贵，似应量为变通，请暂在通仓拨米八千石，分运古北口，作为贴补兵糈之用，仍按年由藩库支项补买还仓。"下部议行。

十六年三月，上巡幸五台，荫溥扈跸。会山西巡抚衡龄奏解任凤台县知县陈绍贵怀挟冤单自经死，上以情节可疑，命偕工部右侍郎成格往鞫。寻讯明陈绍贵被人挟制自尽，委审官太原府知府赵鸿文下部议处。闰三月，崞县民人温继伦以温联腾殴毙其父温玉林，悬案未定，民人温宣以温尔泰挟嫌纵火，连毙二命，正凶脱逃，各在台怀道旁叩阍，复命赴代州审办。谳定，历任知县均坐玩纵，夺职。七月，命以光禄寺少卿加四品卿衔，在军机大臣上学习行走。旋擢通政使司副使。十七年四月，迁光禄寺卿。十一月，升通政使司通政使。擢内阁学士，兼礼部侍郎衔，充文渊阁直阁事。十八年三月，授兵部右侍郎。八月，充顺天乡试副考官，寻转左侍郎。九月，调户部左侍郎。

时逆匪林清勾结豫东教匪煽乱，陷滑县，并遣其党潜入禁城，谋为变，立即扑灭，林清寻就获。荫博以昼夜勤劳，加二级。官军旋赴滑县，教匪平，下部优叙，赐紫禁城骑马，充经筵讲官。十九年二月，以豫东教匪既平，南山匪徒旋就剿除。谕曰："军机大臣赞襄枢务，夙夜勤劳，宜沛恩施，以昭优奖。卢荫溥之子卢本，著加恩赏给举人，准其一体会试。五月，充国史馆副总裁。九月，御史申启贤劾滑县知县孟屺瞻收留难民之女为妾，并私匿叛产等款，命偕户部右侍郎成格往鞫，得实，褫孟屺瞻职，遣戍。二十年九月，署刑部左侍郎。十二月，以刑部案件因循积压，部议夺职。上以荫溥在军机处，事务较繁，暂署刑部，不能到署办事，不过一时疏忽，改为降二级留任。四月，失察司员保龄听嘱得赃，降二级留任。六月，调户部右侍郎，兼管钱法堂事务。

二十二年三月，擢礼部尚书，充国史馆正总裁，旋调兵部尚书。六月，兼署刑部尚书。上以荫溥夙夜勤劳，实心任事，赏加太子少保衔。八月，上秋狝木兰，命署行在刑部尚书。九月，调户部尚书。寻以郎中钱学彬朦混截取，未经详查，率行保送，降二级留任。十一月，署刑部尚书。二十三年四月，署吏部尚书。五月，以纂辑《明鉴》体例不合，罢原纂各官，特派总裁官另行编编辑，荫溥与焉。九月，上恭谒祖陵礼成，加二级。二十四年十月，荫溥六十生辰，御书"延禧介寿"额，并诸珍物之。二十五年三月，充会试正考官。七月，仁宗睿皇帝升遐，命总理丧仪。九月，缮呈遗诏副本，误纪高宗纯皇帝诞生处所，上震怒，军机大臣皆下部严议，事具《文孚传》。荫溥经部议夺职，得旨："卢荫溥仍留军机处行走，著降五级留任，六年无过，方准开复。"旋调工部尚书。

道光元年，调吏部尚书，兼管顺天府府尹事务。上以"荫溥职任较繁，不必在军机处行走，俾其专心进署办事。"自嘉庆十八年至二年正月，四届京察届期，均下部议叙。三月，因前在工部尚书任内失察司员承办工程得受工匠银两，复嘱托看册司员朦混算销，部议褫职，上加恩改为降四级留任。三年正月，得旨："朕于本年元旦御殿受贺，阃惠覃敷，左右近臣，允宜特加恩泽。吏部尚书卢荫溥失察承修工程司员，降四级留任，加恩宽免。"三月，上耕耤，以执事整齐，加二级。四年，命毋庸兼管顺天府府尹事务。六年，复命兼管顺天府府尹事务。七年七月，以吏部尚书协办大学士。八月，上谒东陵，留京办事。九月，御史赓福泰劾刑部司员那清阿滥刑拷讯西城捕役，命留京大臣审办，荫溥等仅以那清阿疏忽定拟，并不将饬提未到之贼犯关二声明入奏，降一级留任。八年正月，回疆肃清，荫溥以兼管顺天府府尹支应兵差妥速无误，加一级。八月，充顺天乡试正考官。自二年、三年至九年四月，三充殿试读卷官。十月，荫溥七十生辰，御书"赞纶锡庆"额，"福""寿"字，并诸珍物赐之。

十年九月，授体仁阁大学士。十月，以前在户部尚书任内失察捐吏蔡绳祖等私造假照，降三级留任。十二月，管理刑部事务。十一年八月，充顺天乡试正考官。十一月，充文渊阁领阁事。十三年，以病久乞休，谕曰："卢荫溥在军机大臣上行走有年，嗣因管理吏部、顺天府事务较繁，令其毋庸入直，专心职守。旋擢纶扉，综理部务，殚心竭力，办事认真，一切悉臻妥协。上冬因疾请假，复两吁恳解退职任，朕屡经降旨宽予假期，并赐参枝，俾得资调养。兹复奏称病已五月之久，医治未能速效，力请乞休，情词肫切。若仍慰留，伊心恐旷官，转难颐养，非所以示体恤。卢荫溥着施恩晋加太子太保，以大学士致仕，赏给支食全俸，用示朕眷念勤劳，恩礼耆硕至意。"十九年，举行己亥科乡试，荫溥以乾隆己亥科举人，至是重逢乡榜，经兼管顺天府府尹卓秉恬等奏闻。谕曰："卢荫溥久赞纶扉，勤劳懋著。致仕后未曾回籍，年登八秩，重遇鹿鸣，洵属熙朝盛事。着加恩晋加太子太傅衔，准其重赴鹿鸣筵宴。"

寻卒，年八十。遗疏入，谕曰："致仕大学士卢荫溥由编修改官部曹，在军机章京上行走有年。仰荷皇考仁宗睿皇帝迭加简擢，进跻枢府，密勿赞襄。朕御极以来，优加倚任，特畀纶扉，宣力五十馀年，老成练达。历事三朝，渥承恩眷。道光十三年三月，以老疾乞休，不忍遽令解退，因伊年逾七旬，恐其系心职守，特加体恤，准予致仕，并赏给全俸，岁赏参枝，时加存问。本年重遇鹿鸣，晋加太子太傅衔，方冀迭沛恩施，遐龄永享。兹闻溘逝，深为悼惜！着赏给《陀罗经》被，派成郡王载锐带同侍卫十员，前往奠醊，并加恩晋赠太子太师衔，入祀贤良祠。赏给广储司银一千五百两，经理丧事。所有原任内一切处分，悉予开复。伊孙卢光绎着赏给举人，准其一体会试。"寻赐祭葬，予谥文肃。二十五年，入祀乡贤祠。

子本，户部员外郎；孙光绎，更名庆纶，翰林院编修。

43. 吕芝房（1623—1693）

明经吕公芝房墓铭①

田 雯

孔子论士行己有耻，而外孝弟，次之言行，又次之从政。斗筲之人殆不屑道，而于狂者进取以为可几于中行，岂论士不一而特于从政者深斥之与？后世矜尚乡愿一流，失尼山之旨矣。大概论士亦如女色，好恶止系于人，宁有定评矣？士惟俗为不可医耳。豪放不羁之行，胜握龊②之徒，相去倍蓰，而况其它耶！天下安能有全士？骏之奔风绝尘，岂无一蹶？无妨其为千里也。夏后之璜，不无径寸之考。杜甫所以伤李白

---

① （清）田雯《古欢堂集·铭表卷一》，《山东文献集成》第一辑第35册，山东大学出版社2006年版，第742—743页。
② 即龌龊。

也。聆凤衰于接舆,歌雉噫于桓子,君子之取人论士,盖别有在矣。

吕公芝房,奇士也。闻芝房之行者,好恶半焉,而终不得以俗士目之。如观虎皮,知其啸于林而百兽伏也。芝房死已五年,将葬矣。嗟乎,其人尚可得也耶!公吕姓,名熏,号铁庵。少时以字行,曰芝房。先世江南常熟县双凤乡人,始祖以从戎隶德州卫籍,数传至公曾祖应卜,祖爽、父献琦,皆素封,有耆德。

公魁岸沉塞,文学峭涩,少食饩,年五十后以明经贡入太学。最其生平,酒客酬酢,裘马征逐,如终南太华,峻拔连络,虎豹龙蛇,攫拏变化。别具态度,不拘牵于礼法。若夫酒阑月上,卷韛而前,又复举止缊耤,吐纳风流,公诚奇士也。屡以凶讼几厄,笑谈自若,无顿减于平时,君子惜之。

芝房之园曰止园,辟地数亩,池馆花木破千缗。吏虎而冠①,噬其园,一旦瓦砾嗒然消歇,向所鄙斗筲之人而且为花木之苍鹰、池馆之屠伯也。公尝追其园,绘图以存。当园之盛也,余作诗十章;及夫园之衰也,为《止园记》以吊之。不数年之久,而园之盛衰当吾日前也。噫!亦大为之盡伤矣。

公寿七十有一,生于明天启癸亥十一月十七日酉时,卒于康熙癸酉九月二十九日辰时,葬于城东之祖阡。铭曰:

  雏上无寻,鹨上无常。俗子斯斯,五酉縻鸰。
  我思其人,北风遹发。翠筑枏飞,落日没鹍。
  垂柳之下,可以栖迟。勿伐勿劚,牧豕者儿。
  不疚其光,逴砾俦偶。我作诔词,无负狂友。

---

① 虎而冠,亦省作"虎冠",比喻生性残暴之人。《史记·酷吏列传》:"其爪牙吏,虎而冠。"

44. 马九德（1512—1578）

故中宪大夫御史中丞小东马公墓志铭[①]

程　珌

万历六年七月廿有三日，中丞马公捐馆。踰年，其子斯才、斯力，持駰卿庄公状，匍匐诣珌而请铭。呜呼！吾曷忍铭吾公耶！公与珌生同年、学同师，弱冠同举于乡，状而同仕于朝，晚而同归于其乡，甚欢也。且吾之子，公之婿也。吾之诸孙，公之外孙也。至戚且契，孰踰于吾二人者。尝拟盍簪[②]百岁，而公则忽焉已矣。每一念至兹，心若割，其曷忍铭吾公耶！虽然，知公莫若予，非余则谁宜铭者？谨论次其事而为之铭焉。

公讳九德，字吉甫，厥考号东野，公仍号小东云。其先青州宜都人，始祖显忠，永乐间徙隶德州卫籍，遂家焉。高祖惯、曾祖雄，世称长者。祖昌，倜傥有豪士风。考亨衢，即东野翁，妣焦氏。考妣行实，俱载司成孙君、宫詹尹君[③]志中。公生而颖异、厚重温恭，及就外傅攻举业，即以能文冠其行辈。年十六，补校官弟子员，器宇轩昂，襟度宏阔，有汪洋千顷之量，识者固知其不凡矣。嘉靖辛卯，年二十举于乡，名第十五。乙未，年二十四举进士，名第十。以少年取高科，才名藉甚。

初除洛阳令，英明精爽，廷无留事，狱无冤人。以礼遇宗藩，以忠

[①] （明）程珌《程右丞稿》卷八，《明别集丛刊》第二辑第93册，黄山书社2016年版，第277页。

[②] 盍簪：朋友相聚。《周易》豫卦："勿疑，朋盍簪。"王弼注："盍，合也。簪，疾也。"孔颖达疏："群朋合聚而疾来也。"

[③] 司成：大司成简称，明清国子监祭酒的别称。宫詹：明代詹事的别称。

信待士大夫，以惠爱抚其民。虽使者旁午①，而供亿整暇，治行甲于中州。巡抚中丞简公宵、巡按侍御李公镛、王公镐，交章荐之。嘉靖戊戌奉诏如京师。国家典制，年未三十者不得为谏官。是时公年二十有八，乃授刑部主事，选入本科，主诸司章奏及参谳诸大狱。明敏精确，为众所推服。晋员外郎、郎中，知四川成都府。成都郡大而政烦，又当会省之下，号为难治。公奋曰："不遇盘错，不别利器。吾能为洛阳而不能为成都乎？"至成都，即以治洛阳者治之，而谙练有加焉。值岁大饥，竭力极济，所全活者数万人。人感其德，多图其像而祀之。今之言成都守者，必以公为称首云。

寻转四川按察副使、威茂兵备，恤士卒，葺垣墉，修器械。与总戎何君卿协力共济，盖川以西晏如也。未几，闻东野翁之讣，归治其丧，哀毁踰常，祭奠以礼。服除，待次京师，时方迁台谏稽边储。故事，必举藩臬之才者共事焉。台谏举公以河南副使行。公不苛不纵，边人悦服。事峻，改山西副使、阳和兵备，复以治威茂者治之。内修外捍，四境无虞。寻拜参政，分守汾阳诸郡。已而，又拜按察使，总宪三晋。汾晋间，宗藩多而横，独敬畏公，弗敢犯。而豪家大姓，愈益敛避。开诚布公，僚友信之，郡邑服之。诏擢都察院右佥都御史，巡抚顺天诸郡兼理军务。公谓兹镇密迩神京，实锁钥重地。早夜筹画，修废举坠，选将饬兵。其志固欲清瀚海、勒燕然。甫踰月，闻焦安人之讣，即解镇而归。其治丧一如东野翁之丧，州里称孝焉。服除，庙堂将召用公，会有言者，弗果用。后侍郎曹君邦辅荐其才，复有沮之者，又弗果用。乃优游绿野，置台沼，蓄花卉，日与故人弹琴弈棋于其间，为终焉之计。

晚岁尤精医术，捐重赀，搆良药，疗人疾病。四方求治者，日盈其门。虽盛暑汗流浃背，而心思手制，务为对病之剂，一一应酬无厌倦

---

① 旁午，纷繁交错。《汉书》卷六十八《霍光传》："使者旁午。"颜师古注："一从一横为旁午，犹言交横也。"

意。所全活甚众，人感其惠，咸称曰马佛，而仁声遂播于天下。盖其阴德之所被者，溥矣。

君子曰：马氏其有后乎！配王氏，封安人，太学生立之女，早卒；继叶氏，工科右给事中洪之女。王生男一，即斯才，光禄寺署丞，娶杨氏，继赵氏；生女一，适予男讷，先数月卒。叶生男一，即斯力，庠生，娶庄氏，驸卿蕊民女，即作状者。孙男孙女各二。生于正德七年壬申正月七日，年有六十有七。兹以□年□月□日葬于郡城西南先茔之次，启王安人之封而合焉，礼也。铭曰：

猗欤马公，矫矫人龙。英年俊才，大魁南宫。
弦歌而治，循良之风。司法西曹，淑问声隆。
爰知大郡，政匹龚黄。藩伯宪使，海内之望。
显陟中丞，抚兹蓟方。北门锁钥，长城巨防。
千里方驰，中道而踬。退享清逸，适符雅志。
年迫七旬，忽婴二竖。昂昂伟质，飘飘长逝。
卜得佳城，渭水之湄。从厥祖考，咸聚于斯。
后嗣其昌，维公之贻。勒辞贞珉，百世弗亏。

45. 孟愿

孟幼舆行状[①]

卢世㴶

幼舆没三年矣，其子孟冕秀才述其平生行业，求卢子为状，将上诸

[①] （清）卢世㴶《尊水园集略》卷十，《续修四库全书》第1392册，上海古籍出版社2002年版，第518—519页。

秉如椽之笔者以为志且铭焉之质。卢子展卷疾读，俨然幼舆隐见于行墨间也。一则以悲，一则以喜。悲则悲故人之早世，徒抱壮心以终古；喜则喜故人之有子，其笔意纵横挺动，刻露清秀，遂不减吾幼舆。幼舆可谓死而不亡矣！

因存其本稿，转呈诸秉如椽之笔者，以为志且铭焉之质，不欲损益乎其真，亦犹行古之道也。然仍有一二可称说者，具条之于左以备采择。幼舆身不逾中人，目光深炳，神彩焕发，鬓须森森如虬，不减古图画中逸民侠客。幼舆肠最热、衷最坦，开口见喉，泼血如水，际其得意，谐谈庄语，喷薄而出，当尔时觉一坐无人。

幼舆平生所最攻苦者，在举子业。天高人深，离形得髓。丙夜一灯，顾影三叹。惟王居一先生及卢子参其神契，他人未之或知也。幼舆博极群书，涉笔为古文词，动中窾会，即专门名家不过也。楷书幽秀，细如麻姑，动盈百纸，顾不沾沾自喜。有谈及古文词及法书者，辄一笑抹之。

幼舆太暄同调，追随不避风雨。一遇不可意者，辄疾之如仇，即贾怨取祸不怕也。余每以微言讽之，幼舆首肯而不能改。幼舆冰蘖自持，一介不取。有非义相工①者，面颈俱赤。性复肮脏②，不受人怜，以老诸生昂藏于冠裳之会，卓然自立，旁若无人。幼舆以朋友为性命，千里裹粮，连床把臂，汲汲如不及。余调之曰："此名根也。过此一关，才好休歇。"幼舆复余曰："如子所言，又与于名之甚者也。"两人大笑而罢。幼舆哀乐过人，不共人言，时或独笑，酒场欢谑，忽尔痛苦。此其人岂食肉白首者哉？嗟乎！吾友乎！吾友乎！

---

① 相工：以相术为业者。
② 肮脏：高亢刚直的样子。文天祥《得儿女消息》诗："肮脏到头方是汉，娉婷更欲向何人。"

46. 石云倬（1684—1742）

原任西路振威将军石公墓志铭[①]

韩锡胙

  当雍正八九年间，西陲用兵之际，其勇毅慈和，军士系思者，咸称振威将军[②]石公。公讳云倬，字天章，号蔚园，一号无庵居士，世为山东德州人。曾祖光霁，礼部寿官；祖廷镇，庠生，俱赠荣禄大夫。父琠，候选州同知，封荣禄大夫，公其仲子也。公髫龄颖异，膂力过人。读古书至经济事迹，必掩卷思其后来善败若何？徐又展读。尝纳凉醉卧城楼上，见神人舆从将近，辄纡道避之曰："无惊石将军。"

  康熙壬午，举于乡。丙戌成进士，授侍卫，出入扈从，挺拔人表。四十九年，授平凉游击。五十一年，擢凉州参将。五十五年，擢庆阳协镇。雍正元年，擢江西南赣镇。四年，擢浙江提督。丁父艰，给假治丧，在任守制。六年，调福建提督。前后历中外七任二十馀年。刚侃介特，屏绝苞苴，不为权势者挫，亦不为软懦者骄。于南赣则清旷粮、增炮位。于浙江则节经费、葺器械，缮宁波城郭，设温台水师，定队伍兵数，时练攻击，编战船字号，使可稽察。于福建则核官兵巡洋，交代时日，禁沿海兵卒，毋用土著。改安溪、徐桃两汛，以防瘴疠。留署篆，截旷[③]公费，用资养廉，棋布眉列，洞微烛隐，邮章上达，温词嘉纳，多有不发部议而照行者。龙章凤篆，罗绮珍奇，鹿脯驼峰，霞纷星灿，宠锡遥颁，行人赍赉，车帆相续。公感激知遇，矢志报效。于既抵闽任

---

① （清）韩锡胙《滑疑集》卷七，清同治甲戌重刊浙江处州府署藏版本。
② 振威将军，清朝从一品武官阶。
③ 截旷：清代军队一年中按员额拨饷银，其间因伤亡、汰退等人员空出的饷银谓之截旷。

后，犹补陈在浙未竟事若干条，经度国是，罔岐后先，凡手疏奏请施行者，俱勒入军政全书，至今武备典型援引为例。若其简能训士，恤患赈荒，旁服僚采，下悋民隐之迹，在他人所扬挖为伟才茂勋者，揆之于公，皆詹詹不足述也。

又明年西戎准噶尔犯边，世宗宪皇帝申行天讨，命岳公钟琪为大将军统兵克伐，知公协镇庆阳，时往返砂山北套转运仓饷，多历年所，熟谙山川形势，以公为副出师。例大将军一人，又置数人贰之，谓之副大将军。公星驰就道，至肃州，见有与公俱贰师者某人，乃公前督浙江时所纠参而又起用者也。其人长跽公前，请释旧恨，如廉颇故事。折剑为誓，事公益谨。公甫至边营，即白岳公，清厘簿籍，鼓淬将士，增设土古鲁、巴尔库尔警备，并料敌巡防之法。或劝公毋呹呹启人猜怨。军士曰："惟石公能恤我。"若共恨公来之晚者。

十年春，准噶尔潜掠屯堡南境，时公分巡堡北。大将军岳公调公擒贼，公至已迟二日。岳公按军法劾公纵贼。世宗览奏，语大臣曰："石云倬病在过勇。今畏葸，殊不类。"逮公来京。公至，廷尉质辨，乃尽发军士骄懈所以致寇状。奉旨石某操守廉洁，免施刑具。因并逮岳公暨防守失备军士，按公列状掬之，皆岳公所不知者。岳公曰："人言不可信如是夫！"所谓人言者，即与公折箭为誓者也。部议："公任副大将军，军旅事无一不当奏，今不奏。岳公调度失律。俱死罪。"奏入，留中。

十三年九月，皇上御极推恩赦公，发杭州安置。公至杭州僦坐一室，纵览书史，间曳杖游湖山，徜徉终日。过客或投刺请见，辄遁去。乾隆七年九月七日卒于杭州旅次，年五十九。

公洊登膴仕，置家事不问。禄秩之羡，悉散诸族党窭乏者。其家屡至不能给饘粥。尝语人曰："某无才而先帝拔之，某有罪而皇上活之，复奚恨？"公即世后，征讨金川，岳公与诸废弃者皆起用，公独早逝，一时惜之。

公元配智氏，封一品夫人。子三，长梁，庠生；次景周，河工千总；次永，业儒。孙男一，绳祖，尚幼。八年公榇旋里，以二十三年冬葬德州城南河隄东原。铭曰：

> 汤汤卫水，郁郁将陵。屹屹石公，秉时而兴。
> 克文克武，克仁克智。近日之光，跻于崇位。
> 自陕而赣，而浙而闽。惠周威断，细大必陈。
> 有眷自天，汝克树立。予鉴汝诚，感继以泣。
> 旌旄所莅，日丽霜严。闻公笑语，不激不纤。
> 孰利烝徒？孰驯军旅？奚弊不蠲？奚政不举？
> 征西有命，往赞边师。损刚益柔，汝才则宜。
> 公至于军，新伸旧宥。壁垒怀恩，于公始觏。
> 吾侪军士，或饥或寒。或劳或疾，赖公以安。
> 云何寇至？盗窃牲畜。云何公来？其行不速
> 公至廷尉，其词孔扬。荷帝之明，得减刑章。
> 纵贼失机，军法首重。荷帝之仁，得全项踵。
> 公至遣所，左书右琴。泛舟夏湖，听莺春林。
> 弃瑕录瑜，旧愆皆赦。公年不侔，悠悠长夜。
> 公之谋画，载在军书。始显终晦，命也何如？
> 名著边疆，泽周桑梓。子孙绵绵，以承厥美。
> 芳原有芷，长隄有松。以妥以保，閟于幽宫。

石云倬传[①]

王锺翰点校

石云倬，山东德州人。康熙四十五年武进士，授三等侍卫。四十九

[①] 王锺翰点校《清史列传》卷十五，中华书局1987年版，第1123—1126页。

年，补陕西平凉游击。五十一年，迁镇番营参将。五十四年，调赴巴里坤军前效用。明年，迁庆阳副将，留军前。

雍正元年，回庆阳任。二年，调河标副将。三年五月，改授洮岷副将。寻擢江西南赣总兵。劾前镇臣黄起宪冒粮二百三十五分，勒索规礼，九江副将署赣镇王用侵饷，并拔补把总马成功、谢晋索银帛等物，并革职拟罪。上嘉云倬不徇情面，据实直陈。七月，疏言："兵丁编造名册，原以稽察奸伪，若年貌不符，名姓互异，册籍将焉用之？臣久处营伍，习见伪册互相顶替，前在镇番、庆阳剔清此弊。今赣镇十六营，尤非镇、庆两营可比。请更定旧册，以杜奸伪。"四年二月，详核兵丁清册以闻，得旨："所奏甚是。"下部议叙，加署都督佥事。

七月，擢浙江提督。适云倬丁父忧，奏乞终制，予假回籍治丧，即赴新任。五年三月，奏言："浙省营伍，当积废后，军装损坏，教场公署已废。揆其致此之由：一则惜公费而润私囊，病在侵蚀；一则务虚名而忘实效，病在矫情。前任提臣如王世臣、吴都隐空粮数百名，一切营制置之度外，此侵蚀之尤者。及吴陞接任，粮饷稍轻，尚存公费粮一百五十名，造鸟枪千杆，营伍稍为整顿。王安国署事，督臣满保檄将公费、名粮俱裁，虽矫情一时，实贻误营伍。杨长春到任，因公费无出，于五营内存粮五十分，凡遇领饷季报，稍资涓滴。张溥署事，尽行裁去。此又矫情而贻误者也。臣请各营按计百名内，存留三名以备公用，庶营务不致废弛。"又奏："营规四款：一、册报宜审，造四柱清册，开列领银用银实数，以杜捏饰；一、经费宜节，修葺衙署及铺垫名色，只许添凑，不准冒销；一、制造宜核，军装旗帜等项，责令将备选料造作如法，期经久可用；一、收贮宜谨，凡军器择高燥房屋藏贮，以防损缺，交代时验收。"并得旨俞允。

十二月，调福建陆路提督。六年三月，参奏巡抚常赉家人擅坐大轿，途遇不避，敕该督严察。四月，疏言："闽省历任提臣，驭下无术，兵骄将疲，营伍大坏，必须大为整剔；且各营员弁，半系本籍，以致积习牢不可破。窃思陆路官守，如汛防、墩铺、钱粮、操演等事，即他省人俱能办理，非若水师必须本地人方能熟悉水性，周知洋面。请皇上于别省人员简发数名来闽，遇缺题补，以清积弊。"又言："浙省陆路兵既不若陕西之精锐，水师又不如福建之纯熟，往往不得其用。上年特谕陕督岳钟琪挑选弓马娴熟之兵百名来浙，俾臣分发各营教习。不数月间，浙省陆路兵马步骑射，渐次可观，而水师士卒仍虑生疏。请仿此例，拣选闽省熟练水兵五十名，拨发浙营，轮班教习，将见风潮礁石在在周知，瞭桩斗柁人人熟谙，借闽人所长，补浙人所短。行之数年，浙省水师之兵亦不弱于闽省矣。"六月，奏言："臣标员弁，向有私卖随粮，每名三五十两不等。粮出则以养廉不足为词，恳求上司补足，皆起于提臣吴陞专信家人亲戚，全不破情整饬。更难解者，营中弓箭尽裁，拔补名粮令兵领去官枪，省其置弓箭之费，一时相习成风。人人博宽厚之名，不肯任劳任怨，汰一老弱兵，则以为刻薄；募一弓箭手，即以为苛求。少食数名随粮，则以为清廉，而不究其顶卖之弊；虚应故事，即以为安静，而不问其利弊所关。丁士杰承积弊后，以吴陞邀虚誉于前，不得不效尤于后，此营伍所以日弛也。臣亟加整饬，惟念随丁一项，常禄外设此养廉，岂容暗中顶卖。今欲永杜此弊，似宜按照定例，一体补足，不令彼此参差。臣接收丁士杰所留随粮六十分，查明五营将备千总有随丁额缺者，照数补给，共发二十五分，而各官养廉尽行补足，现留三十五分。臣随带家人无多，足资日用。内又发随粮二十分，先制号衣，一时将弁各踊跃办公，愿先发随粮以办紧要军装。俟公项完日，仍还各官养廉。如有前项情弊，当不时查参，以期成效。"诸疏入，上深嘉之。八年五月，疏言："提标中营所辖徐州墟、桃州隘二汛，在万山中，瘴气熏蒸，官兵病故者多。请将驻防徐州墟之守备调回府城，其原汛改设长坑地方，以桃州隘千总一员移驻；再派外委一员、步兵一百十名，居中扼要。至徐州墟设兵十名，桃州隘设兵十名，即于长坑汛内按月轮拨，以均劳逸。"下部议行。

时大军征准噶尔，云倬疏请军前效力。十二月，命驰赴肃州，听宁远大将军岳钟琪委用。九年，授西路副将军。十年正月，贼犯哈密，岳钟琪令云倬领兵赴梯子泉截击，云倬迁延不进，贼遁去。钟琪以违令纵贼纠参，革职解京。十一年，议政大臣会同三法司讯拟斩决，得旨，改监候。乾隆三年，减等拟流。四年，杭州安置。七年九月，卒。

47. 宋兆李（1647—1712）

郯城县教谕省庵宋先生墓志铭①

孙 勷

先生讳兆李，字紫函，号省庵，姓宋氏，世为德州人。始祖性，明洪武、永乐间名臣，事具州志②。二世祖孜，亦以名德见称于时。高祖时，乡饮宾。时生默，官教授。默生儒纯。儒纯生炳，字维章，明末壬午举人，入国朝顺治中为肃州按察司佥事，则先生父也。母曰王太孺人。佥事公二子，伯兆彭，嫡梁孺人出，先生其仲。

先生生有异质，早擅文誉，当制艺初复，学者承时文靡烂之馀，务以空滑软熟为善技，不复知有前辈大家遗则。先生独卓然自拔，不肯与时俗伍，以是久淹童子科。年二十有六，乃得入学。既为诸生，名甚

---

① （清）孙勷《鹤侣斋文稿》卷二，《四库全书存目丛书》集部第254册，齐鲁书社1997年版，第510—511页。

② 《康熙德州志》卷八《人物志》载宋性官至刑部右侍郎。

振，试辄高等。康熙丙寅，先生年四十，遂以廪生拔监，其明年丁卯应试至京师。

始余少时从从祖思绍翁学举子业，时时见先生以文字来正于翁。窃心异其与众人有别，因愿交焉。每讲论文艺，相善也。及是相见京邸，欢甚。先生学益充，然有得，不徒文事是工而已，余益幸闻所未闻。已而先生归，话别广宁门外之柳林桥，余依依不忍释，先生慨然曰："日斯迈也，月斯征也。君努力奉职于朝，吾单心理业于里，如此而已。"久之，先生选授郯城县教谕，别其兄，奉母王孺人以行。以其孝弟之施于家者教郯人，而徐督以文艺。诸生有阋于墙者来诉先生，先生泣谕以手足同体，反覆引譬，久之皆感泣去，式好如初。至于会文劝学，勤恳不倦，于旧时司教陋例一扫除之。诸生由是向蒸蒸向学。郯科目久绝，自先生师之，乃有中式者。先生之教郯人如其子弟，郯人之敬先生爱先生，亦不啻其父兄也。

辛卯七月，先生年六十有五，而有母王太孺人之丧。先生贫，不克即归。郯人自令长以下，至于绅士，将谋醵金营墓地，留葬太孺人，且为先生置产，先生辞焉。然当哀毁时，颇踊于节，又时以母柩未归为忧，浸以成疾，遂以明年壬辰五月二十二日，亦卒于郯。

是年冬，其子来会，乃奉其两世之柩北归。适余使黔事竣，便道归里，往哭先生之殡。来会以铭请，余曰："子之志，则切矣。子之力，吾知其未也。"雍正五年八月之二十四日，先生配李孺人又卒，时则来会馆于浙东，闻讣奔归，复申前请，余又曰："子之力知犹未也。"虽然，吾也老病人也，不可以再辞。因次先生之行治履历，而窃叹造物者之于先生，厚于其道而独薄于其遇，丰于其学而特啬于其禄。盖气数所为，有非理道之所得，主者其可悲也。

先生长身玉立，须眉若画，目光炯然，喜读书，无所不览。然游息间，也时以博弈为娱。每当推枰敛子，时辄大笑，语观者曰："有胜矣。君当贺我。"其张弛合宜如此。尝辑谈《易》诸家之说，择而别之，未及成书而卒。所著有《学论》《制艺论》《会文说》《学艺发明》凡数种，以教士子。余尝受而读之，皆有味乎其言之也。李孺人，州庠生讳嗣贤第五女，州之望族也。事金事公及两太孺人，尽礼致孝，无间言。相先生，敬而顺。教子持家，勤俭中则。少先生二岁，后先生十六年而卒，得年七十有九。子男子二人，来会，癸卯拔贡生，娶于李，实余本宗同怀女弟；来庆，诸生，娶于王。女子三人，所适者，皆士族。孙男子四人，宏度，诸生；宏弼，戊申拔贡生；某，某。女子五人。曾孙男子三人，女子一人。以某年月日，来会奉其祖妣于州之东四十里冯家寨之南，祔金事公之兆。先生及孺人之柩，同日葬焉。王太孺人，别有铭。是石也，则先生之墓铭。铭曰：

陵州州东郁佳城，千寻乔木瞻轮囷。
廉使所藏神攸宁，先生缵德明且馨。
位虽不副道则亨，内助维贤推俭勤。
子孙绳绳其克承，千秋万世垂嘉名。

48. 宋来会（1668—1748）

皇清敕赠儒林郎翰林院编修显考秋圃府君暨敕封安人显妣李氏行述[①]

宋 弼

先府君姓宋氏讳来会，字清远，一字清源，号秋圃。先世来自山西

---

① （清）宋弼《蒙泉文集》卷三，哈佛燕京大学图书馆藏清抄本。

长子县，五传至侍郎公讳性，明洪武初岁贡生，历官刑部右侍郎，肖像乡贤祠，为乡贤之首，见《一统志》及《明史·夏原吉传》。长子讳圦，高隐不仕，见州前志《隐逸志》。又四传教授公讳默，是为府君高祖。曾祖讳儒纯，增广生。祖讳炳，前壬午①举人，由文安知县行取历刑部郎中，修《大清律》，迁肃州兵备道按察司佥事。考讳兆李，康熙丙寅拔贡生，官郯城教谕，赠儒林郎、翰林院编修。妣李氏，庠生讳嗣贤女，赠太安人。

府君生而颖异，幼禀家学，与颜先生振玉同游孙莪山先生门。先生目为颜宋，然尤心异府君，故先母李安人归焉，即先生本生胞妹也。年十八，先王父膺选拔，府君亦以第一入学，时督学为泰州宫定山先生②。府君内奉父师之训，外与贤士大夫游，学日益进，名亦日益著。方伯猗氏卫公、督学昆山徐公，先后兴起白雪书院，仪封张清恪公建济宁书院，府君皆与焉。三公皆当时贤者，其器重府君略同。最后，北平黄公督学山左，于时府君方游江西，而王父为学官进见时，首询府君所在，命专使促归。盖公之作士，视前尤盛，深以不得府君憾故也。比至，合六郡之士而校之，果冠曹偶。公既重王父之德，又嘉府君学行，遇待逾寻常，迄今三四十年。府君至京师，谒公于家，不孝粥亦时侍左右。每便坐道旧事，未尝不咨嗟太息于王父及府君之不遇也。

王父笃于德业，不问家人产。府君岁授生徒，尽献所有而不私。及抵郯邑时，先曾生王母在堂，而仲姑一家随之官舍。先叔父及季姑，频年婚嫁，食众费繁，府君拮据以承亲志不给，则质先母簪珥衣服以助，率以为常。先母未尝有吝色焉。迨王父以艰去官，旋卒于

---

① 崇祯十五年（1642）。
② 宫梦仁，字宗衮，号定山，泰州人。康熙十二年进士，康熙二十四年擢山东提学副使，康熙三十六年擢右副都御史巡抚福建。事见《雍正泰州志》卷十《艺文志》载《巡抚福建都御史定山墓志铭》。

郯。府君一身奔走，扶榇而北，无半亩之居、升斗之储，劳瘁经营，以奉先王母。嗣是屡游于外，修脯稍馀，辄封题之曰葬费，示虽窘乏不忍启。友爱叔父犹笃，自奉养王母及丧与葬，不以一毫累叔父。叔父即世，则命不孝辈力营殡葬，不待其孤之请也。先伯祖居乡，晚年贫困，岁数过，过必留数十日，奉事惟谨。雍正甲辰岁大饥，迎养伯祖母于家，而分给从叔以活。时霪雨逾两月，河水泛滥，适赵氏姑，府君长妹也，携家十馀口径至就食，薪米腾贵，日市以给。先母率家人承府君之意，终无怠色。

王父论文，崇经术，法先正，与莪山先生相为唱和，故府君于文事所得最深。指授后学，亦惟先民是程，不骛时趋。早年及闻王阮亭司寇、赵秋谷宫赞论诗，得其渊源。所作古体诗尤多，合近体为四卷，制艺二百馀篇，亦手订数卷，交游南北，间示友生，若徐昼堂侍读、储理质编修、陶稚衷太常、梁芗林太宰诸先生，及浙楚同游诸君子，具有评骘。不孝辈谨守之，以俟行世。

生平喜读异书，购不能得，即手写之。皆作蝇头小楷或行书。箧中常有十馀种。尝别择古人论诗之言，参以所闻王、赵诸公论说，为《论诗微言》。于说经诸书录其论之醇者，衷以己意，为《读书知新日记》，皆近在京师所纂著也。

府君秉质刚直，与人诚笃，见不善义形于色，论事侃侃不少回曲，然亦未尝忤物。友朋交好，皆有始终。数年在京师，芗林先生虽位通显，过寓款洽不异昔时。书法学二王，参以董文敏笔意，为时所贵重。嗜茗及酒，爱花竹尤喜艺菊，故号菊圃，晚乃更号秋圃。癸卯楚游还，茶陵彭石源夫子，拔贡成均。甲辰，主本州书院。丁未后，往还浙江。壬子归家，乃举三丧，襄事先茔。盖前此数游，以甘旨不足，大事未举，不遑宁处之故。自是教授里中，不复出焉。

乙丑春，不孝彌成进士，改庶吉士，府君屡寄手示，谕以君恩祖泽，谆谆勖励。已闻府君病，亟请迎养，既抵京师，病旋愈。戊辰五月，侄岱龄始举子，府君闻之喜，命归省视。置酒相对，缕缕说家中事。二十三日午后，觉左肋微闷，饮酒就寝。五鼓而嗽作，宿痰涌上，顿至不起。呜呼，恸哉！

府君素豁达，于事无芥蒂，岱龄之归，神色殊凄怆，顾而叹曰："独恨不得见幼孙耳。"家人侍侧，颇怪语之不祥，顾起居饮食如故，未敢妄意，及此孰谓竟成永诀耶！呜呼，恸哉！

先母姓李氏，考讳文科，赠朝议大夫、通政使司右参议。妣张氏，赠太恭人。李氏世为长洲人，赠公以子通参公勤嗣于孙氏，因迁德州。先母，其次女也。幼而端庄明敏，异凡女。女红之事，寓目即工，读书通大义，为父母所爱。年十六归先府君，善事舅姑，娴于礼而加敏，能无违事。王父家贫，先母服习劳苦，左右奉养，家有馈遗，皆以献舅姑。王父以为知礼，尤心重焉。从宦于郯，与府君承顺亲志，实有同心，晨昏定省之外，供衣服，治中馈，酒肴菹醢之属，王母一以见委，无不精洁得宜，虽劳不辞也。

王父性方严，动循礼法，然每事经先母料理则称善者十八九。在郯十馀年，裁缝不委工人，瀚熨不付妪婢。至于羹汤饼饵，必先母手制，以上非是，则不甘。事先曾生王母，尤得欢欣。一家之中，自叔母、仲姑，下逮仆婢，无不悦且服者。时有匮乏，辄出簪珥衣饰典质为供，王父习而安焉。第云大家女，知孝义如此。郯人闻之，亦云他人家无如此者。以是府君屡游于外，无内顾忧。自郯归后，家尤贫窘，先母在家枝梧内外，恒早夜纺绩，缝衣刺绣，以易薪米，供甘旨，奉事王母，孝养备至。叔父馆他处，屡召还同居。时时周其不给，每诫不孝以一家共本之义，及先人孝友相亲，勿效浇俗勃豀，歧视骨肉。不孝辈守训至今，不敢少变。

不孝兄弟自幼及长，教督最严，事必约以规矩，稍违即加呵责。自四五岁，口授以书及唐诗，比入塾则多诵习矣。女兄弟三人，教以女工。时为陈说古义。仲适许氏，季适李氏，皆早寡，茹荼守志，患难不移。今仲已吁请旌表。季亦将五十矣。惟母训有素，故秉礼循义如此。至于亲戚往来，皆中礼节。御使臧获，皆有恩谊。生平自奉最薄，而待人则厚。事不能以悉举。自不孝弼再入都门，先母年将八十，幸康强无恙。不孝心悬异地，梦寐不安。故于甲戌冬乞归，方冀永依膝下，稍备奉养以报劬劳。岂谓一朝之间顿弃不孝而逝？昊天罔极，卒为鲜民。恸哉，恸哉！

府君生于康熙七年四月二十三日，卒于乾隆十三年八月二十五日，享年八十一岁。雍正元年拔贡生，候选教谕。乾隆辛未年恭遇覃恩，敕赠儒林郎、翰林院编修。先母生于康熙十三年正月三日，卒于乾隆二十一年正月十一日，享年八十三岁。恭遇覃恩，敕封安人。子男子四人，长，不孝度，庠生，前卒，娶魏氏。次，不孝弼，乾隆乙丑科进士，翰林院编修加三级，娶刘氏。叔季皆早卒。女子三人，长适东阿训导平原张方载。次适陵县贡生许三顺。次适封丘贡生李渭。孙男子三人，度生者二，元龄，娶颜氏，皆前卒；岱龄，娶黎氏。弼生者一，荔，尚幼。女子五人。度生者二，适庠生王中孚、陈锟；弼生者三，适平原庠生张予治、景州李景端、平原庠生张予定。曾孙男子二人，毓发，为元龄嗣；毓荣，为弼孙。女子一人，皆岱龄所生。以乾隆二十三年戊寅十二月十八日申时，不孝弼奉柩合葬于城东冯家寨祖茔之右，乙山辛向。自府君之卒，不孝弼泣述行实，请铭于黄昆圃先生，时在辛未之冬，及丙子正月先生亦下世。痛念前言，不忍别求，谨述先母生平懿德，请于知交中贤士大夫，笔其大端，以继前志之后，并详所未备，庶并借以不朽。不朽弼泣血谨述。

赐进士出身儒林郎掌福建道监察御史提督湖南学政加一级前翰林院编修年侄毛辉祖填讳。

49. 宋弼（1703—1768）

甘肃提刑按察使司按察使宋公神道碑①

钱大昕

公讳弼，字仲良，别字蒙泉，山东德州人。先世有讳性者，仕明刑部右侍郎，佐夏原吉②治浙西水利有功。曾祖炳，肃州兵备按察司佥事。祖兆李，郯城县教谕，赠儒林郎。父来会，赠奉政大夫。

公少而英特，补博士弟子，岁科试恒屈其侪。故事，学使者间岁拔诸生之秀者，州县学各一人，贡成均。自郯城至公三世，皆登斯选，士林荣之。乾隆三年举顺天乡试，十年成进士，改庶吉士。散馆，授翰林院编修。未逾月，御试乾清宫，入高等，方拟擢用，以父忧去职。服阕还朝，充武英殿提调，《续文献通考》纂修官。以省母请假家居数年，事生送死以礼。还朝，署日讲起居注官，扈从南巡，宣示御制诗，辄与赓和。再充《续文献通考》纂修官，同事十数人，皆公后进。征文献者，咸以公为归。

性劲直，不随人俯仰。酒酣纵谈古今，意气豪迈，然非先哲法言不道也。钱塘梁文庄公③总裁书局，论议与公不合，公往复辨证，必尽其

---

① （清）钱大昕《潜研堂文集》卷四十一，《续修四库全书》第1439册，上海古籍出版社2002年版，第146—148页。
② 夏原吉（1366—1430），字惟喆，江西德兴人。洪武二十三年举人，入太学，擢户部主事。永乐初进尚书，主持浙西、苏、松治水事。七年，兼摄行在礼部、兵部、都察院事。卒谥忠靖，著《夏忠靖公集》。
③ 梁诗正（1697—1763），字养仲，号芗林，谥号文庄，浙江钱塘人。雍正八年一甲三名进士。官至东阁大学士，兼史部尚书，任《续文献通考》总裁。

说。文庄始虽愠，而卒推服之。二十八年御试正大光明殿，引见，有旨令以原官休致。而总裁诸公合词奏"公学问笃实，著述专勤，请留之书局"，由是供职如故。

三十年迁右春坊右赞善，其秋授分巡巩秦阶道。陛辞，召见，奏事，大称旨。到官即往伏羌、徽、礼诸县察地震，民被灾者振之。明年，调整饬甘肃道，所治在嘉峪关内七十里，当西域孔道，使者往来无虚日。公访问西域风土物产，古人所未纪者，各缀以诗，凡百篇。募民愿徙乌鲁木齐者，得三百户，公亲劳而遣之出关，无一人滋事者。盗匿高台山，诡云采金，旬日聚三百馀人。公闻之，亲率兵仗捕其魁，置之法。雪山文殊口水暴至，注肃州南郭，坏民庐舍。公登城，具牲牢，为文祭之，水果止。

玉门之牛尾山出硫磺，朝议令肃州募民采炼，以供巴里坤军用。初，未有定数也。州募商炼得三十万斤，报布政司。司移问安西提督，则答以岁需不及二千斤，而州续得磺又三十五万斤有奇。布政司以州擅动库银，所贮磺无所售，日久且黴败，将责偿于官吏。公检州库旧磺经三十馀年无黴败者，乃上议制府曰："安西重镇也，储火药宜多。提标诸营，岁取磺巴里坤、哈密二库，储之可补官库之乏。顷闻乌鲁木齐遣人购磺肃州，是安西岁需不止二千，宜于玉门县贮三十万斤，以待安西各标及乌鲁木齐之用。甘肃提镇两标岁取磺肃州。州见贮仅支三四岁，宜分二十万斤贮之州库。又甘肃所属诸镇皆于兰州买磺，州存磺亦少。若令赴买玉门，既减值以予之，则馀十五万斤，亦可分销。"议上，事得行，果便。公之通达政体，多此类。

三十三年三月，擢甘肃按察使，下车益以廉公自持。与僚属言，必咨民生利病，课政之勤惰为殿最，而痛抑其奔竞者。治案牍，恒至夜分，不假手宾友。尝行金县，有司供张甚盛，笞其仆而撤之。公具奏请陛见，既得旨。以九月上道，行至洛阳遘疾，十月二十九日卒于寓舍。

春秋六十有六。启其橐，无馀财。故人子知洛阳县张君映台①，实经纪其丧云。

公少以才名，雄齐鲁间。登馆阁二十年，优游著作之林，若将终身。及圣天子付以方岳之任，正身率下，事有利于官民者，排群议为之。一矫俗吏、婹婴欹靡之习。天夺之年，未竟其用，要古所称有守有为者，公实兼之。世多訾儒生迂阔不通业务，岂不谬哉！

公之学，博而醇，诗文皆有法度。所著《诗集》八卷，《思永堂文稿》四卷，撰集《山左诗》百馀卷，《广川诗抄》二十卷，《州乘馀闻》二卷。家故贫，教授生徒自给。既贵，弟子著录益众，分教庶吉士凡三科，恒以师道自尊，少所假借。家居时，巡抚白公钟山②延主泺源书院，远近负笈从之。公教人为文，尚先正程式，勿逐时好，而取科第者转多。岁己卯，大昕典试山左，榜出，书院生中式者十有八人。公喜甚，贻以诗，有云："伊予久伏处，冯轼观群閧。决胜卜其长，億占每幸中。"亦一时美谈也。

夫人刘氏，贤而能治家，先一岁卒。子二人，荔、藻。女三人。以三十五年三月戊寅朔合葬于冯家砦祖茔之次。先期，公之长婿张予治致书乞铭公墓道之石。大昕于公为后进，同在书局，又同直讲筵，与公为文字交有年，故不敢辞。铭曰：

　　猗宋氏，哲人继。汉司空，唐太尉。
　　公之先，潞长子。徙安德，今几世。
　　学早成，五经笥。少所可，寡所嗜。
　　老著作，师后辈。文章醇，经济备。

---

① 张映台（1723—1786），字海瀛，张可大孙，无棣人。乾隆十七年解元，十九年进士，历任武安县、扶沟县、洛阳县知县，漳州同知，兵部武备司员外郎。见民国《无棣县志》卷十一《人物志·循良传》。

② 白锺山（？—1761），字毓秀，号玉峰，汉军正蓝旗人。乾隆二十年署山东巡抚。

秦陇西，国右臂。抚吏民，布威惠。
古为徒，宦亦遂。生也直，视松桧。
郁佳城，长河裔。其人存，百千岁。

50. 孙继（1619—1697）

故长洲知县书台孙先生墓志铭①

韩菼

康熙三十六年春正月，故长洲知县书台孙先生以疾卒于家。其孙翰林检讨勍以状泣踵吾门而请曰："某闻诸礼矣！其先祖无美而称之，是诬也；有善而不知，不明也；知而弗传，不仁也。吾祖，官不过一令即罢去，无大勋劳庆赏声名，而德善之可称述者，某知之勿敢诬，抑亦不仁之是惧。惟是墓隧之石，以谒诸吾子。某犹记先曾祖妣许太孺人尝语某曰：'而祖儿时异凡儿，下笔辄惊其塾师，尝以其馀力旁探子史百家，从人借得秘本，窃手抄成帙，父尝虑其凌杂也，投诸火，则曰儿都默识之矣。试之果然。今其帙具存也。为诸生时，明末盗起，策贼所不至，奉吾夫妇避之，数免于难。尝出为贼帅掠得，与语，奇之，得释。微吾儿，吾两人几不济，人咸以为孝感也。'先祖妣李孺人又尝语某：'而祖令长洲时，前令有冤狱。盖渔户数辈为仇者，属他盗入之至死。而祖甫受事，上官吏来趣辞成速上之，则立吏于庭，出诸渔者曰："谓若辈盗者，途之人皆盗矣！吾何爱一官，陷良民于死。"吏感动，首触地屈服，悉直之，上官亦不怿也。'又有橐金四千求断狱杀其所怨者，

---

① （清）韩菼《有怀堂文稿》卷十六，《四库全书存目丛书》集部第245册，齐鲁书社1997年版，第541—542页。

唾其面，斥去之。解官后，留县十馀年，不得归。民爱之，凡傤屋以至米盐细碎，争输送如办公家，屡却之，弗止也。同官某，以事被劾，夜邀而祖，指所藏金曰：'第为计无恙者，尽以寿君。'笑而领之，力为请追还所上章，卒不受一钱也。某之嗣先君子，年十一岁，则已能记吾祖诸行事。家素贫，自罢县归，日益落。足迹三十年不入城市，惟书籍自娱。某成进士，手书来云：'汝官庶常，必九德中有一二，而持之以恒，乃为吉哉之士。'某早年谬有文誉，则且喜且忧之曰：'得名太早，则称塞恐后。'某奉命典试七闽，吾祖书戒之曰：'汝无自负知文而有易心。其它则吾素汝知，不汝虑也。'及榜发而喜，使谓某：'吾方病减餐，今为汝进一餐矣。然勿自多士，君子立身尚有大于此者。'盖吾祖行己，事事不苟，老益不懈。其见诸事与言者，率类此，不胜述也。"检讨之状云尔。

余自为诸生，以文字受知先生，进见则教以力学好古，知先生所得于少时者，许太孺人之言为信。先生罢官后将四十年，吾县人称贤令必曰先生。检讨当奉使过县，所至城市聚落，老稚男女遮视："此吾孙使君孙耶！"有感叹泣下者，则李孺人之言益信。检讨以文学有盛名，而谦以自牧，性寡谐少，可淡于荣利。余与同馆中尝窃叹为古人。则知先生之本身以教于家者，而检讨之言亦益信也。呜呼！是可铭。

先生讳继，字曰可，书台其号。世系具详乃考合初府君传志中。卒时七十有九。配李孺人，前卒。子五人：云锦，诸生，以检讨贵，敕封如子官，卒；云曦，云晅，武生；云晖，云霱。女三人，适陵县张绳祖、张源诚、康玮。孙六人，长检讨也。先生于中表中特命为云锦嗣，往吾乡魏恭简公，曾祖李少育于从母之适魏者，长而遂氏之，曰："魏命我矣。后世我子孙必世守其祀勿绝。"恭简公，儒者，后虽贵，竟未之改也，以相传至于今。然则先生之命检讨，与检讨之受王父命，其犹此志也夫。铭曰：

孔门称骞,父母之言。先生无间,从妣而传。
人谁毁誉,庶人之议。先生去思,县民出涕。
有绳其武,承考克家。其光也远,耀岂自他。
我作铭诗,匪弟子私。于笔不愧,有道之碑。

51. 孙勷(1657—1740)

莪山自叙笔记①

孙 勷

前代正德时,致仕兵部尚书刘忠宣大夏尝豫作《寿藏记》之曰:"予尝见士大夫家子弟爱其父兄者,俟其身后必求名儒大笔,铺张行业,以志于其墓。作国史者,或凭而采之。予无似承祖宗世泽,窃科甲官禄前后四十年,在家在邦无一事可述者。万一后人私所亲,谬言以诬名笔,纵可欺人,独不自愧于地下也乎?用是述生平履历,书而勒之石,付儿祖生等藏之,以俟他日。其词则俚,其事则核,予心安焉。"②

近者,同年生③巡抚河南右副都御史汪天泉灏④,亦戒其子勿具状请铭,自书遗命一通,刻诸石,而藏于圹。其文但及家世、籍贯、官阶、子姓、妻氏而已。其馀行事,一字不及。似较前辈刘公为尤谨严。

---

① (清)孙勷《鹤侣斋文稿》卷四,《四库全书存目丛书》集部第254册,齐鲁书社1997年版,第540—542页。
② 见(明)刘大夏《刘忠宣遗集》一《文集》,与此略有差异。刘大夏(1436—1516),字时雍,华容人。明天顺八年进士,官至兵部尚书,谥号忠宣。著《东山诗集》《刘忠宣公遗集》。
③ 同年生:同榜考中者。
④ 汪灏,字文漪,号天泉,临清人。康熙二十四年进士,官至河南巡抚,著《倚云阁诗集》。

又同年生巡抚福建右副都御史李质君斯义①，乃至并不令子孙设立神主，何其达而溢乎理也！夫内而尚书，外而巡抚，皆朝廷重臣。又三公亦皆当世望也。行事卓卓，在人耳目，而其谦不敢居，不欲以身后名干人如此。况余官不过少卿，历仕以来，碌碌与常人等。其不足以辱名笔而欺寸心也，明矣。是故，自记姓氏、家世、官阶、子姓、妻氏之例，一准天泉。既不敢望刘公之可自为文，以载生平；亦不敢同李公之禁设主，以使子孙无所思存。盖亦窃比其中庸者云尔。

余本姓李氏，世籍徽州府之婺源县三田李氏之理田一枝也。二十世而迁苏州府之长洲县。始祖讳实，今齐门外陆墓之北王埭有坟林焉。传六世，至余祖，讳霆，不仕卒。余父娶余母张恭人，生余兄弟凡四人，伯兄劢，早没；余行居仲，叔弟勋，季弟劭。父以余官赠朝议大夫、通政使司右参议加一级，母赠恭人。

余以八岁受书，年十一嗣祖原任长洲县知县孙公，挈以北归。父母及长兄皆偕来。叔弟勋，外祖张留抚之。季弟劭则生于既北之次年也。余年十二为康熙戊申，与兄劢出应童子试，皆用嗣姓。其实，先嗣君子所抚立者独余耳。长兄之用其姓，以便试也。余年十八，而长兄卒。兄长余一岁而已，然余幼举足必依兄。兄没，而余几为废人矣。是年，应学道试，以思兄悲泣入场昏然，但垂头欲睡耳。兄频见梦促起草，信笔书之，竟得第一入学，兄实默相之。方出场，一字都不省记。及发落时，接阅原卷，则语语皆兄笔意也。

嗣祖讳继，山东德州人，字曰可，号书台，私谥清介先生。以顺治乙未进士令长洲，不一年去职，以催科政拙故。罢官以来，足迹不入城市，乡人推重。余以祖孙为师弟子，实受举业云。兄之没也，祖指一地语余："此兄弟穴也。以葬而兄，汝今必入学，明年当中式。又明年当登进士，官翰林，改授台谏，宦途极显而顺，然寿不过五十。"又指一

---

① 李斯义，字质君，山东长山（今邹平）人。康熙二十七年进士，官至福建巡抚。

穴曰："此地亦当即入学，但不速发，官运迍邅，然寿则远胜矣。汝何欲？"余跪而曰："欲寿多耳。"遂葬兄于今穴也。吾祖于地理奇中如此。

余年十九食饩，当秋试，卷污见贴。年二十二，以遗卷受知大司寇虞山翁公①，遂与陶紫司元淳、汪文漪灏、赵秋谷执信、冯大木廷魁诸子以师命为兄弟，至解首毕公权世持，则余旧友也。

余年二十五，领解于乡。年二十九，成进士，授庶吉士。年三十一，散馆，授检讨。年三十七，为福建乡试正考官。年五十三，提督贵州学政。年五十七，升右春坊右赞善，兼翰林院检讨。年五十八，升翰林院侍讲。是年，改授翰林院提督四译馆，太常寺少卿。年六十四，升授大理寺少卿。是年，以保举白璜、阿锡鼐、陆经远、邹汝鲁、俞化鹏、杨名时、李馥、梁文科、申大成、汪份、彭维新、黎致远为总督、巡抚、学道、布政使诸员缺也；又卓异知州李朝柱，凡十三人。部议以所举人员过多，降二级调用。雍正元年，余年六十七，今皇上召见，补授通政使司右参议，受事又年馀矣。自惟衰疾，未忍引退，以辜圣恩。然恐遂填沟壑，故述所历官阶如右，不忘国恩也。

余嗣父，讳云锦，字霞湄，州学增广生；母宋氏。父赠如余官，母赠恭人。余妻张氏，张节母王氏女孙，父讳耀，妻生四子三女，以丁酉年卒，赠恭人。子十有一人：于盛，壬午举人，娶贺氏；于宁，监生，娶张氏；于谧，监生，娶艾氏；于韭，拔贡生，娶康氏；于鳌，癸卯正科举人，娶张氏；于盂，监生，娶成氏；于赘，济南府学诸生，聘赵氏；中州，幼，聘陈氏；新晴，幼，聘赵氏；宝历，幼殇；加庆，幼，未聘。女四人：长适韩麟奇；次许字郑疑雪，殇；次许字赵在经，殇；次许字赵翼经。孙十四人，今兰，济南府廪生，娶申氏；今蕙，娶康

---

① 翁叔元（1633—1701），原名梼，字宝林，又字静乡，号铁庵，江苏常州人。康熙十五年探花，十七年主持山东乡试，拔毕世持解元。官至工部、刑部尚书。著《铁庵文稿》《梵园诗集》。

氏；馀未娶。女孙六人，一许字尹，殇；一许字田；馀未字。曾孙一人，开泰。曾孙女一人。

右，雍正二年所记，时年六十有八。少陵句不云乎"人生七十古来稀"，是时也，余已有归志，念儿辈或于余身后，以故事为行述求铭志，则非余所安也。乃为自叙如此。他日幸得考终，则刊以存之，用贻朋亲，为涂壁覆瓿用，亦差不恶也。

朝议大夫通政使司参议莪山孙公遗事[①]

宋 弼

莪山孙公既卒之十年，其甥宋弼惧公德业之不彰也，乃谋于公之诸子，裒其遗事，以传于后。公之卒也，自为墓志，辞义高洁，而事实不著，天下之士徒震于其名，以文章相推许。至于高风亮节，笃行厚德，鲜有知者。及今不述，后生曷闻哉？呜呼！此小子所不得辞也。

方公典闽试，或属以姓名者，其人于公有知己之感。公自顾不欲负国家，悉黜之。及还，拒弗见者经年。宗人李若谷游贵者门，贵者欲得公一谒固不可，犹欲得公长子孝廉以往，又不可，于是乃怒，终公之身，其人居政地，公之不振以此。

雍正初元起家，补通参。值豫抚阙人，冢宰隆科多使同官舒通格道意曰："苟过我，巡抚可得也。"公峻拒之。是时，年羹尧方盛，人以得见为幸。公门人唐赤子、张泰基在其幕，数以书来，公不答。及羹尧朝京师，诏公卿迎于卢沟，且诣其第。羹尧骄蹇甚，然遇公辄款语："暇幸过我。"公唯唯。及造门，门者固要入见，公曰："吾奉旨来，不

[①] （清）宋弼《蒙泉文集》卷二，哈佛燕京大学图书馆藏清抄本。又参见（清）孙勷《鹤侣斋文稿》，《四库全书存目丛书》集部第254册，齐鲁书社1997年版，第477—479页。"参议"，《鹤侣斋文稿》作"右参议"。

可以私见。见则俟他日。"遂还。人或尤公,公曰:"吾年七十,宁一朝易吾素哉?"呜呼!是数人者,世所为奔走不遑者也。使公少委蛇,可立致显要。服官数十年,落落无所附,所谓皭然不滓者耶!彼苟且之徒,依倚权门,躐取名位,为乡里所指目者有矣。以公视之,贤不肖何如哉?

己丑,督贵州学政,择士之秀者聚黔阳书院,亲教之。若陈法、包祚永、朱定元、李运昇、王瓒①、程仁圻、朱绣②,皆所造士也。巡历各郡,扫除陋例,不名一钱。坐堂上得卷即阅,阅即定去留,夤缘者无所施。及代,不能具资斧。黔抚刘公荫枢③,当时贤者,心服公之所为,密疏以闻,自是擢用至大理少卿,即壬寅特召,亦刘荐之也。

公屡以忧归,乡人辄来请业,为别白黑,示规矩,众争自厉。督学取士,率十得五焉。壬寅,大饥,斗米五百,公贷于官得百馀斛,以赈族人亲戚。众以是济,而家无馀储。

丙午,请告归。独居一室者十五年,未尝至城市。教子弟、接士大夫、见乡人,皆在其中,不以贵贱异。布衣粝食,无戚戚容。素病足,然祭先必夙兴,视羹馈,躬拜奠,垂涕洟,惨惨终日,至老弥笃。仁孝出于天性,后生辈不及也。事所生及嗣父母,爱敬曲至,终身如一。尝欲以礼复归本姓,公父靳之。父既没,不忍背,每语及之,未尝不泣下沾襟,恨不得为李氏祭主也。其居忧,虽降服,实终心丧三年乃起赴官④。叔弟早没,翼其孤,官至县令。季弟性落拓,不治生产,给之田,又数负租赋。及催科令急,乡人往往破家,公谋于邑令,请为期而代输之,数年而后足。弟性卞急,语多抵牾,不逾时辄召慰之曰:"吾

---

① 瓒,《鹤侣斋文稿》作"缵"。
② 《鹤侣斋文稿》"绣"后有"等"字。
③ 刘荫枢(1637—1723),字相斗,号乔南,陕西韩城人。康熙十五年进士。康熙四十五年为贵州巡抚。
④ "赴官"后,《鹤侣斋文稿》有"嗣母病,思苹果不得。公自京遣人驰至,不及尝矣。闻讣痛绝,遂终身不食苹果"语。

性故急,弟得无过①苦耶?"每食必呼与俱,即不至,使子弟往遗之,率以为常。生平亢直敢言,亦以此获戾于世。

癸卯入都,遂宁张公②为冢宰,语曰:"幸简言,遇事勿太执。"对曰:"勋蒙特召起田间,遇事尽言,所以报也。"其不阿类如此。好奖拔人才,如恐不及。南城张太史江③,早负文名,恒为之延誉,及登第将选庶常,有忌江才名谋阻④之者,公昌言于朝曰:"百川若不与选,无公道矣!"高安朱公⑤以为然,故江得留馆。

庚申之春,公病亟,时朱定元为豫藩,其属多黔士,闻公贫甚,使使奉金数斤,比至则公卒矣。俄定元擢东抚,而陈法以监司至,乃相与经纪其丧,以襄葬事。又闻于朝,祀公乡贤,法之在官,所以恤其家者尤至。始公之未病,尝慨然叹曰:"吾其衰乎?昔朱邑既没,桐乡人祀之。吾有德于黔,黔人当祀我。今精神往矣。"自是遂病,病十馀日而卒。盖黔士于公有父兄之思,卒食其报,若天意云。

公之祀乡贤也,州人佥以为宜。然公有治命,弼实与闻之。公尝谓诸子曰:"乡贤之祀,重典也。顾贤者诚无愧,否则徒为诟厉。我死之后,有欲俎豆我者,汝慎勿听。"及是,公之诸子以遗言力辞,州牧叹曰:"此真所谓贤矣。子孙不以力营,而乡人无间言,真所谓贤矣。"乃卒上其事。

初公之嗣祖书台先生以进士令长洲,有惠政,未浃岁,以催科政拙去官,公尝欲请祀于学,则又谓:"孔子大圣犹云期月而可,今虽有善

---

① 无过,《鹤侣斋文稿》作"毋"。
② 张鹏翮(1649—1725),字运青,谥号文端。四川遂宁人。康熙九年进士。历官吏部尚书、文华殿大学士。
③ 张江,字百川,号晓楼,江西南城人。雍正元年进士,授翰林编修。著《三订四书辨疑》。
④ 阻,《鹤侣斋文稿》作"沮"。
⑤ 高安,《鹤侣斋文稿》作"高公"。朱轼(1665—1736),字若瞻,号可亭,江西高安人。康熙三十三年进士。雍正元年官吏部尚书,三年,授文华殿大学士,兼吏部尚书。

政，未底于成，若粉饰之，非所以为孝也。"于是遂止。治命之言，盖有所感云①。

公名满海内，为文章不假思索，晚年手定《制艺》三百馀篇，宗人浙抚李馥刻之。诗歌最夥，亦定为数卷，序记碑铭尤简古。尝为方侍郎苞序所著书，侍郎语弼曰："孙先生文深得曾王遗轨，君辈好收拾，勿令散逸也。"诸子于盅等裒集百馀篇，藏于家。自公之没，诸子或贫不自存，弼之力未足以振其饥寒，即于公行事亦什得一二尔，拳拳之私有惧心焉。他日登之州乘，表之墓道之石，当有任之者。乾隆己巳七月撰。

52. 田三戒（1516—?）

德州田公画像记②

汪懋麟

德州有两田子者，以文章、孝友并闻中朝，与余文酒往复称善也。尝为余言其先世遗行隐而未白，不及今以传，久且益湮。思述其祖考以上托于当世之闻人，为之传铭，以显其幽。而窃念其高祖中泉公，自通籍为尚书郎，距今百二十馀年，遭时迁变，虽再传得蓼庵公为之孙，以名进士领剧县，将振兴其业而年复不永，未能表彰祖德，忽忽以殁。中泉公之行事，遂不能尽述，而所留于后者，惟画像在焉，因属余为之记。

公像藏于家，未得即拜而见也。受其敕命之词，敬读之，其文曰：

---

① "感云"后，《鹤侣斋文稿》有"嗟夫！乡有贤者，出于庶民之公，传之孺妇之口，学士大夫莫能违之。公是公非，乃三代之直道，岂在祀不祀哉？公之见卓矣"语。

② （清）汪懋麟《百尺梧桐阁文集》卷三，《清代诗文集汇编》第151册，上海古籍出版社2010年版，第283页。田雯、田同之等《田氏家谱》卷三作"户部公画像记"，清道光刻本。

"地卿之属,视他曹为详,筦财赋,酌盈缩,于邦计至重也。匪得廉勤精敏之才,曷克以济?尔户部云南清吏司主事田三戒,起家贤科,宣劳民署,罔辞艰剧,慎虑以从,功载书庸,达于朕听。是用进尔阶为承德郎,锡之敕命。夫时诎务殷,输半而费倍,日者尝往来朕衷矣。上有以足国,而下不病于民,古所谓善财者宜何如?广思熟究、益懋远图。"实嘉靖三十九年考满恩锡也。

词质而有体,得两汉遗意焉。非公之贤,若敕命所称廉勤精敏,何以当之无愧欤?公尝督漕三吴,吴人以竹桶贮银覆米以进,公毅然绝之。在部值岁饥疫,朝廷设糜粥赈饿人,公领其事,全活甚众。二者非廉勤之大概乎?

公五世孙雯,康熙中官户部郎,复领云南司,抚其署之题名,愀然感怆,作诗数百言,一时传之。

呜呼!前代由进士起家者,必剔历①郡县,迁台谏为得,尽其言以行其志。白首郎署,趋走钱谷,非所乐道。然则公之才与志,固有未竟,特留馀以待其后之人,而于画像实式凭之,则所望于子若孙者,不甚远且大乎?然非德泽之深,子若孙且不能自振,而又何有于画像也?

余小子无状,不能光显前人,犹忆儿时拜吾祖像,冠服须眉,迄今四十年,恍然在目,不幸毁于兵。每岁时悲痛无由更睹,则画像之存与不存,亦属有天幸与?

公字子慎,嘉靖中进士②,中泉其自号也。两田子,雯、需,俱第进士。雯官江南提学佥事,需官翰林院编修,即蓼庵公子。五世之内成进士者四人,俱有名称。传曰:"君子之泽,五世而斩。"揆之盛德,又曷可量哉?③

---

① 《田氏家谱》本作"扬历"。
② 毛晓阳点校《登科录》(点校本·下)载田三戒中嘉靖三十二年,年三十八岁。宁波出版社2016年版,第162页。
③ (清)田雯等《田氏家谱》下有"康熙二十年辛酉九月,扬州后学汪懋麟记"语。

53. 田实栗

田裕所先生传[①]

王士禛

先生讳实栗，字裕所，姓田氏，世为德州人。祖三戒，嘉靖癸丑以甲科起家，为户部云南司主事，榷关，以廉介闻，人称中泉先生。父高，诸生，读书不问家人产，家中落。故先生少而食贫。先生幼至孝，遭内外艰，泣血三年，未尝见齿。家即贫，葬祭一准古礼。与弟实宙友爱，常负以行。及长，终身无间言，人以为难。补博士弟子，讲学乡塾，从游日众，往往取制科以去，而先生终不遇。

性素严重，每旦起，正襟危坐，子姓藏获皆屏息。庭以内闻读书声，不闻妇人语。案置历书，日较行事得失，以黑白圈识其上，老而不衰。实宙善治生赀，稍饶裕，然出入问遗，悉禀命先生，毋敢擅也。

先生有子缵宗、绪宗。孙曰书、曰雯、曰需、曰霶。岁时饮酒，一堂三世，献酬沃洗，雍雍如也。春秋上冢，毕集子姓，序昭穆，坐松柏阴下，述祖德，话农桑，终身如一日。教子孙读书，尤有法度。至今德人称家法者，必以田氏为首。卒年六十有九。

论曰：汉景帝时，人臣尊宠无过石氏，号万石君。史称其孝谨闻郡国，齐鲁诸儒质行所不及。庆为齐相，齐国慕其家行，国大治。古今论家法者，无如万石君。田先生虽不遇，而其教于家者如此。所谓不言而躬行者与！先生殁未久，而子绪宗、孙雯、需以次射策，显名当世，岂

[①] （清）王士禛《带经堂集》卷四十三《渔洋文集》卷五《传》，清康熙程哲七略书堂刻本。

偶然哉？岂偶然哉？

54. 田绪宗（1609—1654）

赠奉政大夫蓼庵田公传①

施闰章

公田姓，讳绪宗，字彷文，一字文起，山东德州人。曾祖三戒，明嘉靖癸丑进士，官户部主事。祖高，父实栗，并诸生。公为仲子，少倜傥自负，不屑伍里中儿。家贫，嗜学，冬月聚薪拥足，读书常达旦。为举子业，务伟特成一家言。试场屋久不中，人或规以谐时，叹曰："虎豹之斑，凤凰翡翠之羽，贵其文异也。使吾文而犹夫人也，乌用吾文为？"卒持之不变。教授诸弟子，有绳尺。同里萧侍读惟豫，初自童子受业，辄以翰苑许之，至今服其知人。

顺治辛卯举于乡，明年壬辰登进士，除知浙江丽水县，立著名迹。先是民苦催科淆紊，公内外各置一簿，核注盈欠，吏不得上下手为奸。其力役则按籍均徭，罔困贫寡。故邑处冲津，而趋事无后期，赋役一清。丽水故仕国，学校岿然冠椤山之阳，昉自唐李邺侯，而韩退之为石记。乱后荒圮，公至则新之。会诸生其中，讲业课艺，名曰丽泽大社。由是人士益兴于学。邑有通济堰，萧梁时所筑，障松、遂两溪水为四十八派，灌田万馀亩，后大水决堰，泉散土龟。公单骑往视之，曰："创于昔而隳于今，如吾民何？"躬畚锸复堰，民用利赖，田谷以登。

初公将之官，作《筮仕自记》一编，历援古循吏以自励曰："使吾行有弗协于是，弗敢为也。"至是出为政，无一不如其言。丽民歌之

---

① （清）施闰章《施愚山先生文集》卷十六，清乾隆刻本。

曰："邑侯清，鸡犬宁。邑侯贤，妇子安。"亡何以疾卒于官，年四十六。邑人为之哭，罢市。公在县甫五月，其得民如此！子雯、需，并进士，雯以工部尚书郎升按察司佥事，督学江南。需翰林院庶吉士，并以文名世其家。

施子曰：史氏传循吏众矣。大抵奉法循职，恂恂无奇行。以丽水治行方之，宁出古人后哉？语云："见指知臂。"夫朱邑之爱利，文翁之儒雅，王景之治河渠，彼有其一而传之至今。今不待期月能兼之，使天假之年，岂独以循绩见哉？

浙江丽水县知县蓼庵田公墓志铭①

高 珩

予向晤子纶于旅次，绮年隽才②，知为经国器也。而意乃抑然有以自下者，亟询予以当读何书，予应之曰："士先志，官先事③。君行牵丝弼教矣。读律宜先，定国无冤，此基也。次当综古今奏议及郡国利弊便宜事，为他年晁、贾封事之助。其馀词赋雕虫小技耳，已而旁及性命之学。"予复告之曰："出世与济世，圭璋之合也。养德与养身，桴鼓之应也。骥足修途，宁可缓卫生之经哉？"无何别去，予乃自悔其言之好尽④，未必有当于子纶也。已而子纶以其大人丽水公羡门之石来请志。予详览《家乘》，不禁怆然雪涕，回忆前言，又未尝不偶当云。盖丽水公卓然以良吏自期，志在兰台史循吏间。而甫歌章甫，旋以河鱼之

---

① （明）高珩《栖云阁文集》卷十三，《四库全书存目丛书》集部第202册，齐鲁书社1997年版，第350—352页。田雯、田同之等《田氏家谱》收录此文，文字略有异。
② "才"字后，《田氏家谱》本有"洒然异之"。
③ 《礼记·学记》："凡学，官先事，士先志。"
④ 好尽：言论毫无保留。

疾①先朝露矣。贞珉千古，有待焜煌。予安得以不文辞乎？

按状，君讳绪宗，字彷文，又字文起，别号蓼庵，世为德州人。讳暤者，生禹民，文学，以子贵，赠承德郎、户部主事。禹民生三戒，登嘉靖癸丑进士，历官户部云南司员外郎②，监兑湖广粮储，以廉称，详载郡志。三戒生高，增广生。高生四子，叔曰实栗，是为公父。家贫，好义，配于氏，生二子，公其仲也。髫年苦学，冬拥薪几下御寒，屡试前茅，未得售。设教于桑园镇，从游济济，为儒林大师矣。辛卯魁于乡，壬辰捷南宫，成进士，授浙江丽水县知县。旋里，作《筮仕自记》一编。其略云："邑虽蕞尔，此中宏济，未始无权。须奋起精神，自我作主。方寸矙然，处于坦易清白之地，任天而动，勿迷本来。至若持己欲恭，事上欲敬，驭下欲严，待人欲宽，操权欲正，担当欲力，不贪不虐，清俭自守，可也。况州县之职，原与民亲，父母二字，最宜体会。"公之自铭如此。故其司催科也，以廉以慎。邑之粮额无多，而里书柜吏高下其手以病民。公按亩均派，内外各贮一籍，令纳户自注名数，即兑即投，一一磨对，积弊顿清。羡馀火耗，若凜脂膏之浼焉。其均徭役也，以公以仁。邑境下联闽建，上接温台，山峣岨而栈车如织也。奸役视为奇货，贫懦偏累有年矣。公按二十六都丁粮汇造一书，曰《烟户③册》。以次拨役，追呼不至，间左当堂受值，民无葛屦之伤焉。新椠山之学宫，千年再章轮奂；而邺候之荒度，芹藻为光。创丽泽之文社，一月两课诸生，而括苍之文明壁垒载启，是文翁、蚕丛之化也。至于百世之仁，则尤在修筑通济堰。堰踞县西五十里，创自萧梁，障松遂两溪之水，分四十八派，灌田万亩。后以大水啮堰而圮。公单骑往视，曰："黄鹄之歌伊可怀，而惜畚锸为也。"捐俸鸠工，顿还旧观。西门豹不得独有邯郸矣。故下车无何，而有"邑侯清，鸡犬宁。邑侯廉，妇子安"

---

① 河鱼之疾，《田氏家谱》本作"天中之节，泛舟畅饮，连啜寒泉病"。
② 员外郎，《田氏家谱》本作"主事"。
③ 烟户：即人户。《清会典·户部·尚书侍郎职掌五》："正天下之户籍，凡各省诸色人户，有司察其数而岁报于部，曰烟户。"《田氏家谱》本作"烟居。"

之谣焉。宇下骈襁，方期无斁。而子晋玉棺，已无能借寇司命君矣！卒之日，邑士民罢市而哭，焚香礼醮，罗跪于庭者，凡七昼夜不衰。其遗爱在人，亦可概见云。

公生于万历己酉正月十一日辰时，卒于顺治甲午七月初九日戌时，享年四十有六。配张氏，男四，长雯，庚子科举人、辛丑科①进士，候选推官，即予乍晤而洒然异之者也②。娶本州庠生马公琨女。次需，廪生，娶本州庠生吕公献正③女。又次震，早世。又次霖，业儒，聘本州庠生郑公锁④女。女一，适许公嘉正⑤男、庠生裕。孙男三，长肇丽，聘商河县进士候选推官王公瞻祖女，雯出。次诒丽，未聘，需出。又次泽丽，未聘，雯出。孙女二：长未字，次字本州庠生李公维第三男，俱需出。今诹于丙午十一月二十日，葬于祖茔西北之新阡。

予维公甫膺茅社，即以古循良自期，造物者固当左右相之，以厎于观成，公何以死也？然比见斯世之黡仕而长年者，率多攫金无厌、飞而食血之人，公又何得不死也？夫以时趋若此，乃率然而欲为龚、黄，诚无辞于不合时宜，然亦谓忤于达官要人可耳。何罪何辜？并忤造物，而既厄其仕，并夺其年，以至此极也。司命赫赫，操之为已蹙矣⑥。

---

① 辛丑科：田雯辛丑科会试中二百四十八名，三年后甲辰殿试中二甲第四名进士。《田氏家谱》作"联捷甲辰"，是。
② "也"字后，《田氏家谱》本有"告以读律学道者也。"
③ 正，《田氏家谱》本作"祯"。
④ 锁，《田氏家谱》本作"镲"。
⑤ 正，《田氏家谱》本作"祯"。
⑥ "蹙矣"后，《田氏家谱》本有"抑岂冥漠之中，贤能亦少。如诗赋，则须长吉；征讨，则须昌黎。地下凋弊，正须循良填抚耶？比年贤者不寿，似龙蛇之语，显然有征。如吾同邑银台王公子下，燕则廉宪张公识之，晋则故秦抚张公泊汕，皆卓然以才谓守望见于天下，而一时同人亦皆以为天下行将郅隆，其为吾圣天子奏康功，主国是，颉顽房、杜、蹇、夏之间，必此二三君子也。乃一年之中，相寻物化，不佞殊讶造物之无意于斯人也。然而三君子者，虽未得尽其所长，而亦已簪羽清华，叨光侍从，或茈岳牧而秉节钺，或俨然九列之班，犹云稍稍仲眉也，岂意克以古人自勉如公，而草草铜纶便已寂寥千古哉？此不佞之所为讽并溧行恻而三叹者也"语。

然而可以慰公并可以慰天下士者，则在弓冶有传矣①。子纶鹊起贤科，蔚然国器。公所为怀利器而促于短驭者，是将旦夕酬矣。夫致主宁民之业，膝下为之，何异于身之为之。而为之一邑，又未若训正百邑之共厎于大猷者之为远也。以兰台之传为家谱，此龚、黄之所未有②。不朽在斯，公复何憾于九原乎？此又予之可终信于造物，而并以知向者逆旅之晤，抑然自下而殷殷请业，以欲有所见乎当世。盖孝子不匮之心，而补公所未足者，意固深远哉！夫既为名父之子矣，虽欲不淬励③，其可得乎？是宜铭。"（铭阙）④

55. 田绪宗妻张氏（1615—1691）

张太恭人传⑤

陈廷敬

张太恭人者，德州人。通《诗》《春秋传》及群书，嫁为田大夫妻。大夫顺治中以进士知丽水，有能名，卒于官。恭人取廷中牍籍，勾稽验覆，召管库谨视赋徭所入，曰："代者至，则必以是淹吾行，吾贫

---

① "传矣"后，《田氏家谱》本有"如予向所言三君子，琅琊不幸，祀殄若教；二张即有嗣人，箕裘尚未可卜，而"语。
② "未有"后，《田氏家谱》本有"而况拾级未艾乎"语。
③ "淬励"后，《田氏家谱》本有"不思齐前哲，而随欲突梯以坐取乎？流乡辅其可得乎"语。
④ 《栖云集》小字注"铭阙"二字，《田氏家谱》本载铭文，为"人不可以无年，飞黄万里，出门折辕而陨于重渊，是孰使之云。然悃幅效短，无能方驾于神鹊五凤之间。仁吾知其有后，理人之谱，肯堂且构，绍闻衣德，克昌厥后，犹龙氏不云乎？死而不亡者寿，丽水之阡，亦犹桐乡之酎也哉！"
⑤ （清）陈廷敬《午亭文编》卷四十二，《清代诗文集汇编》第159册，上海古籍出版社2010年版，第434—435页。

不能赂，庶谨备之。"后代者至，果以为言。恭人谍太守请自临督，太守王君来坐县堂上，恭人身自立堂下见太守，顾家僮持籍以进，太守按籍阅所入出，无一舛漏者，代者屈，恭人得以大夫榇行。

当此时，恭人提其孤归，数困于强豪。孤雯，予友也，为予言曰："雯母，师也。一室之内，十年之间，午夜篝灯，纺绩声、读书声、哭声，三者而已。"予闻之泣，泫然不自止。其后雯、需先后成进士。雯填抚三吴，移抚黔。需在翰林，霖亦以文行选入太学，皆恭人所自教。年七十七，凡四进封以卒。

恭人能文章、工诗。诗成，辄焚弃，谓其孤："无非无仪，唯酒食是议，《诗》之教也。"孤弗敢强，然犹传其《茹荼吟》三十首，咏歌于士人。世之自以为能诗者，莫之能及也。文多后悉取其稿燔之，今著其存者一篇，盖恭人年七十时，里党为恭人寿，恭人以戒其孤之辞。

辞曰："示雯辈：汝昨来言，里中先进、学校乡曲诸君子父老，谋欲醵钱置酒筵，合诸名家文词，张屏幛，如前岁寿萧太夫人事，将以寿吾者。此亲串盛心，洽比雅事，吾乌能无感？然自度有甚不可者，今得详为汝曹言之。按礼，妇人无夫者称未亡人，凡吉凶交际之事，不与亦不为主名。故《春秋》书：'纪履緰来逆女。'《公羊传》曰：'纪有母，何以不称母？母不通也。'何休《学》云：'妇人无外事，所以远别也。'后世礼意失，始有登堂拜母之事。战国时，严仲子自觞聂政母前，且进百金为寿，盖任侠好交之流，有所求而然耳。岂礼意当如是耶？吾自女父之殁于官，携扶小弱，千里归榇，含艰履戚三十年馀。阖户辟绩，以礼自守。幸女曹皆得成立，养我馀年。然此中长有隐痛。每岁时腰腊，儿女满前，牵衣嬉笑，辄怦怦心动，念女父之不及见。故或中坐叹息，或辍箸掩泪。今一旦宾客填门，羊酒塞路，为未亡人称庆。未亡人尚可以言庆乎？三十年吉凶交际之事不与知，而今日更强我为主名，其可谓之礼乎？处我以非礼，不足为我庆，而适增我悲耳！且我何可以萧太夫人比也？萧太夫人年跻八十，于古谓之上寿。萧封君即世不过十馀年，为白首夫妇。汝父之亡，吾年未四十，今更三十一年，亦仅古之中寿耳！何可以萧太夫人比？且其子侍读君居里已十七年，德望高，善行被于乡党。乡党德其子而庆及其母，宜也。女曹中外薄宦，偶归里闾，无善及人，而亦俨然受乡先生、里父老之捧觞拜跽，其又何以为情？顷者米价翔涌，井邑萧然，亲故素多贫乏。若复合钱市簋，为未亡人进一日之甘，未亡人更罪戾是惧矣！女曹官于朝，宜晓大体，其详思礼意，以安老人之心，为我先事而婉辞之，惟勿忽也。"其遇事引经传，以合乎大道类如此，此皆其可为传者也。

赞曰：初，廷敬尝私怪雯在京师时，独久从余游，日以其所为诗若文来。廷敬居西街，雯亦徙西街居。既乃知恭人之教命然也。昔敬姜见文伯之友，降级却行，奉剑正履，召而数之，以其所与游皆媚事己者。文伯谢而择友，引袥攘卷亲馈事之甚至。君子谓文伯之母备于教化。予于友无能为益，然亦自信非媚事人者。是以恭人乐得为其子友与？若子舆氏见俎豆揖让之事而悦之，母曰："此真可以居吾子。"予则不敢援是以为比也。恭人之贤，岂遂远于孟母也哉？

诰封太恭人田母张太君墓志铭[①]

张玉书

余与中丞田公纶霞同举进士，既官京师，以文章德业相砥砺。每浃旬辄一过从，因闻太恭人张苦节懿行，读书明大义，为昔《列女传》中所仅见。纶霞自为中翰及视学江南十馀年间，未尝一日不侍养官舍。嗣从湖北参议入为鸿胪寺卿，特擢佥都御史，镇抚三吴，太恭人适在里

[①] （清）张玉书《张文贞公集》卷十二，《清代诗文集汇编》第159册，上海古籍出版社2010年版，第596—597页。

第。纶霞不以踰常格拜官为喜，而以得遂迎养为乐。踰年由吴入黔，又不以边徼万里为远道失意，而以不得晨夕视寝膳为忧。抚黔四载①，问安之使，岁凡数至，而太恭人忽以微疾逝，此纶霞所以见星遄奔、不禁噭然而悲也与。

今卜康熙三十一年春祔葬赠大夫蓼安②先生之墓，而寓书属铭于余，余谊不敢辞。按状，太恭人生世族，父处士祯教以礼法，既归于田，修妇职惟谨。顺治壬辰，赠大夫举进士，明年知浙之丽水县，甫半载，以中暑疾不起。太恭人撿括户税支纳之数，手自籍记会。摄事者留难更代，则上其籍于守，按之不爽铢黍，守大惊异，遂趣扶榇归。

于时纶霞及两弟皆幼，内难外衅，层见错出，太恭人一力撑拄，卒莫敢侮。每夜分以络纬，督诸孤诵读，既罢辄相持以泣。比纶霞与雨来先后登第，太恭人乃蹶然色喜，而持俭履约，不惩于素，所训勉皆立身守官之道。纶霞历仕二十余年，以清节闻。在黔日，有苗帅被甲伏道左，曰："夙仰公威德，愿一识公。"近前叩首而去，其善政服物如此，皆太恭人之教也。

太恭人博涉载籍，遗诸子书，证据经史，粲然成文。年七十，里党欲为寿，戒诸子止之。其书尤传于世。词曰："按礼，妇人无夫者，称未亡人。凡吉凶之事，不与亦不为主名。故《春秋》书：'纪履緰来逆女。'《公羊传》曰：'纪有母乎？曰有。有则何以不称母？母不通也。'何休注曰：'妇人无外事，所以远别也。'后世礼意渐失，始有登堂拜母之事。战国时，严仲子自觞聂政母前，且进百金为寿，盖任侠好交之流，有所求而然，岂礼当如是耶？吾自汝父殁于官，携持幼弱，数千里归榇。三十年来，阖户辟绩，以礼自持。幸而汝曹皆得成立，四被恩命，养我余年。而此中尝切隐痛，每当岁时腰腊，儿女满前，辄怦怦心

---

① 田雯于康熙二十七年四月十三日迁官贵州巡抚，八月十二日抵贵阳。康熙三十年闰七月二十四日丁母忧还里。

② 安，文渊阁四库全书本《张文贞集》作"庵"，是。

动，念汝父之不及见。今一旦宾客填门，羊肉相望，为未亡人称庆，未亡人尚可以言庆耶？三十年吉凶之事不与，而今更强我为主名，其可谓之礼乎？导我以非礼不足为我庆，适增悲怛耳！且汝曹中外薄宦，偶一入里门，无一善及人，而俨然受乡先生及诸父老之捧觞拜跪，未亡人益罪戾是惧矣！汝曹备官于朝，宜晓大体，其详思礼意，为我先事而婉辞之。"事遂止。夫世教衰而闺门之礼阙焉，弗讲嚬笑之不谨，威仪之不摄，驯至荡闲轶矩，流为丧德败俗，而蔑有底止。太恭人守妇人无外事之训，而以叔季登堂拜母为非，此当世士大夫所未深谙者，而太恭人兢兢辨之。非读书明大义，安能若是？信乎其足为天下贤矣！

太恭人之卒以康熙辛未六月十六日，踞生乙卯享年七十有七。子三人，长雯，即纶霞，甲辰进士，历官金都御史、巡抚贵州。次需，即雨来，己未进士，官翰林编修，自纶霞抚吴，即请归里居奉母。次霡，拔贡生。女一人，孙八人。女孙二人。曾孙二人。铭曰：

　　惟齐之田世泽昌，遹有贤母长钟祥。
　　弱龄茹荼心蛊伤，诸孤对泣如寒螀。
　　矫矫劲翮争翱翔，建牙珥笔名并扬。
　　守礼不懈母德藏，教勤戒佚追敬姜。
　　庇乃休嗣休无疆，夫子之宫永偕藏。

田母张太恭人墓表[①]

王士禛

母张氏，德州儒家女，父曰祯。母之幼也，女红之外，教以书史，

[①] （清）王士禛《带经堂集》六十八卷《蚕尾文集》卷四，清康熙程哲七略书堂刻本。

辄能通知大义。笄归于田，齐鲁间所称蓼庵先生者也。先生讲学济北，开门授生徒，号为经师，母闺中实佐助之。

先生以顺治辛卯举于乡，壬辰登第，知浙之丽水县。未几，属疾不起，母泣曰："今相从地下易耳，旅殡千里，孰为归之？藐兹诸孤，孰鞠育之？况钱谷事关国帑，锱铢弗清，虽欲归骨丘垄，庸可冀乎？死易，存孤难。吾知所以自处矣。"氂踊稍间，则取仓库册，领勾稽筹算，年经月纬，具有条理，不以假胥吏。既而摄篆者果难之，母手自削牍，请太守盘誉。金华守王君临县，母以籍进，摄者无以难也。乃得携诸孤间关三①千里，扶榇以归。归督诸子读书，而躬自纺绩，往往至戊夜。

既而长子中丞雯、中子太史需相继登朝列华要，母四膺诰封，称太恭人，翔贵矣。荆布萧然，不改其素。亦不乐居城市，夏秋辄村居，与农妪谈田家事为娱乐。中丞抚吴、抚黔，太史在翰林，母数戒以守官清勤，上报国恩。甘旨之外，丝毫不以累诸子，故两君皆能于其职为名臣。

母年七十，亲党议称寿。母闻之，以书示诸子曰："汝昨来言，里中先达及学校父老，谋欲醵钱作为屏幛，为吾寿者。此亲串盛心，然揆诸情礼，甚有所不可。今为汝曹言之。按礼，妇人无夫，称未亡人，凡吉凶交际之事不与，不为主名。故《春秋》书'纪履緰来逆女'，《公羊传》曰：'纪有母，何以不称母？母不通也。'何休学云：'妇人无外事，所以远别也。'后世礼意寖失，始有登堂拜母之事。战国时，严仲子自觞聂政母前，进百金为寿，此盖任侠之流有所求而然耳，岂为礼当如是耶？吾自汝父殁于官，提携细弱，千里扶榇；含辛茹檗，三十馀年。阖户辟绩，以礼自守。今幸汝曹皆成立，四膺封命，足慰馀年。然此中常有隐痛。岁时腰腊，儿女满前，牵衣嬉笑，辄怦怦心动，念汝父之不及见。故或中坐叹息，或辍箸而悲，盖三十年于此矣。三十年吉凶

---

① 三，《田氏家谱》作"四"。

交际之事不与知,而今日更强我为主名,其可谓之礼乎?顷者,米价踊贵,井里萧然,亲故素多贫乏。若复合钱市馔,为未亡人进一日之甘,是重吾戾矣。汝曹备官于朝,宜晓大体,其详思礼意,以安老人之情,惟勿忽也。"其言必合经,动必循礼如此。

少工诗,脱稿即焚弃,曰:"吾不愿诸女孙效之也。"所存惟《茹荼吟》三十章,诸子刻附家乘。余观《春秋外传》所载鲁敬姜之事①,可谓贤矣。故仲尼予之,以为别于男女之礼。师亥曰:"谋而不犯,微而昭矣。歌以咏之,度于法矣。"故敬姜之贤,古今不再觏也。考母行事,庶无恧焉?其为圣人之所予必矣。

子三人,雯,辛丑甲辰进士,累官巡抚江南、贵州,都察院右佥都御史;需,己未进士,官翰林编修;霢,恩拔贡生。女一人,适某。孙八人,曾孙二人。中丞谋以康熙三十一年二月十日奉柩合葬于蓼庵先生之阡,而予为其表。

56. 田雯(1635—1704)

蒙斋生志②

田 雯

日者谓田先生曰:"子疾揲荒③,吾为子著得天风姤九五。夫剥之

---

① "事"后,《田氏家谱》有"博达知礼"四字。
② (清)田雯《蒙斋年谱》,见《古欢堂集》,《山东文献集成》第一辑第35册,山东大学出版社2006年影印康熙间德州田氏刻本,第851—853页。
③ 揲荒:揲,持,触动。荒,通"肓",膏肓指心脏与膈膜之间药力达不到的地方。《史记》卷一百五《扁鹊仓公列传》:"乃割皮解肌,诀脉结筋,搦髓脑,揲荒爪幕,湔浣肠胃,漱涤五藏,练精易形。"

上九，天位也。复之初九，地位也。硕果自天陨于地，生意微矣。含章，寂象也。天官五行，其旨非缪。退之以磨蝎为身宫，子瞻以磨蝎为命宫①，子实兼之。命主奎木，六度作噩之岁②。八月金王，子将奚免？吾忧子肠如涫汤③。"

田先生闻之，盍然而笑曰："子言跹也。吾语汝以君子之大道。余向者知有生，未知有死也。矧知生，何以死也？少时读《终军》《贾谊》二传，心焉伤之。以为二子天假之年，树立不朽，无容他人先鞭者，一则赋长沙之服鸟，一则嗟弃繻于童鸟，何造物之不仁也？北邙大矣，安在必填以二子之骨哉！造物似有心于二子者。其他名不逮二子，貌不及中人，谷量石计，付之可修可短之列已矣。学如长吉，乃召玉楼；才忌江淹，遂夺古锦。此特为少壮者惜也。曹孟德谓'壮盛智慧，殊不吾来'④，与'对酒当歌'之意相类，阿瞒自叹其老耳。老未必即死，人生不以长绳系白日，亦须如尚父八十，卫武九旬，死固未易易也。信如子言，是遽以五十九载之双丸⑤，而电光一瞬，泡影无迹也。夜台寂寂，岂繄无人？泉路遥遥，将焉用彼？不谓非天公之左计矣。万一子言不验，是余之过也，有谓余不可以死者。"

平津邸第，岂羡孙弘？福相勋名，原非蔡泽。向平婚嫁，知毕于何年；翟公宾客，方集于今日。此皆槐安国所峻拒，而春梦婆之轩渠矣。独是衮师尚稚，未识之无；通子太愚，不知梨枣，固太上不能忘情耳。虽然，岂能上城东高楼，飞乳五百道，俱堕入贤劫千佛口中乎？大抵士君子杞人有怀，埋愁无地，怅怅然悲天悯人，忧从中来而不可解。嗟嗟

---

① 磨蝎，星宿命，逢之则命多舛。苏轼《东坡志林》卷一："退之诗云：'我生之辰，月宿直斗。'乃知退之磨蝎为身宫，而仆乃以磨蝎为命。平生多得谤誉，殆是同病也。"

② 《尔雅·释天》："太岁在酉曰作噩。"

③ 涫汤：滚沸的水。《史记》卷一百二十八》《龟策列传》："寡人念其如此，肠如涫汤。"

④ 吾，曹操《秋胡行之二》作"再"。

⑤ 双丸：指日月。

浮生，亦良苦矣。一旦飘风陨叶，化臭腐为神奇，逍遥乎网罗之外，蝉脱乎尘壒之表。人世热恼，净尽破除。佛国清凉，游行自在。庄生所谓南面王乐也。是则子之言验也。吾之处此，将有精蓝名梵，员峤、方壶诸神天人，侧塞空中，散天香花，而迎之大归乎？抑以精气游魂，沉埋于黄壤青磷之下也。幸而松下长眠，冥不觉晓，斯亦可以无憾矣！异时牛眠阡陌间有封若堂，凸隆四尺，过其下者曰："此某先生之墓也。"吹山阳之笛，飞辽海之鹤，其在斯乎？昔赵邠卿、司空表圣营生圹，陶靖节作《自祭文》，杜牧、傅奕撰生志，白杨宿草之感，蒿里薤露之吟，自歌而自挽之，不贤于旁人代歌之乎？郭有道之碑，何必蔡中郎为也？

先生晚年在黔，号蒙斋，犹之元次山官道州呼漫郎、客樊上称聱叟也。总角駸駸，疮痏瘆瘆。稍长知读书，苦姿钝。年十九，慕司马长卿、梁伯鸾之为人，矜尚懻忮，弗知敛抑，灌将军在武安侯席上使酒骂客，自以为豪也。举坐辟易，而亦窃非之。

甲午，父丽水公卒，罹忧几殆，如入蚩尤之阵，虎豹搏啮；涉伍胥之涛，蛟蜃鼍拶。又凉凉踽踽，如淮阴市上遇少年时。受母训，六年博一第。放浪吴越山水间，既而自悔。丁未，官中书舍人，上之非东马严徐之亚，下之亦无兵农钱谷之司，例作书佣，为丞相掾耳。以故手足皲瘃，心志偏倚，处牛溲马渤若灭若没之中。

六年始调农曹，迁水部，假满再掌虞衡、节慎库。庚申，出为江南提学，秩满迁楚储。旋入为京朝官，光禄少卿，大理丞，晋大鸿胪，金都御史，出抚江宁。寻调黔中，三年丁母忧。自官舍人以至忧归，凡二十五年。历景似适，而其中遭际坎壈侘傺抑塞之状，又足以悲也。春蚓秋蛇，非张伯英之书法；饼㔿牛酒，岂羊玄保之围棋？古鼎名画，真赝徒分；柯亭爨桐，短长奚别？量容三合雅嗜酒，每夕饮必醉，醉亦辄醒；间命小伶檀板幺弦，移商换羽。少壮三好，殊逊萧琛；山水卧游，长惭宗炳。

尝与人论诗曰："今之谈风雅者，率分唐宋而二之，是啜狂泉而病喑呓也。唐之杜、韩，海内知尊奉之。宋梅、欧、王、苏、黄、陆诸家，力足登少陵之坛，才可入昌黎之室，诗乃神似，非貌似也，唯其生于宋也。南辕以后，竞趋道学，遂以义理入四声，去风人之旨实远，而庸夫竖子，一概皆窾牴牾之，非也。故夫与杜并峙者韩也，能学杜、韩者，梅、欧、王、苏、黄、陆也。譬之黄河，四折九派束尾闾以归于海，而崑仑星宿之墟，其源一也。"① 海内闻之者，可否半焉。

壬申二月十日，葬母后染河鱼疾，二年不瘳，酉秋加剧。日者所以有含章之筮，金王之占也。纵日者之言不验，古稀可期，而桑榆已无多矣。羊胛忽熟，金鸦易堕，前十年如白驹过隙，后十年一辙也。柳子厚云："复所得者，其不足把玩，亦审矣。"何讳之有？况床前蚁斗，枕畔蝉鸣。无陈琳之檄，头风莫愈；非浚冲之电，目眩增悲。左车兀臲②，第二之齿将辞③；于思鬖鬖，前辈之髭欲染。习彦威病足，只剩半人；陶元亮折腰，非关五斗。病已如此，生何以堪？《维摩经》曰："身如浮云，须臾变灭。"嗟乎！不知四海之大，交游之广。畴则为吾书白驹作驴鸣者。脱使上帝之籍，不录散材；封禅之书，曾无遗草，则余将左手引妻子，右手抱鉏犁，艺麻灌蔬于二学亭畔，为太平幸民，山泽老癃，究与涅槃圆寂等。

吾与诸子约，易箦之夕，絮袍方屦，无袭朝衣朝冠，古欢、厌次二草堂皆可在殡，一也。上遗表谢主恩，二也。家藏钵炉，王叔明《琵琶行》画卷，《山姜诗》卷，用为殉，三也。寓内学士大夫、布衣中有能为魏晋六朝文章者，可为吾丐铭，四也。无再状。昔海神语秦皇曰：

---

① 见《古欢堂集·杂著》卷一《论诗》，文字略有异。
② 《正韵》："兀亦作阢。"臲卼，亦作阢陧，动摇不安的样子。《周易》困卦："上六，困于葛藟，于臲卼。"
③ (唐)韩愈《与崔群书》："左车第二牙无故动摇脱去。"左车：左边牙床。第二牙：第二颗下牙。

"勿图我，我貌寝。"① 余亦海神意也。

合掌说偈曰：

> 鬲津园池荷，朝朝叶上露。去住总无著，色相光明故。
> 晨兴浇舌本，我腹沧溟宽。脐下走牟尼，齿间发旃檀。
> 立悟清净根，坐除烦恼障。如来下半空，金轮捧白象。
> 十笏维摩室，千月娑罗林。本是无生者，从何证死因？
> 五行落言诠，误听季主说。一鸟噪夕阳，空庭自饶舌。
> 青山有白社，灵塔何层层？常存灭度想，如脱鞲中鹰。
> 死同鸿鹄翔，生作髑髅看。海黑七圣迷，津逮已登岸。
> 主恩与亲恩，如来佛而三。昊天均罔极，报答徒自惭。
> 法乳甘醍醐，皈依大慈氏。不离文字禅，白佛言如是。

通奉大夫户部左侍郎田公雯神道碑铭②

周 彝

公姓田氏，讳雯，字纶霞，号蒙斋，山东德州人。公既践职卿贰，扬历中外，为时名臣。天下之称之者，不以其官、不以其姓字，而以其地曰德州先生云。公少读书，不屑为章句学，年二十七③，成进士，除内秘书院中书舍人。历户部福建司主事、云南司员外郎、工部营缮虞衡二司郎中，所至有声。

---

① （北魏）郦道元《水经注》卷十四"濡水"条注引《三齐略记》曰："始皇于海中作石桥，海神为之竖柱。始皇求与相见，神曰：'我形丑，莫图我形，当与帝相见。'"

② （清）钱仪吉《碑传集（二）》卷十九，周骏富辑《清代传记丛刊》第107册，明文书局1985年版，第349—354页。

③ 此处不确，实际为田雯是年二十七岁参加会试，中式第二百四十八名。三年后参加殿试，中第二甲四名进士。

天子闻公名，召见瀛台者三，遂命督学江南。江南文气卑弱，士子溺于通脱隳窳之习。公至则磨砺铲削，导之以腾踔变化，俾士之有才志者，遗弃凡近，一以古人为准的。间试以诗赋，为之区别源流，决择高下。江南文士知有古学，自公始。秩满，补湖北粮道。到官未半月，办荆州兵粮六万石，上益才公，擢光禄寺少卿，迁大理寺寺丞，鸿胪寺卿。旋命巡抚江苏。公再官江南，急民之隐，入告诸疏，如漕白米色、采买颜料、挑薰京口河道、酌减练湖田价、停止芦课办铜，皆凿凿有利益于百姓，而不为空言。奉旨会勘河道，与柄事者议不合。

未几，调抚贵州，中途值夏逢龙倡乱武昌，闻曲靖兵哗于滇，心念贵州界两省，一线孤悬，势且不支，因昼夜兼程以进。道经五溪，有土司某，与夏逆声势相倚，阴部署其党，将为变，仓卒出见，辞气骄蹇。公命从者手批其颊，某县令惊顾失色，请屏人，语具白所以。公笑曰："若无恐，当以计定之。"即诡为捷书遍张溪谷间，言夏逆授首，状甚悉。百姓逃窜，徒自苦，檄令复业。土司某，因气慑不敢动。黔境获安。初至镇远，会久雨，山水骤涨，偏桥中断，不得渡。居民相率攀缘入山谷，而军饷为典司者所侵蚀，逾三月不发，兵藉藉出不逊语。公罄囊箧并醵金以赡一军及民之被灾者。事遂定。苗独家猖獗，提督某移檄会剿，公力沮之，痛戒有司，毋虐苗生事。先是苗民挟弓弩刀剑入城市，睚眦杀人，莫可禁止。公于通衢要津添设兵弁，责令讥呵。遇带兵械人，即予杖，不少贷。境内肃清。彝顷历黔省，出入深篁密箐间，役夫相告曰："此地行旅得安驱无恙者，田都院之赐也。"他若招抚番蛮王世爵，土总兵龙天佑，诛川蛮阿所，率谈笑指挥，探取如囊中物。暇则葺学舍，购书籍，以教黔之士子，风俗大和。相率肖公像，奉祀阳明书院中，久而弗替。公抚黔之三年，丁母忧去官。

服除，召还京师，为刑部左右侍郎。又为户部右侍郎，转左。锄奸摘弊，二部僚属及胥吏皆畏惮焉。公之贰司农也，衔命视河塞六壩，六壩既塞，清口始通流无滞。时天子下明诏，主用清刷浊之议，诸大臣奉以从事，得有成功，实与公二十年前会勘河道时所持论合。彝曩时扁舟谒公于河上，公披示治河原委，贯穿古今，指摘黄淮利病。固知公每事必抉其奥，胸绘全河，素有确见也。

岁在壬午，年甫六十有八，即引疾归里。阅二年，病笃，缮疏上闻，皇上深加悒悼，赐祭葬如礼。公生于明崇祯八年五月二十三日，卒于今康熙四十三年二月二十三日，享年七十。于康熙四十四年二月十九日大葬于州城东南阳谷店南原之赐阡。

祖讳实栗，州学生，父讳绪宗，顺治壬辰进士，浙江丽水县知县，俱以公贵，诰赠通奉大夫、刑部左侍郎。祖妣于氏，妣张氏，俱赠夫人。元配马氏，封夫人。子，男五人，长肇丽，户部江南司郎中；次曼硕，国子监助教；次合敬，候选内阁中书。次幼安，候选知县；次中仪，岁贡生。女三人。孙男十四人，孙女七人。曾孙男四人，曾孙女三人。嫁娶聘许皆甲族。

公著作等身，归田之后，手自芟汰，仅存今行世者，《山薑分体诗选》十五卷，《古欢堂文集》二十二卷，《黔书》上下二卷，《长河志籍考》十卷，皆一生经济所寄，非徒以文墨驰骋为能事者。顾宏丽淹博，横空恑奇，一时读之，未易窥其涯涘。彝辱公知，至深且久，及主滇试，往返于黔，访公政绩颇备。宜嗣子肇丽于葬公之后十年，不以墓道之碑属他人，而以属彝也。公性不喜随俗俯仰，听其言凌矫峻拔，粹然卒归于正，引掖后进，唯恐不及。平生孝于亲，友于弟，信于朋友，以及主知礼遇之隆，立身不阿之节。有公自撰《年谱》及公之弟麓关编修所纂《行状》在，故不详也。惟是学者诵习公之诗若文，与新城王阮亭先生并，两先生皆山东人，故以地名别之。而黔之人士，服教畏神，方与王阳明先生一体俎豆，文章政绩皆可传也。敬举而揭之于阡，以昭示后世，非独吾党二三子之志，亦所以从天下之望也。铭曰：

> 田氏之宗，兴由战功，遂开七雄。
> 暨乎汉世，杜陵蔚起，经学之始。
> 矫矫先生，山岳英灵，武纬文经。
> 大江南北，以教以育，河流斯复。
> 黔山孔阻，有貙有虎，扫除无所。
> 先生斯文，声名汜汜，变化烟云。
> 烟开云霁，澄空无际，莫知所丽。
> 刻兹贞珉，垂示后人，千载恒新。

57. 田需（1640—1704）

皇授文林郎翰林院编修先仲兄鹿关田公行状①

田 霡

公讳需，姓田氏，字雨来，号鹿关，世家德州，先君仲子也。年十五，先君之官丽水，以道梗独携公以行，未数月，先君即世。公侍先太夫人奉丧归里。师长兄司农公学。及就试，受知宣城施公闰章，补学官弟子。为文古淡沉刻，有先正风格。丙午举于乡，己未成进士。廷对洋洋数千言，深切时事。大学士宋文恪公，以首甲属公，会有轧之者置二甲第四，改庶吉士。辛酉御试第一，授官编修。是年遇覃恩敕授文林郎。甲子典河南乡试，所拔皆知名士。乙丑充纂修《明史》官。丙寅正月分修《幸鲁盛典》，三月充《大清一统志》纂修官，分修《山西

---

① （清）田雯、田同之等《田氏家谱》，国家图书馆藏乾隆五年刊本。

志》一卷。

丁卯春，染脾疾，入夏益剧，白院长库公乞归，库以公资俸已深，固留公，公云："人生有性命，而后有功名。性命今不可料，遑计身外物耶？"既得请，于六月抵里。自是息机杜门，誓墓不出，无复当世志矣。

公气量超越，神姿濯秀。读书穿穴经史，讲求掌故。每谓："此事当如跻胜千岩万壑，杖履必经竹树云岚。搜剔必尽，始畅山情，称游事矣。若略观大意，不求甚解，是舞阳之睒巇肩，诸侯之观壁上。恶得云柴桑不误人耶？"复勤于编辑，遇有异见异闻，随登札记，间取古人已事为左证，或杂出己意论断之。自甲戌至己卯，凡六年而成，书汇为八卷，名《侧垫录》，盖取庄生曼衍意也。

公为诗，用心独苦，取法古人，不专一家。每有所作，句必洁，思必深，旬煅月炼而后成。所著有《潞河》《涉江》诸集，然独藏之箧衍，不以示人。虽司农公亦未多见。

归田后，诛茅卫河之东，搆麃关精舍，贮书其中。每晨起扫地焚香，帘阁据几，从容洛诵，声出林表。庭前遍植卉木，花时辄招客共赏。家居素俭，食无兼味。至是则酒清殽旨，供俱杂陈，意在酬良辰耳，非尽为客也。

平生慎交游，谨然诺，矙乎不滓，而亦不与俗忤。后生末契，南村素心，亦有其人。至欲与之开襟送抱，声气翕合，则了不可得。故无事乎孝标之论，叔夜之书矣。先君清白，遗霖兄弟无中人之产，家故贫。自公引疾退休，心计营殖，粗能自给，故服御萧然，几于寒畯。里居二十年，所服犹居官时服，每当寒暑更著，襞绩如新。及易箦，命霖及二子即以是衣敛，其约于自奉如此。至癸未洊饥，人有请乞，倒廪倾囷，各厌其意以去。初无人知，公亦不乐人知。呜呼！好行其德，善不近名。公从前节衣缩食，盖欲有所用之矣。

公狷介自处，不通请谒，不入公府，惟闭户教子读书。壬午车驾南巡，驻跸德州，公从司农公朝于行在，赐御书唐人王维《白石滩诗》一幅，公于诗中标举水东二字，属霢擘窠作书，榜于草堂，纪君恩也。

公有先君遗田百馀亩，在屯氏河东，春秋佳日，巾车往还，与田夫野老相周旋，若忘其为登大科、入玉堂者。人或以公资望深重，年未五旬，当乘时跻通显，公笑曰："黑髭入山，今白发乃出山耶。"甲申秋，公忽病，痾侵寻五十馀日，自知不起，坚谢医药，预饬后事，毋俟佛，毋厚葬。弥留之倾，精神湛然，赋诗二章，有"不作抛泥带水行，依然兄弟雁行期"之句，属霢书成，谛观良久，曰："《侧垫录》并诗当为我付梓。"呜呼！眉山未了愿，结来生文字因缘，坦然回向。公虽不事佛乘，其有得于静定者，深矣。

公性孝友，宅先太夫人忧，由初终以至祥禫，动尊古礼，素清羸多疾，虽衰毁弗顾。幼从司农公学，事兄如师。后官清华，年跻六十，曾不小异。公事司农甚谨，而司农则饮公以和。公爱霢甚笃，而待霢甚庄。霢曩时跅驰自喜，不能无子弟之过，而亦时为公包容。呜呼！白头兄弟，长共相保。乃不数月，天夺其二。何降祸之酷至于斯极也！司农公寝疾，霢与公侍左右，昼则同视药茗，夜则对床太息。及司农疾革，相向而哭。公执霢手曰："长兄亡，吾自觉一恸伤情，即吾似亦未必久寓人间世者。"至秋，公疾作，霢又以侍司农公疾者侍公，而惶惧无措。顾影孑然，求如春日相对饮泣时，亦不可得矣。悲哉！

公生于前明崇祯十三年庚辰九月十四日亥时，卒于康熙四十三年甲申九月二十八日申时，得年六十有五。配吕氏，赠孺人。继配罗氏，封孺人。子二人：贻丽，例监生，晤家，州庠生。女二人，嫁苏璇、李舟。孙二人：山农、泽农。先是司农公殁，属公为状，文辞苍洁，与栾城之志，端明同为得体，呜呼！讵知今日，霢又状公，顾霢小子忍状公哉？但以公归卧既久，不挂朝籍，平生志行，霢不略为捃摭，后恐至于湮。且公于葬宜有铭，于墓宜有表。辄不自知迷谬，忍泪执笔，追维排缵，以质海内文章巨公铭公葬表公墓者，谨状。

康熙四十三年十一月丙子弟霡抆泪状。

翰林院编修文林郎鹿关田君墓志并铭①

赵执信

德州有高识特行者田君。君既卒，其友人益都赵执信为志其墓曰：

君讳需，字雨来，别号鹿关。姓田氏，世德州人。王父实栗，父绪宗，皆以君之兄雯贵，皇赠通奉大夫、刑部左侍郎；王母于、母张，皆赠夫人。君少孤，学于兄，为文有名。年二十有七，举乡书。四十成进士，改庶吉士，旋授编修。久之，引疾归里，年四十八矣。竟不复出，至六十五而卒。卒之明年，葬于某地。有子二人，孙二人。

方君之除馆职也。岁在己未②，朝廷以编纂之役，广收天下文士为史官。进者杂然，不择流品。君以高第盛名处其间，人莫不推重。而君之兄侍郎公声噪郎署，旦暮腾上。君于仕进，殆不假攀跻依附，顾恬然无所营。其后翰林迁转，不主故常，魁杰之士跃跃相竞，而君特以其时求去，当道或惜之，挽留甚至，卒不可。既而，侍郎公登九卿，望益重，人亦益引君，而君益坚其志，以终其身。盖君之始归，未几而馆阁多故，词臣斥逐者岁数十人。至于今日，奉职弥艰，得罪恒不测，如余不才终废。或犹以为羡，而余独惜君之识与力，为不可及也。

侍郎公文喜华赡，君独疏散萧淡，自辟径路。其于坟籍，苦心抉

---

① （清）赵执信《饴山文集》卷七，《清代诗文集汇编》第210册，上海古籍出版社2010年版，第388—389页。

② 康熙十八年（1679）。

摘，好为别解，不欲与人苟同。所分纂《明史》及《一统志》未成书。里居后，为《侧垫录》八卷，诗有《潞河》《涉江》诸集，未尽行于世，要皆可贵重。中州乡试，所赏拔无俗士。持论少许可，故于知交间恒落落，其所投契者，如余数人尔。

君之弟霡，才与两兄等，所为君行状，叙致祥雅，凡君之始终出处，以及子女婚嫁备矣。余以君卒之岁过德州，哭君于寝。霡以状见示，且请志君墓，曰："非子不可。"余无已忍愧而书君之所为。不可及者，状所已祥，不更具录。系以铭。铭曰：

<blockquote>
昔人有言，知足不辱，知止不殆。
人谁不知，谁不苟进，而难为退。
退亦不终，於戏惟君，执德不改。
巍然者邱，如山如岳，高风斯在。
</blockquote>

58. 田霡（1653—1730）

香城先生自作墓志铭①

田　霡

德州田霡者，字子益，号乐园，晚年性爱莳花，数帆亭右编篱为界，以花缘之。采《三教论》香城②二字榜于门，人故以香城先生称之，非别号也。雍正戊申，先生七十有六岁，即老且病，忽冷然而笑

---

① （清）田雯、田同之等《田氏家谱》，国家图书馆藏乾隆五年刊本。
② 参见（明）周嘉胄《香乘》卷九《香事分类上》："香城：香城金简龙宫玉蝶。（《三教论》）"《文渊阁四库全书》第844册，（台湾）商务印书馆1986年版。

曰："吾将为谀墓者粉此面目矣。夫人之死也，非无墓志之难，而失其本然之患。柳子华、赵嘉、王绩、杜牧诸君子，其先我而知者也。"爰亦操笔而自志。

先生为壬辰进士、累赠通奉大夫丽水公第四子，母夫人张氏。十月而孤，四十而哀。两兄皆位致通显，先生独贫贱以终老。然未尝以贫贱自怜也。年十七入泮宫，三十四充选拔贡生。积二十年，授堂邑教谕，辞不就。孟子曰："人之患，在好为人师。"先生志犹是也。自是销声割迹，以诗自娱。数十年来，藉诗而投交者，不止陵州人矣。先生果知诗乎哉？目不窥曹、刘之墙，足不履潘、左、陶、谢之阈，即事吟咏，以道性情而已。何可以知诗许耶？杜少陵云："论文笑自知。"非慧业人见不及此。

先生性恬淡，既无一事以自豪，亦无一事以自下。身为介弟公子，而识者比之隐士逸流，过矣。然则先生果无一长可取乎？观其艺菊，察天时，择地利，勤栽培，剿虫蟊，能使菊性与人性相合，人工与化工并运，此非先生之长乎？噫嘻，有此一长，亦云足矣。铭曰：

> 生若附赘，死若决瘤。言及风雅，重如山丘。
> 身将逝矣，何怨何尤。痛苦者虮虱，大笑者马牛。
> 自知自志，千载神留。

志系戊申年先君子自作。岁庚戌，先君子卒。今卜葬有日，将勒诸窀穸之石，谨将生卒年月并子女名数附列于后。先君子生于顺治十年九月二十四日寅时，卒于雍正八年十一月二十日亥时，得年七十有八。门人谥曰靖节先生。配郑孺人，子二人：荫丽、髦士。女二人。孙五人：开、祈、至、淳、滋。孙女一人。曾孙四人：鹤孙、桐孙、寿孙、得孙。曾孙女三人。今以雍正九年二月二十七日，葬于城北第六屯之北原。

男荫丽、髦士谨识。

59. 田同之（1677—1756）

西圃病翁自传①

田同之

西圃病翁，司农山薑公冢孙也，公以小山薑字之。又尝授一砚如范乔遗事，因自号砚思。既老且病，赋归来于长河之滨，又更号西圃病翁。夫曰西圃，穷矣；曰病翁，苦矣。然则吾之所以自号者，毋乃不堪其穷且苦而寓意于此与似也，然而非此之谓也。吾无用人也，无用故不宜用，无用亦自不求用。栖迟西圃，吾分耳，且吾得以病，而却扫于西圃也。

拥书数百卷，渔猎其间。诗文词之正变源流，则上下古今而各有其选，务归于正声中道而后已。外而订讹证伪也，则三十二卷之《丛辨》以著；承吾先而启我后也，则《幼学续编》之一书以作。

既已梓乡先辈之遗诗②，又复梓先君子之遗稿③，而拙著亦不揣而付诸梓。嗟乎！吾之抱病于西圃亦幸矣哉！不然，何有于西圃？又何有于西圃之一病翁也者？故穷而不自知其穷也。苦而不自觉其苦也。况夫先业之专修，得假此以不坠其箕裘耶。又况夫后人之观型得假此以示准，而有蓬生麻中之望耶。又况夫假此以放牢愁销魔骨，而不至以跳丸之日月掷之促刺枋榆耶。噫嘻！西圃之有病翁，病翁之寓西圃，其不幸

---

① （清）田同之《二学亭文涘》卷二，清乾隆刻德州田氏丛书本。
② （清）田同之编《安德明诗选遗》，清乾隆刻德州田氏丛书本。
③ （清）田肇丽《有怀堂诗集》《有怀堂文集》，清乾隆刻德州田氏丛书本。

中之幸，宁浅鲜哉？故申其说以自传。

60. 王都（1585—1644）

太常寺卿介清王公墓志铭①

卢世㴶

公讳都，字懿伯，别号介清。先世文登人，徙家德州左卫。高祖彦礼，曾祖海，祖秀。秀生禄，禄配于氏，生子二，长春滋，次春澄，是为公父，敕封文林郎，配萧氏，继配周氏，敕封孺人。生子三，长即公，次政，次猷。

公幼而攻苦本业，己百己千，务以勤胜。家贫无力购书，凡所诵艺文，俱翻故牍。书之精熟上口，析肌分理。当游庠序时，学已成矣。偃蹇数载，夷于众人。万历壬子，学使者拔居第一，而名始著。自是开门授徒，执经者数十人。公以敩为学，业益醇粹，简练揣摩，丝丝入縠。

天启辛酉秋赋，吴鹿友先生大赏之，遂领乡荐。壬戌下第，倍加磨砺。午夜一灯，辰窗万字，不异诸生时，所业弥入神境。中乙丑进士，初选元城，继补滑县，凡两仕为令尹，县之人尸而祝之。百姓讴歌如出一口。试提两地论之，元城剧，滑县腴。公驭剧以静，弗动声色；处腴不脂，盟心洗手。更可异者，公以书生而办吏事，老滑积蠹咶指不敢尝试。擒巨盗如承蜩，豪少年悉毁赌具，人目为神君云。然公实仁心为质，温良长者，所著《天雄平反》一

---

① （清）卢世㴶《尊水园集略》卷十一，《续修四库全书》第1392册，上海古籍出版社2002年版，第535—537页。

书，其于轻重出入之际，三致意焉。盖体两尊人慈指，推广仁术。其情挚，其机圆，每展卷一读，而哀矜之意，犹氤氲纸上。公又著《为令十二告》，正告海内，不惮谆复，留谱与人，以保赤子。呜呼！何其厚也！

公既以治行高等为畿辅冠。顾孤立行一意，绝不瞻顾要津。行取考选，止拟南台，赖先帝圣哲手自简拔，径授给事中。公既以孤踪获上，益思致身报国，所言动关天下大计。时有统百官而墨者，公首发其奸，不惜一官以冒凶险。先帝深知公剀亮，赫然震怒，不移日而迸墨宰。当是时，公直声动天下，凡愿纳交公者，履满户外，公杜门，手一编，不屑也。任礼垣、都工垣，前后凡数载，冰兢如一日。少暇，则读书不辍。资深望重，升翰林院提督四夷馆，太常寺少卿，会本寺缺正者年馀。是时先帝勤于礼，不问风雨寒暑，公摄事罔敢轶越。平生所学，惟一敬字，至此愈觉关合。已升本寺卿，举朝以公辅相期待，而时移世易，天地反复，公郁愤自伤死矣。呜呼！痛哉！

据公一生行业，自为博士弟子，以至奉尝①，始终条理，井井不紊。孝亲友弟，当于上古求之，叔季不足论矣。公服官政，不废述作，《史究》一书，关涉最大，缮写而未付梓，稿已灰烬。所传者惟《法戒编》《棠棣客问》《朱子漫录》等刻，俱能醒世淑人，深有补裨。

余薄劣粗疏，受公切磋最久，同游泮，同成进士，家居比邻。官京师，寓复敌户。每夕必招余饮，以十巨觥为率，不容余醒，不令余醉，相将以道，真味蔼然。别来五年，顿成隔世。呜呼！痛哉！今年春，公为余作生志，从京中寄至，余捧之悦甚，谓我得公便足了一生。乃余犹腼颜为人，复为公志其墓，将何以为心耶？嗟嗟！公志简而文，余志不文而简，寂廖数语，才得十一。虽然，公亦足以不朽矣。

---

① 奉尝，即奉常。太常的另称。

公生于万历十三年七月十三日午时，卒于崇祯十七年四月二十七日午时，年六十岁。配赵氏，为隐君赵汝阳女，敕封孺人。子一，庆泰。女三，一字胡孔源，一字程彦倬，一字翟綍。兹卜本年十月十六日葬公于祖茔之次。间关扶柩归里，惟赵孺人是赖，拮据①襄事则两弟任劳。铭曰：

> 太史公传循良，杨道州居谏官。
> 心休休其若谷，意炳炳其如丹。
> 历仙垣奥清卿，俨月皎与寒潭。
> 根柢之以至性。灌溉之以文澜。
> 忽龙蛇之起陆，深志士之心酸。
> 既不愧以不怍，则生顺而死安。
> 勒贞珉置幽室，垂诸万祀弗刊。

61. 萧惟豫母程氏（1604—1691）

封萧母程孺人合祔墓志铭②

陈廷敬

翰林侍读德州萧君，视畿辅学政，公廉造士，显闻于朝廷，事已报命，辄用亲老乞归养。至是母孺人年八十有八，以康熙三十年十月二十九日终于里第，明年九月十五日合祔于封某官府君之阡。

先事侍读君以书状征铭于不佞敬，曰："惟豫之侍吾母侧也，时时

---

① 拮据：辛苦操劳。《诗经·豳风·鸱鸮》："予手拮据。"陆德明《释文》："韩《诗》云：'口足为事曰拮据。'"

② （清）陈廷敬《午亭文编》卷四十六，《清代诗文集汇编》第159册，上海古籍出版社2010年版，第478—479页。

为婴儿戏，而吾母亦以婴儿视之。惟豫忘乎吾母之年，而吾母亦忘乎惟豫之将老也。今则已矣，为婴儿戏不可得矣。"吾闻其言而悲之，侍读君以终贾之年，蜚英馆阁，及其奉使命司文教，风裁岳岳，不为俗浼。海内士林有识之流，闻声相思，喁喁向望，宜且旦夕枋用。当此时，侍读君年未及壮，弃其官归养母，至二十五年之久。孺人期颐康强，考终无憾，而侍读君追忆之言犹自悲如此。

余于侍读君，忝齐年，点僚伍，浮沉一世。进不能有所建明于时，退不能安其亲一日之养。如吾向者母夫人之大故，悠悠苍天抱恨无极，此吾之所以为悲者也。余既悲侍读君之言，又窃自悲孺人之所以教诫其子，有类于吾母者可得一二指数焉。方侍读君在馆时，迎养孺人俸钱不足食，晨餐夕膳数进粗粝，孺人则喜曰："为翰林一如为诸生，吾安尔养也。"是时余亦迎养吾母夫人于京邸，归之日，解儿故敝衣持以去曰："识之，愿儿无忘布衣时也。"

侍读君告而归，杜门深居，泊然无营，孺人为治生产，娶一妇，曰："吾甚幸，犹能为尔娶一妇矣。"嫁一女，曰："吾甚幸，犹能为尔嫁一女矣。"则又喜曰："为乡绅一如为诸生，吾不责尔养也。"余以母夫人病请急而归也，母夫人病良已，戒其子曰："女往哉。吾为尔娶妇嫁女治装具给资斧焉。慎毋爱官家一钱。"盖侍读君督学驻畿南，余过而遇诸途，泫然泣以相告也。俯仰三十年出处离合之际，多有可悲者。孺人方登大寿以终，而先夫人宰树已拱矣。此岂不尤可悲与？

孺人姓程氏，故指挥程公讳尚之女，生有淑姿端悫慈仁，及笄归于封某官府君。府君豪俊不羁，遭家中落，孺人佐之勤俭，家以复振。抚异母男惟乾，不知其非孺人出也。孺人生二男子，惟晋，丁酉武举人，凤翔守备；惟豫，即侍读君，戊戌进士，与余同读中秘书者也。女三人，皆适士人。孙男九人，孙女八人，曾孙六人，曾孙女七人。元孙男女九人，凡内外孙数十人。每遇良时节集坐前，负者抱者卧枕膝者，牵衣跳踉舞以嬉者，孺人领而乐之。骄矜之色，忿懥之意，生平无几微见于容止。会地大震，侍读君急趋掖以起，孺人从容言："何苍黄乃尔?"徐整衣出户庭，其仪度闲饬类如此。所居竹竿巷，与田中丞雯母居比邻，二母以贤德相式好。田母之殁，中丞以书币走千里使敬为传记母轶事，今以侍读君之请而铭孺人，异日有传列女如刘中垒其人乎，并吾母而为二良可无愧词矣，故宜铭也。铭曰：

  世有母师，教始帏庭。微隐毕达，万目指称。
  党序官政，以翼以行。我初受书，先母讽传。
  发于其事，老而不颠。奕奕萧君，儒流竞贺。
  母诲良嗣，谨小至大。我蕲其施，蜡貌卮辞。
  君弘母教，士祝其尸。古求忠臣，于孝子门。
  白首孺慕，忍负大君。奉檄未晚，天与斯文。
  德水之阳，白云如晦。幽堂万年，芳仪俨在。
  我作铭诗，石永勿坏。顾瞻旧阡，辍笔遥慨。

62. 萧惟豫（1636—?）

萧侍读公小传[①]

卢见曾

  公为余外舅，生有夙慧，手纹如朱砂。顺治甲午，初赴省闱，即以第五魁其经。戊戌成进士，入翰林。典江西乡试，得人最盛。吉水李尚

[①] （清）卢见曾《雅雨堂文集》卷四，《续修四库全书》第1423册，上海古籍出版社2002年版，第509页。

书振裕①，年甫十五，开卷，决其远到，置第五，曰："此吾乡试名次，今以衣钵授之。"后果以文章事业名于世。既揭晓，止滕王阁，一夕遂行。当事馈赆，一无所受。督学畿辅，公明并著。翁铁庵尚书，冒北籍，应童子试，县人攻之急，不敢入覆试，公索之急，教官以暴卒对，公为刻其文，深致惋惜。后铁庵入翰林，执弟子礼。学差将竣，行大用矣。

闻父病，力乞终养以归。及丁外艰，服阕，蔚州魏敏果公象枢②方柄用，以公与平湖陆清献公陇其③，同荐诸朝，值圣祖南巡，驻跸德州，召见行幄。公以母老陈情，特蒙俞允。遂避迹村野，所居曰云庄，傍河为园，诛茅为屋，编槿为墙，寤食游息其中，足不入州城者三十馀年。家甚贫，而好施予。小善无不为，居人感德服教，盗贼相戒不入其乡。捐馆之日，田父渔老皆为陨涕。叶孝廉正夏题其挽联曰："一世清贫学士，两间忠孝完人。"识者以为无愧云。

63. 谢陛 (1579—1645)

谢陛传④

王锺翰点校

谢陛，山东德州人。明万历三十五年进士，历知三河、遵化、雄、

---

① 李振裕，字维饶，号醒斋。江西吉水人。康熙九年进士，官至礼部尚书。著有《白石山房集》。
② 魏象枢（1617—1687），字环极，号庸斋。山西蔚州人。顺治三年进士，历官左都御史、刑部尚书。康熙赐书"寒松堂"匾，遂自号寒松老人。卒谥敏果。著有《寒松堂集》等。《清史列传》卷八有传。
③ 陆陇其（1630—1693），字稼书，谥清献。浙江平湖人。康熙九年进士。历官嘉定、灵寿知县、监察御史，时称循吏。学术宗朱熹，排陆、王，著《三鱼堂文集》《困勉录》等。
④ 王锺翰点校《清史列传》卷七十九，中华书局1987年版，第6526—6528页。

滑四县，内除礼部主事。天启时，迁吏部文选司郎中。崇祯初，选太常寺少卿。尝求巡抚于吏部尚书王永光，会当推蓟镇，引疾以避；及推太仆卿，忽报病瘥。御史毛羽健劾陛与永光朋比，宜并罪。永光召对文华殿，力诋羽健，请究主使者，以大学士韩爌言，乃不究羽健而陛罪释不问。溶迁至南京吏部尚书。寻廷推都察院左都御史，以御史路振飞疏陈其丑状，不果用。七年，诏内阁九卿各举堪胜吏部尚书者，时温体仁柄政，与陛及南京都御史唐世济善，嘱其乡人大理卿朱大启并举二人，果用陛为吏部尚书，而世济掌都察院。

八年，给事中许誉卿以凤阳皇陵被焚，劾温体仁误国，体仁怨之。陛希体仁意，欲出誉卿官南京。大学士文震孟以誉卿资深当擢京卿，语侵陛，陛愠，适山东布政司劳永嘉贿营登莱巡抚，列之举首，为给事中张第元、何楷，御史张缵曾所劾。陛疑出誉卿及震孟意，遂劾誉卿管求京缺，不欲南迁，并及震孟。体仁拟旨削誉卿籍，震孟并罢去。唐世济荐用逆案霍维华，陛不纠驳，御史李梦辰劾之，给事中王土鏒至指陛及温体仁、杨嗣昌、薛国观为四凶。十三年，晋太子少保，改礼部尚书，兼东阁大学士；又加少保，加太子太保，改吏部尚书，兼建极殿大学士。十五年，我太宗文皇帝克锦州及松山、塔山、杏山等城，明御史米寿图疏劾监军松山先众窜逃之兵部郎中张若骐罪状，谓恃乡人谢陛为内援，陛奸险小人，应与若骐骈斩。初，兵部尚书傅宗龙出任陕西总督，代之者陈新甲，告以上虑关外各城难守，欲息兵议和，宗龙与陛语及之。后陛因召对边事，遂述宗龙言，且曰："倘肯议和，和亦可恃。"及出，语给事中方士亮、倪仁桢、朱徽等曰："人主以不用聪明为高，今上太用聪明，致天下尽坏。"又曰："此事诸君不必言，上祈签奉先殿，意已决。"于是士亮、仁桢与给事中廖国遴等交章劾陛诽谤君父，泄禁中语，大不敬，无人臣礼。至是，寿图疏入，若骐论死，系狱，陛亦罢归。

本朝顺治元年正月，大兵定京师，颁诏招抚山东。六月，陛偕在籍明御史赵继鼎、卢世㴶等遣人赍降表赴阙，其词曰："闯贼李自成肆逆逞暴，神人同愤，臣等空切不共之仇，愧无回天之力。惟皇帝陛下智勇兼锡，威灵遐畅，笃凤昔之旧好，沛拯救之新纶，浩荡仁恩，有逾再造。先是四月二十七日，臣等鼓励阖州士民，磔伪州牧吴徵文、伪防御阎杰，誓众登陴，激发远迩，共诛闯贼所置伪官，贼将郭陞丧胆西遁。谨扫境土，以待天麻。彼时德藩被执，适庆藩宗室曾为明朝香河令名师鏾者，避闯过境，为伪州牧所禁。臣等暂奉为号召之资，倘蒙陛下兴灭继绝，不泯明祀，将皇仁益畅于中外，大义卓越乎千古，又是臣等所私心冀幸而未敢必者也。敬附归顺之私而并及之。"疏上，得旨，下吏部察叙。时招抚侍郎王鳌永亦具疏荐陛，寻召朱师鏾以知州用，赵继鼎、卢世㴶授御史，命陛以建极殿大学士原衔管吏部尚书事。八月，陛至，谕曰："前以铨除为国家要务，是以欲用卿为吏部尚书。今思内院职任较重，宜即与诸大学士共理机务。"赐银币、貂裘诸物。十二月，与大学士冯铨、洪承畴等并赐金二十两，银一千两，及金玉诸器皿。

时有自称明崇祯帝太子至嘉定伯周奎家者，奎疏闻，下内院集明官及太监辨视，皆莫识，惟太监杨玉、常进节，指挥李时荫等数人，证以为真。陛与铨、承畴及吏部侍郎沈惟炳，给事中朱徽等请下法司详勘，得刘姓假冒状，与杨玉等数人并弃市。

二年正月，陛以疾剧乞假，命太医诊视。二月，卒①。赠太傅，荫一子，赐祭葬如例，谥清义。

---

① 张忻为谢陛所撰墓志铭称谢陛卒于"顺治二年正月十九日"，该碑铭于二十世纪八十年代出土，铭文手抄稿为张明福先生经眼，收入其整理的《德州明清墓志集注》（线装书局2012年版）一书中。此碑后流于淄博拿云美术馆。

64. 谢陛

谢公墓志铭①

田 雯

公姓谢氏,讳陛,字紫宸,号丹枫。系出江西赣县。周申伯之封,命筑城邑;晋东山之墅,代踵风流。明洪武间,十世祖官小旗,戍籍德州右卫②。水夹郁孤,原分章贡③;地连厌次,乃卜其邻。当时偕冠裳来者,史嚚之飨,鬼非淫昏,聪明正直而壹。立庙高真观,曰:"江东谢家之神。"身不满六尺,鳌面赭衣,有文在手④曰旅⑤,比之实沈、台骀,殆其亚与?大父遏,父宴,家牒详矣,世德昜然。

公珠角擅奇,山庭表德,仪范清泠,风格倜傥。少耻章句之学,疾里塾庸师犹寇仇。人无识其故者。洎壮以任侠闻,语世事则哆口张眉;遇节义则掀髯抵掌。以鲁朱家、剧孟为不屑道。如古之李元礼、张乖厓、陈同甫辈,公独心慕其为人。

崇祯己卯,山东大比,公知天下将乱,言时务如晁、贾,以为如是则治,否必败,有司咋舌。乌程方大猷知州事,闻公名,式庐⑥请见,

---

① (清)田雯《古欢堂集·铭表卷二》,《山东文献集成》第一辑第35册,山东大学出版社2006年版,第762—764页。
② 右卫,当为"左卫"之误。一、明代德州设置德州卫与德州左卫,没有右卫。二、《民国德县志》卷十《人物志》载谢陛之父谢廷策传,云:"左卫人。"
③ 赣州有郁孤台,登台可见章水贡水交汇北流,而成赣江之源。文人多咏,辛弃疾《菩萨蛮》"郁孤台下清江水,中间多少行人泪"最有名。
④ 《左传·隐公元年》:"仲子生而有文在其手,曰为鲁夫人。"
⑤ 旅,《左传·隐公元年》疏曰:"周公受禾东土。鲁天子之命。即《书序》'旅天子之命',旅者,陈也。"
⑥ 式庐:登门拜谒。

公辟之。大猷赠诗有"却笑当年宰武城，澹台尚有公庭躁"之句。间再请，一见大奇之。公痛陈民生利病、时政得失，旁及阴阳、躔次、礼乐、兵刑、封建、疆理诸说，大猷拜受教。段干木之阖门塞窦，不见诸侯；王景略之扪虱长谈，总关治乱。以此连类，公之谓乎？

甲申，李自成陷京师，置贼党防御使阎杰、州牧吴征文来德。公流涕曰："主亡天下乱，仇可复也！"与州人李嗣晟谋诛之。李云："当告诸荐绅先生。"公曰："荐绅先生难言之。彼虑事熟，丐万全也。狐疑，败矣。"公仗剑往，众踊其后。遇卢御史世淮云："于思①，曷维其来？"公弗顾。征文坐听事堂，遥望于思走，踰半垣，拔角脱距②，遂磔裂之，并执杰诛焉。众目眩，良久欲散归。公曰："贼踞京师，散将安往？女张女弓，女鼓女鼓。帅众而北，所在收兵，与江表连和，杀贼雪耻。"呜呼！筑声水咽，士之一去不还；岛上峰青，客之五百空死。方之于公，徒增歆惜。

会世祖章皇帝入关，乃上所收印绶。而大猷来，为巡抚都御史，征贡于乡，当国者欲官之，不受归。公自此隐矣。知州某，征文甥也。诛征文时，匿僧舍免，后成进士，来知州事，思得公而甘心焉。诬以私藏兵器，叱曰："女喜杀官乎？"曰："诛贼耳。长者在前，叱何为也？"径拂袖出，卒无以害。

公治产，如范蠡之治越，管子之治齐，家隆隆起。渭南千亩之竹，却惧满盈；池阳二顷之田，每思止足。教子孙则本之邹鲁，曰："福之种者，读书俭朴人。否必豪侈不事诗书者也。"公优游里闬垂十年，与年七十以上者十人，结为稀社。黄发危齿，竹杖褐衣，酾酒长吟之下，各述隆万间一事，以戒后人。公之行谊，庶几石隐丈人之流乎？

嗟乎！丈夫遭世多故，干济綦难，欲以明大义、仗大节，鲜不澳

---

① 于思：胡须长茂貌，意指美髯公。
② 拔角脱距：拔掉兽角，脱去鸡爪。韩愈《元和圣德诗》："或拔其角，或脱其距。"

涩。顾虑者当明怀愍之季，土崩瓦解，雨怪风盲，《麦秀》堪悲，《黍离》兴叹。孙恩移斗柄于北陲，盆子假汉宗于南服，一线长河，止衣带水耳。羊斟忽来，残民作牧；思明煽焰，大势燎原。维桑与梓，言之伤已。公揭袂奋起，倒戟长号，效博浪之砰击，倡鲁人之髽祭。纵异程婴之匿赵儿，差侔荀罃之逆周子。迨夫降旗一片，早出石头；夔峡三军，悉平萧铣。自是而国家事定，德土以安。公诚天下之伟人也。

公澡身浴德，游艺依仁，汝南令望，扶风长者。平日不以一毫挫于人，亦不以豪气陵世，人多喜亲之。入其户，布被藜床，桑杯石鼎。诸葛亮有弹琴之宅，王仲宣有读书之楼。从容安危之机，保此令名；舒卷风云之际，何须贵仕。吁嚱！公之殁，数年矣。前辈典型，无复睹矣。悠悠再数年，有心世道之士，欲访公之轶事，州人亦罕有言之者。余之文与铭在，读之反覆，蠡伤吊北邙而太息也。寿□□□葬于小锅市之祖阡。钟沉德水，声出风云；剑没丰城，气存牛斗。铭曰：

呜呼！九原不可作兮，巫咸大招公揭来。高冠岌岌长佩陆离，盱目蟠腹而縶縶。朝太乙以为侣兮，夕云中湘君乎追陪。嗟逝水之莫挽兮，渺余小子一日而肠九回。泰山农人宝拳石笑终南之阜宿兮，河滨渔父掬勺水目洞庭之波颓。繄香山之九老兮，思公之德又挺拔磊落之雄才。公盍驾赤虬辞天阍以好修姱节，三湔三衅乎龌龊尘壒之士而罹此劫灰。阏逢涒滩①之菁闵兮，狝貐梼杌狼虒豺。公掉臂大呼贾勇登陴兮，横戈跃马而藉跆②。公之往事，小子竹马之年所习闻兮，老夫其髦矣，犹且悼周伤郢而进哀。征柱下之遗编兮，中心若抽以低回。行日车于虞渊兮，莫樽

---

① 甲申年（1644）。
② 亦作"藉跆"，践踏义。

斝之云雷。坟高于雉兮，长河之厓。

65. 谢重辉（1644—?）

谢重辉传①

王锺翰点校

　　谢重辉，字千仞，山东德州人。以父荫起家，官刑部郎中，引疾归。

　　博雅好古，工诗。与侍郎田雯齐名，为王士禛所推，名在康熙十子中。王士禛尝称其"去肤存骨，去枝叶存老榦，后世有元次山、杜清碧其人，当相赏于弦指之外"。居官以清节著，不名一钱。尝监崇文门税，至于缺额。晚所诣益进，《十子诗略》中，盛年传作，概削不存。有《杏村诗集》七卷。

66. 谢紫芝

谢五郎生志②

宋 弼

　　五郎名紫芝，字商隐，小字白驹，号竹巖，又号松泉，姓谢氏。

---

　　① 王锺翰点校《清史列传》卷七十《文苑传二颜光敏传附谢重辉传》，中华书局1987年版，第5762页。
　　② （清）宋弼《蒙泉文集》卷三，哈佛燕京图书馆藏乾隆丁亥稿本。

曼倩明经，父也；方山比部，大父也。比部继清义公后，荫藉高华，顾能以诗自显，又兀傲不谐于馀俗。渔洋山人所云"历落嵚崎可笑人也"①。明经雅有父风，为渔洋所喜，每与比部书轱及曼倩曼倩云。实取田司农仲女，生五郎。五郎既生，比部大喜。以书走新城，告渔洋，渔洋亦喜，则锡以名若字与小字，故人群呼五郎白驹，而不知其小字尔。

五郎小时，英英有奇气，九岁而孤，俄比部亦卒。母田夫人教之严，然以小年涉世，故嗜好尝之，不能无所动，然怳爽不龌龊，悟辄弃去。鄙夷财利，玩易炎凉，其英敏时时见眉额间。迄今年五十，每变益自敛饬镌削融炼，往往为俗所诟厉，然所造深矣。性颇傲不能俯仰随人，虽刻意熨贴，然犹不谐于俗。其才气郁勃无所用，故寄之豪素技能之间，无不超妙过人。

始比部淹博群籍，藏书甚富，五郎少失学，深以为恨。故爱近文士以自砥厉，及求故所藏书，则为人乘间攘窃者过半矣。其馀犹三万卷，整次排比，为霞绮楼以贮之。又辑族谱以贻后人。于是徜徉林野，涉历场圃，将与农夫野老为俦，而岂昔之五郎哉？然渔洋之命之久矣。五郎常病，已得不死，既自治棺椁，因择墓田，树松柏为终焉之计。勒石其前，曰五郎墓，而自叙生平，俾余为之志。

余谓五郎诚太早计，虽然余恶知忘死者之几死，而蕲生者之几生耶！又恶知夫死而称者之不为生之憾耶！五十之前等之逝水，五十之后任之造物。仲长统有云："逍遥一世之上，睥睨天地之间，不受当时之责，永保性命之期。"是可以志五郎耳矣。

---

① 《世说新语·容止》："周伯仁道：'桓茂伦嵚崎历落，可笑人。'"

67. 叶洪（1496—1571）

明故征仕郎工科右给事中洞庵叶公墓志铭[①]

程　珧

皇明尊崇儒道，理学之士彬彬辈出，迨嘉靖中蔚然号称多贤，而己丑进士科得人尤盛，若念庵罗公、松溪程公、荆川唐公、洞庵叶公，又其杰然负天下之望者也。念庵诸公既次第亡矣，乃今叶公复卒，于是海内名公罔不悼惜曰："天不欲斯道之兴欤？何夺我贤士之多也？"公子从大辈持中丞马君所为状诣予请铭。呜呼！予自弱冠叨科第，未谙世务，公提携训诲，不啻若亲子弟。顷岁以吾之女配公之孙，而骨肉之戚益重以深矣。然则公盖珧之知己也，铭其可辞。

按状，公之先有讳梦得号石林者，为宋名正石林之裔，散居余姚、上虞、慈溪者甚盛。公之派自余姚出。在元有为尚书右丞谥文简讳李者，生福盛，明洪武八年自余姚徙中都从军十三年，复徙德郡守御，遂为德郡人。福盛生俊；俊生亮，封昭信校尉；亮生韶，封怀远将军、指挥同知；韶生渭，即公之父也，封征仕郎、户科给事中。

公讳洪，字子源，号洞庵，又号西林居士。自幼英伟豪爽，有奇气。初补郡庠生，即以文为多士冠。提学侍御秋斋周公、定斋王公号知人，尝持公文字示人，曰："此文天祥之流。"盖因其文而知其气节也。嘉靖壬午，举顺天乡试第六名。己丑举进士，擢户科给事中，迁工科右给事中，兼侍经筵。既居言路以谏诤为己任，风裁独持，不畏强御。尝

[①]（明）程珧《程右丞稿》卷八，《明别集丛刊》第二辑第93册，黄山书社2016年版，第275—277页。

劾祭酒某无师范体、武定侯郭勋①恣横无人臣礼，一时权贵皆畏避之。吾郡两卫之士，旧附郡庠，无宾贡之例，士多老死庠序间，且应试赴京，道里甚远，士之患苦于此者百有馀年。公素悯之，乃为奏，下礼部，覆请得旨，改试于山东起贡，如郡庠例。自是领岁荐取科第者绳绳相继，公之惠溥而远矣。相国桂洲夏公方②被宸眷，名位赫然，公独私与人曰："是必不克终。"后竟如其言云。

壬辰为会试考官，所取皆天下知名士，后多致显位为名臣，人益服公之藻鉴焉。都御史某③以献甘露进掌都察院，公抗疏力诋其奸，凡三上，不报。当是时，直声震天下，而某恨入骨，思有以倾之矣。未几某进冢宰。癸巳考察京职，谪公宁国县丞，某犹恨不置。乙未考察外僚，巡抚都御史侯某承风旨，署公考曰："托疾避事。"某以此藉口，遂罢公官。于是给事戚公贤、薛公宗恺、侍御曾公冲、田公秋等咸上疏讼公冤，且论某某倾险阿附，二人寻罢去。公论虽明，而公亦已斥矣。

既归家居，有先人遗田百亩在西河上，乃结庐其中，日潜心性命之学，怡然自乐。足迹不入城府，深居简出，人莫得窥其面。戚属雅士往往携盒就之。士大夫之南北过是郡者，罔不造其庐。凡台谏抚臣荐论人才必以公为称首④，大率言公弘才渊学、直节正气，宜亟召用。前后章十馀上，竟以旧制有碍而止。

平生急人之难，不吝施予，尤好奖拔士类，诱掖后进，孜孜如不及。王君幼慈为童子时贫甚，公一见奇之，即为训育婚娶，待如己子，王竟取科第。其他掇巍科、擅文誉，出门下者甚众。自壮至老竟日危

---

① 郭勋（？—1542），明凤阳人。郭英六世孙，袭封武定侯。性凶多智，恃世宗之宠，作威虐民，屡次被劾不治。后以疏中用语"强悖无人臣礼"，被责下狱死。

② 夏言（1482—1548），字公谨，号桂洲。明广信府贵溪人。正德十二年进士。嘉靖十五年，入阁，任礼部尚书兼武英殿大学士。十七年冬，继李时为首辅。后为严嵩所攻，被杀。

③ 汪鋐（？—1536），字宣之。明徽州府婺源人。弘治十五年进士。嘉靖初官右副都御史，后官至吏部尚书兼兵部尚书。排陷善类，徇私立威。

④ 称首：第一。（南朝梁）刘勰《文心雕龙·才略》："然而魏话言，必以元封为称首。"

坐，无謷言，无怠容，庄重若神明。性尤疾恶，不少假贷人，亦以是忌毁之，而卒亦于公无损也。

年七十有五，聪明强健，人以为寿且无疆矣。乃一夕无疾而逝。呜呼！亦异矣哉！其生也，以弘治丙辰十二月二十八日；其卒也，以隆庆辛未二月十四日。其葬则卒之次年三月二日也。

配张氏，封孺人。生男二，长即从大，庠生，娶指挥方勇女，继娶知县范英女。次从吾，廪庠生，娶参议常时平女。女二，长适御史张禄男，名述。次适御史中丞马九德，即为状者。

侧室曹氏，生男三，曰从忠，娶参将张祐女。次曰从直，娶张氏。次曰从孝，娶苑马寺卿左杰女。女三，一适指挥方岳，一适庠生盖渶，一适士人石潭。

侧室冯氏，生男一，曰从俭，聘顾氏。女一，适副使须澜男，名光远。

孙男六，曰敬逊，曰敬蒉，曰敬愿，即珏婿，曰敬思，曰敬宪，曰生哥。孙女四，一适知州张仲孙，名近思，庠生。一适指挥赵挺生。一适舍人赵绳祖。一未行。呜呼！公怀才抱道，而未究厥施。今子孙蕃且贤若此，天之所以报公者，其在斯乎！其在斯乎！铭曰：

浩然正气，至大至刚，塞于乾坤。
叶公得之，生而不凡，魁伟庞敦。
忠言谠论，翊正斥邪，为名谏垣。
直道三黜，乃谪南国，乃屏丘园。
遁世无闷，其德弥修，其道弥尊。
既康且寿，奄忽长逝，吊者在门。
日吉辰良，何以藏之？卫阳之原。
松柏森森，佳城郁郁，以燕后昆。
后昆绳绳，如木斯干，硕大以繁。

刻辞幽扃，爰昭高贤，万祀永存。

68. 张海（1436—1498）

明故山西等处承宣布政使司右参政前兵部左侍郎致仕张公墓志铭①

吴　宽

山西右参政、前兵部左侍郎张公，以疾乞致仕，凡再上疏，词益恳切，始得旨，将行，竟卒于官舍，实弘治戊午二月十六日也，享年六十三。

初公在兵部，会土鲁番侵扰哈密，累岁未已。朝议谓："哈密为通西域要路，自文皇帝时王其酋长，给以金印，俾屏蔽一方。今微弱不振，宜得文武大臣有才望者，往治其事。"时公方佐兵部，上乃命公，锡之玺书，所以责成之者甚切。

公至，谓："比来夷狄肆侮，边将不能备御，此威令不行所致也。"始奏调分守副帅一人，罪镇守以下官三人，为误事者之戒。且谓："御戎之道，当先固我疆场。如永昌、镇夷比近甘肃，今永昌既被杀掠，而镇夷人户牛羊茁壮，虏尤垂涎。两路孤悬，实难防守。宜择有谋勇者二人，各率游兵二千，互相策应，内既无虞，徐图其外，则番族小酋不足治也。"既乃询谋群策，筹画计虑，旦暮不遗。

久之，乃合众议，条上六事："一、定酋帅。谓哈密寄居边城，岁久供费不赀，殊非长策。今其地残破，旁有苦峪城，合给与耕具种粮，遣回居住。特设酋帅一人，副帅三人，各给冠带以统摄之。二、除乱

---

① （明）吴宽《匏翁家藏集》卷六十四，明正德刻本。

本。谓哈密既弱，下人数叛其主，投顺土番，愿为乡导，至杀虏其王，占据其地。今其人家族寄居于此，必来省视，或充贡使而入，密识其人即擒捕之，以正其罪。三、访夷情。土番西距哈密七百里，译知其国城堡倾颓，兵马稀鲜，恃恃崄远，有急则易于北走耳。当先用间谍以离坏其党，然后出其不意以掩击之。四、遏乱略。土番累受朝廷金缯之赐，其志益骄，今所赐物宜追还之。仍闭关却绝，勿与交通，且拘其贡使，特纵其一二归语其主，俾自审去就。彼既计穷，必来款塞①，再议处之。五、固封守。肃州临边设镇以来，台堡相接，仅为守望之计。虽有嘉峪一关，卑隘不称。宜加修筑，务极坚完，更展城垣，建楼橹，以为贡道伟观。六、预调度。夫虏骑犯边，每以冬月。宜以其时于缘边要地，预屯重兵若干，以便应援。又须预练游兵若干，以俟调用。仍储刍粟若干，可给五年之需，则庶乎有备，而外患可免也。"

他所建请者尚多。事下兵部，集议于朝。尚书马公②以公筹画深远，计虑精详，非苟简于一时者比，辄覆奏行之。于是土番始相畏服，而哈密渐得以自立矣。乃复修土功以广戍守，饰兵器以便战伐，皆为经久之计。西方既无事，公乃还朝。将陛见，或谓宜疏经略事目以上。公曰："吾昔已具奏矣。"已而言官劾公不俟召而还者，遂落职。

有山西之命。众以公久劳于外，今不发一矢，坐制黠虏之乱。当蒙显擢，顾以微眚去，意公不平，而公即已赴任矣。至则益事事不懈，盖踰年，遂致仕。及卒，人尤惜之。

公讳海，字文渊，姓张氏。少游乡学，为弟子。性敏而勤，才名特著。天顺己卯，山东乡试第一人。成化丙戌，登进士第，授户科给事中，进左给事中，再进都给事中，遂擢顺天府丞，再擢太仆寺卿。丁内

---

① 款塞：叩塞门通好。《史记·太史公自序》："海外殊俗，重译款塞。"裴骃集解："款，叩也。皆叩塞门来服从也。"

② 马文升（1426—1510），字负图，号约斋。河南钧州（今禹州）人。景泰二年进士。官至右都御史，兵部尚书，吏部尚书等。

艰服除，适吏部尚书尹公①以怨谤去位，一时乡人皆遭贬斥，公得云南鹤庆府知府。弘治戊申，今上嗣位，召还为顺天府尹。明年拜兵部右侍郎，进左侍郎。已乃降授参政。平生履历如此。

公素刚直，居谏垣，一时同官建言章疏多出公手，数因灾异陈时政得失，劾两京大臣之不职者。为府丞时，一中要方用事，势张甚。尹以公事偕公往见，先屈膝，公独立庭下，人为公危，而公自如。及为尹，公事填委裁决无滞。性更廉洁，位既通显，犹僦屋而居。喜文事，发于论议，烨然可观也。

张世为济南德州人，公之祖忠、父鹏举，俱以公贵，赠通议大夫、兵部右侍郎。祖妣孙氏、妣李氏，俱赠淑人，配潘氏，封淑人。子男二，曰弘谟，曰弘文。女六，长适举人冯一中，次适吴江知县前进士郭郢，次适生员李璇，次适举人杨麓，次适生员赵子仪，次许生员邹颐贤。孙男四，曰僎，国子生，曰佳，曰佃，曰佩。将以卒之岁某月某日葬于州城东二里。弘谟遣其子僎奉公之门人前春坊庶子王世赏状来乞铭。而吾僚友侣公②，公之同年友也，哀公之志行，为之请曰："愿有述，以慰公于地下。"予辞不获，乃叙而铭之。铭曰：

> 九河东道，古有平原。孰筑而藏？张公之阡。
> 公起甲科，始居谏垣。侃侃正色，我责在言。
> 累列清贵，戾飞于天。倏退终起，如鹬与鸢。
> 公抱儒术，以修吏事。岂惟能官，夷险一致。
> 乃佐司马，邦政攸司。丑虏何为？跳舞西陲。
> 寇养未殄，彼骄且疑。天子曰咨，汝往正之。

---

① 尹旻（1422—1503），字同仁，山东历城人。正统十三年进士，天顺七年擢为吏部侍郎，成化九年任尚书，成化二十二年免吏部尚书，致仕。
② 侣钟（1440—1511），字大器，号独山，山东郓城人。成化丙戌登进士第，官至左都御史，户部尚书。见李东阳《明故户部尚书致仕进阶荣禄大夫侣公神道碑铭》。

幕府运筹，将士禀命。却使闭关，练师补乘。
坐伐其谋，我道自胜。强摧弱植，讻讻以定。
公曰旋哉，将士且休。归报天子，以释西忧。
功未及酬，而底于罚。自古则然，拘以成法。
圣明烛隐，退弃毕还。况也论功，终宜赐环。
美疢在躬，公不可待。西望金城，方略具在。
托以铭诗，良史当采。

69. 张惠

资善大夫南京礼部尚书东园张公惠传[①]

黄 瓒

宗伯张公，名惠，字迪吉，号东园，山东德州人也。家世以农为业。祖考明远，祖妣萧氏。考彦祥，妣袁氏。公幼聪敏厚重，孝亲敬长，异于群辈。少长拔入郡庠，亲师取友，克勤于学，以孝义见称于人。尝以祖茔去家五里，洪武初遭兵燹被挖暴露，累年惑于术士未曾修葺，时公尚幼。

永乐十二年中式乡举，归即谓乡里曰："祖墓荆榛岁久，为子孙者安忍不修筑耶？"遂不用术士，不择日期，以一身任其吉凶，冬月跣足披发如初丧。

时授都察院司务，升监察御史，南京光禄寺少卿，进卿。升四川布政使，往回故里。躬谒宣圣毕，必至祖茔，亲操锄锹增筑坟垄，日晡方

[①] （明）焦竑《国朝献征录》卷三十六《南京礼部一》，《续修四库全书》第526册，上海古籍出版社2002年版，第715—717页。

回。亲戚邻里就茔所一会,不于私家宴乐。每日饮食皆在坟所,亦无桌凳,就地而食。尝泣而言曰:"吾祖宗在于地下,吾安忍肥甘华美为己乐哉?"其孝义之诚如此。

为司务时,本院历事监生八十四名,例该三月一考,有监生江津等赍白银彩段求考中,公喻之曰:"幼学壮行,当以名节自励,岂可以贿赂哉?"津等度不可干,置银段公家而去。次早,公趋朝具奏,各生发口北充吏,由是名誉著闻。

升陕西道监察御史,巡按云南。有御史张善,福建人也,病于池州。公思其病必重,乃至察院睹之,病果亟矣,遂留以视之。日晚散步,门仆曰:"此处有妖蛇,来时如风声。"公曰:"来时可报我知。"门仆惧且伤己,不报,公责之。一日报曰:"来矣。"公乃挟弓矢出门至阶下,望蛇连发数箭。箭尽,而蛇不下。令仆隶取蒢荐于树下焚之,良久蛇坠树而下,声如倒墙。公乃曰:"官得其人,妖不为害。今县有妖蛇,必非良吏也。"召贵池县官笞之。过沅陵,见居民被火,延烧数百家,皆云:"有恶鸟衔火。"公怪,即为文檄城隍神,责之。翌日,恶鸟死于江。

是年六月至云南,有土官巡检杨琳、王贵害众,奏准行提不至。公巡行至大理府,琳等以银四百两、金八十两来馈,公欲擒之,谓曰:"此地旷野,恐被劫掠,两不得济。汝可送至布政司,庶得两全。"彼果从命,送至安宁州。又谓曰:"汝等恳恳远送,可少停待以酒食。"命随行监生陈勋取廪米三斗与知州董福海办酒款之,至二更琳等皆醉,遂将原金连人解云南正其罪。黔国公沐晟曰:"此夷害人多矣。非公以法诱之,岂能得哉?"

有土人思任发知贾千户女色美,来腾冲访之,赞以银饰良马,数日令人来娶,千户不从,任发留腾冲弥月不去,军士恶其骚扰,声言千户诱引外夷为姻,千户惧,奏任发抢掳人口、侵占中国。敕公同三司总兵官体勘征剿,公曰:"山险路狭,非用兵之所,且所为因贾氏女无反情。"众从之,罢征,止委头目守备要隘。民皆举手赞曰:"吾辈得免征役，皆侍御张公之力也。"所属有黑白五井盐课司，官吏灶丁弊多，公皆立法禁治，人以为便。

宣德壬子春，巡按浙江。东南都会，事务浩繁，持宪者非防闲周密则无根之议兴矣。公谓："欲浚其流，当洁其源。"下车即为文告于诸庙神祇，誓以公正清白存心。凡察院旧役吏兵馆仆尽令易去。别选乡民之朴实者，或直厅事，或守门，或监狱，皆有定约，不得相搀越。论诉之人俱要正身，状内指陈，止告己事，毋得泛引，嚣讼之风十减七八。至谳大狱，人怀疑贰，公尝用利钩刺血以誓曰："如有私心，神明是鉴。"囚徒见者，莫不洗心，不待考讯，自招状罪。

当大比，公尽心殚虑，防禁严密，悬榜之晨，号称至公。其各司所差吏胥董事于府州县者，亦令赴院附簿依期回销，包苴贿赂顿为衰息。又诸司及差来人员多于民间和买货物，公察知之，即令仁和、钱塘二县置簿稽考，自是市无和买之害。尝按临严、金等郡，见其民习僧尚怪，以端午泛舟，公出令禁之。又杭人信浮图，死丧贫者多以火化，亦有惑于风水不利经年暴露者。公甚悯之，乃召里老晓谕，各令其子孙收葬无主者，令亲故埋瘗，不旬日无敢违犯。察院中所种蔬果及祭胙，公薄于自奉，必分赐养济院，至于按属官僚，不事苛刻，甚得大体。其有为人论诉者，则依法问拟，不容少贷。

公任御史八年，适南京都察院奏南京光禄寺钱粮出入弊多，乞选廉能干济官员，吏部以公及御史郭智推上，公升少卿，驰驿赴任。时法度废弛，钱粮不清。公即奏闻，敕内外守备官阮应等到寺盘点，以亏折数目，具奏寺丞。董政等百馀人俱发戍甘肃卫。公整理纪纲，禁革宿弊，大小不遗。又曰："欲要正人，必须洁己。"自是分毫不染，日用饮食，俱出于家，从西华门报进。

正统三年以母丧去官，吏厨役八百人告乞保留，守备襄城伯李隆奏闻夺情回寺。十年给由赴京迁本寺卿，寻迁四川右布政使。贵州苗变，总兵官龚聚调川兵二万人协剿，遣御史成始终起调公，以四川偪近诸夷执奏未允。适叙州羿子山都蛮乱，公即以其兵抚平之。十三年夏，重庆大旱，公甚忧之。询知军民有未葬者八百二十丧，不能嫁娶者百馀人，乃解衣带服饰售钱分给得银四十七两。于是义士感奋，争出金谷助之，不数月男女刘时新、李氏等咸遂婚期，而谢绅等八百丧皆举。越三日雨，又七日大雨，是岁有秋，公无嗜好，朝夕自奉惟蔬饭各一。尝以墨菜图揭座隅，期之终身。又以寄萧山魏文靖公①，文靖复以诗有云："卓哉同心友，为图远相遗。揭之以司戒，敢告鬼神知。"祭酒陈公敬宗②亦云："张公素心清如水，淡泊滋味长爱此。"

公自筮仕以至布政二十年，大臣荐之者十有三，疏遣使赍敕召公还京。景泰二年，擢南京礼部尚书，数年致仕。

70. 赵启睿（1623—1688）

顺天通判思伯赵公墓志铭③

田 雯

余于顺治庚子秋，与陈君机同举于乡，因得识赵思伯先生于古黄河涯之村墅。初闻其语，纵悬河之辨，如天马之不受羁勒。余洒然异之，以为狂也。及叩其所学，盖经行牢牢，为儒林长德云。先生殁已数年，其孙善庆且泣且状授使者来乞铭，曰："吾祖将藉幹而窆矣，愿得铭辞以传。"善庆以贡郎为国子助教官，游于新城王渔洋先生之门，以文章著名，余故为铭。

---

① 魏骥（1374—1471），字仲房，号南斋，谥号文靖，浙江萧山人。永乐四年进士副榜，正统间官至南京吏部尚书。
② 陈敬宗（1377—1459），字光世，号澹然居士，浙江慈溪人。永乐二年进士，宣德间为南京国子监祭酒。
③ （清）田雯《古欢堂集·铭表卷一》，《山东文献集成》第一辑第35册，山东大学出版社2006年影印清康熙间德州田氏刻本，第743—744页。

公讳启睿，字思伯，一字思圣。先世陕之咸阳人。始祖得荣，洪武中从征川南有功，子兴授德州卫百户，遂家焉。兴生昭信校尉端，端生勇略将军英，英生子仁，世其官。子仁生铄，折节为儒生。铄生汝楠，其子继鼎景毅公，以进士起家，官都御史、户部右侍郎。赵氏前数世以武功闻，至是始以文学致通显。

公景毅公子，幼读书，嗜《春秋左传》，遭两丧葬祭，一准于礼，以荫除顺天府通判，人称其廉。会有榷税之役，辄力辞。或劝其行，曰："官也，而角估客之利，吾弗为也。"京兆某索鹰犬于僚属，公笑应之曰："鹰犬易耳，如吾不为鹰犬何？"京兆惭，思中之，公遽投劾归。晚年慕阮籍之为人，饮酒酣歌，颓然自放。人呼之曰狂，或目之为痴。公闻之哂曰："痴，诚有之。狂，则未也。"戊辰卒，享年六十有六。嗟乎！世之矜聪明才智者，居则佻达于乡里，仕必阉媚于大吏，驰逐声利而不知止，自以为有丈夫过人之行，以公较之，亦足以愧矣。然公非痴也，古之狂也，肆庶几近之。配陈氏，即与余同举于乡者机之女兄也。先公一年卒，享年六十有三。子若孙，详于行状。是宜铭。铭曰：

天水之墟，牧皮之徒。古貌非愚，厥才不粗。
有丘罩如，有铭屹如。东郊而趋，下马式庐。

赵别驾传①

田 雯

赵别驾，讳启睿，字思伯，一字思圣。先世陕之咸阳人。始祖得

---

① （清）田雯《古欢堂集·传卷一》，《山东文献集成》第一辑第35册，山东大学出版社2006年影印康熙间德州田氏刻本，第770页。

荣，洪武中从戎川南，有战功，后授德州卫昭勇将军，世袭百户。数传皆娴武事，至铄始以文学称。孙继鼎，天启壬戌进士，累官户部右侍郎。公，继鼎子也。

少读书，嗜《春秋左传》，长慕阮籍之为人，饮酒酣歌，放达不羁。虽贵官显者，语弗当，辄白眼视之，人呼之曰狂，或目曰痴。公盍然笑曰："痴诚有之，狂则未也。昔谢镇西著紫罗襦，据方床，在大市佛图楼门上弹琵琶作大道曲，非狂耶？王湛、向雄、顾恺之之流痴黠半焉。士惟俗不可医耳。痛饮，读《离骚》，便称名士。余且愧矣。"

以荫授顺天府通判，绝苞苴，抑权幸，三年以廉干闻。会当榷税，公力辞。京尹某为中贵征鹰犬于僚吏，公峻拒曰："为人鹰犬，吾未能。"京尹衔之，思中伤。公遽投劾①，归。卞士蔚之脱帻，戴安道之不为王侯伶人，公之谓欤！归卧林壑垂二十年。戊辰五月卒。妻陈氏，杨朴之贤妻，梁鸿之嘉耦也。子某，孙善庆，官国子助教。

论曰：狂者，圣人之所取。若夫痴，晋之贤士大夫多尚之。二者其不足为有道之诟病，亦审矣。《南史》："何尚之问颜延之曰：'谁得卿狂？'曰：'吾狂不可及。'"又唐许学士见人辄忘，人讥其不聪，曰："卿自难记，若遇何、刘、沈、谢，吾奚忘焉？"②由是观之，唯狂乃不狂，痴能不痴，大贤乌可测也？别驾狂且痴矣！当其面折上官，挂冠长往，不为苟且媕鄙之行，彼不狂不痴者能之乎？固有大过人者哉！

---

① 投劾：上呈弹劾自己的状文，意在辞官。
② （唐）刘餗《隋唐嘉话》："许敬宗性轻傲，见人多忘之。或谓其不聪，曰：'卿自难记，若遇何、刘、沈、谢，暗中摸索著，亦可识。'"

71. 赵廷讲（1649—1684）

太学仲闻赵君墓志铭①

王士禛

君讳廷讲，字仲闻，姓赵氏，世德州卫人。资政大夫、都察院右都御史管户部侍郎事继鼎之孙，顺天府通判启睿之子。少聪颖强记。年十五，受《春秋左氏传》，一过不再读。以荫入国学，例当得官，不乐就，自放于酒。葺精庐，竹木花石，位置楚楚。皮图书金石文字千卷，充牣其中。前凿小沼蓄文鱼百头，听堂堂策策以为乐。檐户间多笼语鸟，时其鸣则啸而和之。尤善吹笛，每风清月白辄乘兴作数弄，有桓子野之风。性不喜纨绮贵游，独与二三穷交饮，饮辄醉。或风雨客不至，独坐引满，读庄骚史汉书，醉乃已。亦间为诗，有句云："达似刘伶因酒死，穷如东野以诗鸣。"康熙二十三年，年三十六以酒死，人以为谶云。

君娶于李河津知县源之女，婉嫕有志操。幼从母受书，通《孝经》《列女传》。既为妇，鸡鸣候寝门，姑婶宜之。姑治家严，李有子女七人，衣食不给，辟纑佐之。又不足，则脱簪珥、质嫁衣佐之。伏腊祭祀、宾客宴飨，必预为储偫。君放意于酒，不问也。诸子甫胜衣，口授《蒙求》诸书。即嬉戏，不使伤及蝼蚁，其贤且仁如此。

君殁，李事舅姑抚子女，尽孝慈之道，后君三年以二十六年九月卒。子四人，善庆，国子学正；时中，念曾，善述。女三人，适李蕃、田贻丽、金柽。孙二人，赐书，绥远，铭曰：

---

① （清）王士禛《带经堂集》卷八十八《蚕尾续文集》卷十六，清康熙程哲七略书堂校刊本。

醉之乡，不知其几千里。假道姑射，乃至边鄙。
游是乡者，嗣宗、渊明。无功追之，死葬其壤。
广川郁郁，酒人之墓。有妇而贤，百年归祔。

72. 赵善庆（1667—1718）

金华府知府怡斋赵先生墓志铭①

孙 勷

先生姓赵氏，讳善庆，字怡斋。生年十有八而孤，事亲孝，于兄弟友，既翕和乐，以顺父母，《小雅》诗人所究图也②。字曰怡斋，盖先生自序云尔。其先世陕之咸阳人，始祖得荣，以军功官指挥使，来驻德卫，因家焉。

数传至资政大夫、都察院右都御史、管户部侍郎继鼎，以名进士起家至大官，有闻于时，是先生曾祖。

祖启睿，任子京兆别驾。父廷讲，字仲闻，用荫当得官，非所好也，不之就。以诗酒自娱，年三十有六而卒。其诗曰："达似刘玲因酒死，穷如东野以诗鸣。"人以识云。渔洋先生铭其墓文甚美矣。

先生诗酒之传，兹所自来。然先生《重知堂诗》，尤为时所传诵推服，于酒则未数数然也，渔洋序先生诗。余与先生同官京师，过从无间，重以姻好，交期者远矣。惜先生之志未大展，仅以郡守终，而余亦

---

① （清）孙勷《鹤侣斋文稿》卷二，《四库全书存目丛书》集部第254册，齐鲁书社1997年版，第502—504页。
② 《诗经·小雅·常棣》："兄弟既翕，和乐且湛。"又云："是究是图，亶其然乎！"

遂蒙谪以归而将老也。其可慨也夫！

先生少颖悟，工举子业，屡不得于有司，无已入赀为国子助教。当试授官时，文不加点，俄就二篇，大司成溧阳彭先生①奇之，叹曰："如此才而不第，是谁过矣？然今真不愧助教矣！"官国学久之，念诸弟方就塾，惧不得师承，乃请急归，自督课之。迨辛卯甲午，弟时中、子在经先后各举于京兆。叔季两弟皆能文章有时名，则先生教也。

先生性刚毅，临义必前，无所葸惮。当迁虞衡，时铨曹吏躐授他姓，而以大理司副升先生，先生具牒请正之。冢宰富公②疑有所避，盛怒将具疏，同列谓先生："长跪请者，可免。"先生笑曰："吾不能以两膝易一官也。"卒不屈。既富公察得吏舞文状，益以奇先生。及富公奉命鞫大狱于秦，奏请先生自副曰："此强项主事，吾所恃以共济也。"及至诸所不能晰者，取先生一言决之，无不孚焉。

当官户部时，秦饥请赈，凡列十有八属。未几，以亢旱情形疏来，则于前所列属益以四而芟其六。先是部议如抚臣所请之十有八属，遣官赈之文未至秦，而后疏已上，及是秦抚奉文分赈，自知其舛，乃复疏前六属本不成灾，请无容赈，冀文其罪也。先生毅然曰："六属民命百万，讵可任此颠倒，坐视不救乎？宜行监赈。大人察明入告。"时满洲大司农某与抚某姻娅也，厉色诟先生，先生不为动。汉司农武进赵公③谓："司官言是。第令督臣查覆可矣。"先生曰："督犹抚也。其题六属非灾，业已同之矣。"乃卒从先生议。当是时，先生方秩满，当外授知府，而巩昌府适缺员，秦抚所属也。无不先生危者。先生曰："吾尽吾心，宁问利害乎？一官敝屣，是奚足以云已？"而掣得金华。天道无

---

① 彭会淇（1641—1719），字四如，号箓洲，溧阳人。康熙十五年进士，授编修，后国子监司业，此职在清朝拟古称司成。后历官内阁学士，工部右侍郎等。
② 富宁安（？—1728），富察氏，阿兰泰子，满洲镶黄旗人。官左都御史，吏部尚书。
③ 赵申乔（1644—1720），字慎旃，武进人。康熙九年进士，康熙五十年，任左都御史，兴起南山案。康熙五十二年授户部尚书。

亲，常与善人。此之谓也。

先生自国学迄出守，中为户部主事、员外□年，为户部郎□年，吏不舞法，曹无滞牍，明察而宽厚。自上官僚属咸宜之。尝奉命监宝源局，有某者以解送铜斤违限，当下吏议，先生为请于司空某公曰："虽失期，未至费事。"卒全之，亦不令其人知也。秦之饥也，廷议大口日合三合，小口半之。先生争之曰："三合不及一餐，加吏胥剥削，及于民无有矣。"请益二合，从之。于例，直省疏下部至于覆上得旨而行，动经数旬。先生曰："救民水火，可缓须臾耶？请破例为之。"秦民之得及时全活，先生力也。乙未会试有旨亲试，同考官无拘资格，先生与焉。文成进呈时，上从容问曰："能诗乎？"对曰："臣少学焉，而未敢谓能也。"命之题辄就，上览而嘉之，赐之食，慰勉有加。嗟乎！文字之知，上得于天子，而下乃绌于司衡者，岂非命耶？

守金华，建七贤祠，祀朱文公、吕伯恭、张南轩及何王金许四子。旁搆讲堂，使诸生肄业其间。又求诸贤后，各复其家。郡之人文为丕振焉。俗好讼难服，有盗矿之案，连百馀人，历二守而不决，死者十二三。然实争葬穴而成讼，无所谓矿者。然以词有盗所得矿若干语，故问者虽察其诬，而以嫌未敢为之白。先生立为请于上官释之，上官疑其失于出也，驳使覆审。先生乃诣司臬，备陈其状，乃得所请。司臬某公叹曰："不难君之明，君之勇不可及也。"是年府属被水甚，先生悉上其状，发仓赈之。初，先生每以罚谷散贮乡邑，民不知先生意所属也。及是出以助赈，民赖以生者无算。尤长于衡文，兰溪童子张锡第，先生所首拔也。寻举于乡，以是邦人子弟贽文者，门限敝，先生乐之。子在经微谏曰："得无劳乎？"先生曰："既以作人，且用养心也。"先生家世阀阅，而自处寒素，不啻衡门。尝为诗曰："何必锦与绣？布袍不露肘。何必珍与羞？尊中有浊酒。酒浊足忘忧，衣敝能含垢。非不羡美好，思之亦已久。"其为人之风致可想已。先生既没于郡，郡人罢市哭累日。又尝断天溪之狱，溪人德之，立祠祀先生，先生辞焉。及先生病革而祠适成。其孤在经奉先生柩东归，邦人之哭送至于祠下者千万人，无不失声也。

先生生于康熙六年三月初八，卒于康熙五十七年六月二十七日，得年五十有二。年不副德，位不称名，天其不可知乎？元配魏，赠恭人；继娶萧，封恭人。子男子二人：在经，甲午顺天举人，余前字以第三女，觞，今娶于李，魏出也。翼经，余所字以第四女者，萧出也。女四人，皆魏出，刘鹓振、鲁爔、金英、王某，其婿也。孙男子三人，承家、秦家、正家；女子一人，皆在经子。

余闻金石之例，于元之君子潘苍崖氏①矣。其言曰："同辈而下称君，有文名者称先生。"余是以不君先生，而先生君也。先生以卒之年十月二十八日葬德州南三十里古黄河涯之浒，墓有宿草，于今年三年矣。其孤在经乃请铭，将以他年纳之隧道。余文非能重先生，其以先生重余文乎！乃叙而铭之，曰：

  富贵福泽，天之尊人者，有时而穷，而惟文章之美，行远传久，无有终极。先生孝友得之天性，诗酒率夫素衷，乃俗好是屏，而文事独工。凡其播之政事，报以俎豆者，皆其问学之馀绪。而一曹一郡，曾何足展其万一之胸中？要之于实似啬，而于声已丰。余铭先生不君先生而先生君者，则以先生诗文之雄。

73. 赵念曾（1677—1741）

澧州知州赵公墓志铭②

宋 弼

诰封文林郎、直隶澧州知州赵公，讳念曾，字根矩，号漱阳。漱阳

---

① 潘昂霄，字景梁，号苍崖，元代济南历城人。著《金石例》十卷。
② （清）宋弼《蒙泉文集》卷三，哈佛燕京图书馆藏乾隆丁亥稿本。

者,劳山之奥区,公尝游焉,爱其胜也,故以自号。少有远志,神宇清峻,不与俗伍。能文章工诗,其才可以泛及馀事。尤有至性骨肉、朋友间腌如也。

当雍正改元,天子励精治,旁罗俊异,取士无方,而公与同里李君宝默,起布衣,被特简,居官称职,以能迁擢,可不谓殊遇哉!先是士籍太学者,岁于吏部试第,甲乙为铨次。然试者率以人代。岁在丁未,试既竣,诏吏部以才者见。于是冒名者皆斥,而授见者八人为邑令,公与李君与焉。

初知湖南华容县,移沅陵,有军功,擢澧州牧。三任职而一迁官,卒于澧州。华容故滨湖,湖堤坏则田不治。下车视之曰:"是可缓耶?"申府请修筑。身先吏民。工峻,濒湖皆成沃壤。其在沅,赎驿卒盗卖之田以省民累。絙铁索于险滩,以便行舟。其在澧,修澧阳桥,民颂德焉。所至兴举类如此。

公勇于为义,恶不善尤严。见不义者,斥绝不遗馀力,人往往惮之。其官华容,狱中以鬼告,为牒谕之,立止。沅俗奉白帝,奸民缘以利,导引募化,举国若狂。公出行遇之,驻马询其故,立毁其卤簿,投像于河,谴其长老而为之禁,俗以衰止。澧人尤信鬼,事五通神,获利弗均则构讼。于是乃以治沅者治之,碎厥木偶,民大骇,乃晓以正义,反复开譬,渐以革心焉。

公少为博士弟子,以善病故入太学,时以文章与诸名士角,数应制举,无所遇。及为邑兴文教,修庠序,择诸生亲教之。一时彬彬然称赵门弟子。顾长于吏治,在沅,值黔苗变,军兴旁午,从容应之,事集而民不扰。时有官船北去,人疑令以家避,皆大恐。公闻故之遣两幼子出署嬉,民遂安。郡守李珣尝属以狱,讯得情矣。守故苛不已,遽移牒求去,守谢乃视事。他日问曰:"舆论谓我何?"对曰:"公当自问耳。内省无怨,何恤人言?"盖强毅不挠,其天性也。

幼失怙恃,依伯兄金华太守以长。金华公善诗,受业新城王司寇,以其学授公。及伯之金华，公家居，忽心动亟往省，至则疾作矣。奉侍汤药，衣不解带百馀日。遭丧恸绝，扶榇而还。及仲兄孝廉公病，事之如事伯。两兄既卒，乃慨然有四方志，亦际遇一时，起家州县不可谓不遇。在官皆有政绩，然不大显，不得竟其施也。公既卒，李君亦罢官归矣。

先此，陕西咸阳人，始祖讳得荣，洪武时迁德州，世袭锦衣卫指挥副使。曾祖，都察院右都御史兼户部侍郎讳继鼎，封资政大夫，赐祭葬。祖，顺天通判讳启睿，封承德郎。考，官监生，讳廷讲。祖考皆赠中宪大夫。

公生康熙丁巳四月二十五日，卒乾隆辛酉十月十六日，年六十有五。以丙辰，覃恩封文林郎，配于氏、井氏皆孺人。于孺人前卒，葬于城南黄河厓祖茔之北。井孺人生子三人：耘经、崇经、大经，皆庠生。女三人，适罗以深、萧炳、苏颚。孙六人。孙女三人。耘经兄弟卜以乾隆十四年十月三日葬公于孺人之墓，而属弼铭辞。弼少时尝侍先君子，与于文酒之欢，公察其可教，独举诗之微旨告之，他人不闻也。先君子尝被疾，手足木强，公与徐先生敬庵，日夕省视，曰："君无患，我能起君。"乃处方剂治药饵，暇则鼓琴弈棋，如是三月不怠，卒以无恙。公赴澧时，尝拜公于家。其后耘经兄弟出公遗像种桂图，属弼题其左，对之凄然泣下。盖公爱诸子之才，期其后且昌大，故绩图示意也。因题小诗勗其承公之志。今铭公墓能无慨乎？乃铭曰：

  谓公不遇，有特达知。谓公遇矣，而未竟其施。
  理官若家，以无尤疵。疾恶之严，为百世师。
  开佳城兮，公之居。土厚水深兮，桂树以滋。
  昌百世兮，始基之。

74. 杨士彦（1591—1649）

文学杨明桢墓志铭①

卢世㴶

忆昔癸亥之岁，余客清源，冷月荒村，寂寥无友。忽有持书叩门者，启函则霖雨王子及明桢之牍也。霖雨，吾好友，又与明桢同学。明桢欲与吾定交，故托霖雨为介，郑重以达与卢子。卢子读之，喟然曰："有心哉！明桢乎！"嗣是往还日密，相得甚欢，结为婚姻。其子即余婿也。以故明桢为人，余深知之。

其人孤立行一意②，矫矫落落，不可得而亲疏，读书亦然。尝挟策走百里外，栖泊旅邸，昼夜诵习，其攻苦无比。所业既成而知之者少，明桢亦不愿人之知之也。本业之馀，复有志世务，慷慨而谈，凿凿可据。顾知之者愈少，明桢遂抱影而索居矣。独其叔父少参毓奇公知之，尝曰："此神骏也。惜不遇时耳！"

性好施，几竭其藏，乃一钱不妄入。貌疏削枯瘦，而精神实大。于身一滴不饮，召客则长夜不倦。事亲至孝，与人交，一味肝胆求之，今时无辈矣。谢灵运之目刘桢曰："卓荦偏人，所得颇经奇。"据明桢平生未免有偏至之累。余谓正其偏至处不可及耳。明桢寝疾，余往与诀，神观炯然，所言俱有条理。嗟乎！此可以知明桢矣。

生于万历辛卯九月初九日，卒于顺治己丑九月初三日，享年五十有

---

① （清）卢世㴶《尊水园集略》卷十一，《续修四库全书》第1392册，上海古籍出版社2002年版，第546—547页。

② 《史记·酷吏列传》："（赵禹）务在绝知友客宾之请，孤立行一意而已。"

九。原籍任丘,后徙德州。始祖全,全生宣;宣生儒;儒生天禄;天禄生纬,纬封工部主事,生三丈夫子,长公讳桐,任沅州州同,配舒夫人,而生君。君讳士彦,字明桢,先娶程公女,继娶石公女。男一弘磐,庠生,娶余女。女二,长适魏琇,次适翟纶。兹卜本年十月二十八日葬于城东祖茔之次。铭曰:

  人皆集于菀,而己集于枯①。
  虽则集于枯,盖确乎不拔,而有以密娱。
  世自用世,吾自用吾。既取其精,何用其肤?
  与古为邻,与天为徒。彼举肥者,胡为乎?
  我作铭诗,以示后之人。宜尔子孙,振振兮。

---

① 《国语·晋语二》载优施作歌:"人皆集于菀,而己独集于枯。"

二 乐陵市卷

1. 董养性（1615—1672）

宁国府通判董公墓志铭①

施闰章

君讳养性，字迈公，姓董氏，世为乐陵人。以明经通判宁国，政尚和简，会计、征挽无后期。用举其职，大吏以为贤。摄南陵、太平两县，有惠政，民依为母。去之日，呼号塞路，追送数十里。比抵郡，遂病，辄自知不禄，沐浴坐郡斋以俟，夜过半始瞑，时康熙十一年壬子九月七日也，享年五十有八。尝遇国恩，敕授承德郎。妻张氏，封安人，生四女，无子，郡人多叹息泣下者。

君广颡丰颐，朴诚宽厚。少补诸生，食廪饩。读《四子》《五经》诸书，考注疏，辨同异。治公簿外，日手一卷。尝督运抵京师，悉捆载

---

① （清）王允深《乐陵县志》卷八《艺文志下》，乾隆二十四年刊本。按，施闰章《学馀堂文集》未收此文。嘉庆《宁国府志》卷四《职官表·职官下》"通判"条："康熙六年，董养性，号迈庵，山东乐陵人。政尚简易，在任著有《四书、易经订疑》行世。"

诸书以往。又博访文学士杜名齐、胡泉、陈辅性，延至官舍相问难，编校成册。其耆旧有愿见而不得致者，则往就其家（谓沈寿民）。能文处士如吴肃公、梅庚，被其折节者甚众。所著《周易、四书订疑》，版行于世。它书辑刻未竟，累累满籝箧。君临逝，惟遗稿毋散逸是嘱。以君贵，赠父讳之华如其官。母王氏，生君及文学养中，赠安人。继郭氏，生太学生养直，封安人。君素以孝称，与两弟均衣食，课读如严父师。好周急奖善，恤宗党穷乏如不及。多购书籍，一本藏于家，一别本藏县学舍，俾后进子弟得就取读，其嘉与学者如此。

君卒逾月，弟养中自乐陵奔赴，遂以次子拙为后，卜葬于县东南三里之原。养中善举子业，余视学山左，拔冠诸生。今泣请予言，乃叙君为人并系以铭。铭曰：

文且贤，谁其促之俾不延；温而厚，谁其薄之靳厥后。
其橐为何？遗书孔多。渴贤下士，抱经而哦。
其生也，名无赫赫；其卒也，布衣野老，有泪滂沱。
呜呼！是宜伐太山之石，以旌万古之宅。

毓初董先生传[①]

张 璈[②]

先生一代名儒也。讳养性，字迈公，世为济北乐陵人。毓初，其本号也。先生天姿古朴，不为适俗韵。家贫嗜学。母病，衣不解带者三

[①] （清）王允深修《乐陵县志》卷八《艺文志下》，清乾隆二十四年刊本。
[②] 张璈，字霞城，山东阳信人。顺治戊子恩拔贡生，任广东潮州府海阳知县。居官六年，有政声。以亲老四十三岁致仕。著有《怀归草》《陟岵吟》二集。其事迹参见乾隆二十四年《阳信县志》卷六《贡士》、卷七《文学》。

年。祖父母、父母殁，皆哀毁柴立，治丧不用佛事。事继母得欢心。与弟文学养中、太学养直均苦乐。货布金帛，尺寸锱铢无私蓄。考业则如良师友，两弟事之亦庄于严父师。膺恩拔时，大父大母尚垂白无恙，三世一堂，秩如蔼如。

年逾三旬，即谢棘闱，键户著书，以正谊明道自期。由明经监郡宁国，再署县事。礼贤尚齿，矜孤寡，厘祀典，仁声屡播舆颂。康熙壬子秋卒于官。槃涧岩阿、服田力穑之俦，咸生刍走吊，且尽一哭，唏嘘相望道路间，较视篆受代日，扳辕携榼有加焉。

著《周易订疑》十五卷、《易学启蒙订疑》四卷、《四书订疑》二十二卷，所订《周易本义原本》十二卷，皆已镂版，《书》《诗》《礼》三经《订疑》脱稿未镌，《春秋订疑》刻十四卷馀，杀青未竟。

墓道之石，宣城施闰章为之铭。璥读《元史》，揭傒斯志陈定宇墓曰："吴澄居通都大邑，又数登用于朝，天下学者四面而归之。故其道远而章，尊而明。栎居万山间，与木石居①，而足迹未尝出乡里，故其学必待其书之行，天下乃能知之。及其行也，亦莫之御。"今于先生有深感矣！

2. 杜樾（1632—1695）

林庵杜先生墓志铭并铭②

赵执信

岁在丙子，乐陵杜君能忠，走山中，乞余为文，以志其先君子林庵

---

① 居，《元史》卷一百八十九《儒学传一》作"俱"。
② （清）赵执信《怡山文集》卷七，《清代诗文集汇编》第210册，上海古籍出版社2010年版，第387—388页。

先生之墓。余与君，昔同举于乡，相善也。既诺之矣，君有贤母曰孙孺人，持不可，曰："吾将旦暮从夫子于墓，盍俟诸？"君泣而驰书告余，乃止。越庚辰①，杜君成进士，孺人曰："吾可以下报夫子。"遂以其年九月卒。明年，君既卜合葬有日，则复申前请。余不敏，岂能失语诺？

谨按，先生讳樾，字荣木，别字林庵，先世曲阜人。故明永乐中迁于乐陵者，讳深，先生之始祖也。五世而有力学笃行者，讳一诚，隆庆中贡于朝，授将仕郎，先生之曾祖也。祖讳句，善著书，有《周易解》②传于时。考讳其渐，国初岁贡，不乐仕进，能治生，好施予，有长者称。先生，其长子，早慧，有大志，弱冠游庠，文誉动一时。连遭内外忧，哀毁过人，丧葬率礼，为识者所许。始先生之考有遗命曰："尔祖母未合葬，尔弟幼未成立，以属尔。"先生泣而受。未几，遂合葬如礼。教其弟甚力。顺治丁酉，弟应武乡试，得举。先生意稍慰。久之，乃举黄白资及田产之腴，以完者推诸弟，已无所私焉。会弟以病殁，一子，病不任丧，先生慨然使第四子能廉为之子，后事无缺。教诸子严，每曰："抱经负耒中，皆有第一流人，汝曹择而勉焉。"尤重然诺，轻货利。有负贷至数百金者，家日以落，先生知其不能偿也，毁其券，终身不言。亲党中，或为官事牵连，先生挥金营救，无少惜。或谋承继者，欲先生阴为之地，以良产进，先生正色拒之，事竟中沮。友人匮乏者，无不周给。求请无不应，死者赠之棺，贫者助之葬。中年后，尤邃于轩岐之学，施方药活人无算。晚岁，筑村墅，种五柳于门，闲居饮酒，翛然物外，类有道者。卧病不及旬，自知亡日，先期沐浴，具衣冠，从容就榻而瞑。虽年未七十，可谓全而归之者矣。

先生始娶于盐山崔氏，淑德茂著，有二子，早卒，先从先生葬。继

---

① 康熙三十九年（1700）。
② 乾隆《乐陵县志》卷八下《撰著篇目》云："杜句《易经便阅解》五卷。"

室以孙氏，海丰名家女，年十六归先生，善事姑与祖姑，皆得其欢。抚前室子，过于己出。先生每称之，以为古人所难。视侧室林氏，及所生子女，慈惠尤笃，林每与闇室中祝颂之。今合葬于先生。先生生明崇祯己巳四月二十三日辰时，卒以今康熙乙亥七月十一日卯时；崔孺人生明崇祯壬申正月二十三日□时，卒顺治己丑六月十五日申时；孙孺人生明崇祯乙亥六月初七日寅时，卒康熙庚辰九月十四日子时。合葬之日，辛巳十月三十日□时也。

先生有男子十人：能诗、能礼、能忠、能任、能麟、能书、能和、能智、能信，其一出嗣。女子六人。孙男十有七人：溥、溱、淳、潦、泓、洲、清、澂、沄、汴、沉、涵、泙、治、温、浩、浙。女孙十有一人。曾孙男八人：子龙、子震、子贲、子巽、子泰、子益、子谦、子同。曾孙女五人。婚聘莫非望族，后裔之盛罕有匹者。铭曰：

　　于惟先生，先民是则。匪见匪潜，乃全龙德。
　　施其孝友，孚于乡国。义结于心，而形于色。
　　以裕后昆，如陈如荀。有积必大，山川出云。
　　佳城郁郁，气合厚坤。德星灿然，永辉墓门。

3. 贾三奇

贾苍眷先生传[①]

刘鸿翱

先生讳三奇，字秉乾，号苍眷，姓贾氏。原籍直隶天津，明永乐

[①]（清）刘鸿翱《绿野斋文集》卷四，清道光七年刊本。

初，迁乐陵，世有隐德。传十一世至平子公，生子三人，先生居季，少颖悟，长为学，不专治举子业，研求经书，博观而综其要，旁及地理卜筮家言，靡不淹贯，著有《抱真山房诗集》二卷《文集》一卷。学老数奇，年六十不遇，贡成均，以长君声槐贵，诰封中宪大夫，例晋通议大夫。

余于声槐为后辈，自己巳通籍，即仰慕其品。诣学问时，尝窃取之以自淑。声槐论学必先辨乎义利之界，为人为己之防，宁失之拘，不失之圆。数年间，由农部擢御史，转刑科给事中，巡视南漕，授河南分巡南汝光道，清风峻节，卓然为吾乡伟人。余问之，则曰："禀承先生训也。"

先生笃于孝友。事父母，年四十犹孺慕。事兄尽礼，有事必咨而后敢行。姊适刘氏，窭贫，迎养于家，终其身。从兄攀云卒，抚其幼孤至成立。乡里化之，无不输诚于先生。里人某以贫欲悔婚，先生谕之即止。有窃田禾被执者，先生曰："汝故良善也。"其人卒改前行。岁荐饥，先生借粮于亲友以自给，犹量分邻人之不举火者。或以除夕典子妇衣不能赎，先生解所服外衣以助之。其施于家，孚于乡党者，类如此。

自长君声槐贵，先生每间岁一至都，事事为之经画。余虽未获亲炙先生之光，然以余之致慕声槐，而先生之冲和可知也。先生终身不遇，经济虽未得一展，然即其所以成就声槐者，而民之被其泽者已深也。是可谓笃行之君子也已。先生享年八十七岁，子三人，长声槐，次翰陞，次玉槐。

论曰：昔太史公传万石君，第称其孝谨。后人读之，至子孙申申，童仆䜣䜣。未尝不神往也。《诗》曰："彼都人士，台笠缁撮。"余于贾苍眷先生，有先民之慕焉。

4. 贾声槐（1767—1845）

诰授中宪大夫温处道艮山贾君墓志铭①

刘鸿翱

呜呼！余与君相交三十六年，而君亡矣。君讳声槐，字阁闻，号直方，一号艮山，世居乐陵，自幼笃学植行。余昔在京作君父传，称君清风峻节，卓然为吾乡伟人也。

初，君以己未成进士，主政农部，勾稽纤细，吏不能欺。公退，研究经史，尤邃于理学。余己巳通籍，得读君《约我斋稿》，品格直追嘉隆②。君亦重余文，遂定交。君论学，首严义利之辨。虽贵，敝衣蔬食，人多目之为迂。及由农部擢御史，转给谏，章奏累累上，洞悉天下地方利弊，皆奉旨允行。始知君之达于政事，非迂儒也。

巡视南漕，徒阳河阻浅，众议截船，君不可。祷江神风神吕纯阳庙，湖水骤长。黄水忽弥漫倒灌，淮粮船日挽数只。君祷河神，水平，船得全渡。事竣回京。余谓："君诚能感神。"君曰："幸获神佑耳。"是年，余戚张君名丰，以教习候选，问师于余。余答以欲求经世之学，无如君。后张君作令，为循吏，渐摩于师训也。

选授河南汝光道③。日坐堂皇，审积案。夜自治文书，不延幕友。叶、舞两县灾，君查勘抚恤，实惠及民，书役无丝毫染。署臬司中丞姚

---

① （清）刘鸿翱《绿野斋前后合集》卷六，哈佛大学汉籍图书馆藏道光本。按，天津图书馆藏道光二十四年刻本未收录此篇。
② 品格：为文格调。嘉隆：嘉靖、隆庆年间。
③ 汝光道，应是"南汝光道"，下文重出，即作"南汝光道"。雍正十一年至光绪三十一年，南汝光分巡道，辖南阳府、汝宁府、光州。

公祖同谓曰:"吾心服子之办事,实本学问,以为经济。"又谓同寅曰:"南汝光道理词讼,并无一案复来上控,公平可知矣。此儒者治民之效,亦足见民情之无不可感也。"

丁内忧,旋丁外艰,闭门守制五年,拟《论语孟子解》,改订前所为《学庸解》,分十四卷,名曰《思辨录》。服阕来京,余质以所选《山左文抄》,并余《绿野斋制义》。君谓余文日上,乞作父《苍眷先生传》。

放浙江温处道,余亦由中书丞太湖。温处道例修温州、黄岩两镇哨船。前任多以迟延受累,君克期督工。百姓困于漕务浮收,君酌减,踊跃争输。暇则至书院,为士子讲肄,温处文风一变。余镌《绿野斋古文》寄君,云:"欧、苏复出矣。"梁邹李葛峰守苏,刻余所选《山左古文》,君作序。助金付梓。太湖与浙邻境,音问时往来讲学,几如在京师时也。君刚直,不能阿附大宪。庚寅,制府阅兵到温,与君龃龉,奏参休致。士民送者泣下,余闻之太息,其果峣峣者易缺欤! 是后,余升任多在边省,不及通闻问矣。

君既归,老而所学益笃,著《周易解》《约我斋偶录》,实能窥无极太极之真,天人性命之奥,为紫阳①功臣。制府之劾,乃天假手以成就君之学也。去年夏,余自闽抚病退,思明德硕儒,林下惟君一人。方期从容达数年积悃,而君遽殂谢。悲夫!

君生于乾隆三十二年四月初四日酉时,卒于道光二十五年十月初七日丑时,享年七十九岁。祖讳至刚,妣李氏。父讳三奇,妣王氏,继妣孙氏,皆赠如君官。配某,恭人。子四人:亨泰,太学生,候选州同;亨晋,太学生,湖南永顺府古丈坪同知;亨谦,增贡生,早亡;亨复,廪贡生,试用教谕。孙九人:桓策,庠生,早亡;博策、鸿策、譔策,业儒;典策、训策、高策、徵策、方策,俱幼。卜于道光二十六年某月

---

① 朱熹(1130—1200),字元晦,号晦庵,又号紫阳。

日时葬君于鬲水之阴高原新阡。嗟乎！士之特立孤行，知己为难。君在京尝曰："惟君知余。"余何敢谓不知君也！然则余宜铭。铭曰：

> 圣人云："学而优则仕，仕而优则学。"学优不仕，何以治吾民？仕优不学，何以淑吾身？立德、立功、立言，三者不朽。士有一，已称天地间完人。呜呼！君乎！后世诵君之言，考君之德与功者，视此篆石之文。

5. 史邦直（1539—1586）

河南按察司副使史公墓志铭①

李维桢

余与乐陵史公同成进士。公为临晋令，则先大夫副晋臬，亟称公治状。公佐西安郡，则余守陇右。数闻问，共事棘闱。与之谈，神思清发，昏不假寐。诸台若藩臬长贰有大政，必属公，若挹水于河而取火于燧也。会江北议治田，廷臣特举公往，五载且有绪，而忌者尼之②。归，久之，遂卒。卒二十馀岁，余承乏长晋臬，河东士民诵史临晋不释口。又六年，而公伯子高胤、仲子高先来言曰："二孤之失母也，大者才五龄，不知为先君子问母事。比失父，大者才十五龄，不忍为大父问父事。盖窆于邑南徒骇河滨先茔之次。宿草二十许年，而墓中志缺焉不举。惟使君知先君子深，敢以其大略请。"余同榜中才知深美如公不

---

① （明）李维桢《大泌山房集》卷八十一，《四库全书存目丛书》集部第152册，齐鲁书社1997年版，第413—417页。
② 忌者尼之：嫉恨其功者，中止了他的工作。《尔雅·释诂》："尼，定也。"注："止也。止亦定也。"

数①，而不究其施②，每用惋惜，志何可已？

公初名笔直，督学使安福太常邹公更之邦直。其先左冯翊人，胜国季始祖秀乘白马与子仲良③，偕至山东乐陵，徙名数为鬲津乡人。仲良生勉。勉四子，伯曰翔，景泰丙子举人，仕海宁尹。季曰麟④。其邑令播恶于民，麟因民之不忍，执令诣京师，奏之状，伏辜。山东豪侠以为称首。麟子述以明经仕岷府典仪，人目之善人，配阎孺人。子二，仲曰袋，邑诸生。含德之厚，比于赤子，人目之佛。娶于郑。公之父母也。

公为郡丞时，封父如其官，母宜人。宜人梦馈鲤者，觉而诞公，以为祥。性好上人，群儿严惮之。封公贫，育于母家。郑翁善相人，语封公是必大婿门。而资用乏绝，不能延师，即从父受《易》，稍长旁通诸书，文多奇致。十三为邑诸生，以高等生食廪。十九岁娶广文高子介公女，是为高宜人，以仲子贵赠恭人。恭人孝于舅姑。姑秉家政，婉娩听从，而脱簪珥佐公学。公夜读，宜人夜绩，共一灯炷，恒自叹曰："为人子不能养亲，而令亲拮据。为子生计，欲报之德，昊天罔极。"

邑人礼公为师，稍资月俸具二人甘毳⑤。人以绸衣进，变色拒之："吾韦布，安事此？"其取予不苟，居约时则然矣。甲子省试不第，恐贻亲忧，为愉色以解大人："幸无恙，三年可立待。"杜门谢客，学益勤，而封公时有外侮，公顿首贺曰："惟受侮，乃见盛德。"

乐陵士登第殊鲜，公题其壁："丁卯，经魁。戊辰进士。"众笑为狂生，邹公首录之，召读书湖南书院，与英俊并游，青衫百结，或嘲

---

① 不数：数不清。
② 究其施：追究其施用。《晦庵集》卷八十七："当用世，遂究厥施。"
③ 胜国：亡国。《左传》："胜国者，绝其社稷，有其土地。"对于明朝，元代即胜国。
④ 邢侗《诰封奉政大夫陕西西安府同知拙斋史公墓志铭》云："三世为勉，四世为宣，五世为翱、翔、麒、麟四丈夫，翱以举人仕海宁令。"世系、姓名与此文略异。（邢侗《来禽馆集》卷十五）
⑤ 甘毳：甘美食物。《史记·刺客列传》："臣幸有老母，家贫，客游以为狗屠，可以旦夕得甘毳以养亲。"

之，公曰："吾舞象①时著此，不忍相负。"丁卯，果以《易》魁东省。有司敛里中百金办装，辞焉："无纤介德于乡而重费之，愿以市粟，凶出丰入相循环，与乡人共也。"有司具闻于上，颜其堂曰喻义。明年遂成进士。乐陵之有进士，自公始也。

已②知临晋，临晋于河东号难治，黠者善中令所欲则悍者持之法尼不行，公使优以木铎③警于署，令有脏秽者视此。串噉粗食，家人采薯隙地藜藿充虚而已。已迎父母邸中，而甫具肉味也。首务养士，饬黉序，具钟鼓，丰膳饩，亲持经教授，月课其艺文。民有讼，即令呼其敌俱来，胥不得摄。尝鞫盗，忽雷震，众皆伏，公叱曰："非盗者起。"盗自实乞缓，须臾死。方略耳目，发伏禁奸④，邑人呼史神君。寺僧与群不逞⑤，略妇女宣淫，罪其人而火其居。有坐大辟诬系者六年，一讯释之。缧绁株连不及妇女。

邑田与赋不相得，为之则壤无偏饶瘠，而收事先富贵家："以尔为民望，奈何教民偷也？"三令五申不从，则逮一赀郎治如法。平权衡，正度量，民如式自输，长赋者不得高下手，邑以此无负租焉。

民户与盐户半，而盐户苦重役。佃盐户地者，身受二役，核而均之比要⑥，至今为律令。祭祀、饮射、供张、交际，取诸常供若常禄，不加赋。民俗故俭，所储须悉土所出，除藻饰，削浮额，即上官贵客过临

---

① 《礼记·内则》："十有三年，学乐，诵诗，舞勺。成童，舞象，学射御。"郑玄注："先学勺，后学象，文武之次也。成童，十五以上。"孔颖达疏："舞象，谓舞武也。"
② 已，乾隆《乐陵县志》作"己巳。"
③ 《周礼·天官·小宰》："徇以木铎。"
④ 《汉书》卷七十六《张敞传》："其治京兆，略循赵广汉之迹。方略耳目，发伏禁奸。"
⑤ 不逞：不逞其志，指违法胡为。《左传·隐公十一年》："天祸许国，鬼神实不逞于许君，而假手于我寡人。"
⑥ 比要：统计户口、财产的簿籍。俞越《古书疑义举例·不达古语而误解例》："比要者，大比之簿籍也。"

如一。赎锾以出籴①，庾廥皆满，而旌民善蓄藏者，岁不患饥。

晋国护卫蒲州守御军养地在邑界，平阳戍卒相依倚，赋嫁之民，民折而入于军。诘之，则以扰王国体为辞。势家更为窟穴，击断无讳，吏莫敢问。公具牒极言诸不法，状民忿然含怒日久，祸且不测。而故泄之胡某，胡惧，率诸卒乞哀。公佯曰："吾亦知若辈习染久，第能如吾约，何过求焉？"诸卒稽颡，唯明府命。乃仿保甲法，丁隶户，户隶屯，屯隶之大管事者。朔日，大管事言："县有不善，操三尺从事，而盗无数匿矣。"监司知公任剧，檄摄他邑，若安邑平赋，猗氏校士，颂声籍甚。而他邑贵人不能庋蔽影赖②者衔之，中以计典③，平阳守吕公讼言："此河东治行第一。"御史大夫葛端肃公亦曰："是夫可方史鱼。"乃免，稍迁佐西安，而临晋人扶车流涕，久而见思，生祠之。后令以为师，请祀名宦祠，详邑志祠记中。

初，封公以公独子未抱孙，恭人白置副，舅姑喜："吾以新妇时可待也，不忍言。今乃为吾二人虑，贤哉！"择得某氏女，手为笄珈膏沐，以荐公。公不可："吾以卿无内顾，得一意公家，安用此骈拇枝指？"还之，无取直。

既入秦，数摄诸郡。行塞上，悉其险易强弱，虏在目中。内地则策款段就田野，讯民疾苦。所诛责大姓侵小民、奸吏不从令两端。诸郡廪廪畏之，甚于直指，或虞不免劾去，而推毂其奉法循理者。不徇非誉，不束资格，录囚原小过罪怙，终狱无冤结。凡经公讯，诸台不复措意矣。回夷负固啸聚累万人，四出抄卤，当事议剿，公庭争："譬犹以千钧之弩溃痈，是何计之道也？夫人贫穷则父母不子，宁知其他？"身帅两骑抵其所，谕之，贼蛇行蒲伏泣而呼青天。诛其魁以来而散其党，

---

① 赎锾：以钱赎罪。出籴：到外地买粮。
② 影赖：依附，依赖。《新唐书·杨於陵传》："先是，编民多窜北军籍中，倚以横闾里。於陵请限丁制，减三丁者不得著籍，奸人无所影赖，京师豪右大震。"
③ 计典：古代对官吏三年功过的考核的大计之典。

桴鼓不鸣。郡治前有御史高胤先①坊，公过而默祝："平生不妄害一人，不妄取一钱。回夷蠢动，不用甲，不申威，活人万计，宜有子。此坊御史，史，余姓也；高，余妇姓也。如得两男，当以为名。"已而伯子生名之高胤，仲子生名高先，而举觞寿两尊人："大人含饴餔孙，庶足娱暮齿耳！"两尊人顾谓："新妇贤，应有今日。"

廷议：江北，南都股肱，平原四达，膏腴之地也。田卒污莱，当设宪臣专治田，无适任者。蒲州相荐公于江陵②，疏请公为河南佥事，督淮安凤徐营田。始议建公署，公以"民中水，无宁居，何忍烦之"，就怀远闲署为治所。令有以金二镒助工者，瞠目麾出。指挥某有干局，予上考，以银铸上公。公怒："若他日为债帅③，则余不知人之过。"褫之。而审画营田便宜，曰："役不均，民必不集。无人，又何问田？"为十二章，责守令，校丁产，实社仓，买牛给贫者，察诸长吏勤惰虚实。所过减驺导④，父老拥观，各以其情自言，无敢为欺。居顷之辟地数百万亩，归流移数百万户，新甿受地无征。河与淮溢，梗漕河，河臣以宝应诸邑，任公浚渠筑堤，奔奏沮洳⑤中。中湿，疥癣满身，亲事不辍，程工第一。省臣尹瑾⑥行河以闻晋副使，赐金迎两尊人来为别馆，差具花石水竹之致，而引诸生数辈，为子师，两尊人意甚适。俄恭人以数产病且殆，公揖之曰："糟糠妇能茹苦，代吾养亲，幸徼一命而年不

---

① 高胤先：字世德，湖广宜章人。明成化二十三年进士，历官御史、四川参议。《万姓统谱》卷三十二有传。
② 张四维，字子维，蒲州人。张居正，字叔大，江陵人。
③ 《唐书·高瑀传》："自大历后，择帅悉出宦人中尉，所输货至钜万，贫者假贷富人，既得所欲，则椎剥膏血，倍以酬息，十常六七。及瑀有命，士相告曰：'韦裴作相，天下无债帅。'"
④ 驺导：古代上官出行，在前引马开道的骑卒。陆游《老学庵笔记》卷三："张达明，早历清显，致位纲辖区，然未尝更外任。奉祠居临川，郡守月旦谒之，达明见其驺导，叹曰：人生五马贵。'"
⑤ 沮洳：低洼湿地。《诗经·魏风·汾沮洳》："彼汾沮洳，言采其莫。"
⑥ 尹瑾，字昆润，东莞人。明隆庆五年进士。历官工部给事中，吏科都给事中等。道光《广东通志》卷二八一有传。

逮四十，所遗孤，谁为之母？"恭人不语，目指两女两男邃瞑矣。两尊人将恭人柩还里，而始为公置妾。

江陵母夫人北上渡淮，公飨之，无陪鼎加笾①。谗人度江陵必不悦，诡云营田费不赀②，遣户部郎某出按。公于郎无殷勤，郎东公则西，郎西公则东，曰："凡吾所为，旦夕焚香告天，天实鉴之。宵行者能无为奸，而不能令狗无吠。得地葆利尽吾职耳，详事下吏③，有死不能。"郎视诸食粟耕牛具在，所入倍出，但闻道路之言，于天时不可必④，地利不能为耳。议令致仕候用。公一夕遂行，行李萧然无几，微愠色。

而母病，扶持医药，劳悴卒不起。朝夕哭，继之以血。父曰："若母以若称命妇，归骨故土，若得终大事，夫何憾？无过毁，更伤我心。"公退，饮泪哽咽，而为父置后母，施事之如母。已葬恭人，而妾亦卒，祔之，是以继有谢太恭人。然公亦坐多哀善病。

江陵没，朝议公可大用。邻有秉铨过门相吊，谢不见。客谓："无乃已甚乎？"公正色曰："若非吊也。盖唉我也。使吾欲富贵，宁俟今日？"秉铨者不悦。已拟起公兵备潼关，不果，公付之不闻。而课二子，日有程，不中程不已，有过督责不贷。高楼雪夜，篝灯忍寒，诵声达旦。居常提耳："吾束发自修，不能枉道事人见黜，然俯仰无怍，不若齐人乞墦为妻子羞。"高胤为诸生，年亦十二，公谓："是似我。"每语故人知己："大儿清颖，次儿厚重。吾上不负君，下不负民，中不负

---

① 陪鼎：宴会时正菜之外的加菜。《左传·昭公五年》："宴有好货，飨有陪鼎。"杜预注："陪，加也。加鼎所以厚殷勤。"加笾：礼遇厚于常时。《左传·昭公六年》："夏，季孙宿如晋，拜莒田也。晋侯享之，有加笾。"杜预注："笾豆之数，多于常礼。"

② 费不赀：花费的钱财不计其数。

③ 《史记·春申君列传》："齐、魏得地葆利而详事下吏，一年之后，为帝未能，其于禁王之为帝有馀矣。"

④ 苏轼《三槐堂铭》："天可必乎？贤者不必贵，仁者不必寿。天不可必乎？仁者必有后。"

二 乐陵市卷

所学。儿必能不负我。知子信莫若父矣。"

公不屑为诗赋，独留心经济。率多果敢之计，莫为持难。尺牍公移造次数千言，不存草，于晋秦三校士，得人为盛，而识猗氏中丞荆公①于童子尤奇。家居开讲堂，诸茂才受学，称大师云。邑新学宫捐赀合作，不辞劳谤。积谷备赈贷，视初举施，弥宏远矣。父与伯兄为诸生，族某割腴田为供丁。公既仕，伯兄食如故，公以身叨禄秩何藉于族无已，则重购之以为伯兄田。好不废过，恶不去善。少年见恒辟易，而奖其能改者，虽所斥诟卒无怨。治第无丹垩斧藻，服食器具从朴从省。谋于野，庐于墓，烈日不张盖，田夫以蔬粝进必饱，自耕凿诵读外，苑囿花木，声色宴游，未尝齿及。宦橐购书千百卷，披阅不休。甫艾②而齿落发衰，若七十以上人。骤病遂卒。卒之日，语两子："吾以布衣取金紫，儿力能自致青云，何所不足？但不终事父，为恨耳！"邑人祀之学宫。

公生嘉靖己亥闰七月五日，卒万历丙戌四月二十日。恭人生嘉靖某年某月某日，卒万历某年某月某日。子二：高胤③，以礼经举第五，聘阳信苑马少卿马公三乐女，娶德平孝廉郭公锵女。高先，庚戌进士，南京户部广东司主事，娶临邑行太仆少卿邢公女，封安人。女二：一适邑诸生李公初开子和行，一适寿官潘公守义子可仕，两婿皆为百夫长。孙男：光籙，聘沾化范公元寀女，与仲子同举领解者也；光策，未聘，胤出。光简，聘南京陕西道御史宋公槃女，先出。孙女：一适举人潘公可久子盖世，一适前宋公子联奎，一字沾化廪生丁公裕庆子某，户科都给事中懋逊孙，一幼未聘，胤出。一字阳信浙江道监察御史张公五典子

---

① 荆州俊，字章甫，明山西猗氏人。万历十五年进士，官至刑部侍郎。
② 甫艾：年刚满五十岁。《礼记·曲礼上》："五十曰艾，服官政。"孔颖达疏："年至五十气力已衰，发苍白色如艾也。五十是知天命之年，堪为大夫服事也。"
③ 史高胤，中万历四十七年（1619）己未科三甲进士。乾隆《乐陵县志》："高胤、高先，皆进士。"可知李维桢撰文时于高胤成进士之前，《乐陵县志》收录时做了修改。

某，一未聘，先出。铭曰：

  公成进士，为宗开先，为邑开先。宗有积德，邑有钟美，而后公出焉。甫任之营田，旋驱之归田。才不尽用，复夺之年，胡为其然？蕞尔邑二百岁乃有公，天忌全，人忌偏，尸祝俎豆，百世不迁。而子孙象贤，美彰盛传，何憾于三泉？神理锦绵，有光属天，斯其为史公之阡。

6. 史谱（1776—1837）

兵部左侍郎史公墓志铭①

何绍基

  道光十六年九月，兵部左侍郎史公以疾乞解职。越明年二月，卒于京邸。其孤炳笏，持《事状》来乞铭，泣而曰："是府君所自著也。临终以授炳笏曰：'姑存之，使后人知吾出处大概，不必再为行状，致有过词。'"

  按状，公讳谱，字荔园，先世自洪洞来山东，占籍乐陵，世为望族，冠冕代兴。祖易斋公，以孝廉仕至江苏海防同知，父董亭公随侍，生公于上海任所。年十七举于乡。三十成进士，改翰林院庶吉士，充文颖馆纂修，授编修，充国史馆纂修。补浙江道监察御史，转户科掌印给事中。擢浙江宁绍台道，调粮道，升两浙盐运使，未至，授江西按察使、云南布政使。丁母忧，服阕，补陕西布政使，升巡抚。调贵州巡

---

① （清）何绍基《东洲草堂文钞》卷十六，《续修四库全书》第1529册，上海古籍出版社2002年版，第272—273页。按，本文为何绍基代其父何凌汉撰文。《咸丰武定府志》收录此文，署名为何凌汉。

二　乐陵市卷

抚。内转光禄寺卿，升詹事，充日讲起居注官，升内阁学士兼礼部侍郎衔。授兵部右侍郎，署兼管顺天府府尹事务。署工部右侍郎，转兵部左侍郎。

公在翰林时，恬憺好学，根柢日植。入谏垣，章六七上，皆求其可行无弊者。如严惩越诉及调剂五城贫民棉衣，此至今循办者。滇中铜务，自乾隆间例拨工本运脚银百万两，厥后核减二十馀万两，铜政遂艰，积为巨亏。公筹画明审，力请拨如旧额，始免支绌①。

在秦中，值西寇起，以藩司兼护抚镇篆，筹馈饷，恤差徭，军民两便之。南山屡获有秋，谓："平陂往复②，事理之常。"乃预谋荒政。果值大涝，捐廉一倡，赈务立举。

余识公自未第时，后成进士，为同年。竹柏之契，垂三十馀年。自其典试广东、湖北，巡视北城、中城、天津漕务，既所至有声。出为监司，洊领封圻。察吏爱民，圣心倚任。内陟卿贰，操履坚正，清望益崇。乃其事略，荦荦可述者。止此忠敬之道，恭抑之德，于是乎见矣。公生于乾隆四十一年，年六十有二。配李夫人、杜夫人，子皆不育，以弟诲之子炳笏嗣。铭曰：

> 公修家乘，采坠理纷。先三世墓，文碣其阡。
> 诵芬述德，孜孜甚勤。奉职中外，扬历敷宣。
> 建言行事，名立实存。具于官牍，吏写手烦。
> 顾其自录，廑是数端。将使后人，何所纪焉？
> 搜绎阐布，在贤子孙。乌乎茘园，是为可传。

---

① "公筹画"至"支绌"十五字，《咸丰武定府志》卷三十五作"公调集旧牍，择能事书吏，昼夜详核历年輓辀款项，厘剔一清，力请拨如旧额，始免支绌。滇省贡院号舍，旧制湫隘，常苦风雨之患，公倡捐改修，士获大庇"。

② 《周易》泰卦九三爻辞："无平不陂，无往不复。"意谓泰否好坏的转化是事物常态。

7. 史评（1778—1837）

礼部侍郎松轩史公墓志铭①

杜 堮

史氏系出溧阳，自汉以来支分派别，代有闻人。尔公尔侯，焜耀简册。其在无棣者，自元季始，以军功官乐陵讳秀，爰占籍焉。乐陵自汉始置县，聚族而居，敦风教，尚名节。垂条布叶，皆励儒修文学，科第后先，相望数百年。于今至少宗伯松轩公与从兄少司马荔园公而益大。

松轩公讳评，字衡堂，松轩其号也。曾祖听，字德聪。祖奉规，字循庵。考选隽，字箴周。三世皆以公官诰赠资政大夫，妣皆赠夫人。箴周公乐善喜施予，振困穷。又通《素问》，请医者值隆冬午夜，或徒步诣之，穷乏之家，更遗药饵，无倦容，无德色。里人藉藉谓："厥后不昌，非天道也。"子四，公居次。生而凝重，俨若成人。入小学，颖悟特异凡儿，诗书过目辄不忘。学文章，抽翰即工。十八补博士弟子，推为一簧之隽。

嘉庆丙寅举于乡。戊辰成进士，改庶吉士。己巳授编修。庚午典试于蜀，得黎靖等六十人，皆知名士。壬申大考二等，充武英殿文颖馆总纂官。丙子充顺天乡试同考官，得吴廷珠等十有六人。其年冬，箴周公殁于家，公戴星驰还里，居丧柴瘠，以不克迎养为恨。终制，道光元年还京，升左赞善。丁母张太夫人艰，丧葬如箴周公殁时。六年补原官，升侍讲，转待读。八年升庶子。十一年升学士，充武英殿提调官，日讲

---

① （清）李熙龄修、（清）邹恒纂《咸丰武定府志》（第2册）卷三十五《艺文志》，《中国地方志集成·山东府县志辑》第22册，凤凰出版社2004年版，第182—184页。

起居注官。十二年升少詹事,充文渊阁校理、咸安宫总裁,署国子监祭酒。十三年大考,以手疾请假。疾愈,补试于南书房。上亲贤称善,特命附二等。

十四年,升内阁学士兼礼部侍郎。先是荔园公由陕西巡抚还京,补正詹事,至是亦升,友昆同居内省,赋诗纪恩,都下以为盛事,未尝见也。是年秋,简放浙江学政,绝干谒,禁陋规,肃场令,风行胶序,士论翕然。手校试卷,漏三下不息。案出,公明之声,远近若一。其科试,则丁酉拔萃科也,甄选才品,尤加详焉。曰:"吾无负吾心,蕲以对天地、答君亲,敢言勚乎?"十六年升礼部侍郎。十七年将还京,九月二十七日得疾,亥时竟卒于使署。

明年,其孤奉柩还里,将葬,以状来请铭于余。余与公家世有连,自官京师,过从无间。窃见公孝友敦笃,秉心塞渊。与人交,明白洞达,不一作世故语。性坦易,生平无疾言遽色。至尝以私,则凛凛乎不可干也。俭于自奉,而每岁捐资以周昆弟,教子以崇实行、黜浮华,为家法。居京师,回翔词馆者三十年,勤学好问,职业之外,略不他及。致身九列,而气量闲雅,无异为诸生时。知其过人远矣。其卒也,梁心芳方伯陛见,上垂询犹深惜之。盖公既结主知,期大用,而年不与,为之长太息者,不独在知交姻戚间也。

公距生于乾隆四十三年十月初六日辰时,卒年六十。配石夫人,生子女云云。以道光十八年□月□日葬公于先茔之次。铭曰:

岱海之间,钩盘一曲。溧阳退斋,钟是灵淑。
亹亹令闻,为鹏为鲲。致身唯早,以大其门。
手握簜节,履振容台。日月逝矣,曷云其来。
粤维佳城,若堂若斧。公之盛德,不朽终古。

8. 宋槃（1575—1633）

赠兵部尚书宋公传①

胡岳立

宋公，讳槃，字念莪，号懋吾。先世直隶静海人，始祖宣徙籍乐陵，四传而生忻州司训应麟，性至孝，庐墓三年，墓侧井涌甘泉，群盗相戒不入，避难居民赖以全生。父之泂，勤学好义，亲疏望之举火，远近为之折券者不可胜计。居恒与公论断今古，惟以忠孝为念。

公敏异，落笔有隽声。庚子登贤书，辛丑成进士。初授山西长子令，案无停牍，劝农赈饥，善法足赋。丁外艰，服阙，补大名魏县，辑盗苏民，申免旧税三百馀条。考成，擢南京陕西道御史，巡视上江，风棱岳岳。上奏十事，内列储讲久虚，贤良远摈等，深切时弊。竟以忤宪取忌外迁，任陇右佥事。时大饥，城兼崩圮，择饥民之壮者，给粮修埤浚濠。设粥厂以济妇子老幼，出赎锾以贮公帑。徕商贾，平市价，禁交际，杜幸窦，汰冗兵，厚健卒，明赏罚，严训练。运筹于五慎，决策于四机。迁靖远参议，再调榆林副使，加参政。抵任以核交代，裁内丁，清占役，易总镇。得请于抚院，奉旨严行，永著为令。安抚辑绥，一如其故。以响水奏捷，钦赏银雨。以边功升右佥都、巡抚陕西。一建牙而吏肃民怀，亡何而逆珰张媕自揣外臣，胡能销弭群孼？以请告旋。

戊辰龙飞，汇征起兵部右侍郎。丁继母艰，疏请终制。冬月服阙，

---

① （清）王允深修《乐陵县志》卷八《艺文志下》，乾隆二十四年刻本。

膺前命,给三品封诰。转左①,署本部印务。厥职维勤,夙夜匪懈,增修备御,慎用将材,召对称旨,屡奉温谕。浓济桥、马邮山,连奏大捷,又值陵工告成,并荷钦赏银币。两载筹画,心劳成疾,乞休归里。未几,讣闻,赠兵部尚书,谕祭一坛,造茔安葬。荫一子入监读书。享年五十有九。历任三十载,淡泊明志,无异寒素,宽宏正直,不识机巧,不设雌黄。丈夫子九人,皆一时名俊。训子弟不治产业,惟好解推。卒之日,仅馀图书数卷而已。余生也晚,不克躬聆提命,读公纶音墓志,不胜悚肃,故乐为之传。

9. 张泼(1584—1638)

中丞张念山传略②

张 鏐

吾张祖籍玉田,明初迁乐陵,八世至中丞公讳泼,榜名自悟,登第后复名,从父命也;字孝泉,号念山。父以庠生见诬,卒图圄。公幼孤,九龄就傅,感怀先人,常恐负无言之隐于地下。十七游庠,二十三岁举万历丙午乡试。丁未,成进士,令曲周,澹泊明志。征粮令民当堂投柜,不取耗;问理不罚纸赎,而精练吏事,多所兴革。修城池、文庙,邑屡有火轮之异,建火祠而患息,曲人感之。

甲寅,考授浙江道御史。庚申,神宗崩,时政丛脞,方从哲独相七年,辅弼无术,边帅部差贪玩自恣,军民交病。朝中党势鸱张,株连祸

---

① 《明实录(崇祯长编)》卷四十五载:"辛未(1631)以宋槃为兵部左侍郎。"两载去世,当为癸酉年(1633)。宋槃享年五十九,当生于万历甲戌(1575)年。

② (清)王允深修《乐陵县志》卷八《艺文志下》,乾隆二十四年。

结，都下奸宄丛集，变且不测。

光宗嗣位，公始补台秩，毅然以济塞为心。帝下前枚卜①、犒边置榷税中官诸奏，人心仁望有为，给谏泥旧习者谓仍宜留中，公抗言留中之弊。时请补阁员，公疏阁臣宜内外兼用，以破从前成格。自王图、李三才等被逐，公疏诸臣当和衷惓惓，以元祐苏党侵邻为戒。又监边事毁败之由，疏核军实、禁侵渔、力剔债帅积弊，而意主于厘正，不在追求也。户部金报办料商人告困，请援工部预支例。都门无赖成群，把持街市，种种横暴，请改巡城为中差及瓜方代以资弹压②，多见纳。

九月朔，帝崩，皇长子幼冲，李选侍僭拟母后禁制起居，公暨兵科杨涟等力持不可，与选侍回宫请见皇子，遽拥出乾清宫，导从至文华殿行礼，则熹宗也。将以六日即位，五日选侍犹据乾清宫觊觎专制。左光斗发移宫之议，选侍将加罪，公与惠世扬议公疏以争。杨涟于麟趾门呵责选侍党李进忠，二公入东宫门，遇涟曰："选侍欲垂帘处光斗，汝何得晏然？"涟曰："无之。"进忠因夜逃。方从哲犹依违不决，公劾之，且言帝冲龄即位，窒欲第一。举唐太宗、宋英宗出宫女为法，而严禁献女。既而泰昌改元议起，公曰："天启改元之诏已颁，不得已以庚申八月为泰昌元年。"与左光斗议合，国是遂定。

辛酉，巡按山西盐政，商人盐法始则压垫，改为待支，变而挨支，减而二八，加以预报，法经屡变，预征已及十年，而贫商五十馀家，累世酷拷，甚至毙青衿，系命妇饷臣，又议加派，公极陈之，得寝。复革富户供给、农民解粮、河酒行户、池神催祭诸项除解，额外存银一千八百馀两，籴谷三千七百馀石备荒。

---

① 明代以"枚卜"这一随机之法推选翰林院官员入阁参与机务。《明史》卷一百三十九载："帝仿古枚卜典，贮名金瓯，焚香肃拜，以次探之，首得龙锡，次李标、来宗道、杨景辰。辅臣以天下多故，请益一二人，复得周道登、刘鸿训，并拜礼部尚书兼东阁大学士。"《明史》卷三百零八《奸臣转》载："枚卜大典，宗社安危所系。"

② 《日知录》卷三十二"讹"条云："泰昌元年八月，御史张泼言：'京师奸宄丛集，游手成群，有谓之把棍者，有谓之拏讹头者。请将巡城改为中差，一年一代。'"

甲子，掌河南道，陈端本三议，一、抚按不许滥交际；一、部属不得轻差遣；一、贡途不得用有司。时魏珰窃政，仁贤多遭倾陷。公疏史永安、梁之栋甄叙未明，王纪、邹元标、钟羽正、盛以宏、孙慎行、余懋衡、张问达、曹于汴等去国，有云便言易入，重叹拔山之维艰，珰怒不可解矣。崔呈秀进《同志录》，卿寺首公，时晋太仆少卿也。乙丑，梁梦环劾公为袁化中死党，削籍夺诰赠，逮惠世扬，珰迫使扳公欲置之死，世扬坚以身任，乃免。仍于《三朝要典》诬以无人臣礼，盖切齿于便言一疏而翻案于移宫，以此实公与杨、左等协谋为之也。

怀宗登极，赐环复原任，管光禄寺丞事，令述去国始末并及时政紧要。因请禁司饷刻剥边军以杜鼓噪，议添注二十馀缺以恤逆珰摧折诸臣。晋正卿，管少卿事，举劾东路养马官员以马政与吏治兼采。己巳，擢右副都御史、巡抚河南，召对平台称卿盖异数云。未任，感疾，予告林下九年，心未尝不在朝廷也。

公自幼力学，事母孝，举念不忘父志。服官忧国爱民，必持正议。初边储关税例用部员，部堂远而托之，不知抚按抗礼而置之不问，故贪婪易。公屡疏请改司道属抚按察核与内外兼用，疏皆格于一时而行于后。前后荐南居益、陈伯友、都任、武起潜、唐绍尧、文翔凤等数十人。乡人沐德尤剧，德州管仓主事阎煖滥甚，劾罢之。又争奸商申盐及按臣陈九畴议置保赤仓积谷之害，东省咸食其福，而和易洒脱不以爵位震里间。百年来颂乡先生之厚德者，必曰张公也。

遗命云："予未释父志，未锄魏阉，抱恨终身，勿得援例入乡贤祠。"而曲周报祀于二十年之后，去晋时攀舆泣者五十里不绝声，两地皆有祠记。

公行四，生于万历十二年三月二十八日，卒于崇祯十一年正月初六日，年五十五。葬邑城东南一里而遥祖茔之右，负钧盘之阴。著《竭力草》《臆谏草》《庚申纪事》一卷，载《明史·艺文志》。

三 临邑县卷

1. 纪纲（？—1416）

纪锦衣卫传①

李若讷

明文皇时，锦衣稍稍贵重，而最著者称纪纲。纪纲遇文皇甚奇，得祸亦最烈。吴会王元美曾记之翔寔矣。余往读之以为恢玮，既而以丘里之言质焉。乃余乡故事遗之父老、收之学士者也。

纪纲，本临邑人。少为诸生，有大志，好法家言，黠刻足智。曾与邑中穆肃读书，学宫夜有怪，以计息之。善相人者，以纲、肃法当贵且有功，而邑市有鼓刀者钟信相人谓当亦然。人不信相、屠，并不信相两人，乃纲愈益自负："即何减蔡泽不相耶？"

会文皇靖难兵至，纲叩马献计，大抵以直擣金陵天下可传檄定。文

---

① （明）李若讷《五品稿·文稿》卷一，明万历刻本。

皇纳之，昕夕从鞭弭，欢甚。纲能逆钩人主意，先发以为功，由是倍宠暱，时时帷中与俱。既定鼎北平，纲为锦衣都指挥佥事、典亲兵禁直，骤贵用事。而天子自外藩起，意不无危疑，察纲心计，遂托之以侦外庭，纲宠暱更倍。

然纲小人也，用是浸假威福，元勋大臣见之躬躬如畏，而纲益倨岸无所惮，贿赂大开，门若衢市。三吴富人沈文度愿比台隶，珍贝镪帛，各以岁月进。司寇刑人于市，辄索重赇，诳以居间于九五，既满意，竟刑之，以故其富溢尤绝去幅度。

会刷选女子，纲择其艳者充下陈。庭除洒扫，往往用刑馀供其役。从征汉，庶人收得其衣冠，私第宴会辄用之。拥高称孤，下呼万岁如朝仪，诚淫恣儧紊，不知其不可也。

纲以用事久，浸有异心。天子射柳，纲射故不中，监者填然鼓之，天子大笑，亦未察其奸。而纲寔以此揣众心，且自欣幸。御史发所为诸不法，按之得寔，乃磔于市焉。

当纲盛时，临邑一市皆其第宅，相错如绣。地下为隧道，隐屏人于隧中铸兜鍪，约组练，将谋不轨。邑仓基一带，相传为第宅故址。余幼时见一盝井，下甚深邃，掷挖砾而坠，铿然有声，谓下有铁窗子，盖隧道所存之万一也。然则纲之砰镐于锦衣者，今将求于烟莽矣。

野史氏曰：贫贱思富贵，富贵履危机，诸葛长民之言也。此谅非达者所取。如纪锦衣倘来位势，卒贻祸酆。彼固决于生鼎食、死鼎烹耳。夫鸱夷、赤松，岂不能食且烹者，顾丈夫当身名俱泰，或非以彼易此也。纲为人相其贵幸矣，吁！胡知生而昧死哉？

2. 李汝相（1539—1610）

明河南布政司左参议进阶朝议大夫岩宾李公行状①

刘士骥

余与季重同籍，又托姻好。甫旋里，即谒其尊人岩宾公。岩宾公村居僻远，老且病矣，而神甚王②，谈古今如指掌，然其意翛然尘外，余叹慕不能。已而亡何公病剧，季自都门驰归，公不待矣。悲乎！先是岁丁未，铨部奏起公关中兵宪，不报，佥议补牍，而会季重入计，公曰："为我谢诸公，吾绝去簪组久矣。毋烦山公启也。"诸公乃不复请。而海内贤士大夫犹心仪公，时时问起居状。天即不以公衡国是、澍苍生，宜留以砥柱颓俗，而今已矣，悲乎！

公讳汝相，字希说，岩宾，其别号也。李之先自陇西，系不可详。永乐间由莱阳徙临邑，彦祥以下世受农，五传而为访，籍诸生。访三子，仲国斡，以诸生膺贡。伯国祯，即公考也，负隐德，以公贵赠文林郎，娶崔孺人，举子五。公最少，生有奇征，稍长能属文，英气勃勃，受经苗、李两师，咸曰："此千里腰褰才也。吾安能据师席？"既补博士弟子。而赠翁疾革，屡目公，公雪涕自矢："儿敢不力学，以光先世。"赠翁颔之，乃瞑。久之，不得志于有司。修业东村，益自刻励，吾伊③恒达丙夜。庚午举于乡。一再计皆不利，则读书济南之大佛山。掩关僧庐，竟岁忘返。研究经术务深湛之思，而为制义，步趋王文恪、

---

① （明）刘士骥《蟋蟀轩草》卷三，《四库全书存目丛书》集部第182册，齐鲁书社1997年版，第502—505页。
② 王，即旺。
③ 吾伊：亦作伊吾，读书声。

唐中丞，超然神解承蜩（弄丸）。

庚辰，举进士，汉冲萧公①其榜第一人也。见公文大欣赏，以为海内寡俦云。江陵相党夫己氏②与公有旧，以公当为令，讽公令其邑，公不应，夫己氏心恨。会直指言陇西边邑罢而旱，宜用精粹士。夫己氏谓主爵："李氏子才如䤼刃，何难髋髀？"实隐之也，主爵从之。

陇西距家三千里，太夫人春秋高，不能以板舆往。公太息曰："吾岂以墨绶易斑衣？不愿得百里，愿得广文一片毡③，庶依膝下。"具疏欲上当事者，以有成命不可。乃留妇张恭人侍母，而单车之官。友生赠行有"路似王尊坂，官惭子厚州"之句，盖公始进已持正如此。既履任，首执一奸胥，论如法。左右股弁已谕父老："令不悉民，便宜具言勿隐。"每行阡陌，父老盘散而前争陈疾苦，半杂方言，公未尝不温言以受。邑，郡首也，诸务丝棼，公竟日据案。饥买民间饼饵啖之，笔不停挥，滞牍如扫。民逋赋匿山谷，急则鸟兽散耳。公设法征，督戒里胥毋扰，完赋十之八，较昔赢数倍，民不称厉也。居陇西三载，一钱不自润，官舍萧然，僮仆仅免枵腹。闻太夫人丧，不能治行，至质衣市肆，而贫可知已。比发，民泣送者塞途。

服除，补魏邑，魏于三辅称饶，而公益廪廪冰檗④，其治约略如陇西。隶卒一而应者二且三，率渔民以糊口。公曰："猵獭多，则池鱼劳，民不堪矣。"亟汰其冗，宿蠹一清。有货郎横于里，上官廉，得状跳而免。公使人微伺之，捕置三尺，民大畏服。盗三犯矣，而赃甚微，公怜而活之，叩头流血，誓不为非。漳河横溢，坏民田庐，公率僚佐虔

---

① 萧良有（1550—1602），字以占，号汉冲，湖北汉阳人。万历八年庚辰科会试第一，殿试第一甲二名。
② 夫己氏，犹言某人。《左传·文公十四年》："终不曰公，曰夫己氏。"
③ 广文毡：唐设广文馆，属国子监，设博士、助教等教职，俸低清贫。杜甫为郑虔博士诗云："才名四十年，坐客寒无毡。"明清时以广文或广文先生指教职。
④ 廪廪：亦作凛凛，有风采。冰檗：处境苦寒。白居易《三年为刺史》："三年为刺史，饮冰复食檗。"

祷，水立退。民歌曰："江陵火，魏县水，惟德感神刘与李。"南乐魏少司马①端介，慎许可，亟称公贤，曰："此列宿中福星也。"

公为令先后五载，荐书屡上，召为户部给事中。公故直方，又居谏职，遂慷慨论列无所避，条上六事，皆救时切务，而汰赋税之馀羡，禁生祠之冒滥，核家丁之冗耗，尤中膏肓，识者趣之。中贵鲸②势张甚，谏官多有弹射，而公援逆瑾事，言尤剀直，鲸大恚，将陷以叵测，偶不果，然其党皆侧目。公念人臣效忠，即死权珰③无所恨，奈累圣明何？乃力求补外，太宰梦山杨公、少宰吉亭赵公，多公骨鲠，持不可。既悉公指，则曰："省臣外补者二名，曰年例。夫不宜外而外，非例也。"乃以公增为三，以示贤重公。

公金宪山西，所司清戎治驿及蕆政，黠吏请曰："故事，文移往返率以甲乙问赎。"公笑曰："乃公宦久而贫，岂染赎锾者哉？"日用蔬薪，一切与市价。又以时给欢溢阛阓。晋藩幼弱，郡藩乘而龁之。昏议久不决，监司诸公不肯坚持，公独力争，至愤懑废食，曰："吾终不能作绕指。"诸公逊谢焉。已新吾吕公④来抚晋，吕公名臣，所至务修实政，公持议与合。清核邮符尺籍，弊窦罔匿。又倡临汾令辟水田千畛。吕公大喜，称公政绩宛然张益州矣。

迁河南参议，治税粮。时以灾沴赋多后期，公精心酌议缓急适宜，百姓便之。甫半载，公患脾湿，慨然曰："吾通籍清时，固欲报主恩万一，而肮脏不能偕俗。自顾七尺，惟宜丘壑。今又病，何恋恋浮荣为？"奏记乞休，中丞南渚赵公⑤固留，谓："君名实烨烨，年未及耆，

---

① 魏允贞，字懋忠，号见泉，大名南乐（今属河南）人，是时任兵部右侍郎。
② 指太监张鲸。
③ 权珰：得势的宦官。珰，汉代宦官帽子上的饰物，后借指宦官。
④ 吕坤（1536—1618），字叔简，号新吾，河南宁陵人。万历二年进士，历官山西巡抚，刑部侍郎。
⑤ 赵世卿，字象贤，号南渚，历城人。官至户部尚书，兼署吏部。

故遽作县车①想，纵曰勇退，殆非中行。"而公已命长年具舟，不待报竟归矣。

归而构居乡落，强半茅茨。瘠田数百亩，裁供伏腊。不置姬侍，不亲丝竹，不畜古器玩奇花石。无论绝长安问讯，即守令不通刺，冠盖谒造率谢病不见。性不喜居闲，人亦无敢请。闭户高卧，起则手一编。故旧过，寻常鸡黍，相对清言，我眠君去，都忘宾主。所谓古之沉冥非耶！

公虽天性旷达，然惇伦扶义，真念肫肫。别母赴官，一语一泪，瞻云陟屺，悲咽弗胜。及持丧哀毁几灭性。伯兄殁无子，为制衣衾，庀窀穸，遗亩推与其女。叔兄早世，抚其孤，以迨成立。族属缓急，倚公为外府。公乏宦橐，惟是南亩之羡，委曲办给。友人孟尚宝丧燕邸，为经纪身后甚备。任、杨二故人，一贫一无嗣，赡恤殷勤，无间生死。居约有所贷贵②，即偿之；或已物故③，偿其子孙，子孙不知所繇，感激出涕。邑人曹某为小官，客死于边，则致书李总戎，俾得返葬。齐河人为山西巡检，罢官，而婺不能归。公在臬司，属其令长赒之归，而踵门泣拜，曰："微公，几为异乡鬼。"其生平多此类也。

公谢政十三载，而季重成进士，为夏邑令，尝□□曰："廉不蔽恶，耻不纵枉廉，服膺二语可为良吏。夫剥民以结欢，吾平昔不为。今不教成诒矣。"季重课最，公进阶朝议大夫。又二载卒，盖万历庚戌三月八日也，距其生嘉靖己亥七月二日得年七十有二。

公白皙美须髯，目光炯炯，议论如走丸霏屑④，听者忘倦。该览典籍，尤爱《左氏》，丹铅⑤屡易。诵薛轩先生《读书录》，欣然有得，

---

① 县车：辞官致仕。
② 贵：疑当为"贳"字，形近而误。
③ 物故：去世。《汉书·苏武传》："前以降及物故，凡随武还者九人。"颜师古注："物故谓死也，言其于鬼物而故也。一说，不欲斥言，但云其所服用之物皆已故耳。"
④ 走丸：喻便宜迅疾。霏霄：健谈。
⑤ 丹铅：点勘书籍用的朱砂、铅粉。此处指阅读时的圈画校订。

曰："是吾师也。"性不喜伎术，尤绌形家言，曰："人受命于天乎？受命于冢乎？"所著《李山人谬议》《掖坦疏草》，藏于家。

公配王孺人，处士诏女；继张恭人，处士天瑞女。丈夫子三，若虚，邑廪生，娶葛氏翰林检讨曦女，继路氏，处士某女。若思，邑廪生，娶郭氏庠生楷女，继党氏，容城令天爵女，前卒。若讷，甲辰进士，内乡令，即季重也。娶任氏，商水令博女；继高氏，省祭①权女。女一，字太学生王沚，省祭天祚子，夭。孙男四：寓庸、士弦，俱夭；士端，娶王氏，太学生沚女；士章，幼。孙女十：长字王衷纯、太学生沚子，夭；次适庠生马敦循、廪生贡图子；次亦字衷纯；次字王继国，庠生士元子；次字范某，庠生承胤子；次字余儿振玉，夭；次字周某，武生之楫子；其三幼。墓在邑城北。以壬寅年某月日葬。

史刘曰：士君子能为用易，而能为不用难。公为令而循，为谏官而忠，为监司而才，且业已试于用矣。拂衣高蹈，白首松云，垂棘不点青蝇鹓雏腐鼠，何其卓也！惜哉！能为不用也者，固能为大用者乎？然公虽不究其用，而桂嗣灼然玉举，其用弗可量矣！季重属余具状，余不能辞，论次其事如右，俟鸿笔采焉。

3. 李若讷（1572—1640）

渤海李君暨配合葬墓志铭②

张尔岐

渤海李君致政返里七年卒。又四年甲申，葬于祖兆，以元配祔。维

---

① 省祭：监生居家。《明代·选举志》："监生拨历，初以入监年月为先后，丁忧、省祭，有在家淹留七八年者，比至入监，即得取拨。"
② （清）张尔岐《蒿庵集》卷三，清乾隆三十八年胡德琳刻本。

时朝野卒卒①，不及请铭。后三十二年乙卯，继配高淑人卒，明年丙辰将以十一月之朔奉祔君墓。君仲子持君及两淑人行实，属某为之志。君以文章宗工，数涖名都，贰大吏。当得一时显人为之表彰光烈遗则，来者而猥及某，非任矣。辞不可，乃勉据行实以次。

君讳若讷，字季重，渤海其别号。先世莱阳人，永乐中迁临邑，自彦祥始。彦祥生景仁，景仁生芹，芹生鼐，鼐生铭，凡五传而至君曾祖。曾祖讳访，治《毛氏诗》，补邑诸生。祖讳国祯，以子贵，赠文林郎、陇西知县。考讳汝相，万历庚辰进士，历知陇西、魏县，入为户科给事中，以劾内侍张鲸不法事言之力，外补山西按察佥事。后以布政参议致政。妣张恭人，生三子。长若虚，仲若思，季则君也。

君有早慧，年十五籍邑庠。又二年中戊子乡试。五试礼部，万历甲辰赐同进士出身。方其困于有司也，益自厉于学。自六经诸史以及百家之言与稗乘②掌故，无不紬绎穿贯，博其同异，究其指归，其发而为言，亦自制义，以及诗赋论叙赞颂奏对铭诔之属，无不力追作者，卓然一家，故始虽屡困，卒致通显。

君既成进士，试职知夏邑县。夏邑固瘠且多盗，君治之期年，税以平，盗以清，民安乐之。移内乡，民拥车送且涕者以万数。内乡视夏邑为剧，君至问民所苦，为之随宜解张。时里籍久敝，苦繇役不均，则为定里籍。里胥包税，民苦侵没，则立税单，令自输。邑南顺阳驿传，苦遥供，则请徙淅川，又省徒隶，罢追摄务，与民休息。至科罚假贷，长吏所巧为条目以浚民自利者，概绝去若浼。而社仓义学水利诸务，次第修举。取《家礼》酌取可行者为一书，俾民遵守。于强梗则鉏治，不少假。又以时缮城练士，严饬武备。黄耳半山诸处，故多矿盗，西峡口通秦晋，私醝所出入，皆罷民所萃。终君任无草窃为患者。庚戌入计，

---

① 卒卒：仓促急迫貌。时值甲申之变，世事皆废。
② 稗乘：应为稗乘，形近而误。稗乘即稗史，记载民间逸闻琐事之书。

以治行异等需内擢，会遭少参公丧，忌者乘间抑之，仅与郡贰。服除，补同知归德府，诸台监以为佐理不足见君长，檄署睢州。睢俗悍而佻，颇号难治。君除恶导善，一衷于法，人为易向。

寻擢户部员外郎，督易州饷。稽阅精敏，诸商输刍者，不得欺，以为称职。迁郎中，时仓场多为中涓冒侵，君以状列大司农，大司农疏上其事，为之少戢。清河被兵，城破援至，呼饷甚急，当得部郎一人护饷，人惮行。君奉使乘遽疾驰以往，反报大司农。劳苦之假，以休沐得省母恭人于里。未几，出知太平府，君习知民间，洞晰吏胥情伪，以故累年积牍廓然一清。俗多讼，君出片语剖曲直，无不憎伏，愿自罢去，遂立遣之，讼牒为减。采石于江防为重镇，时海内无事，营垒什伍兵械舟楫皆具文。君请以芜湖帑廪之羡为之缮葺蒐补，四十五日而毕，台使临阅嘉叹。他如为黄池民设警备，易郡帑以石窌而铁栅，诸为绸缪计者甚豫。又修郡城新学庙，葺谪仙祠，治采石至郡石路。其精神保举大小不遗，然皆因势利导，民不知劳。太平于是称大治。擢湖广按察蕲黄副使，备兵下江。时江防久弛，君奉玺书申成宪，蒐卒伍，庀械具，程恪惰，军容大振。自阳逻至新江八百里，皆深箐茂林，不逞者以为渊薮。使节久不至，公扬舲乘风，再按其地，吏民叹服。

晋四川布政司右参政，典驿传，旋调分治。未之任，以母恭人丧返，忌者诬以在楚时事镌一级。免丧，补浙江布政司参议，莅治嘉湖。嘉湖为全浙门户，赋役繁重，征发纷纶，勾稽为难。两郡有司守令而下大小吏百馀人，贤不肖各异趣，水陆防御军幕错处，所部士四千馀与农氓连迹接袂，最不易治。君正己率下，振举纲领，诸吏蒸蒸顾化，曹胥雪手，市里晏如。稍迁湖广按察副使，巡上荆南兼摄下荆南守巡及荆西守巡。五署诸务纷投总至，应时判决，常若有馀。改四川按察川西副使，摄布政使，入贺万寿。又为蜚语所中，遂决计归里。甲戌补广东罗定兵备参议，以病请，当路善君者推挽之，终不起。

君以文学致身，其为政率依经术，廉洁自守。所至泽常下究，好振兴学校，风厉人材。至其制变摧强，又非仅文雅所可办。守太平时，粤兵过芜湖，信宿不发，人大骇。君驰至，呼其帅与语，中其隐，遽去。在楚，值楚王薨，卜兆而规民冢其中，民愬之两台。奉台檄同长史行视可否？君裁之以义，卒改卜。既无挠避，又适机宜如此。部吏瞻其风裁，皆洒濯从事，君之遇之，则恩礼终始。初不好为苛察，惟贪墨不悛者，乃褫去。虽有强援居间，不恤也。以不能俯仰权贵人，故暂登郎署，不久辄出。浮沉藩臬，终自罢退。是时，魏珰方擅威福，势倾人主，躁进者多染其党，君自杜绝不与通，以是超然于进退焉。

其孝友出天性，自知方名①以至绾绶治民，壹承少参公命唯谨。历仕必奉母恭人之官舍，晨昏不懈，小不安节，即辍政侍药饵。疾已，乃复。居丧禀用古礼。既贵，尽推美田宅与两兄。仲兄早世，抚其遗孤及诸孙，教诲昏嫁不异己出。

居恒于饮燕声色珍玩宫室舆马诸好，一无所著，惟嗜书。宦游所至必载书自随，暇即披吟不辍。既谢政，掩关读书课子，不轻至公庭。客非同志，未尝延接。偶出郊坰，萧然幅巾草履而已。少与王季木公②敬与齐名，晚益工于文，所著有《五品稿》九卷、《四品稿》十卷、《四品续稿》十卷、《杨花诗》二百首凡二卷、《训儿义》二卷，《学术辨》《良知议》《孟氏三事议》《原性》《原仁》《皇极经世论》《易老论》《佛氏轮回论》各一篇，策略若干卷。

好奖诱后进，尤精识鉴，其所赏拔皆有所就。万历丙午分校中州乡试，得士五人，三人以事业显，其二人亦知名于时。

君晚感末疾③，崇祯戊寅以兵变惊悼增剧，浸至不起。生于隆庆壬

---

① 知方名，谓年少之时。《礼记·内则》："六年，教之数与方名。"郑玄注："方名，东西。"

② 王象春（1578—1632），原名象巽，字季木，济南府新城人。万历三十八年一甲二名进士。王士禛从祖。

③ 末疾：四肢的疾患。《左传·昭公元年》："阳淫热疾，风淫末疾。"杜预注："末，四支也。"

申闰二月二十一日，卒于崇祯庚辰十一月十八日，享年六十有九。其葬则甲申四月十六日也。

元配任淑人，商水知县同邑任君博女。母，张孺人。任君与少参公同以隆庆庚午领乡荐，赏君才隽，遂以淑人许字君，及君荐于乡之明年，淑人来归。少参公贵而贫，君时方事博综，习射策，淑人服勤以佐之。缟綦井臼，不殊寒畯，事姑曲尽诚孝，能得太恭人欢。一旦遘疾卒，时万历癸卯六月十二日，距生时万历乙亥二月十九日，得年仅二十有九。明年君始成进士，以治县奏绩赠孺人，为计曹，又赠宜人，及为参政，于制得称淑人。

继配高淑人，陵县省祭高君女。淑人生而明达，甫十龄，母徐没，哀毁尽礼如成人，能抚其小弱弟。年十七，当君令内乡时，闻其贤，聘之。明年归于君。君为治廉，淑人乐俭约，愈相勖以廉。君政成奏最，再受封如任淑人，所赠贵矣，服御饮食不改其初。君历宦豫燕荆粤巴蜀，淑人常从之。燕俗靡侈、嘉湖华盛甲天下，供张最丽，淑人不为少易，而织纴操作常身先婢御，庶几贵能勤、富能俭矣。太恭人奉养宦邸，君日治民事，或造谒行部，不得时侍左右。淑人每节寒燠，问疾疴、候喜愠，代君先意承志者，皆尽诚尽物。遭少参公丧及太恭人丧，号慕摧痛不异徐孺人见背时，盖以事其父母者事舅姑，其丧舅姑亦如其丧父母。然君治丧以礼，凡袭敛馈奠挽窆诸仪及下里诸物皆经纪待事，事以不匮。遇诸姒推甘让腴，抑抑自下。抚诸姒之子、任淑人所遗子、副室陈孺人子，皆如其子。初不以慈废教冰倩君入纶扉，殷殷以敬职；勿使气为戒课铁倩君，学不暂置，皆以助成义方之训。君于仕进时，小有利钝，每以义命相慰勉，临大事尝赞决之。盖自治内乡至里居，赖淑人为之助者三十馀年。庚辰，公弃馆舍，又三十五年而淑人卒。淑人生于万历辛卯闰三月十三日，卒于大清康熙乙卯五月十日，享年八十有五。淑人卒后四十九日，陈孺人亦殁，寿八十有八，于淑人之袝从焉。男几人，女几人，孙男几人，孙女几。

吾东国近代文章擅名者，济南于麟为最著，后数十年临邑子愿继之，轨辙虽殊，要不愧后劲云。当于麟时，里有殷学士、许长史①，各以风雅自见，实相辉映。临邑之有渤海先生，其诸济南之有殷许欤？然《金舆》《海右》诸编谈艺者，至今不废，学人之知《杨花咏》《五品》《四品稿》者，何寥寥乎？盖自竟陵标帜画地而守，于济南弹摘不遗馀力，何论继起者则君之不得与殷许并，非其工力不逮，时好适然耳。异时有平反者出，推子愿以附于麟，推渤海以附殷许，讵曰不宜？君扬历中外，各有成效。观其进退，惟不辱以为荣，倘亦稽古之力矣。两淑人，含美代终，牉合之义，斯又为无负矣乎！系之铭曰：

绩学修辞，其书盈车。谓予不信，征彼《杨花》。
学则云优，仕非不遇。泽洽能彰，文武道具。
仕而勇退，卷舒之宜。学不时施，异同所尼。
言苟可传，传者在后。慎守无失，以俟永久。
泉宫有阕，式拓斯阡。绂佩偕藏，弥亿万年。

4. 王洽（？—1630）

王洽传②

张廷玉等

王洽，字和仲，临邑人。万历三十二年进士。历知东光、任丘。服

---

① 殷士儋，嘉靖丁未进士，官至武英殿大学士，著《金舆山房稿》。许邦才，字殿卿，济南历城人。嘉靖三十二年乡试解元。官至济南德王府右长史。著《海左倡和集》《海右倡和集》等。

② （清）张廷玉等《明史》卷二百五十七《王洽传》，中华书局1974年版，第6624—6625页。

阋，补长垣。洽仪表颀伟，危坐堂上，吏民望之若神明。其廉能为一方最。

擢吏部稽勋主事，历考功、文选郎中。天启初，诸贤汇进，洽有力焉。迁太常少卿。三年冬，以右佥都御史巡抚浙江。洽本赵南星所引，及魏忠贤逐南星，洽乞罢，不许。五年四月，御史李应公希忠贤指劾洽，遂夺职闲住。

崇祯元年，召拜工部右侍郎，摄部事。兵部尚书王在晋罢，帝召见群臣，奇洽状貌，即擢任之。上疏陈军政十事，曰严偾帅，修武备，核实兵，衡将材，核欺蔽，惩朘削，勤训练，厘积蠹，举异才，弭盗贼。帝并褒纳。宣大总督王象乾与大同巡抚张宗衡争插汉款战事，帝召诸大臣平台，诘问良久，洽及诸执政并主象乾策，定款议，详见《象乾》《宗衡传》。

寻上言："祖宗养兵百万，不费朝廷一钱，屯田是也。今辽东、永平、天津、登、莱沿海荒地，及宝坻、香河、丰润、玉田、三河、顺义诸县闲田百万顷。元虞集有京东水田之议，本朝万历初，总督张佳胤、巡抚张国彦行之蓟镇，为豪右所阻。其后，巡抚汪应蛟复行之河间。今已垦者荒，未垦者置不问，遗天施地生之利，而日讲生财之术，为养军资，不大失策乎！乞敕诸道监司，遵先朝七分防操、三分屯垦之制，实心力行，庶国计有神，军食无缺。"帝称善，即命行之。尝奏汰年深武弁无荐者四十八人，以边才举监司杨嗣昌、梁廷栋，后皆大用。

二年十月，我大清兵由大安口入，都城戒严。洽急征四方兵入卫，督师袁崇焕，巡抚解经传、郭之琮，总兵官祖大寿、赵率教、满桂、侯世禄、尤世威、曹鸣雷等先后至，不能拒，大清兵遂深入。帝忧甚，十一月召对廷臣。侍郎周延儒言："本兵备御疏忽，调度乖张。"检讨项煜继之，且曰："世宗斩一丁汝夔，将士震悚，强敌宵遁。"帝领之，遂下洽狱，以左侍郎申用懋代。明年四月，洽竟瘐死。寻论罪，复坐大辟。

洽清修伉直，雅负时望，而应变非所长。骤逢大故，以时艰见绌。遵化陷，再日始得报。帝怒其侦探不明，又以廷臣玩愒，拟用重典，故于洽不少贷。厥后都城复三被兵，枢臣咸获免，人多为洽惜之。

5. 邢如约（1512—1602）

先侍御史府君行状[①]

邢 侗

吾邢之始，具见弇州公[②]《五世事略志》，迁临邑则河间鄚[③]颙子昂[④]裔也。北土乏碑版文字，莫从考迁祖始，彷彿自商河迁临邑，所可纪则讳伯通公。伯通生阴阳公，讳仲玉。阴阳公精相冢言，夜遇钞涂盗，盗司为公曰："幸不至误。"相率送阁门。仲玉生处士公，讳鉴，子三，三则孤曾王父，讳政，曰岢岚公，邑《志》有传。政生第一子讳溥，为孤王父，以邑教谕赠吏科都给事中，人称博野公，从己爵云。至行孚里间，博通经学。配许太君，实孤王母。许邑乔木，给事广平守侃、华州牧广，王母曾王父、叔父也。博野公生三子，长都谏公，讳如默；次断事公，讳如愚；次府君，讳如约，字信甫，邑称邑涯先生。府君生而凝重，少不好弄。稍长，玄静澹泊，言少理多，不愧其鼻祖颙子

[①] （明）邢侗《来禽馆集》卷十八，明万历四十六年刊本。
[②] 王世贞（1526—1590），字元美，号凤洲，又号弇州山人。嘉靖二十六年进士，官至南京刑部尚书。
[③] 鄚县，东汉时属河间国。《旧唐书·地理志》："开元十三年以'鄚'字类'郑'字，改为莫。"《读史方舆纪要》："莫州城县北三十里。元初，改莫亭县于此。至元二年，省入河间县，寻复置莫亭县，莫州治焉。前朝州县俱废，置鄚城驿于此，寻移入县城内。"
[④] 邢颙，字子昂。河间鄚人。魏武曹操时官迁太傅，文帝曹丕时侍中尚书仆射等，赐爵关内侯。《三国志·魏书》有传。

昂矣。

府君体质庞鸿，元首盈尺，高眉丰准，美髯髭。踰耋登耄，边须犹时时生新，长数寸许，素光艳发，若神仙中人矣。俗忌岐头蛇及三足蟾，府君幼之城北塔庄钩焉。获蟾，府君识之，群儿不识也。掣搦良久，置之泥淖中，卒亦不为祟。

府君少禀清羸不胜，授章句未毕《论语》。迨胜冠，始发策涉书，极力覃思，微文疑义，一目即了了。厥后随世父京师，世父为购书，恣其探讨。久之，博若宿儒。世父时有所引质，不按覆即对。其治司马《史记》尤笃，庶称专门。府君口重①，遇客及史则为娓娓剧谈，一出若高屋之建瓴水也。弇州公亦谓府君之于太史公深矣。

府君为诗从白香山入，大都适兴达情而止。然而四声三尺，斩然无少纵舍。如"比邻待举火，寒士念无家""台高不碍雁，场熟且肥鸡""陶菊秋篱行泛斝，隋杨春水欲行舟""已自衣冠称御史，不将黎枣比封君"，浸浸雅道，亦可窥见一班云。

府君以身夙抱疴，好观医经脉方，久之大得其解，鬼神通之矣。用是名，精其业，御试擢第二。乞外，得德府良医正，就国，一时王国人无不倒屣倾乡，不敢以庶僚相孰谁。比刘选君希尹、李先辈于鳞、胡三老、陈道鸣、薛仪卫相拉为社，府君以官为家，意于于安之矣。

前妣赵夫人寝疾久，待尽矣，会天朗白，黟然而雷，雹雨交下，云阴四晦，百灵现焉。一巨人，冠冒黄金塗，朱衣白简，长且十馀丈，鬼物呵拥，狞狰掉磬，庲麾鼓角，震燿地天，相与跮藉躢履，大叫曰："当死者死，当生者生。"府君匿于床，巨人谓府君："邢君何藏之深也？"龡悦示之符，雕镂书篆，若曰"富贵寿考，大昌厥后"云者。府君抢地谢，不知所出。凡三日，硫气满庭中，室中几皆朱书，蜿蜓不可辨别。府君平生秘不尽与孤等言，但曰："老人平生，神具告之矣。"

---

① 口重：盖寡言少语，言不轻出之意。

府君依世父谏议之邸主进焉，白纨黄绢，下逮发漂微物，缄皮维谨，无所没毫毛。穷年上籍，世父惊谓："此戋戋者宜为弟费，奈何株守之？汝节行高兄矣。"府君恒为孤言："世父两岁入银不满十镒，物不满百缣，当时俱付两弟田矣。"

福山大司马郭公①，往为御史，用星变应诏，上事激切，肃皇帝怒，逮狱，杖创露骨矣。已免，就邸，创数发动。世父比在言议，时时过相劳也。会入直，则以府君往。府君时弱冠，业精仓扁家言，则为扬潘洗，手注善药。越日诊审，以为恒。郭公家每不举火，府君与清坐相对，或间市饼邀啖，府君曰："今晨已大进食。"归则毕世父馀啜。世父谓府君："季从郭侍御所来，耗悴困乎？"府君答："弟幸周旋直臣，如饱太牢。"郭每向人："吾创不死，则以宣甫弟故。"宣甫，世父字也。且四十年，郭公起历南大司马，驾而问府君，骊若同袍。顾不肖侗曰："是宜有佳儿。"又曰："三兄福人。福人宣甫今且为地下陈矣。"为哭失声。

王父博野公卒于博野之学舍，世父从工科都给事奔，府君及收含敛、楄柎，悉如礼。王母卒则后世父盖棺六年，诸所营综丧具，靡不戬备。会葬，千人皆名绅国士。府君比及于悫，曰："吾将以异日地下报吾伯兄也。"

世父在吏垣，主计书。德平故洵川蔺令②与山东左方伯张公③郄也，中之，世父将列以闻。府君前白谓："果尔，如父母之邦何？且方伯，洵川族，蔺则其县大夫也，安从取直？"事竟已，方伯以功名终。

有异省某选郎，风世父甘心部侍郎，世父颔之已。已而，府君问：

---

① 郭宗皋，字君弼，福山人。嘉靖八年进士，选庶吉士。
② （清）何文明纂《（嘉庆）洵川县志》卷四《职官表·官表》："蔺天纶，官生，山东德平县人。"（清）凌锡祺纂《（光绪）德平县志》卷九《恩恤志》：明"蔺天纶，以父琦，荫国子生，任河南洵川知县。"
③ 张钦，字敬之，顺天通州人，正德六年进士，嘉靖十三年任山东左布政使。(见《明世宗实录》卷一百五十八)

"适来贵人何言？"世父曰："议弹事。"曰："彼为其属而令谏官代击其长，于谊若何？且侍郎不职，何必选郎言？"世父曰："甚哉！吾弟之曙于事也。吾亦漫领之耳。"议遂寝。侍郎后至正卿。

府君素父事第四叔父孝廉公，无幸叔父三十即世。叔母嫠，无嗣，二女子孩也。府君塓室与居，醯酱以日给，薪米以月给，帛绵以岁给，如是四十年及终。二女初为装而嫁之，厥后女夫不业，则收与叔母居，益食焉。

仲父收责得善铜蛾，然讹金也。大偷王尚朝等十馀曹登墙而入，傅①我王母楼，掊锁扩门，府君帖帖中楹卧也。尚朝三跨府君，火而烛之曰："此季公善士，勿惊邢季公。"已而事发就缚，府君犹往视图图。死，调棺焉。

世父诸子孙悉付府君课责，府君群于塾。即举人侄、举人从孙，有过亦跪受让。诸为诸生异等以下，童子以上，尽受榎楚，世父一切不问。所以延师动百千，购书动四五十千，一堂之内弦诵皦如也。侗则其最后授读，两弟及儿则又后。

府君偕仲父事世父如父。世父友爱，二父即长，如在结童，共被递衣，雍雍如也。三父无异财，三院一庖，经用俱有度。诸子孙、子孙妇背面无违言，如是三十年。世父卒，仲父当户，最善治生，府君以柔道辅，九族各霑恩。仲父卒，府君乃分与诸侄田宅器物，率自取瘠敝。又不锱平，三婆自取少。既分箸，府君产渐以削，班施以为常，又教侗在官廉，家遂不支矣。

府君渊箸渟泓②，负人伦鉴裁，邑人士在韶龀即与默定品目。某荐贤书，某举太常，某爵至第几等，某厚享资奉，某起家累千万，某老寿

---

① 傅：通附，附着，有围困义。
② 渊箸，（南朝宋）刘义庆《世说新语·赏誉》："时人欲题目高坐而未能，桓廷尉以问周侯，周侯曰：''可谓卓朗。'桓公曰：'精神渊箸。'"渟泓，水深貌，喻为深邃。明申时行《瑞莲赋》："渟泓玄泽，酝酿醇和。"

长年，某多子孙，某贫夭，某逋荡不守，某废顿复兴，一如持券取责，不爽秒忽。然又都不欲泄言，久之奇验，人乃尽服。

邑文庙"故制粗朴隘窄，不足以揭虔妥灵，而又梁桷赤白，陊剥不备。图像之威，黫昧就灭。藩拔级夷，庭木秃缺"①，周观两庑淀秽弗勒，府君悲焉。乃叶谋仲兄："予其大治是。"仲兄谓曰："此都给事元兄赍没未瞑者，盍审与图？"于是斩材陶瓦，埏连而琢，庀徒千数，严于公工。我母万太君载其浆食，分给以时，逾年讫事。青衿济济，肄习贯达，获以处所，台使者榜门表焉。

世父奉先有庙焉，府君居南第，相去四十武。每旦鸡三号则起，栉往朝庙，襟裾必伤，鳃鳃不懈者四十年，未尝以风雨寒暑异也。

嘉靖己未嗛②，人多析骸以炊，富室蕰年③矣。府君谋诸仲兄，输粟三百石，流人鬻于官，且为期要，无赘聚焉。自馀私哺庐儿④贫戚边忠、李敖、南华、李朝宗等百十有奇。是年乡人石崇仁、邵表正、刘堂等死，凡二十七干，悉棺掩之。他平岁次第给槥有差。

壬戌，境大熟，吉贝以数千万计狼藉，与仓城囷窌衡矣。贩者四方至，府君则视市价赢其货，缩其直，贩乃蚁集。贩去，伪金见。府君委诸途，佣人拾曰："人其尝我，我将尝人。"府君曰："此等小贾，安得问金所从来？"取以投井中，曰："尔曹识之，吾不令吾三户邑见儳然者，敝也。"

孤从仲兄举人仕、季兄学生任先后疾，府君护视以百方，夜以十

---

① 语见韩愈《新刊经进详注昌黎先生文集》卷二十六《徐偃王庙碑》。隘窄，韩文作"下窄"。不备，韩文作"不治"。

② 《穀梁传·襄公二十四年》："一谷不升谓之嗛，二谷不升谓之饥，三谷不升谓之馑，四谷不升谓之康，五谷不升谓之大侵。"

③ 囤积粮食。《左传·襄公十一年》："秋凡我同盟，毋蕰年，毋壅利，毋保奸，毋留慝。"杜预注："蕰积年谷而不分灾。"

④ 庐儿：家仆。《汉书·鲍宣传》："苍头庐儿，皆用致富。"颜注引孟康曰："汉名奴为苍头。诸给殿中者所居为庐，苍头侍从，因呼为庐儿。"

起。两兄每从枕上呼曰:"无以报叔父,愿叔父多福多寿多男耳!"至今诸伯昆云属,依依宇下,忘其寒暑。吁!诒厥烝仍,莫匪尔极,大矣哉!

孤家自王父相沿多故敝宅,及仲父邸店稍增矣。府君不靳人请宅,尤不靳族子请。环邑之居,什四皆河间莬裘,然多族子疏属请以居,无一钱僦也。邸店俗受上僦,即平民僦,府君亦不数数按责焉。

每当岁杪,邑里望府君如外帑,府君擘画朱提白粲①予之。岁自祀灶日迄除日,聚门成市,人人各得意去,疏疆无间言。如是五十餘年,若悬诸政令,惴惴焉惧不及。里人腊元正已留,则犹虑班给有遗算焉。

府君布木绵盈陇,采掇才十七八,其二三悉恣邻党男妇、远方流乞捃取。秋行尽矣,手墨弛干掫②。盖弃地之货,人获挟纩③者百千曹矣。

盗窃田中绵丛、禾稴④,瞳幹⑤间逮之城,府君佯为不见不闻也者,手目语传仆,令盗者逸。遇贫老妇稚,仍以所盗物付,戒勿盗他家。当秋实,无夜不满田中迹,瞳干久之亦若与相忘矣。

府君谓姻党曰:"人所宜先者公赋,宜不后者穷交。食土之毛,勤王之税,是固应尔。吾每当两税限旬,挟不妥席。又常为夏公都、陈公士寔等筹,见诸公拮据逋负,火辄出眼中,吾亦若芒负于背,敢不亟解吾囊也?"

邑人有大持竞、小閧斗,俱就府君求平。府君徐出一言而决,两家各冰释去。间作谑浪,或杯酒过曰:"得无令邢太公知乎?"府君姁姁者乃使人尊信如此。

---

① 朱提白粲:指白银白米。
② 干掫:一作干陬,指夜间巡逻击捕,后指捍卫。《左传·襄公二十五年》:"陪臣干掫有淫者,不知二命。"杨伯峻注:"干掫有淫者即巡夜捕击淫者。"
③ 披著绵衣。喻受人抚慰而感到温暖。引《左传·宣公十二年》:"申公巫臣曰:'师人多寒。'王巡三军,拊而勉之,三军之士皆如挟纩。"杜预注:"纩,绵也。言悦以忘寒。"
④ 稴,《说文》:"禾垂貌。"《广韵》:"音端,义同。"
⑤ 瞳幹:乡间治安巡护者。

府君平居，调百药齐和之，又为储诸珍贵远方难致物，待请四方以病告，无不如乞。每为出禁方，期于起色。粗疏偏僳，望风投至，府君略不嫌人门①。医工张龙、徐嗣岁所输金石草滋百篚，强半与乡人共之矣。

省祭庞世禄质引抵当库，不及称选人矣。府君出金一流为赎之，得与随牒官京仓赵福全，降补郑州驿丞，无赀往也，府君损十千周之，获成行。

邻人荆朝用用大繇困，无产可鬻，则以祖茔券也。府君当其直，弃不举耜，至今名闲田。

城东三里庙张梅，以黑坟②业也。府君车屡过之，问："汝娶有室乎？"梅答谓："窭人子，安得妻？"府君捐钱数缗，为置妻。久而梅窜他所，忘之矣。又二十年，壮大男子及门，叩头百下，涕泣言："我僦长山，我故三里庙张梅者子，以有吾母子，咸公之赐。"府君乃予食，厚劳之。

邻疃大豪黄某，数以事恐府君，府君不为意。一夕，府君骑，而从僮骑驭娑行。某弯弓驰马僆掉前大呵谓："邢公复识此夫否？"府君从容谓："君，黄君也。驰马僆掉，得无劳乎？"某为色沮，徐徐揽辔归，自是不敢以气加府君矣。

里人以版籍讼府君，抚移别驾章公听焉。及对簿，府君实不与版籍事，章公谓讼者："汝何满谰至是？"讼者答："某故谏议介弟，诚长者，吾侪利其少资斧耳。明公幸贳我，自后不敢复然。"章公薄坐而遣之。讼者出，谓人："吾不讼邢公，则历山之麦不必具③，二十三铢之

---

① 人门：人品与门第。
② 黑坟：肥土。
③ 具，即寒具，古代馓子之类的食品。桓谭《新论》："孔子匹夫，莫不祭之下及酒脯寒具，致敬而去。"

泉①不必沛。吾与邢公俱灭迹济上之庭，汝曹狼膝②市耳。"盖府君见讼，而讼者人马道路费，皆计日赋也。

乡有秩黄堂诡张剌奸，按君置之法，立当卢龙戍，与小妻偕就县送北矣。府君曰："是琐琐者谓母崔妻蔡何？念与连畛。"即日付狼窝污邪六十亩窠址，称是厥子节，至今家焉。

府君平生所敬礼，必先高才生。邑吕大等数人当受室，身自为采。诸以禀日以脂夜则不可胜纪，凡六七十年，讫老无倦。多睦之属待以温经举火者尤多。

府君夏日之宿安店③，夏公与俱，分榻而卧，寂无人声。月明地白，未成寝也。顷之，堂中鼓隐隐发，已连挝轰然若雷。夏公无却避，府君略不为动，迨久亦无他。

乡人庞学诗坐灌输役无家，糊口岱下矣，所遗十岁女瞵瞵眊也，失足坠窨中。府君从井捄之，为付田媪，戒朝夕与糜，遂得全活。

武定人从宿安庄居，市木绵数车，直以十笏，计稛载行矣。抵家权之准之，木绵浮于直。亟奔告府君："木绵视所进入直，数溢十二，奈何？明公得无误乎？"府君曰："吾衡无目，吾讵无目？"谢去之。武定人岁以糜丝至，府君加等答。

祖第北楼火，家人请葺。府君曰："梁櫺无恙乎？甊甓无恙乎？什器无恙乎？"对曰："器毁木烬矣，甓坚无恙也。"府君曰："幸甚！"属工勿易甓，庶见先人于墙。

邑诸生某与孝廉某，以小睚眦发愤上书北阙，属御史台治矣。御史

---

① （明）李日华《六研斋三笔》："济上多清泉，酿酒瀹茗俱妙。杜康泉水一升重二十三铢，考古二十四铢为一两，则不及两许轻之极矣。"

② 狼膝（hāng）：古代南方少数民族。汉杨孚《异物志》："狼膝民，与汉人交关。常夜市。以鼻臭金，知其好恶。"

③ 今临邑县宿安乡，县城东北邻。同治《临邑县志》卷二：燕王堤"邑东北二十里宿安店周围有堤。旧传唐太宗征辽宿此，命军士负土筑城，未就，遂名宿安堤。明成祖围济南时经此，问为何地，以宿安对"。

大夫时为德平端肃葛公，府君戚也。府君夜过公，公迎劳之曰："幸公过我，我欲有所质。"府君曰："某亦为维桑①来此。两人等书生耳，所争至微细事，而欲重勤大宪，此两家者累卵而泰山压覆之，危矣。惟公幸贳之。"公曰："有诏，奈何？"府君曰："明公廉正，天下莫不闻。即贳之，何渠不可者？某以视儿进士来燕京，有狗，则以父子双骼出国门。"公瞿然曰："公忠信，我所夙知，何至危言如此？"其事置不理。已而，孝廉不两月以病死舍中，两家无纤介焉。

仲父遗子钱齿券者千万矣，孤入台报至，即日取焚之，罢偿焉。

府君视孤朝列兄化为奉家祀家督，即叔侄相好如埙篪。朝列兄齿相亚，乃其庄府君如严君，居第相错，旦旦省视，及寝门，府君盛衣冠迓，旋踵过劳以答。林栖②三十祀，非疾病往复无间焉。朝列兄能诗，府君倡和以诗。府君、朝列兄俱不善酒，然每再过，必各设簿。主人谈则惟来禽青李、农琐桑麻，量晴较雨之外，误言不举人过。邮人以方之广受③、阮氏，俶荡所不及也

海丰杨公往由卧内起南大司徒，首途临邑之道。中道渴，下车汲。佯问傍汲者："汝邑孰善人也？"汲者谓："邑有邢太公，天下善士，独吾邑。"已憩败刹间，僧徒五六合爪礼杨公，公复佯问如前汲次言，僧徒答："我邢太公，无少长皆名佛，公岂不知而犹见问耶？"凡行七十里，参问二十许辈，无贰词。杨公在冢宰，每向人语，取为里党范焉。

府君对客移日不吐片字，有餂之者，第以天理、以鬼神、以阴骘、以籯金不如一经，数言对。自谓终身无失口，人谓公一语如河清焉。

邑累岁无年，招王旆、刘孝、张强、刘景和等，分付所售地三千亩

---

① 维桑：故乡。《诗·小雅·小弁》："维桑与梓，必恭敬止。"毛传："父之所树，已尚不敢不恭敬。"（晋）陆云《岁暮赋》："处孝敬於神丘兮，结祇慕於惟桑。瞻山川而物存兮，思六亲而人亡。"

② 万历本作"楼"，嘉靖本作"栖"。

③ 广受：西汉疏广与疏受叔侄皆为宣帝老师，辞官回家，以赏金天天请乡人宴饮。

为业田，曰："吾不欲以养人者物多遗累子孙，且汝等故上世产，今稍复踦，又无年，藉粗存活，足小畅怀也。"

府君谓侗："吾近四十始生汝，自惟薄禄居非命所当托，董董书种足矣。不图汝负倍年之觉，总发应贡，踰冠成进士，甫三十称天子耳目之臣。神羊岳岳以华吾躬，而误西台之贶命。两老人目成心惬焉。初愿不及此也。"

辛巳，闽侍御林公以长芦鹾政出矣，孤亦领三河鹾。惟时过家，济南大商极有所欲请，携橐隆然也。府君逆诸门曰："西鹾使者而乃交关东鹾使者，前身将行法而教人觑法，此与自攫其货而乱其官常者何殊？公且休矣。"因属街卒送之三十里外，而后为孤言。

壬午，大丈田，人思暴瘠讳腴也。府君则曰："五沃、五隐、五纍、五犹①，相去凡如干倍，而纷纷互置为？且吾而不腴，谁当腴者？"属田中尽署腴田。侗为言"实瘠若何？"府君曰："瘠当粪之。生人之几何？而令人为土役，占占喋喋，敝其胲舌，与三老啬夫较尺寸。至难主者而靳其持平，吾何以载目向三齐豪杰乎？"武德使者赣李公闻而谊焉。

常熟相国严公②，世父南宫所举士也，夙知府君高谊，岁久绝起居。会孤按吴，则为书问："吾师有弟沉深而练于事，胸可纳万斛，与公为何等属也？"孤答谓："吾父也。"严公书复侗曰："久不阅贤良阀阅书，老眊几失言矣！惟明公宽之。向亦疑非甚盛德不生明公。"

邑举乡饮酒礼，令长率僚佐广文先生数及门。遴柬一出，郡太守蜀李公下记邑令，为府君具殊尤礼。记谓："黄发名德，厥号邢父。"盖用弇州公"一邑婴儿半姓邢"语推演之。嗟乎！意念深矣。

中岁分与侄田，己田差次列也。侄一日忽请田："侄田不稔，请易

---

① 见《管子·地员》。
② 严讷（1511—1584），字敏卿，苏州府常熟人。明嘉靖二十年进士，官至吏部尚书、武英殿大学士。

叔父者。"府君诺。踰年，侄复请："人给吾叔父田，田亦不稔，愿更得先所分箬田也。"府君诺。人谓："公不惮烦乎？"府君轩渠曰："失之东菑，得之西畴。失之西畴，得之东菑，此直赋芧①戏耳，庸何伤？"

伏日曝衣，陈被故缁，粗缦涴残，翁绽絮牵其中败也。孤问故，府君曰："往与世父同起居，相戒勿入内。此姜伯淮卧具也。越自给事黄门时，季江恶得而舍诸？"因咨嗟掩袂袭而栖梁间。

北门庖丁解牛，牛，牸也。府君有事北门，牛腾掷唧刀嗡嗡鸣，曲跽府君前，若有所丐状。府君为咤然曰："谁尸②杀此者？"因问直。庖丁王某以千五百对，府君加参之半赎牛，付宿安田。已生四犊，牛老死。府君准古帷盖义瘗焉。

府君惜物命自天性，见燖鸡刲豕，辄为不怿。每诵宋公序"编桥渡蚁"事，淳淳动喜色。又惜物具，一陶瓦杯用之十年不易，见残零纸、病黄菜茹，必掇取付阁。恒曰"此岢岚曾王父家法也。"

邑林县簿李公芝与府君相竞为施予，寻以非调困，田庄售府君，获善价矣。又二十年而李公仲子恕为廉州端③，归无家，府君举故庄立授之，为易剂焉。直以二百金，曰："吾幸足饘鬻，不忍见廉吏无家、善人无祠所也。"恕为位，日夜生祝府君矣。

长儿瑞十岁能为颜平原《麻姑坛书》，府君摩其顶谓："汝父以名书称，今且及汝矣。羲献逝矣，自觉琅琊不遥。"瑞既既稟④，曰"汝父束修而稟，汝两叔相次皆及稟，今且汝及矣。试计三十年，家靡县官饌堂精凡几钟石，而矧数世在官禄稍之入者，君恩不可不知也。"

府君即名好士，然门无杂宾。居视人所上绫文刺谒，非礼辞焉。坐

---

① 《庄子·齐物论》："狙公赋芧，曰：'朝三而暮四。'众狙皆怒。曰：'然则朝四而暮三。'众狙皆悦。"
② 尸：承担，主持。
③ 州端：州别驾。
④ 稟，通廪。既稟，指廪膳生员。《礼记·中庸》："日省月试，既稟称事，所以劝百工也。"郑玄注："既，读为饩。饩廪，稍食也。"孔颖达疏："既稟谓饮食粮稟也。"

有相，谓："非分默然不作答，意所许可，一与之缔，终身不改。"富人轻侠伏在樽下，不能博府君一笑，更不与叙勋僧正、队父道人交。居平，无故未受人一障面方曲、一被体阿锡服，自敕凛然矣。

器苦窳，履讹黑，墨戾湟，纸班黄，鱼馁肉败，酒醨补隙，傍风上雨，遂不足虞矣。

新城少司徒王公，往来道邑必就府君款语，问所以提躬治家法，府君具对以质。王公持以训子孙。府君恒谓孤曰："王公身至九卿，粥粥然若不胜衣，衣缦缯白里已耳，此其为云来锦绮多矣。吾两家尊亲，用古道相往复，各极厌生平焉。"

世父从乡贤典得请入学宫，府君为彩服从之，胶修爵，令长学官，学官弟子前，曰："老夫不意白头鹰绣而迓兄入祠也已。"雈兰泣下。盖友于之念附着于胸，在泮羹墙如或见兄焉。

东莱赵公以太宰过犁劳府君，用麚亭①之茧先焉。且曰"某每过犁，心怔怔辄动，以公之近吾亲也。"府君曰："绵定奇温，又大贤赐，为吾制上褚衣。"侗乃装复陶之裘。府君衣三岁，不忍敝，曰："何以报赵公？"孤曰："诗人桃李之义，侗毕世诵之也。"

比岁境内歉，家无馀赀，孤抽货衣物间以收赡人。府君闻而责之，谓："汝父兢兢五十年，所与宗人戚里共财产者，损有馀益不足也。天道乃尔。"荈蘖②咸辐奏诣府君，府君笑应之，悉与平估。日中之市，府君意主藏纳，贾融融焉。

灭耳灭趾之徒、弛刑徒③过，府君必闵然怜恤，随分予少钱米。笃废若四远流馑，见则必及霈丐。府君大故，邑非所亦尽一哭焉。

---

① 麚亭，江苏丹阳，《吴志·孙权传》："亲乘马，射虎于麚亭。"《元和郡国志》："麚亭，在丹阳县东四十七里。"宋嘉泰《吴兴志》："麚亭在县西北悬脚岭下，建安二十三年孙权射虎于此。"

② 荈：茶。蘖：酒。

③ 灭耳灭趾之徒：戴枷锁的刑徒。弛刑徒：解除枷锁的刑徒。

三　临邑县卷

有酒所^①者过府君门，见童子倨骂焉。人谓："以公之家而不免骂，我等将无处所矣。"府君曰："我其可骂，是吾砥身资。我无可骂，彼自堕犁舌狱耳。于我何与焉？夫此骂者，人以为鸺鹠，吾且以为鸾凰鼓吹矣。"

小奴黠而盗，家干司衣形以告，府君曰："我原无此等衣也。"盗发，所司送盗衣，府君曰："衣，人所恒有。即绣，何门无绣也？"终不受盗失衣。已有窃徐景山鎗范银肖人者八，人谓："某销银类肖人形。"府君曰"舍之。古不迹窃器奴者，宁天人乎？"

府君无心徼福，然于梓里佛庐庙观倾圮，必议修葺。桥梁道路，匪公督畚锸无后焉。寒士靡宁宇瓦甓，随之邑校舍。或曰："陋如之何？"府君："鍊泥汝乃欲挽沟潢，而妄比西江之大，亦谬甚矣。庄子不云乎'蹩躠为义'？汝与汝父何居？"听者敛容。

邑儒学玄武库下，佥议宜楼，府君楼焉。是维岁辛丑，去大修学庙四十年，此以诎举视往者，难且什百矣。

辛丑寒孟，将率宗人祝延府君百年也，特关西第，锡号云腴，以居室尽白。府君比及览揆^②，饮于斯，已而憩于斯，乐矣。迟明，命舆归故楼，以好谓平头曰："吾去，汝主必让汝，然吾魂梦在故楼，奈何？夫云腴岂不皑皑？吾目眩焉。吾亦安吾黯黯者耳。"故楼，王父母几杖杯棬地也。

冯用韫先生谓："公之家，少不薋，长不嫠。公之里，居不忮，行不洙。公之庭，禽以驯，犬以伏。公之厩，牛以犡，马不蹛。"孤所不能道也。

府君庚午疽发背危，孤京邸侍获全。癸未，孤按吴，痹作几殆，亦辄愈，不则孤京兆将失举，男婚女嫁动阂期。孤其不及诀矣，此所谓

---

① 酒所：酒意。《汉书·佞幸传·董贤传》："上有酒所，从容视贤笑。"王先谦补注："酒所犹酒意。"

② 览揆：生日。《离骚》："皇览揆余初度兮，肇锡余以嘉名。"

天也。

府君与姻家乐陵史太公、禹城杨太公年德相望，鼎足为洀盘。辛丑，史太公谢，府君忽忽不乐。壬寅春，杨太公谢，府君弥不乐，曰："吾安能如鲁殿灵光而后二公者岿然独存乎？"是年冬府君谢，孤驻声在耳，心念之，悲焉！

府君逮耄良食，偶少减食，越日递良食，已复递减，神气绝无异。小极才七日。及就含，手足如绵，四体尽可就举，翛然若蜕，犹吴文待诏先生①。

府君当弥留，贵请续，贱请代，戚请终暱，疏请终荫，贫窭请终命已。邑好学招号会吊，衣冠整进几于倾国，含凄什九，陨涕什三。贩子菜佣弛担释肆，行哭奔临，如丧考妣。介山断火，修里罢社，方斯恳至未足多也。

府君视百岁裁欠九白②耳，馀分闰积，则百岁盈矣。邑人素目府君佛已，疑住世为仙，乃府君竟以人理终始焉。

孤侗曰："孤执笔投笔几绝者数矣。初意为府君述所行事，结撰大篇犹不慊。而今乃支缀畸零，取裁无所，实开百罪焉。府君临命，即征所行事于族、于乡，人报一幪幪，言多街里。而孤稍加点定，踵其行札，遂不复成篇。厥由摽心沉痛不暇为文，抑亦为尊者、亲者故不敢文矣。尼父有云述而不作，于中有戚戚焉。府君贵柔道类老子，备三君子类史鲈，孝谨类万石石奋，分产类卜式，严兄类司马君实，赡族类范仲淹，化俗类太丘长，清不近名如胡质，伦鉴如郭泰，恬适如陶潜，急兄子如第五氏，修礼殿如文翁，御子孙如荀淑，抚内外孙如王右军，朋交如侨札，神明康耄类辕固、伏生。嗟乎！是诸古先哲各用桂馥一山耳！而府君阳和敷布，草木尽萌，于稽斯世，亦可谓撮

---

① 文徵明（1470—1559），字璧，号衡山，长洲人。与祝允明、唐寅、徐祯卿并称吴中四才子。
② 梵言一年为一白。《传灯录》："我止林间，已经九白。"

其条贯，集厥大全者矣。自孤予告，未一日离庭中，然于府君高年，不能无喜惧。谓吾母太君少一纪，计可久奉晨夕，而太君无禄先焉。彼苍回照，谓将赍贲孤等予府君百年，而今若此，天崩地坼。孤尚复腼颜视息称人子乎？唯是前烈未扬，责关后死，孤即至椎无识，奚逯矣？孤一念府君氅眊及太君容发，刀剑据焉。图以陶幽郁而永之不朽，则惟吾师、吾友名世之言在，临风洒血，孤目与肠俱矣。孤侗等不任跂予待命之至。"

府君原任德府良医正，以孤南宫县满考，封直隶真定府冀州南宫县知县。寻遇今东宫初恩，重封文林郎山西道监察御史。以侗今职，于制得称中宪大夫。配为万，孤等者母，状名太君。以孤初任封孺人，寻以孤御史任重封孺人，于制得称恭人。府君先配为赵，孤等前母，以孤御史任赠孺人，于制得称恭人。府君生正德壬申十月十四日，卒万历壬寅十月初二日，得寿九十有一。太君少府君一纪，生卒见状中。子三，侗，官陕西行太仆寺少卿兼宁夏河东兵粮道按察司佥事。丙戌以湖广参议督漕，从徐州上疏移疾，部覆促之任。已再疏，乃得予告。及养父母十六年。妇陈氏，累封孺人，于制得称恭人，邑兰阳县主簿公完女。继妇赵氏，于制得称恭人，平原太医院吏目公熠女，福建按察司按察使公焞侄。佑，邑廪生，北业太学为国子生，妇张氏，商河光禄寺署正公邦辅女，操江都御史九叙侄；继妇于氏，德州处士公鳌女。伉，邑廪生，妇葛氏，德平光禄寺监事公守贞女，左都御史端肃公守礼侄。孙男七，王瑞，邑廪生，妇为德州贡士马公兆明女，都御史九德孙；王称，聘德平尚宝司卿葛公昕女，即端肃公曾孙；王蔼，聘历城户部郎中殷公盘女，少保文庄公士儋孙；王桓，未聘，侗出。王玺，聘德州贡士张公凤翼女，兵备副使子顺孙；王图，未聘，佑出。王孚，未聘，伉出。女七，一适邑京卫经历李公钝子诸生易知，一适德平松江府通判郭公文显子陕西山阳县知县鐩，于制得称孺人，一适前张公邦辅子国子生完，一适陵县国子生赵公际子合肥县主簿祎，一适前郭公文显季子甲午举人锵，一适武定赠平阳府同知马公志德子新除大同府知府拯，封宜人，于制得称恭人，一适景州巩昌府通判王公枢子光禄寺署丞沛然，于制得称孺人。孙女八，一适齐河都督佥事尹公秉衡子济南卫指挥功懋，一适禹城吏科给事中杨公士鸿子廪生明庭，一适乐陵营田副使史公邦直子廪生高先，一许兵备副使王公再聘子钟恒，一许新城兵部左侍郎王公象乾子与定，一幼，侗出。一许历城临汾知县吴公闻诗子才祯，一许前王公再聘季子钟华，佑出。外孙男十二，士忠、士良，易知出；汤，辛卯举人，湘，诸生，鏩出；茂梅，国子生，完出；上哥、二哥，祎出；津，诸生，锵出；天行、御哥，拯出；重姐、斗哥，沛然出。外孙女凡十人。

茔在城西卢家庄，东距城八里许，北距祖茔十三里许。拟今癸卯三月初四吉，府君太君同日绋引就于道，由祖茔启赵太君合。

临邑邢庄惠公墓表①

李维桢

邢季公之卒也，邑人巷哭罢市，则有颂德碑；博士弟子员谥之庄惠，则有乡校颂德碑。已请祀之学宫，邑人以为非凡民所得，骏奔走②就公生平课农宿安店为祠貌祀之，岁时伏腊，香火相属。比葬于宗伯为志墓中石，四方荐绅学士诔之者数十百家。按礼，贤者墓表道跸域，于是公子太仆侗昆季以属其友人某，某于季公父子有知生知死之义焉！是宜表。表曰：

---

① （明）李维桢《大泌山房集》卷一百五，《四库全书存目丛书》集部153册，齐鲁书社1997年版，第124—128页。
② 骏奔走：急速奔走。在庙中奔走以急速为敬。《诗经·周颂·清庙》："对越在天，骏奔走在庙。"

三 临邑县卷

季公，名如约，字信甫，别号邑涯翁，山东临邑人也。先世著于河间，而居临邑者自伯通公始有闻，三传为岢岚州政。四传为博野谕溥，娶于许。生丈夫子三人，长公如默，吏科都给事中；次公如愚，阃司参军；季即公。少得奇病，羸劣不能治博士家言。比冠，于书无所不窥，而不守章句，叩以大义若故实，应对如流，尤好司马《史记》，丹铅数过。诗有元白之致，太仆为摘句，词林竞诵之。又以善病攻方书，遂精其业。貌乃更腴魁岸鸿大，首盈尺，美须眉，望之甚伟。从长公官京师，福山郭公为御史，以谏得罪，杖阙下，血肉淋漓，公手傅药调护甚备。郭公斋厨萧然，间市饼啖公，谢已进食。比归，长公迎门相劳，季无馁耶。公言："得周旋直臣，如飨太牢矣。"郭公为大司马，语人："吾创不死有今日，以宣甫弟故。"宣甫者，长公字也。

有诏试诸善方书者，公为第二人，当待诏金马门，非其好也。乞就德王侍医，将母而东。王知其贤礼之，与诸大夫齿，宫府严重之，而时从历下李于鳞诸君子游。

先是侍父博野，朝莫视寝食寒燠，疾则医卜禳禬，没则复含敛殡，事尽礼。已长公奔丧问状："吾得季也，不愧为子。"其后母卒亦如之，曰："他日吾以报吾兄。"长公宗子家庙在焉，鸡鸣必往朝，风雨寒暑不辍。祖第北楼火，更造，戒不易甓，庶见先人于墙。

长公为给事，有吏部郎毁其少宰及里人兰阳令修郄①其部民张左丞者，公皆持不可。与次公事长公如父，三人无异财，同釜而炊，诸子妇化之，一无所争，凡三十年。居长公邸，尺布斗粟出纳经其手，岁竟为籍白长公，长公色喜："季何不自取之？贤于我多矣。"长公卒，次公当户。次公卒，公为政。食指繁，析箸，田宅器物美好，先二兄子而身取瘠敝者。请益请更，再三无倦。长公九子及诸孙群之一塾，延江表名

---
① 修郄：亦作修隙。意为报复旧怨。

师督课之，少惰长跪受责，或予朴①。从子年相若，不小假颜色也，今彬彬起矣。从子孝廉仕、茂才任，寝疾亲隐穷日夕，两人每从枕上呼："若为报叔父，有华封人三祝耳。"朝列大夫化者，长公家督②，每来省公，公必肃衣冠迎送，旋报谒。非疾病，往来不间，两人俱不善酒，间日必设薄食促膝而谈，数前言往行所睹记吉祥善事不及人过失，长篇短咏，倡酬相赏，极欢而罢。伏日曝衣有布被穿而败絮见，太仆问故，曰："而世父宦游与乃公相戒，无入卧内所共寝处也，小子识之。"言既歔欷，褚而内之笥中。长公从祀学宫，公诣释菜而稽首谢邑令长、诸博士弟子："伯氏俎豆贤人之间。老夫耄矣，侥见之幸甚。"因泣下沾襟，观者改容。孝廉沂于公为季父，无禄早世，为室居其嫠，而装遣其二女，女夫不自振则令同其母居，岁赋粟、日赋薪水，五十年如一日。

邢故右族，邑无两，大室庐割城之半，然悉族子疏属居无偏直。均田令下，人规下赋以瘠土占，公皆以腴，或曰："实瘠若何？"公曰："吾力能粪瘠田，无与三老啬夫争口舌也。"兵使者零都李公闻而叹之。居恒言："人生所最先者公赋，所不宜后者穷交。"秋场甫登，公家租挈毕入，力不能输者代之。岁己未，大饥，富人积粟坐索高贾。公从奂次公各以粟三百石但赈，而私所哺糜全活边忠辈数十百人，瘗沟中之瘠刘堂辈二十七躯。其后，岁以为常。木绵数千亩，家收十七，以其三恣贫民拾取。按方调药，药贵重，或远方难致，必预蓄之。病者身诣门，或其亲戚子弟来告，予方予药。医师张龙、徐嗣岁计公所与乡人共药物不啻百有馀簏也。省祭庞世禄引付质库，仓官赵福仓入，官无资斧，为之办装。邻荆朝用困大徭，鬻其墓傍田，辞田而予之直，朝用德公不忍受，遂为间田云。鬻黑坟者张梅，贫无妇为之娶，已而梅流徙外县。越二十年，有状男子向公泥首百叩："我张梅息也。非公，世安得有我？"黄堂坐法远

---

① 予朴：即予杖。
② 家督：长子。《史记·越王勾践世家》："长男曰：'家有长子曰家督，今弟有罪，大人不遣，乃遣少弟，是吾不肖。'"

戍，怜其母与妻无托也，予田六十亩并田中庐给之，至今其子家焉。庞学诗女失明，坠督井中，为拯而属里妇乳之，卒有室家。王旃、刘孝等若而人，故尝以田鬻公，岁比不登悉还之，凡三千亩，所逋次公子钱千万，焚其券簿。李公芝与公相竞为施，而晚削鬻其田，公倍酬直二星，终而簿①。子恕宦廉州，归无家，公付以故物："吾不欲人谓廉吏不可为也，谓善人不食报也。"此其最较著者。诸不问名姓不胜数矣。

岁自祀灶迄除日，门如市，其人篷篠戚施朦瞍聋瞆跂踦支离鳏寡孤独纠墨钳钛篗舆反接，无一不有所赐，金钱衣服菽粟无算，皆厌其意而去。人言："邢季公好施，如律令不爽。"信然。以赝金市者，觉而投诸井，毋更误他人。武定人市木绵，予之过当不敢受，公卒予之。因岁以屦丝报公，报复加等。诸器物苦恶饮食腐败，持以求售，辄予直。

盗窃田中禾，逻者缚告公，公目语盗令逸。所司捕得盗公家绣衣者，谨谢之："绣，家户所有，安必为邢氏物？"已窃徐景山鎗范金肖人者八人，谓某销金类肖人，公命舍之，古不迹②窃器。大盗王尚朝踰隐而入，蓺炬见公方卧，戒其党勿惊邢季公。尚朝就禽瘐死狱中，棺而出之。尝夜乘款段，一平头奴子从，而豪某者驰马关弓厉声诃止公，公故审谛之："君某也。为此得无劳乎？"某惭而退。恶少醉而詢公，见者怒："邢公而不免詢，吾曹何加焉？"公召怒者："譬之使我而可詢，是药石生我也。使我而无可詢，又何病焉？"

邑有版籍讼词连公，郡章公听之，公实不与讼者，言："狱非可旦夕竟也，如豪籦何？"邢公尝见讼，讼者一切扉履糯糗皆公主办，小人是以厚诬长者。章公啧啧盛德不容口。里有争，公片言立决。久之争者惧为公所知。邑诸生某与孝廉某搆诣阙上书，事下御史大夫葛端肃公。会太仆初成进士，公往视间过葛公，葛公私问："狱何所坐？"公晒之：

---

① 即终簿，安顿，止息。
② 不迹：不循法度。《诗经·小雅·沔水》："念彼不迹，载起载行。心之忧矣，不可弭忘。"毛传："不迹，不循道也。"

"此一亭长足办耳！何至烦大府之宪？公廉正，天下莫不闻。琐琐庸足治乎？某据事理应尔，非为人解，何者？不则，有如日。"① 葛公蹴然："公排难解纷，而无取吾乡之鲁连也。敬奉教。"居无何，孝廉死，两家不为怨府。

公雅负人伦鉴裁，贫富寿夭所料奇验，然绝不言。性多通而门无杂宾，所往还非类，终日不交谈。剌谒称谓非分过情者，默不答。诸生茂才异等，尤所敬礼。雁纳采雉修贽，夜待脂火，日待饔餐者，凡数十曹。学宫故隘而岁久圮，剥捐千金新之，并为诸广文治舍，经年甫讫事。形家言学玄武地庳，为楼镇其方隅，旁及佛庐道靖桥梁埭隧，什九出公赀，以故所出浮所入。

太仆复好客，客至不能具酒脯，清谈相对，饥则噉麫而已。而公施不替于旧，无故不受人一箧一缕。每语太仆："乃公近四十始生若，不图若早达以绣豸衣我。我与若母偕老享其成，何以答主恩，清白其可乎？嘉靖末，墨者当国，台省馈遗巨万。若世父为吏科两岁，金不满十镒，币不满百束，更畀乃公若仲父。今台省能尔否？"太仆同其僚林侍御以按蓟政出，林得长芦，太仆得三河。济南商携金丐公，为林居间，公艴然不说："令西使者交关东使者，何以谨正盐筴？慎无令吾儿知。"属街卒送之三十里外而后为太仆言也。新城少司徒王公衣缦缯，指示诸子孙："此非不足绮绣者，惜福留贻后人耳。愿汝曹似之。"东莱赵太宰尊人视公十年以长，以麂亭之茧贻公，服之无斁："太宰以我近于亲，解衣衣我。我以赵太公近于兄，不忍敝。"家有陶杯，用之，终身无缺。遇故纸遗蔬于路，辄掇而庋之，曰："此岂岚公家法也。"见割鸡屠豕惨然不乐，恒为罢箸。一日之北门，庖丁解牛，牛衔刀跽公前，公以三千赎而生之，得四犊，牛老死帷蕝之陇上。

---

① 有如日：对天发誓，违者遭天惩。《诗经·王风·大车》："谷则异室，死则同穴；谓予不信，有如皦日。"

三 临邑县卷

人每呼公为佛。杨太宰道临邑下车而汲,佯问汲者:"汝邑有善人否?"汲者曰:"邢公天下善士,公何不知?"已憩寺问僧佛法,僧膜拜:"鲁人不省佛法云何?观吾邑邢公,佛当如是。"常熟严相国者,长公南宫所取士。太仆按吴,相国呕问:"吾师有弟深沉而练于事,阔达大度,为公何等属?"太仆言其父也。相国起谢:"向故度非盛德不生明公。"司寇王元美赠公诗:"一邑婴儿半姓邢。"李郡伯礼公乡饮宾下记曰:"黄发名德,厥号邢父。"冯宗伯用韫称:"公之家,少不酱,长不娄。公之里,居不忮,行不洊。公之庭,禽以驯,犬以伏。公之厩,牛以㹀,马不踶。"益实录云。俗忌三足蟾,见者不祥,公幼从群儿之塔庄获蟾,擎搦良久释之,卒不为祟。

元配赵夫人病力,天雷电风雨昼瞑,有大人长十馀丈,冠黄金,朱衣白简,鬼物从之百数。麾幢鼓角,震耀耳目。公匿床下。大人曰:"当生者生,当死者死。君何藏之深也?"示之符,雕篆字,隐隐见若富贵寿考大昌厥后者。公稽首谢。历三日,流黄气满室中,朱书龙蛇状盈几,不可识。夏日与友之宿安店,月明熟卧,忽有声若雷从地起,友人坠榻下,公卧自如。

乐陵史太公、禹城杨太公及公而三,年德颜行。二公卒,公喟然长叹:"吾安能为鲁灵光?"至九十,太仆西第成,帅诸宗人挈公来上觞。公留一昔,质明命驾旋:"吾魂梦安故楼,是先人所栖托也。"明年寝疾,七日神气无异,敛时软若兜罗绵、轻若委蜕,远近嗟异焉。倾邑之人奔走问疾,吁天请代。承讣白衣冠号踊者,如狂轮蹄扬尘,累月乃已。

太仆因母万孺人德平名家女,其太父永年以人才为给事,其父天叙为大使,受室张生孺人。季公既失赵孺人,而难其对,雅闻万氏息女婉静有礼,嚬笑不轻,卜筮袭吉,筓而归,事尊章下气怡声,应唯敬对。事两姒妇如姑,无或耦也。事诸子妇如两姒,无或亢也。姑如京师,孺人代以执劳。姑从公归,孺人独当井臼。姑哭长公目眚,意所欲言、身所欲安,咸先为逢而左右之。溃唾必以手承,沐浴溲遗必身扶掖。姑没，佐治丧事，物必备。公事丘嫂如母孺人，晚亦倍敦三家子孙，多臧获。手指千衣食，率孺人营综。宾客常满坐，脱不时至，若流连日月，供张不匮。公所损橐发廪或不给，孺人以首饰相之。其自为饮食衣服从菲者。先公一岁卒，年七十有八。公年九十有一。凡三男七女，孙男女皆八人，外孙男女称是。《经》言："孔子射矍相之圃。使公罔之裘，所延入者，幼壮孝弟，耆耋好礼，不从流俗，修身以俟死。使序、点所延人者，好学不倦，好礼不变，旄期称道不乱。"《史》称："万石君虽齐鲁诸儒质行，皆自以为不及也。"于以律公，其殆庶几乎！

公父谕博野，不屑就子给事封。如公大丈夫，讵以子一御史封。重王门小吏又何足云？不佞故缘博野，公指用乡校荐谥直。表曰：临邑邢庄惠先生之墓，以孺人事附见焉。四方人望其表，车必下。乃若里人戴之如父母，奉之如神明，樵牧世世不忍侵矣。

6. 邢侗（1551—1612）

邢子愿先生传①

黄克缵

邢子愿，名侗，济南临邑人。曷为称字？贤也！贤不可名。故齐之三尺童子，皆知有子愿先生云。邢之先出于周公，在《左氏传》，富辰之言曰："凡、蒋、邢、茅、胙、祭，周公之胤也。"《春秋》书"城邢"，书"邢迁于夷仪"，凡数见于经。厥后子孙遂盛于河间鄚，颛子

---

① （明）黄克缵《数马集》卷二十七，《四库禁毁书丛刊》集部第180册，北京出版社1997年版，第332—335页。

昂①其远祖也。自许商迁于临邑，则自伯通始。伯通子仲玉，习《青乌家书》，获吉地以葬。生子鉴，鉴生政，以乡举知岢岚州，有宦迹。生子溥，举明经，为博野教谕，以子如默贵，赠吏科都给事中。生三子，其季如约，封监察御史，即子愿父也。

子愿夙禀灵慧，家多藏书，年十四已能尽读，补博士弟子员。十七试于督学安福邹公，文第一，召至济南读书，为亲行冠礼，齐中以为美谈。穆宗即位，诏选天下髦士，县一人贡太学。子愿应诏至京，尽友天下士。学日益博，文日益有名。

庚午举于京，甲戌成进士，授南宫令。邑当燕齐之郊，鸡犬之声相闻。君治邑如家，廪食橐衣，悉自家中具之，不以烦邑人。小大之狱，察之必以情。邻邑有讼久不能决，得君片言而决。至于法无可贷者，虽权贵居间，上官示意，不少狥也。赎金尽市粟，以备荒年。稍有馀羡，即以修学宫、周寒士，岁课月试，供给赏劳甚丰。于诸生中得韩方伯策、郭参知士吉，其登科第者相继不绝。以卓异征拜监察御史，出按河东鹾政。所部秦晋中州，地甚广远，鹾禁故严，州县游徼，捕不及格，往往以其人抵罪，械赴台，疲于奔命。子愿戒勿逮，始免道毙云。使回赎锾，无所取报，谢无所受。一时以柱后惠文②按部者，咸服其廉。

已按三吴，精察练达，舞文者无所售其奸。云间大盗张邦陵，雄据海上，出没波涛斥卤间，为民害。君设方略，令所司擒斩之，悬于市，遂解散其馀党，民赖以安。先是，权贵子有鹿蒙虎皮、欲鬻馀技以欺世者，多引名士以为重。同年某御史素重子愿，遂列名评骘中，子愿不知也。至是权贵败，铨部引绳批根，凡与其子游者俱罢官。而子愿以迹素疏逖，得外转楚藩参议。子愿不自白，怡然之官。督漕粟至淮上，往返风涛中二年，艰险万状，犹以前事转陕西行太仆寺少卿，时年仅三十

---

① 《三国志·魏书·邢颙传》："邢颙，字子昂，河间鄚人也。"
② 柱后惠文：御史法冠。《汉书·张敞传》："秦时狱法吏冠柱后惠文。"颜师古注引晋灼曰："《汉注》法冠也，一号柱后惠文，以纚裹铁柱卷。秦制执法服，今御史服之。"

馀耳。

私念二尊人春秋高，不欲远离，乃乞身归养。朝夕承欢，四方珍膳无不毕致。一日，之齐河视其大女，忽闻母病，时已昏夜，从者请俟星月。君策马驰百里，呼城门而入，长跽请罪，谓："儿不朝夕膝下，致母有此疾！"及医药救疗，百计不效，至于大故。擗踊泣血，勺饮不入口者数日。父自以意宽譬之，乃稍稍啜粥，杖而后起，人称笃孝。父年大耋，犹康强无恙。子愿每岁大会亲戚乡党，率子侄称觞上寿。征歌舞，开筵谯，旬日乃罢。或病其过侈，曰："吾亲耄矣！苟可博一日之欢，虽倾家为乐，宁有爱乎？"父年九十馀下世，哀毁如丧母，启前母赵孺人柩及母万孺人同葬，送者数千人。堂坊壤厦之筑，旌旐萎翣之观，埏隧华表之树，坚固辉煌，惟力是视。齐鲁观者啧啧，谓："今日始见仁人孝子之葬其亲也！"

天性友爱，衣服饮食有无美恶，与二弟共之。虽群从兄弟及姑姊妹之子，视之亦如同产。为治奁择婿，嫁小功妹一人，嫁姑之孤女一人。理衾椁殓从嫂二人，殓从侄孝廉一人。为从侄择配具聘礼者二人。又与当道书乞赎白雪楼，而为李于鳞立后。其高谊真可以风薄俗而激颓波矣。至如刘浮光者，以相人之术来依子愿父，非有许负之能，不过穷而无所归者耳。子愿乃馆谷之终身，怜其死而无后，每遇寒食，辄令家僮携鸡酒往祭其墓。若是者，徒念其曾为父客，餒之是忘父也。公孙对食于故人，君卿供养乎吕公，古今一揆，而子愿仁孝，殆远过之矣。

子愿夙以古文词鸣，最熟太史公、班孟坚，晚乃驰骋于东汉、晋宋间，好作骈俪语。一时操觚之士于大江以北咸推子愿狎主齐盟。诗则出入李、杜、王、岑，高古典雅，每每工而拙用之于鳞之后，君为代兴。馀时与唱和，每诗筒至，辄私念此中有佳句，如尹婕妤望见邢夫人，自痛其不如也。

临池之美，上下晋唐宋元，而尤工二王法。四方以佳笺名笺求书者，常置盈几。子愿兴至，为一挥洒之。其精工斐亹，焕若神明，杂之阁帖真迹中，殆不可复辨，此品当为第一。小楷临米，似拙而媚。挂壁书多临大令，而时杂用米体。今世书法，类称邢董。然董仅工方寸行书，其馀诸体不能及也。画则仅做子昂草石聊以自适，馀非所长，去董玄宰远矣。

子愿索寡疾，因长子王瑞才而早夭，思念成疾患，秘结医者，骤以利剂投之，取快一时。余在济南闻之，曰："噫！子愿已矣。姚僧坦之言曾不闻乎？"逾半月讣至。死之日，海内知与不知，皆为泣下。时方为余作《城安德记》，遂为绝笔云。

黄某曰："世但知子愿文章翰墨之美，不知其笃于人伦，厚于故旧，行谊甚高，虽古人不能及也。余宦齐十五年，与子愿会者屡矣。相见唯评骘古今，商确文艺，时或为地方求赈、为贤士先容，此外无一语及他事也。"子愿有木棉二十馀顷，所入尽以供客。客去颇有赠遗，最后赠以字一幅、笔一二握而已。

人以文艺富，而子愿以文艺贫。其门人李徵猷、子婿史高先、子王称等撰其行列，语皆实事，非苟溢美而已。余又闻邢大司马从朝鲜归，彼国闺秀曾介之求子愿文翰。昔白傅诗篇，鸡林贾争市；萧子云笔迹，高丽使望舟拜求，不谓子愿词翰乃为外国妇人女子珍爱？噫！名盛矣。不令他美俱为所掩乎？惟焦弱侯之言曰："吾乡子愿，礼义之宗也。"噫！舍其小而取其大，世之深知子愿者，其在斯人乎！

陕西行太仆寺少卿邢公墓志铭[①]

李维桢

临邑邢氏，十世以上谱系莫传。或曰："周公后封于邢，子孙因以

[①] （明）李维桢《大泌山房集》卷七十九，《四库全书存目丛书》集部152册，齐鲁书社1997年版，第372—376页。

为氏。而颙子昂著河间，其远祖云。"家临邑者伯通，自许商来迁。子仲玉善形家言，得吉地以葬。生子鉴，鉴三子政，以乡举知岢岚州，邑志乡贤。政子诗①，明经，为博野谕。以伯子如默，赠吏科都给事中。季子如约，累善，人称佛子，没，谥之庄惠。娶于万，以伯子子愿，封御史，封孺人。

子愿，名侗，士大夫率字之。皙而清扬，左眉有黑子，相者以为文星。既长，声如钟，目如电，发鬓如云，须髯如戟。给事公没，父当户，督租吏谇不休。子愿发愤："丈夫不致身青云，乃辱其亲耶！"学日勤，十四为诸生。十七督学使安福邹公首录之："异日当文名天下。"召读书济南司衡堂，邹公亲行冠礼，东方传为盛事。

隆庆戊辰，诏简诸生高等入太学，毋论年资，子愿应诏。同辈招游侠邪，不往。屏居下键，诵声达旦。庚午举京兆。甲戌成进士。授南宫令，请于父："若何为政？"父曰："吾家故温，不需若养，彼除其心，以和惠民。"子愿敬诺之官，一切供亿率取诸家。削邑市货者，籍不复用。问遗训，咨故实，不干不犯。民有讼，悉其聪明尽之，两造俯首无言。或摘其隐如神，他邑人争来质成。上官崇信子愿，所上爰书皆报可。有当死而荐贿者，声其罪坐如率豪夺小民，捕而正法，直指以贵人关说欲出之，不可。狱囚冻馁，予糜予纩，无痾死者。铨度丁口众寡，定庸调，无或不均。土备垦，纪农协功。囧寺马直②侵牟多端，上书主事，尽言无讳。金矢之罚以市粟，岁当二千石，数纵舍不如额，太公充以家廪。月试邑校诸生，寒畯则给餐钱，得韩郭两参知、周郡守若干人。孝廉若任给事、李侍御、阎博士，经承为文，褒然高第。缮学宫，创文星阁，闢玉带街，翼以两坊，规制增胜，士通籍者相踵。月朔，集父老子弟讲礼读法，申以高皇帝六条摩厉之，于义虽穷里躬行化诲而奖

---

① 诗：本书所选诸文包括李维桢文，言博野教谕者其名皆作"溥"，可知此处李文有误。

② 囧寺：太仆寺，掌马政。马直：直同值，马的价钱。

其善者。月朝乡长，复事孝子弟弟①顺孙贞妇，闾史累书矣。盗贼不入界，夜户不闭。南宫今特以廉令祠。

征拜山西道御史、按河东盐法，所部河南、山西、陕西，延袤数千里。故事，游徼捕私盐，不满品有罚，不得其人则缪为私贩名具狱，而诸卒代之赎，主者惩其妄狱，上必系诣台，赭衣弥道，十无一生。子愿罢无逮，活数千人。既得代羡课赎锾累万，一无所取。盖余后二十年入晋，晋人犹诵说不置。所举方面有司数十百人，往往受谢。子愿不内一牍。

已按三吴，云间大盗张邦陵以海为穴，衡行二十年，磔而尸之市，而檄散其馀党，有三重囚当行戮，抗章乞宥，驳者谓市恩夺奉三月。子愿喜："吾以三月奉，全三人命，所得多矣。"岁荒，便宜开赈，而后上闻，民无转徙，所过焚香祝之。

迁湖广参议，行笥财十金，吴绫二匹耳。在湖广摄藩篆，职督储，不急催科，而杜诸输赋，利窦殆尽。漕艘之行也，敕材官勿苛。诸卒有以冰簟献者，斥之。两渡淮，已于事，则归觐两尊人，不携楚方物。二年，擢陕西行太仆少卿，而念两尊人老，遂移病自免。三上得请，时年方三十馀也。

朝莫视寝膳，如婴孺不离侧，而市五方之珍杂进之。父病，药必亲尝，夜擗心呼天："作人如父，守固不偷，节度不携。德足以昭馨香，惠足以同民人，天顾降割②耶？"坐医其傍而身立侍，唇燥则舌润之，息微则鼻通之，大小遗则手受之。忘食忘寐，疲极或仆地，母视而惊："两老人即死，有若在。若奈何先自毙？"对曰："儿殊不觉至此，迫欲安父且安母耳！"六戚问疾者见其状，啧啧孝子。父瘳，母忆大女在齐河，命子愿省之，而母忽病，子愿闻耗天已暝，策马

---

① 即悌弟。
② 降割：降灾。《尚书·大诰》："弗吊天降割于我家，不少延。"陆德明《释文》："割，马本作'害'。"（宋）蔡沈《书集传》："降害于我周家。"

驰，从者请须见星，弗顾。昏夜呼邑门而入，长跽母前谢死罪，反首抢地，祷于天，征名医五六曹诊疗，百物唯其可者无弗趋也。卒不起，自恨头触壁，啼无声，水不下咽三日，几死。父亦弗善也。稍稍啜粥，杖而起。

其后父耄耋。子愿大会父老，率群从子姓上书，歌舞选具通国，人若四远宾客，分日展庆，尽月而罢。比卒，子愿五十始衰哭过哀，经岁不处内。里俗："邻有丧，惟吊与送。"至是相议："葬者，佛子也。葬佛子者，孝子也。礼宜加等，助之纁披、帏荒、楮纽、翣绥之属。"采饰显明，文章比象，盖建邑以来未有。届期，环齐鲁境，僦舍来观，累数万人。始见诸下里物，骇叹欢笑。已见子愿骨立，墨面泣血，则皆恻然，泪淫淫濡其厕足处。前母赵葬且六十年，舁以祔，而更美棺，奉六珈褕翟，以殉庐墓。期年封树，悉经其手。华表跸域，弘壮无二，岁时之奠，哀如初丧。邑博士弟子称其孝，白上官，子愿谢之："人子用亲取名，罪也。"事乃已。

子愿两弟，童年相好无尤，仕宦或遗衣若诸器为二械，实精丽者，其中贻弟，而父以食指繁，强析箸，然得美食必召与俱尝。季弟送其姊之辽左，而妾范病，遣婢子问候消息，嘱妇赵制含袭，而以所藏美槚殓之。从子王道故同举于乡，王业为儒官，两人死，附身附椁事与综理。王庭之母与因母①若王宠妇如之②。道有子固能诗，与倡和，游扬其名。延师训业子廓，为茂才。馆王庭于塾，经纪其家。妇卒，更为继。从父有息女，择婿而厚装送之。女兄女弟，适德平二郭而孀，每单骑存问其家，割名田以共生口，而为郭孝廉觅得快婿，俾其奁资。

元配陈孺人，少失怙，万孺人迎以为女，笄而婚，佐夫学与仕以勤

---

① 因母：亲母。
② "与因母宠妇如之"，《邢氏家乘》本作"道子固妇亦如之"。

俭，事尊章以孝，御藏获以严，处后先姻党以睦，育女子以义方①。既卒不忍置适，而父母谓："宗子无无宗妇者，子女少未婚嫁，不可。"但已因有今赵孺人，赵孺人善视诸子女，当子愿意。而陈公无后，伏腊为位以祭。有从弟从子，赖以举火②。婿尹功懋有父丧少鬻于难，坐其庭中以劝，绥谤言③。已复有操戈者势甚张，子愿婉剂之，其人愧释惑。今功懋行三年丧，如丧考妣焉。婿史高先，亦以父丧受侮，覆露④之，而勉之学，既举进士，伤陈孺人不逮见也。

其于师，若前邹公，为主祀于家，祭必斋，如终其身。座主东阿于文定公里居，岁一往候之。文定公恒语人："子愿君子，世无知者。"意盛甚不平。既相，子愿饯之境上，祝曰："天下人才何限？我师衾受敷施，无以小子示天下私。"甫入朝，遽卒。跋涉霜雪，迎丧都门之外。抵东阿，酬酢吊宾，赞其任子内史纬。请谥、请恤、请祀学宫，礼使臣之将命者，任子受成而已。尝女季弟女因以字任子子⑤，葬日执绋，泪如縻，众咸嗟异，而为碑手书之，号二绝。

其于友，若枣强南令，同榜稔交也。南卒，督学使方按南宫校士。子愿请急为治后事，学使曰："君行古人高谊，吾当下拜。"至枣强南子居，益甫龇，箧仅三十金，阳付老苍头去，以杜窥伺，而捐累月奉为费。后李于麟先生者，踣弊不振，言诸孙中丞购故白雪楼以居，置田赡之。德平太史葛公卒，属禹城杨公以女女其孤。海宁陈给事亦同榜相善，晚节败名，而作恶者以殊死诬其子，力与之雪。

其于教后进，因体能质而利之，成名者众。方伯李徽猷，其尤也，

---

① 翰林检讨王邵于崇祯八年三月十日撰《明故文林郎山西汾州府介休县知县永怀公暨元配孺人周氏合葬墓志铭》："佐夫学以勤，事尊嫜以孝，御藏获以严，处后先姻党以睦，育子以义方。"此段文字几乎直接引自李文。
② 依赖此而生活。《晏子春秋·杂下十二》："国之闲士，待臣而举火者数百家。"
③ 劝止诽谤之言。《国语·齐语》："使民以劝，绥谤言，足以补官之不善政。"
④ 覆露：荫庇。《国语·晋语六》："智子之道善矣，是先主覆露子也。"
⑤ 即于纬之子元瑛。

爰有邢太师之号。李昌期、刘弘光两生才,俾与子同笔砚书,而赙其亲丧。张心传、李愌、徐方、罗锦、吕大丁、马君来、夏祥、张铉、李惠、李愫、朱西,或为之殡母,若妻若身,或为之憖庇,或为之办装,或为之先游延誉,不可胜数。

乡有相者刘浮光死而葬之,题其墓,寒食必酹酒焉。有置孩溺攒者,拾为家干徐三从子而月赋之粟。岁饥倾困鹿以赈,上书蠲租,邑长吏惧负课督如故,正色极谏,宁失其欢。已苦旱蝗,走白中丞黄公,调谷振货。邑为他邑代养二马。奏记当路罢其征,西第南北两门中为弄,贩夫贩妇知邢氏父子不搉直,肩摩求售。所谓来禽馆者与众共之,不加筦籥。郭外缃花园亦然,丐者接迹,与金与粟,皆餍所欲。田舍翁引上坐,同案食。途遇少年无赖避不见揖,与言或嫌太缚绁,指其腹曰:"是空洞犹江海,为百谷王,何所不容?"之邻国,帏裳垢敝,老稚争趋拥,愿识邢大人何状,下与立谈。所经逆旅,主人瓦盆草具,对之不厌。

邑贾氏女未行,以死从夫,亟临其丧,上台司旌门。凡人一言一行之善,称不去口。童仆有过,厉声色诃诘,不轻箠楚,须臾霁矣。寄径宋,或窃其冠以逃,逻者大索,戒勿推,宋太宰服其量。知隶人门志路之窃金而不言也,门寻病,使人问之,左右掩口:"盗固当病,何问为?"子愿愀然:"是事我久,奈何令受秽名以没?"隶农得盗粟者束诣吏,趣贳之。楚有童子试而挟书,三木囊头①,子愿语部使者,壹赦幼弱,脱其械。人有中蓍之言,不答,无已则叱去:"胡不畏释氏犁舌狱?"泰山行宫之毁也。邑子端松募缮,介而诣邑令药公,通力合作,而表松门为善士。死则会葬,为传其事。庙祀关壮穆,邑西偏有灵应,邑人凛凛,释回增美焉②。

---

① 三木囊头:头、手戴枷锁且蒙头。
② 释回:去除邪僻。《礼记·礼器》:"礼,释回,增美质。"郑玄注:"释,犹去也;回,邪辟也;质,犹性也。"

子愿服食器用，质而雅，俭而易求，绝不为奇，曰："奇生怪，怪生无常，是产祸也。"

文法两汉六朝间及周秦，诗俱诸体不名一家。刿字琢句，务极新藻，篝灯拥衾，沉吟不辍，觉所未安，起而更之，草凡十数易，有集行于世。《临邑》《南宫志》，事核而文无曲笔。人以比康《武功》、颜《随州》、童《沔阳》、郭《江夏》①。倭事起，画便宜十许条，万开府、许给事叹曰："先轸有谋，胥臣多闻②，子愿兼之矣。"语具集中。

书法钟、王、虞、褚、颠米、秃素，而深得右军神体，观者造次，殆不辨。画则入黄、赵、董、马堂奥，家有《澄清堂》《黄庭》《兰亭》诸帖，云中君、王右军、杜子美象，子瞻枯木、子昂墨竹，所最莹精，故举笔往往类之，极为海内所珍。

辛亥春，上语内竖："以邢某字扇进览。"偶得之某黄门所，上欣赏，命女史学其书。邢司马平倭至高勾丽，有李状元妻托致书子愿："愿为弟子，恨左衽不齿中华耳。"朱宗伯出使，从人适携其字两幅，购之，黄金同价。琉球使者入贡，愿小留，买邢书去。自李于鳞后，天下士奔走弇州、太函，子愿晚起鼎立。性复喜客，客来致饩，授馆多至十百人，远至经岁，房蒸肴蒸，终承权舆。别则计道里、具资斧。昔者齐衣冠之会，垂橐而入，稇载而出。然施惠如出责③，子愿所羞也。

好茗饮品第，江南人所馈，有鸿渐、鲁望之致④。家酿清绝，其名

---

① 四方志为：康海于明正德十四年纂《武功县志》，颜木于明嘉靖十六年纂《随州志》，童承于嘉靖九年撰《沔阳州志》，郭正域于万历十九年撰《江夏县志》。

② 《国语·晋语四》："公使赵衰为卿，辞曰：'栾枝贞慎，先轸有谋，胥臣多闻，皆可以为辅佐，臣弗若也。'"

③ 《国语·晋语二》："夫齐侯将施惠如出责，是以不果奉，而暇晋是皇，虽后之会，将在东矣。"

④ 陆羽，字鸿渐。陆龟蒙，字鲁望。

浸盛，求者塞路，所取给惟吉贝①无他物。岁比不收，太公私济之。既分诸弟，入日薄不足更费。晚年客益填委。书画外，酬币宴货鲜矣。对酒谈谑锋起，三教九流，直能端办之，博能上下比之。穷日夕，应答无舛迕，坐立无欠伸。年垂六十，目无纤翳，灯下蝇头书，不爽黍杪。齿利唊坚，步履矫健。游客言："邢先生精神包身，文史满腹，异人也。"

初为御史，夷陵王篆慕名，以子同社人制义，请子愿序为重。忌者，乃生之言抑之，久而论定。是夫也，不援而进，不阿而退，台司以下高其谊。或迂道往访，如见卧龙、凤雏，推毂于朝章十数上，陈文宪修国史，议以子愿及二三儒硕载笔，会卒不果。王元美、郭美命、屠长卿、焦弱侯、赵梦白、冯元敏，极所推许。黄司马抚山东十二年，尉荐殷勤甚备；高孩之尊为海内一人；靳尔时颜其庐一代龙门云②。

子愿故壮无疾，而陈孺人遗长子王瑞有美才，死无子，哀伤踰年，遂病，四十日，神不乱。既革，援笔书曰："天高水长，学则如此。止惟五峰，小囿未成，西汉书未烂耳。"子更请，卒无一语。自理襟带，正容端坐而暝。其夕，阴云四起，烈风雷雨，俄而天鼓鸣，逾日颜若生。赵孺人梦子愿作道人像，从灶觚出，蹑五色云，鼓吹拥道而升。岁在万历壬子四月二十有七日，距生嘉靖辛亥十有一月二十有六日，年六十有二。元配陈孺人，兰阳主簿公完女；继配赵孺人，平原太医吏目公熠女，按察使公惇侄也。五子：一曰王瑞，廪生，娶副都御史马公九德子禹州判官公兆明女；二曰王称，庠生，侧室冯出，娶德平尚宝葛公昕女、太子少保端肃公守礼孙、进士知临晋县事如麟公女弟也；三曰王蔿，赵出，娶思州太守殷公盘女、少保大学士文庄公士儋孙也；四曰王

---

① 吉贝：棉布。方勺《泊宅编》卷三："闽广多种木绵，树高七八尺，叶如柞，结实如大菱而色青，秋深即开，露白绵茸然。土人摘取去壳，以铁杖捍尽黑子，徐以小弓弹令纷起，然后纺绩为布，名曰吉贝。"

② 高出（1574—1655），字孩之，山东海阳人。明万历二十六年进士。靳於中，字尔时，河南尉氏人。明万历二十六年进士。曾任山东提学副使、刑部尚书。

桓，与称同出，聘平原廷尉宋公仕女；五曰王嘉，与蔼同出，未聘。女五人：一适齐河元戎尹公秉衡子指挥使功懋；一适禹城给事杨公士鸿子太学生焘；一适乐陵宪副史公邦直子户部主事高先，俱陈出；一适同邑副使王公再聘子钟恒；一字商河典客田公某子裔①。孙女一，王蔼出，未字。余长子愿五岁，而才行远逊之。子愿引为知己，病时犹呼余不置。仲子胪列行事万馀言，与史民部参稽之，以属余志。余文不中子愿衔官，亦愧谢其子若婿。然何可辞？铭曰：

嘉隆中兴，作者七子。历下李君，实执牛耳。
白雪声希，高楼寻圮。中原灵气，垂欲尽矣。
东阿益都，相绍而起。介先后间，邢子愿氏。
虽则师友，而名过之。英英绣虎，灿灿色丝。
旁及书画，冠绝当时。无翼而飞，无径而驰。
人所曹好，君复勤施。以被九州，以娱四夷。
较李于冯，盖未曾有。其才诚美，其德良厚。
其事亲孝，其字弟友。廉而能平，毅而能受。
和而能辨，坦而能守。誉之不矜，毁之不丑。
可蘧三公，可群匹夫。死生贵贱，久要靡渝。
与俗俯仰，与道隆污。与物应迹，与天为徒。
生也非偶，没也非无。若升佛地，若陟仙都。
泰山岩岩，为君之象。东海泱泱，为君之量。
金石竹帛，斯文未丧。尸祝俎豆，远迩相望。
猗与子愿，孰者克尚。窀棺一丘，是无尽藏。

---

① "商河典客田公某子裔"，《邢氏家乘》作"新城太子太保兵部尚书王公象乾子与定"。

附　德平县卷

1. 葛守礼（1505—1578）

太子少保都察院左都御史赠太子太保谥端肃葛公墓表[1]

申时行

今海内名公卿以清方笃亮著称三朝完节令终者，则余所睹御史大夫葛公其人云。公讳守礼，字与立，别号与川，山东德平人也。弱冠举嘉靖戊子乡试第一，己丑成进士，授彰德府推官，治狱宽平，引大体持重，人无敢以私挠者。分巡尝获盗，盗株引富人士族甚众，公一讯具得其情，尽释之。忤分巡意，则短于巡按御史。御史取藩府狱试，公立决，乃愈益推服，更荐公。召试台省，以年未三十授兵部职方主事，守山海关，至则修举诸法制未备者。朝鲜使致国王馈，公以封疆臣无私交固谢却之贡。夷数阑出禁物，公讥察如令。有提绮倚徼巡横索关吏，公竟按之，自是关内外肃如也。

---

[1] （明）申时行《赐闲堂集》卷二十二，《四库全书存目丛书》集部第134册，齐鲁书社1997年版，第445—447页。

已丁外艰，服阕，铨司再引公，公拒之再。遂补礼部祠祭主事，迁主客员外郎，仪制郎中。时王府多越法有所求请，公辄案令甲拒之。或遣人赂遗，至公则不敢犯，曰："无奈葛郎中执法何也。"由是公名重京师。转河南提学副使，至则以身为范，谨功令，厉材贤，中州士斌斌多显者。又以归德夏邑当遴道，盗所出没，言于抚台，疏请升归德为府。

已而参政山西，转按察使，为陕西左右布政使。境内皆有藩封，故尝藏命为奸及搆讼不决者闻。公令下，皆敛戢。晋府度田太原宁武间，民以为豪夺己产，相与斗变。公罪其首恶，令民得田其中，吏以时征税输之府，争遂息。秦府占民田为牧地，公告以晋事，卒归之民。尝以左使入觐，吏请括库羡治橐中装①，曰例也，叱去令籍之官，垂橐入都一无所馈。有小吏误署老疾，公诣部白之，太宰诧曰："藩司自署，其考而自忘之耶？"公谢曰："属吏皆从郡考，初不识何状，既见而非，故白之。此自布政错耳，小吏何罪？"太宰叹曰："至吏部乃肯认错，今无其人。"亟称之。无何，转右副都御史，巡抚督河南。首均赋役，饬武备，抑豪右，恤闾左，奖廉黜贪，而躬以清约为率。

久之，召拜户部右侍郎。督饷宣大山西，条画储饷便事，多见采纳。改吏部侍郎，寻转左。历四年，三摄部事，所引拔多淹滞，不问资格，惟其材。试吏一如故事，不以贵势干请，有所轩轾，时服其公。

升南京礼部尚书，会地震，察九卿。当事者有憾于公，勒致仕。隆庆改元，召为户部尚书，疏请劝农兴钱法，修租庸令，调停国计，合时宜而止。会覃恩大赉边军，或言："士伍多空籍，宜因给赏汰之，费大

---

① 库羡：仓库羡馀。羡馀是官员以赋税盈馀之名向朝廷进贡的财务。橐中装：亦作橐装，囊中所装之物。《汉书·陆贾传》："（南越王）赐贾橐中装，直千金。"颜师古注："言其宝物质轻而价重，可入囊橐以赍行，故曰橐中装也。"

省。"公争言："此朝廷旷恩，而用刻核从事，是以数万金贾九边怨也。"议乃止。

曲阜令不办，或请罢世职，更用选人。公曰："此祖宗崇报先师至意。今孔氏非乏人，不择人而更制耶，不可。"其持大体类如是。

太夫人春秋高，公乞归养，终制，起刑部尚书，寻改都察院左都御史，掌院事。先后上疏请讲明律例，禁有司淫刑，振纪纲，厚风俗，申饬御史，按部宪体及以官箴士节规切新进，诏皆允行之。四方爰书辐辏，常日夜检阅，多所评驳，必求中情法乃已。再领中外大计，品骘精当。会上亲奖廉能吏，逮治诸贪残者，吏治烝烝不至于奸，公赞襄有力焉。

公初以二品满考，有羊酒宝锡之赐，及是再疏引年，优诏谕留之。比再考，固乞骸骨，疏四上，乃得允，诏加太子少保，赐乘传归，令有司致月廪与隶。自隆庆以来九卿得谢事蒙被眷渥者，仅见公，士论荣之。公归踰年，大臣会荐冢宰，犹以公名上，无何病卒。讣闻，上辍视朝，赠太子太保，谥端肃。命给祭葬如例。乃以七年某月日葬于香里西禹津河之阳。于是公之孙户部郎昕、乡进士曦来，属余表诸墓。

公隐行在家庭，德谊在闾里，宦绩在海内，多不能殚述，而余窃侍公同朝，则睹公立朝大者，当其夙夜兢兢，进止有恒，事上最谨而不蕲为恭。称引国事当否，徐以数言折群议，屹然中立，不与众俯仰，不蕲为直。敝衣疏食，自尊贵弗改。取予不苟一介，不蕲为洁。揽止足之分，进退绰然，不蕲为高。盖居廷如其家，莅众如其独，设言如其行，无矫矫察察之誉，而以师表人伦，典刑邦国，若敦彝岳镇人人知钦而重之。古所谓大臣者非欤？余故论著之，使刻诸隧曰：

是惟御史大夫葛公之墓，后有考者其在于斯。他世系姻属生卒月日，语在志中，不具载。

附 德平县卷

明故太子少保都察院左都御史赠太子太保葛端肃公神道碑铭[1]

于慎行

葛端肃公卒于万历戊寅，敕葬鬲津之里。少师蒲坂张公为之志。越十有七年甲午，夫人王氏告终，敕启公之窀合焉。而太宰海丰杨公为之志，埏封有日矣。冢孙尚宝君昕复立石神道之左，使弟晗奉书请铭礼也。行无似[2]以故人子从公于朝，有所睹记，敢不综述大节以示来远。

公讳守礼，字与立，别号与川，济南德平人也。远祖士能以下，世有隐德。大父恂正公智，父林塘公环，益以行谊修明闻于闾里，并用公贵，累赠户部尚书、左都御史。大母张累赠夫人，母某累封太夫人。林塘公四子，公其长也。少游诸生，博学工辞，声称藉甚。年二十馀，当嘉靖戊子举山东省试第一，明年己丑第进士，授河南彰德府推官。察能，召入，以年不及格，擢为兵部主事，守山海关，报满还部。丁外艰，服阕，当事知公才名，将改铨曹，力辞不就，乃改礼部，稍迁至仪制郎中。

壬寅，擢河南提学副使。乙巳，转山西参政，分守汾州，迁本省按察使，历陕西左右布政使。庚戌，入觐，即拜都察院右副都御史，巡抚河南。明年辛亥，以虏警饬边，召为户部右侍郎，总督宣大粮储。事竣还报，改历吏部左右侍郎。在部四年，三摄太宰，世庙尝对近臣称为忠清有声。已迁南京礼部尚书。丙寅，关西地震，九卿自列，公得致仕。

一日，世庙问公安在，左右以老对，时年甫五十馀，未老也。穆庙

---

[1] （明）于慎行《榖城山馆文集》卷二十五，《四库全书存目丛书》集部148册，齐鲁书社1997年版，第17—21页。《葛端肃公集》卷首收录此文，文字略有异。

[2] 无似：谦辞，不肖之义。

即位，用廷臣交荐，起为户部尚书。居三月以太夫人年高，疏请归养。内艰，服除，廷臣又交荐公，起为刑部尚书，至数月改都察院左都御史，掌院事。越二年壬申，二品考绩，再受策书。又二年甲戌年至请老，上雅知公清望旧臣，特诏不允。乙亥，六年满考，又再奏书谓："臣年过七十，考绩至部，法难议覆。"因坚卧不出，乃晋太子少保，赐乘传归里。诏长吏岁致餐米，以徭卒给事。自隆庆以来，六卿谢事蒙恩，未有其比也。踰年，廷中会推太宰，犹上公名。已而遂卒。讣闻，上为轸悼，赠太子太保，赐谥端肃，遣官治葬，守臣称制，临祭者三，皆备物也。

公为人器宇端凝，风神遒劲，被服造次必于礼法，世俗声色货利一无所嗜，而不肯匿情饰貌，以博名声。当官守法，务在鉏抑强梗，惠利小弱，而不为琐细科条伤于苛急。居常，踆踆简默，言不出口。及当大议大谋，众莫敢发，公独守经据古，侃侃指画，常以片言取决。平生取予去就，严于一介。至臧否人物，常依宽大，耻为刻深，盖老成正直君子也。

初举于乡，长吏约三老子弟醵金为驾，力谢弗受。至请其籍，焚于廷，识者重之。司理彰德，部中有大盗觉，株连士族数百家，以修宿怨且图自解。监司使公覆讯，再三钩核，具得情实，悉论出之。

其守关也。海西夷人①阑出②禁物及边邑豪市马，皆禁止如令。朝鲜贡使，以故事有所献遗，公力却之曰："封疆之吏，礼无私交。"使者拜谢而去。还白国王，王为立坊界上，以颂其美。有羽林列校，诈称游徼，所过横索，吏毋敢问。公诘得奸赃，即移牒都官，致之于法，辇下肃然。

其郎仪制③也，代府三王，以宗人奉祠，夤缘请封，行万金赂，贵

---

① 即海西女真人。明代中期女真人，分为海西女真、建州女真、野人女真三大部。"海西地区系指上自伊通河口、下至依兰的松花江中游地区"。（参考蒋秀松《海西与海西女真》，《民族研究》1981年第5期）

② 阑出：无凭证擅自出边关。

③ 仪制：明清时礼部下辖四司之一。

近皆已报诺，金吾①訽得其藉，独无公名。问其奏使，对曰："郎中执法凛凛，不敢以私请耳。"雁门塞上有晋府牧地，为居民所占，王遣田官主之，民啸聚数百人。贼伤田官，与王家讼不决。公讯其首乱者置之法，而使吏赋其租代送王家。王与民皆不失田，而乱因止。秦府亦以牧地占民田，立石陇上。公使仆其石，告以晋事，田亦归民。韩府贫宗入谋，会城官府昼闭，公时为右使，至前晓譬约以国法，立为调均，所逋以便宜假贷，宗人感谢解去。

左使入觐，藏吏奉羡金为装，公叱不内，吏白："此故事也。即公不内，后人亦当有之。"公怒曰："尔安知后人非贤者？"籍而置之帑。天官课郡国治状，陕部小吏有署老疾当罢者，公为请留，尚书曰："计簿出自藩伯，何自忘也？"公曰："此边吏去省远，徒取文书登簿。今见其人，方知误注。过在布政，何可使小吏受枉？"尚书惊服曰："谁能于吏部堂上，自实过误。即此可为贤能第一矣！"

嘉靖末年，严氏柄国，廷中又多贵宠，贿赂公行天下。傅方岳入觐，不赍金钱馈遗，及为吏部主计，扃门不受谒，自葛公以外指不多屈，非虚语也。公佐吏部，属太宰缺，柄国者意有所属，以上旨谕部，公弗敢从。而以周公延名上，及调旨别推。复申前嘱，公又不从，而以屠公侨名上。此两公皆当世清正臣也。在列环听，无不悚服。而公以是南迁罢矣。

穆宗即位，大发帑金，赐九边将士。朝议以为边吏卒多老弱不任兵，可因受赐时简阅，因而汰之。此省费实，士伍两便。公曰："不可。将士守边暴露，幸蒙大赉，亦欲邀分寸之泽。乃因而汰之，是以巨万金贾怨也。伤明主恩厚，且生事端。"执政深服其言，乃止。

其掌台政，数上疏条画，振纪纲，禁侈靡。令御史行部申明宪典，

---

① 金吾：明代武官，属上直卫亲军指挥使司统辖，包括金吾前卫、金吾后卫、金吾左卫、金吾右卫。

毋得轻信告讦，有所侵冤，凡四计。内外吏务在综核名实，裁抑侥幸，尤重贪残之禁。万历初，政所风厉纠虔有先朝风，多公谟画云。

武冈王以近属摄国，阴结内主，谋夺楚王之孤。太妃与两台奏，数格不行。公廉得其使行贿长安者，劾论如法。遂罢武冈归府，而王孤有国矣。曲阜世以孔氏为令，时有不胜任者，朝议改设流官。公曰："祖宗承前代故事，褒崇圣裔，藏在盟府。即其人不职，当择贤者易之，何至废数百年盛典？"遂复世职如故。其论事，引大体持正类如此。

自为正卿，历事三朝，一意奉法孤立，无所阿曲，正色直气，望之俨然，所遇二三权相，皆折节下公。公终不为小巽。既以少宰拂严氏罢去，及起为户部，而华亭、新郑搆郤，举朝奏排新郑，独公无疏，又拂华亭。及新郑再相，修怨华亭，至欲戍其子弟。公又从中主持，得从报寝。新郑固已嗛公，第念其德厚，忍未有以发也。及新郑赐罢，廷中有所推鞫，词语连及祸且不测，公又以危言激悟江陵，下朱金吾杂治其事，乃解。二公闻知，皆心服矣。

家居奉事二亲，孝诚备至。与诸弟同爨几数十年，教诸子孙，驯谨有法。于故人子弟乡曲，贫乏调护，尤厚待之。色笑温然，不为崖异。人无小大，交口德之。病则群祷，没则行哭，其中诚信所感也。闲常坐卧一楼，摭猎经史，手自断注，所著有《静思稿》及《奏疏》《家训》若干卷，行于世。

公生弘治乙丑二月十二日，卒万历戊寅正月二十日，得寿七十四岁。始公为郎时，病而梦谒帝，命曰："以彰德狱事，增寿三纪。"至是，果符其数。夫人王氏，内范母仪，式于士族，详具志中。

子一，引生，邑廪生，经术著名，累赠某官，娶靳氏，累赠某人。女一，适卫辉府通判卢茂。孙男三：长即昕，以任至工部郎中，升尚宝司卿加正四品服秩；次曦，举丙子省试第一，任翰林院检讨；次晧，诸生。孙女二：一适某府经历谷茂椿，一适中书舍人殷盘。曾孙若干。铭曰：

运际贞元，灵钟海岳。於休我公，应期而作。
器度渊洪，风猷峻巤。品冠人流，道先民觉。
行有坛宇，学有师宗。守己以正，事上以忠。
皎如烈日，穆若清风。东都伯起，西京少翁。
粤自初龄，濯缨荤毂。诘奸于境，抑强于腋。
于蕃于宣，保厘近服。化偃提封，仁流岩谷。
时更三圣，位历四卿。留都典礼，铨省持衡。
乃司邦禁，庶狱维平。越总内台，百度咸贞。
修明宪典，班叙岳牧。正分定名，奖廉抑黩。
帝简方熙，群情允穆。八元可九，五臣斯六。
端流正色，在彼周行。士有矩蠖，朝有纪网。
风声既树，勋绩弥光。胡不百年，以保我皇。
图徽钟万，垂芳牒史。有丘罩如，在河之涘。
玉策金书，既受多祉。德厚流光，施于孙子。
没而不朽，先民所经。郑侨遗爱，随武流声。
玄珉勒德，匪以摘荣。是刊耿烈，为世作程。

2. 葛如麟（1580—1650）

陕西提刑按察司按察使子仁葛公墓志铭[①]

高 珩

呜呼！此故明名臣御史大夫端肃公之曾孙、赠公文肃先生孙、玺卿

[①] （明）高珩《栖云阁文集》卷十三，《四库全书存目丛书》集部第202册，齐鲁书社1997年版，第353—355页。

龙池公之子、按察使朝池先生墓也。先生姓葛氏，讳如麟，字子仁。癸卯举于乡，庚戌成进士①，授临晋令，调繁②榆次，升户部主事，迁正郎，升湖广下江防少参③。丁内艰，服阕，改补潼关兵备道，升河东兵备宪副，晋阶宪使。以宁夏被兵，中谗口谪戍茂山卫。丁丑事白，以原官归里。庚寅卒。

公之令临晋也，地素多逋赋，积欠不清，强半在搢绅豪右家。公立法严明，屹屹如山。蒲州显宦有寄赋于邑者而多欠，公逮其纪纲善谕之，不悛也乃严惩之，赋卒如额而宽之也。宦乃心服而交好有加礼。时两贤之政成畏垒，祀焉。治榆次，状如临晋，最也。后三十年公后裔过太原，有自陈其曾以奇冤系狱数年所，而赖公燃犀脱桎梏得无瘐死者，则榆次民也。其在户曹司督饷宣镇也，收支如法，吏无得上下其手，而甲士以宿饱。复为前官补透支金十三万有奇，夙弊尽清。大司农累疏特荐纪录焉。迨崇正壬申，农部清查分司累年出入数，前后同官逮赴都门簿责者二十馀人，而公独免，盖向年在镇时即缮收支印册副本，缄之箧衍④，至是乃具疏缴查，毫厘无染故也。

潼关咽喉五省，厨传良繁，旧例并无公费赀，率科取里下。公粥桑梓产以给之，不止不名一钱于官。当魏珰横肆时，生祠几遍海内，督抚大吏以及同官相讽者如出一口也。公曰："吾东海男子，能劳民媚要人耶？"卒不为动。会属邑澄城令戕于民，督抚将剿之，已誓师矣。公力请止兵，单骑诣其地，擒首恶数人置之法。昆冈之火得以无燎者，则公力也。

宁夏边陲重地，兵饷殷烦。灵州一营，界在黄河之东，而拨饷往返乃受成于抚军，挽运稽迟则脱巾之呼且见告矣。公于饷之抵州者，则挽

---

① 《万历三十八庚戌科序齿录》载：葛如麟"（万历）庚辰正月十七日生"。
② 调繁：调任政务繁剧之地。
③ 下江防少参：下江防道参议。参议，或称少参。
④ 箧衍：本义是方形竹箱，泛指箱子。

留请放河东，士马得饷反先于抚镇兵矣。癸酉边烽孔急，请兵于抚于镇于制府，无及也。孤城困者将三旬，公坐甲乘城，拑马示备而疏勒乃全。巡方者以功次上，而卒下吏议。时

柄国者温体仁也。久之体仁去，用核覆当年战守捷级事乃白，而公则怡然返初服矣。闭门却扫，口不谈当世事。

兴朝定鼎，士皆弹冠相庆，公以病守林泉如故也。乙酉季子元祉授豫章令，公惓惓以清白承先慈惠字民为戒，盖以体国之忠、属之象贤复如此，其他俭于家、惠于里，绳绳方至更仆莫尽。予惟建言有之："公侯之后，必复其初，言世贵也。名德之后有达人，言世贤也。"

端肃公盛德大业，劲骨清风，当在司马文正、赵清献之间。而龙池公以名臣子恪守庭训而光大之，楷模海内，与有唐河东之柳无殊矣。至公则又继二世而鹊起贤科，功施王国，其为绍庭，孰加焉？

吾于澄城而知公之仁也，其靖民于阽危也。吾于潼关而知公之洁也，其远腻若垢也。吾于力拒眈祀而知公之介也，不以媕阿愧先人也。孙刘有郊，不过不为三公耳。辛毗当年膝下之惭，不既多乎？虽位未酬德而世德之绳绳也。海内式之，孰与京焉？

予先祖中丞公丙子乡荐时，则凤池先生蔚为举首，而公犹子岭南太守四河君又与予为新城大司马霁宇王公外孙同也。世谱之末复忝列葭莩矣。庚辰予上公车，四河君觞予于宦邸，未几一麾岭南携家去，将三十年所，不闻音耗，念之怦怦焉。顷于都门唔受之明府，乃悉存没离合之状，知犹一弱子存耳，为之悲喜交集，追忆三十年前联榻外家别业中，已邈然隔代，则予亦衰颓甚矣。已乃以公志铭见委，发状读之，忾然三叹。昔韩文公之于西平王也，以目击其孙祖三代之存没为慨。予读端肃公暨龙池公年谱，久有执鞭之慕。兹复备悉家乘，则公家三代懿辉亦附闻知有馀矣。典型如在，不能不重致企于九原而可作云。往者凤池先生之不禄也，龙池公委曲植孤，茹辛万状。迨龙池公之立嗣元方也，又为人所难。能顷四河公子以四河枢归，盖受之间关万里而致之者。广柳南

来，亦何殊虞寄生还乎？此又古人高义也。

夫一门之内，能世其孝友如此，他可类悉。《诗》不云乎："无念尔祖，聿修厥德。"葛氏其永念之矣！今已芝兰济济，其腾踏飞黄而世其贵也。若固有之，又宁俟君平、季主哉？公生卒年月婚娶子孙，详具状中。兹将以□年□月□日葬于□之新阡，乃系之铭。铭曰：

为国宝臣，绩事茂矣！攀范提韩，以御寇矣。
师干之坐寝也，其德厚矣。正骨之鳞峋也，不迩垢矣。
箕裘三世而益昌，允名德之胄也。
腾踏千里而乍蹶，非顾步之咎也。
佳城郁郁，视此贞珉，尚启佑尔后也。

3. 蔺琦（1441—1511）

顺天府尹蔺君琦墓志铭[①]

李东阳

正德六年辛未六月二十日，顺天府尹蔺君卒于家。蔺出晋韩厥支孙以邑为氏。今世颇希见。居济南德平者，为巨族，累世弗显。

君生而颖出，志操非凡儿比。补县弟子员。成化十年甲午举山东乡荐，十七年辛丑登进士第。十九年癸卯被选兵科给事中，累迁都给事中。其所论列，或独上累至数十，多切时务。尝勾稽边储。会简京营兵马，巡视诸马房刍牧，充楚府，册封副使，皆特遣。承敕捧册以行，随

---

① （明）焦竑《国朝献征录》卷七十五《顺天府》，《续修四库全书》第529册，上海古籍出版社2002年版，第134页。

事举职，无弗称者。

弘治六年癸丑，擢顺天府丞。至十四年辛酉，乃进府尹。君志本爱民，佐事既久，熟政体，知民瘼，壹意抚字，徭役丛沓，极力应办。惟材力弗给是惧，民亦安之无异辞。尝条上十二事，多行之者。三载考绩，赐诰命，进阶通议大夫，累赠厥考拳及祖守成如其官，妣皆为淑人。十八年乙丑，今天子即阼，乞致仕。

归，训子孙，化乡党，率用礼让。于凡世务，悉置弗问。盖年七十有一而卒。讣闻，诏赐祭葬如例。君质直无崖谷，敦尚俭素，遇事勤慎，不为表暴。而身致通显，以寿考终，亦可以无憾已。

四　陵城区卷

1. 康丕扬（1552—1632）

侍御公家传[①]

康　溥

公讳丕扬，字士遇，别号骧汉。生而颖敏，书过目弗忘。十六补邑诸生，十七丁父小陵公忧，哀毁如礼。二十二督学佘公拔公第一。丙子中乡试。丁丑、己丑俱会副，公为孝廉十五年，因得大肆力于文史。壬辰成进士。

万历二十二年授知宝坻县。公察其甚废者而举之，若清垦田、裁冗役诸事，而邑治。是年冬调密云，密云为镇城，军民错居，号难治。公随事立应，如清查逃地，招户之殷实者均种，仍立册俟复业者，拨给租粮尽完，民悉归业。他邑盗犯九人谳成，兵宪王公牒公复审，公一讯得其冤，立破械释之。时盐法不清，公究其弊源，七年逋欠顿完。又新旧两城隔绝，公建议兵道项公德祯修筑，联而为一。公在任五年，诸上台

[①]　（清）史廷扬纂修《陵县志》卷六《艺文志下》，康熙十二年刊本。

咸推毂不置①。

二十六年行取，二十七年赴京候命。闲居无事，因念古今治乱甚微，能早为计，则祸乱无由生，乃取涑水《通鉴》，集历代酿祸之阶、补救之术，汇编六十卷，名曰《千秋镜源》，时以自考焉。二十八年考选拟道。二十九年密镇题叙公修城功。三十年春授陕西道御史，巡视东城，有僧达观狡黠通内典，缙绅多被其惑，日糜集其门。公疏言："祸福当杜，宜速置之法。"一时惮之。

三十一年，巡视十库及中城。礼部侍郎郭正域，世为楚藩护尉，与王有隙，而会中尉华越狡猾无赖，王屡重惩啣恨。而正域兄弟遂与越阴谋报复，于半岁前豫撰《讨逆檄》，播传都下。至是王具奏越非法状，正域乃招越来京，使其兄监丞正位为居停，而域使人导赴通政上疏，谓楚王非先王子，云得其情于妻王氏。事俱下抚按勘，而抚按止勘越疏语多游移，复下廷议。当是时，楚王当国三十年乃陡发此议，故通国靡不为楚藩冤，但惧正域旦夕入相，中外多其私人，无敢捋虎须者。公遂抗疏，数其七罪。会楚王《与域四恨疏》来，遂得旨。譬口难凭，非假甚真，不必再勘，而正域亦罢去。

是年趋按辽，方候命，忽传有夜布妖书者，称续忧危竑议语皆污蔑官闱，动摇国本，东厂以闻，上震怒，严缉之。有皦生光者，顺天诸生，倾险不轨，先已问遣。至是潜寓京师，因为诗有摇国本语，欲挟持国戚郑国贤，伺隙未发，锦衣卫得之，讯治不服。公以生光有妖诗可据，坐之不枉，会中府复讯，公离席历嗜诣生光所止行刑者，诘生光曰："汝不应作妖诗，业屡奉旨，无生理，不待妖书也。汝亦是男子，而攀诬何为？"光由是认罪。众皆拱手曰："康君可谓一言定国事矣！"

---

① 推毂：荐举。《史记》卷一百七《魏其武安侯传》："魏其、武安俱好儒术，推毂赵绾为御史大夫。"不置：不止。刘向《九叹》："欲卑身而下体兮，心隐恻而不置。"

三十四年，按山西兼巡关，寻委兼管河东盐政，文案山积，皆出手批而吏无所上下其手。霍州守室廷珪激变良民至千馀人，公以迟则乱成，遂辍巡历驰往，至则榜谕通衢，令事内者亲诣投首予轻法，事外者归闭户即良民，其复行纷扰往来窥探者即乱民无赖，须臾聚者解散，霍州大定。

三十五年，按辽，一如按山西时。辽差兼学政，厘正文体，士风归正。事竣，理两淮盐课。公详查奸商斁法者严惩之而弊绝。公前有浚河功，至是彭公端吾巡视河上，三叹公之成劳难泯，具疏题叙为文纪公绩，名新河为康济河。

三十七年春归里，杜门不问户外，课子教艺而已。壬申秋偶微恙，诸子治药以进，公不饵，曰："吾年至此足矣！"越数日，怡然而终。

公笃于孝友，父小陵公见背早，公之成立皆祖东陵公教育。公垂老，每饭不忘。公兄弟四人，以早孤赖公教，俱食饩，称名士。公弟丕显，恩拔四川青神知县，又先公卒，公抚其孤如己出焉。

公为人刚直坦易，无城府，立朝一意奉法不阿。性喜淡素，陋室晏然。食必精，无兼簋。独好施予，凡闾党亲故之贫者，寒解衣，饥推食，病则予药，死则予椁。晚年囊不能名一钱，而卒不倦。生平无他嗜，独嗜书，购求万卷，悉评阅。诗宗盛唐，晚喜白香山，所著有《北台》《按辽》《按晋》《按淮疏草》《公移尺牍四六》《蓄德录》《省身录》诸书，经兵燹无存，仅存《癸卯两事志略》五卷、《集闻方》四卷、《官传方》三卷。年八十一岁终，议者以公位不竟其用云。

2. 康樵（1661—1712）

癸未进士兖州府儒学教授友渔康君墓表①

孙　勷

呜呼！是为陵县神头镇之槐里，康熙癸未进士、兖州府儒学教授雪庐康君之墓。君之葬有年矣！其嗣子灼亨乃请余文，为表诸石。盖友渔之葬也，王君经年，其同年好友，所谓有道能文，又知友渔之深者也，得其铭足以葬矣。今兹之请，则不可以辞。

君讳樵，字友渔，尝号牧斋，又号雪庐。然学者耳友渔之名甚久，又官未显达，故特以友渔者云。友渔先世为玉田人。始祖仲德徙陵县志神头镇，遂为县人。明万历间，以争楚事有直声曰丕扬者，其曾祖行也，高祖诰以是赠侍御史。曾祖曰丕振，邑廪生。祖曰溥，临朐县训导。父曰懋采，顺治辛卯副榜。友渔，副榜公次子也。

少有异姿。年十三时，长洲韩宗伯②以大家特起振前代以来文事之衰。其乡闻出昆山徐健庵先生门，先生文章匠伯，海内所宗。而宗伯之兴，值其嘉运。一时有识士子，翕然宗仰。而村巷寡陋，不学辈咸窃訾笑，禁子弟不得辄摹似之。君用意购得一本，夜窃读焉。学宫子弟之为先达者闻之，或至痛惜其不达时务也。盖愚俗之不可索解如此。

康熙癸亥，君游于泮宫。又十年，举于乡。又十年，成进士。当乡

---

① （清）孙勷《鹤侣斋文稿》卷二，《四库全书存目丛书》集部第254册，齐鲁书社1997年版，第496—497页。
② 韩菼，字元少，别号慕庐，长洲人。康熙十二年状元。

闱未第前，试辄冠军，而后众人乃知韩宗伯之殊不误人也。庚午、辛未间，余以读礼家居，亲知子弟辈，约平日知名士共为文会，而余以其文寓目焉。创为互誊之例，略仿文场糊名之法。每发试第一，则君往往得之。余亦窃喜其得君而不失焉。既登进士第一年而兄卒，君哭之过哀，遇疾几殆。

君天性孝友，兄前母张孺人出也。赵孺人笃爱前子，君亦深念天显①，以是同居，终身无小龃言。君介节自持，风骨棱棱，为令君所重。未谒选时，家居十年，远近称仁焉。于例进士不与庶常选者待铨县令，然有愿就职者亦听之，君垂得为大令矣。亲友多怂恿之，君意殊不然，曰："老母在，吾惧远宦之不能以迎养也。"遂得兖州教授以往，方授符于省，中丞蒋公②讶其何为自抑乃尔？已知其为老亲也，有加礼焉。既至，监察高公、太守吴公惊异厚遇之，亦如中丞。呜呼！吾见世之为人子而当有官者，苟利吾事而已。去其亲如游丝之逐飘风，不自问其所之也。而其不幸道死，或卒官，或罢而归，其擢为大官逮养二人者，十不得三四焉。呜呼！如君者，岂不蔼然有孝子之心而不可以今世之人目之者哉！《诗》有之："风雨凄凄，鸡鸣喈喈。既见君子，云胡不夷。"凡吾所以重君爱君而不敢辞于表君之墓者，凡以此也。其他吾不暇以论者，以于君为常行也。

君以顺治辛丑十一月十四日生，以康熙壬辰四月初四日卒，得年五十二岁。后之人过于斯墓者，读余是文也，其慨然太息相见君之为人。盖讷然如不能出，温乎其如玉；毅然气有所必达，而郁乎志乃有所不伸。则惟先吾母氏而遽陨厥身。呜呼！非他之因，而命则不振。

---

① 天显：上天显示的意旨。《尚书·康诰》："于弟弗念天显，乃弗克恭觉兄。"《孔传》："于为人弟，不念天之明道，乃不能恭事其兄，是不恭。"

② 蒋陈锡（1653—1721），字文孙，常熟人。康熙二十四年进士。四十七年官山东巡抚。

3. 李蕃祚（1658—1728）

山西马邑县知县拙斋李公墓志铭①

孙 勷

公姓李氏，讳蕃祚，字子介，曰拙菴者，号也。先世莱州之掖县人，永乐中，始祖某公西迁来陵县，数传至中天公，讳日升，始以儒业，食饩于庠。敦行笃学，邑乘详之。今与祀孝义祠，则公之祖也。父大成，讳宗，亦以邑廪生有名于时。尝营淡宁斋，读书其中，自号静怡居士。子三人：长，讳某，字曰子开；次，讳某，字曰子方；公，其季也。

生而沉敏，未入塾前，授之书，辄成诵。十岁属文，举笔即就。父兄惊喜，知非凡器也。一切童子嬉游，未尝偶与，俨如成人。十三应童子试于邑。邑侯史公奇赏之，戏曰："子衣何鹑结，而心顾绮縠乃尔！"再试之，佳敏如初。

年十八，遂以第一入泮，时则康熙十四年乙卯之仲夏，余甫识公于会城。盖余以甲寅冬月岁试入州学，而公寻以科试入县学，邂逅间接语非多，而心神已契，自是游好莫逆。余于公长且一岁，追古贤之切磋，薄时俗之征逐，交相重也，交相迪也，乐可知也。久之，余弟劼为公兄子开馆甥。余乃以诸父礼事公。自是往来过从益无间然。丙寅，公以拔贡入成均。庚午、辛未间，余方读《礼》，馀间约一时名士为文会，陵之诸君子，若公从兄子长、从子纯修及康君友渔、于君徙溟皆与焉。每

---

① （清）孙勷《鹤侣斋文稿》卷二，《四库全书存目丛书》集部第254册，齐鲁书社1997年版，第506—507页。

午后文成，璀璨夺目，如名山大川之各擅其奇，不可以甲乙别，读之意倾。就中公更为神清骨劲，气逸韵流，往往一唱三叹，有馀音焉。然犹延至己卯，乃登贤书。又屡困礼闱，竟以大令终世。悲夫！公之之官也，特过柳村与余别，余含悲送之门，返偃于榻，泪涔涔不自禁，一若预忧公之无见期者，而公于是与余永诀矣。呜呼！余生平心同志合，自公而外，可多指屈耶。

公之为马邑也，才三月耳！而流亡之氓还，横溢之征除，狱讼之历年不决者片言遂剖，民方幸被抚我之仁，而公已挂惰征①之议矣。然于公何损哉？独当是时，晋之为大吏者，颜毋乃厚耶？公既去官，以交册不时留滞，又数月幽忧愤郁中而疾作。归甫入门，一视家人而殁。古之君子不悲身之不用，而尝憾于斯民不与被尧舜之泽。杜子美所为读元道州《舂陵》之诗，而慨然太息也。其言曰："苟得如元公辈十数人，散布天下，可为邦伯万民吐气。"②知言哉！余于公亦云。公孝友中和，秉之天成。循夫家声者，不具论。独述公之处为德行、文学之儒，出有经术、政治之略，宜大其用，而乃厄于命者，以垂后来，使或如公之遇者，知前贤往往如是也，而身困道亨之义见矣。

公以雍正六年四月一日卒，距其生顺治十五年之九月二十三日，得年七十有一。配赵孺人，先公七年而卒，为康熙之六十年九月二十四日，生以顺治十六年五月初三日也，得年六十有三。子一，曰愃，娶于郑。愃卒时，子基大生未周月。及是，基大将以某月日葬公于某地，而请余为公铭。余何能铭公？然余何忍而不铭公？铭曰：

惟马邑公，吾所父事。不回厥德，无忝于志。
匪惰乃惩，惟仁我氓。其官虽否，而道则亨。

---

① 惰征：惰于征收钱粮赋款。
② 杜甫《同元使君舂陵行》序："今盗贼未息，知民疾苦，得结辈十数公，落落然参错天下为邦伯，万物吐气，天下小安可待矣！"

郁郁佳城，贤君之坟。千载有闻，视铭之云。

4. 石维屏（1573—1638）

山西左布政使石维屏传①

史扬廷

石维屏，号新周，万历辛丑进士。秉性朴实，不陵不援。初知献县，循良称第一，去后士民讴思，立祠祀焉。累官至山西左布政，所在有廉声。

仕宦三十二年，田产不增。其居乡也厚，其治家也俭。急流勇退，致仕数载，年六十六岁。

---

① （清）史扬廷纂《陵县志》卷五《人物志》，康熙十二年刊本。

五 宁津县卷

1. 王良贵（1517—?）

山东副使龙门王公墓表①

余有丁

  有封若马鬣②丽于河澳者，有明贤大夫龙门王先生丘也。先生既卒之一岁所始葬而某始表之。《老子》曰："宠辱若惊，贵大患若身。"甚哉！仕宦之难也。夫人所夸严于世者，必高位显秩。然时有不能，则悠然失其据，而累辱愧赧，力智俱困，不知所出矣。故廉静端悫之士，不蕲乎公卿，泛游乎一世，而无所疑其贵，不借位尊也。是以外诎而中伸，其龙门王先生之谓乎？

  先生举嘉靖丁未进士③。又三年为庚戌，虏入躏近郊，天子既案诛

---

  ① （明）余有丁《余文敏公集》卷十，《续修四库全书》第1352册，上海古籍出版社2002年版，第554—555页。
  ② 马鬣：喻指坟墓封土的形状，亦指坟墓。
  ③ 毛晓阳点校《登科录》（点校本·下）载王贵良中嘉靖二十六年（1547）第二甲进士，年三十一岁。宁波出版社2016年版，第15页。

选愞①不任事者，而骤贵咸宁侯鸾②。鸾遂窃弄权，内结奸相，外市黠虏，而又下操百司，征求无虚时。若小欲不遂，必肆其欺诟而无忌，文致徒毁，阴鸷鬼谲不可揣持。一时用事之臣，趋之若市者之趋大駔也。先生是时官仓部郎，监通州。而虏数败约南入，鸾内畏虏不敢兵，则假以军粮不给，激天子怒，几得自便。同事者咸股栗不知所裁，而先生独从容往见，相与语甚欢，谓："贼在河东，声势燎迩，即鸟举入宇下如景，不可复搏。不可复搏，寇且益深。后事御之为难。为人臣子，宜先君父之忧，不宜自计便利，诸倚安焉。"居无何，复命监代饷。代居中山北边虏，而前是监者不饬军民共苦汰取。先生一持以廉，代以不病。

　　既而升本部郎中，改监辽左饷。辽左受山东灌输，而役者往往疲山海之险，而官绳之急，弥病役者。先生即治事辽，为酌钟豆、优道费③，甚便役者。役者归山东，必道先生家，未尝不以首抢地先生父前称谢也。先生即久为郎，又岁岁治边饷有功，当迁官，而主者忌其直戆，乃外迁守平阳。平阳剧郡，介关振河，物贿凑至，民多奇衺。先生以宽大严重为治，而时出其精计，法其一二桀骜不奉约者，民以大安。暇日，著有《筹边为议》者八，《课属为条》者十。以治行最称。

　　满岁擢山东按察副使，备兵霸州。霸为内三辅，所治多贵人，而地四通，聚探丸击剑之徒。先生持法平，一切谢绝请谒，而身束士伍若常备他盗④者。有高指挥慎行，素怙婪无行，手所创害人甚夥。先生廉得其实，竟置之法。而内侍杨幸用事，求曲法脱人于死，先生谢不从，因中先生以谗风御史按之，坐不仇。明年，竟以大计报罢。罢之日，先生方有事密云，与诸公饮，赋"长途此日逢春草"句，以志感，有诉然

---

①　选愞：亦作选懦，柔弱怯懦。选，通"巽"。
②　仇鸾（1505—1552），字伯翔，陕西镇远（今属甘肃）人。嘉靖庚戌二十九年，大同总兵仇鸾，赂俺答汗避大同，东掠京畿。后官平虏大将军，畏敌残民，死后追戮。
③　钟豆：古代器皿名，指饮食物品。道费：路费。
④　他盗：《史记·项羽本纪》："所以遣将守关者，备他盗之出入与非常也。"

忘归之趣。总督杨公选①雅严事先生，益叹其去不违时云。

先生既归，年益强，而封承德公与封安人，皆无恙。先生日治甘毳和颜色而荐之，取亲裙厕牏，身自浣涤，不令人知②。暇则手一卷，课诸子孙，绝迹公门。游行田间，不知其为贵人也。先生长厚，尤慎饬于言行，不寝然诺。无论识不识，耳先生名，知为贤大夫已。夫居官无媕婀脂韦之行，居家有孝弟睦姻之懿，居乡有敦仁薰诱之良。先生其人，岂数数世见者哉！

先生讳良贵，字少思。自五世祖思忠，始迁为宁津人。配詹氏，继配潘氏，赠封安人。子男三，详见杨少宰与谷少司马志状中。

2. 庞际云（1812—1887）

庞际云传③

徐世昌

庞际云，字省三，宁津人。父朋，字君锡，以字行，更字百朋，少而笃行劬学，嗜宋儒程朱之说。咸丰三年，粤匪渡河北窜，朋建议阻运河而守，可省劲兵数万。筹画垂定，会邻县爽约，计不行而宁津卒屹然无恙。年七十六，卒。

际云，咸丰二年进士，选庶吉士，旋改刑部主事。精明干练，侍郎

---

① 杨选，字以公，济南章丘人。嘉靖二十三年进士，四十年官至蓟辽总督、副都御使，兵部右侍郎。后兵败论法戮于市。

② 《史记·万石张叔列传》："建为郎中令，每五日洗沐归谒亲，入子舍，窃问侍者。取亲中裙厕牏，身自浣涤，复与侍者，不敢令万石君知，以为常。"

③ 徐世昌《大清畿辅先哲传》卷三十五《贤能传八》，北京古籍出版社1993年版，第1253—1254页。

曾国藩倚重之。国藩督师皖省，以际云参其军。金陵克复，奏留江苏，保花翎，授江宁盐巡道。时余东商灶争草荡，相持久不决，际云剖判明允，并清丈其地，商民德之。同治八年署两淮盐运使，加按察使衔。光绪四年，授淮阳海道，值运河盛涨，水且七尺，应启闸。际云念启闸宣泄，则里下河稻田悉漂没，坚持十馀日，水涨至丈馀，始启闸，稻已登场过半矣。六年，迁湖北按察使。创立清理积案局，旧牍一空，疑狱多平反。莅任一年，结案九千馀起。七年，升湖南布政使。值湘军凯旋，米值昂贵，际云调辑抚绥，卒就安谧。十年，署湖南巡抚，奏捐缉私经费万馀金，优诏褒之。旋调云南布政使，抵任廉得铜务积弊，力除中饱，以积劳成疾，卒。

际云服官中外四十馀余年，刚正不阿，尤留心人材，每接见僚属，以言动窥其心术。高万鹏、李有棻以材德著，独识拔之。临湘知县徐邦光有惠政，没于官，亲临其丧，并上其政绩。好读书，尤善为文，著有《十五芝山房文集》藏于家。

3. 吴名凤（1767—1854）

吴名凤传（附子浔源传）[①]

徐世昌

吴名凤，字竹庵，宁津人。晚年寄居吴桥，遂家焉。乾隆五十七年，举于乡。官江西奉新知县，有能称。调都昌，再调东乡，以实学教士，建书院会龙冈麓。时，德化县桑落乡有围堤，堤外岁患水，人争相

[①] 徐世昌《大清畿辅先哲传》第二十五卷《文学传七》，北京古籍出版社1993年版，第806—808页。

讼，历年莫能决。大府察名凤才，檄宰德化。名凤建外圩捍水，患遂息，百姓德之，呼吴公堤。江路险恶，多覆溺患，创积善堂，于大姑塘置救生数船并瘗旅会，皆捐俸为之。以课最第一升饶州府景德镇同知，镇多火灾，设水龙局御其患。奉檄修丰城雷公脑，石上筑建昌四十八圩，人建生祠以祀。擢摄府篆，会安仁民变，当事拟加兵，名凤单骑谕散之。常曰："兵刑所以济政教之穷，非大不获已，慎勿轻用也。"

历摄九江、瑞州、抚州、南康知府。名凤居官清勤，善听断，座右置牌为记，案无一牒留，严缉会匪，毁淫祠数十，江西人呼吴青天，为演传奇词颂其政。道光二十六年，致仕归。咸丰二年，重宴鹿鸣。四年，卒，年八十八。

生平工文章篆隶，博览，喜考据之学。解组归里，著《禹贡解》，至导河节，喟然以前儒说九河者多未详确，因证据传志，勘察地形，作又北播为九河，同为逆河，入于海二说，人服其精审。又著有《古本大学解》四卷，《论语解》二十卷，《读易解》十二卷，《洪范解》四卷，《此君园文集》三十卷，《此君园诗存》二卷，《学诗臆说》一卷，《竹庵诗钞》四卷，《咏史百篇》二卷，《此君园文集续钞》《竹庵诗钞续集》若干卷。同治十三年，入祀乡贤祠。

子浔源，字棠湖。幼禀家训，能食贫笃学。两兄皆工帖括文字，浔源独肆力于古。光绪元年领乡荐，年已五十矣。试春官，不第，遂绝意进取，穷探经史，考订三代秦汉魏晋石文字，凡鼎彝、碑版、图画、书史，旁逮方舆沿革、训诂异同，审鉴精核，能补古籍所未备。又工篆隶，精镌刻，手勒石逾数十种，曲尽古法，书名噪一时，持楮乞墨者无虚日，得片纸只字，珍若拱璧。桂良督直隶，常急递至邑丐印刻。当时，朝野晏安，士大夫争以古物玩好崇尚奇博，每获古文奇器，多质浔源品题之以定真赝。

初，父官江右历四十年，归后，赀产不及中人。浔源绳枢粗粝，日常下帷读书，门庭寂寥，车马绝迹，性落穆寡交，不履城市近三十年。

同治九年，直督李鸿章聘请襄修《畿辅通志》，阅十年书成，直督奏请奖叙，坚辞之。

初，捻匪北犯，窜吴桥，浔源与邑宰督勇役环雉堞而营，贼侦有备，不敢犯，城内难民数万家，皆获安堵。光绪二十六年拳匪之乱，联军至吴桥，城民皆遁，浔源独闭门静坐，夷兵往来如织，竟无一创伺者。故友张某权汤阴县，知其贫，寄金济之，浔源闻故人刘恩溥遭兵乱，困居京市，即以张金驰赠之，其笃于交谊如此。

生平嗜音乐歌曲，尝在保定肆中得一埙，置怀袖中，风晨月夕，必出而弄之，以自消遣，并为《谱录》，张之于世。案头列古钱数百种，视若性命。然孤僻好洁，不轻与人言，每有所作，辄自矜诩，拥鼻吟哦，人或指笑之，不顾也。妻孟，通词翰，绣画尤工绝，林第间互为师友，先浮源而亡，终其身不再娶。年七十八①，卒。所著有《征俗刍闻》三十六卷，《漷丝龛杂著偶存》二十卷，《漷丝龛金石考正》十二卷，《石鼓文考正》一卷，《漷丝龛诗集》十四卷，《漷丝龛印稿十种》，《心经印解合编》两卷，《右军年谱》一卷，《埙谱》一卷。

丙申七旬自寿序②

吴名凤

道光十六年，岁次丙申。秋七月，月次丙申。十五日，日次丙申。是日为余初度，问年已七十矣。语云："人生七十古来稀。"我何修而得此？追默数七十年中之阅历，又不觉赧其颜，条其啸，而歔欷感叹之不已也。忆自七岁出就外傅，十六岁入黉宫，廿六岁膺乡荐，其时犹瞻

---

① 吴浔源（1826—1903）。
② （清）吴名凤《此君园文集》卷一，清道光二十一刻本。

依父母膝下也。至廿八岁失怙，三十岁又失恃，既不能负笈从师，乃在家课诸弟肄业，并授生徒。试于礼部，屡荐不中。始以大挑，分发江西。读书三十馀年，欲成一进士而不能，其虚度此岁月者可惜也。今为官又三十年矣。需次十五载，艰阻备尝，情伪亦知。

道光二年，承乏东汝。不三年，而月川夫子保举调繁。道光四年，徙治柴桑。不三年，而三桥夫子保举卓异。迨至请咨入觐，尚未回任，而砺堂节相已札商付以郡丞，遂脱离知县窠臼矣。惟同知乃闲曹耳，碌碌因人，又近十载。十二年，稚圭夫子遵旨保举，同荐者俱已迁擢，而小子未得升阶。今年复以卓荐入都，更委督运北上。自三月登舟而后，涉鄱湖，历长江，经过七十二闸，兹已出临清口而入卫河矣。去峻溜，得安波，脱石险，行中流，从此溯洄梓里，游泳津门，皆可于卫河中次第及之。而从者乃于是日晋祝寿之觞，启称觥之宴，泛舟比于海屋，鹤来即于此添筹可尔。

"昔卫武公年九十有五，犹箴儆于国，曰：'苟在朝者，无谓我老耄而舍我，必恪恭于朝，以交戒我。'遂作《抑》诗以自警"①，而"《宾之初筵》，亦武公悔过之作"②，则其"有文章而能规谏，以礼自防"③ 也，可知矣，故卫人作《淇奥》之诗以美之。今我年甫七旬，老将至而耄及之。不敢如卫武之斐然有文，赫喧有章也。或窃比于耄而好学，年亦至九十有五乎？近日舟中无事，订次《竹庵随笔》，已手定二十四卷矣。讨论修饰，手不停披，青灯有味，似儿时也。若更假我数十年，可更得随笔诗文数十卷，余之所贪者惟此矣！宦途之升沉，何足道哉？

---

① 见《国语·楚语》，文字略异。
② 《毛诗序》云"《宾之初筵》，卫武公刺时也"。
③ 见《诗经·淇奥》之《毛诗序》。

六　平原县卷

1. 董讷（1646—1701）

兵部尚书两江总督董讷传[①]

黄怀祖

讷，字兹重，号默庵，允祯子。康熙丁未探花及第。由侍从历卿贰，督学顺天。禁供应，却贿嘱，士风整肃。主乙丑会闱，得人尤盛。及迁左都御史，益自奋厉正色，率属论议，务持大体。恶士子夤缘，疏更京闱分校例。饬五城命案速结，毋许株连。核巡捕营，清虚冒，严徼巡，而盗无匿所。定子钱，禁重债，而势豪屏息。尝清理刑狱，多所平反。

寻以兵部尚书总督两江，激浊扬清，兵民安辑。河工屯田，为淮徐民害，特奏罢之。复督漕运，设易知小单，裁船政厅官，以杜扣克粮艘，至许旗丁传鼓投文，即验放行。抽运白粮，预查册内新船，令旗丁当堂掣签，而需索营求之弊尽绝。

[①]（清）黄怀祖修《平原县志》卷八《人物志》，乾隆十三年刻本。题名为校注者据传文而加。

讷为人峭直沉雄，言笑不苟，遇事果达，不以难易回屈。历官中外，皆有赫赫声。及归里也，立族社，设祭田，一遵父允祯家法。后分修高堰，以疾卒于清河馆舍。康熙四十一年冬，圣祖仁皇帝南巡，幸讷故居，思之，御书"眷念旧劳"四大字，命其子文选司郎中思凝，悬诸墓门。

2. 董思凝（1663—1723）

通议大夫直隶分守口北道山西布政使司参议加三级董公墓志铭[①]

孙 勷

今海内称治政刚明、立朝公忠、士被其泽、民怀其功者，必曰前都御史平原董公，爰生贤子、克绍前踪，则口北参议养斋君也。君讳思凝，号石帆，养斋者，字也。其先，青州之乐安人。远祖古朵来迁平原，世有隐德。传至赠副使公应魁而业渐大。子遇春赠官亦如之。两世妣赠皆如例。官副使者，君曾祖，讳振秀公也。振秀生拔贡生，讳允祯。允祯生都宪公，讳讷。自遇春以下，皆以都宪公贵，赠光禄大夫、都察院左都御史。妣，皆一品夫人。

君，都宪公仲子，母曰郑夫人。生有异姿，年十二侍父侧。适叔父行人公登岱归，述崖壑之胜，览登之乐，君倾听之下，立成七言古诗一首。父与叔父皆大奇之，赏叹弥日。是年，即补博士弟子。及年二十有二，以岁贡生举于乡闱。牍出，一时传诵。明年乙丑，都宪公以礼部侍郎为考官，君避不与试。榜发后，余以通家兄弟始识君京师。谓君来科

[①] （清）孙勷《鹤侣斋文稿》卷二，《四库全书存目丛书》集部第254册，齐鲁书社1997年版，第508—510页。

登第，不失为联捷进士。盖余见君长身玉立，声琅琅如出金石，知蜚鸣之不出三年也。已而，果然廷试后考定中书，与修《大清律》《铨选则例》，君参酌考证多于前功。书成，论叙得部主事。癸酉授刑部主事。君既明于律例，多所平反，有明允之目。已而调官吏部，历稽勋、验封、文选三司。所职咸举，而于选司尤能一破拘攀旧格，涤除积弊，请托路绝。时称真选君。

丙子，以验封司员外郎，典云南试事，最号得人。辛巳，君以掌选有声，当擢京堂。奏未上，会都宪公视河在淮而疾作，君闻即请告驰省，尚书某公欲留候命下，而君不可。及抵清江，而公已前殁一日矣。君一恸几绝，哀毁骨立。同时诸公之偕在河上者，皆为感叹曰："都宪公可谓有子也！"

君天性极孝。岁庚午，母夫人卧病淮署，君自京赴淮，昼夜侍榻前，两膝伏地下，视母声息、颜色，目不转瞬。三月馀，无倦态，寝食俱废。医言痰腥必肺伤，又言泻不止必元气下陷，君俱手掊嗅之，痰粪滞鼻间几满，君不知也。及母病革，君号泣吐血，忽腹痛不可忍，家人言："君结不下者逾十一日矣，而不自知也。"吾师都宪公手书"真孝子"三字赐之，即记其事左方，其略如此，及是益信。

君居忧间，恭遇圣祖仁皇帝东巡，驻跸君家南楼。特赐都宪公"眷念旧劳"四大字，命悬墓门。君拜领而出，既戴君恩又追前烈，不自知泣下之沾袂也。即起服，补原官。

己丑，奉命视学三楚。陛辞日，上温谕遣行："尔居官好，朕所深悉，前去做好官。"至则士子欣欣然："传前此云南董夫子，今来吾楚督学矣。"三年奏上，公明第一，得旨加一等，遇就近缺出，即行补用。就近者，莫如通永，次则霸昌，不则直隶守巡，都不为远缺。而吏部堂司议以专候口北道缺，盖胥吏之能事如此矣。康熙六十一年壬寅冬，君遂以口北参议行。出都时，余送君于国门，握君手，不自知其何为，忽呜咽不能出声。君亦为余黯然神伤也。熟知是时之即君与余永诀耶!

君立朝治政,抚民爱士,一皆不忝前人。先是,宣镇兵食例支自道库,主者往往存扣馀羡,沿为旧规。君至,悉除之。又阖郡兵民以煤窑为生计,而为旗员侵据,呼吁无从。君廉得其状,立详请永禁旗窑,任民开采。君仲子元度,尝过宣化,其父老犹有追述煤窑事,汪然出涕者。君之为政风流,率此类也。

君与余交近四十年,尝从酒酣时,纵谈诗文。君语必有征,往往有古贤及近时先辈名家所未及者。然所著诗笔不自爱惜,往往为人取去,稿或不存。其存者若干篇,一旦忽尽焚之。忆余丁丑岁于宁阳客舍,所携诗文旧稿,取阅间,遽投酒炉中。从者以为怪,余时殊爽。然君之此举,深契余心,此不可为不知者道也。然君集已刊行者,有《海棠巢诗词》《淮行草》《滇行诗文集》《经书制艺》,皆粲然可观诵,君可谓有道而能文者矣。

君以雍正元年十月丁卯卒宣化府道署正寝,距其生康熙二年十月癸亥,得年六十有一。元配,德州萧淑人,卒;继配,海丰王淑人,卒;继配,长洲范淑人,卒;继配,长洲沈淑人。前三淑人,皆未举丈夫子。沈淑人乃有子三人:元赓,国子生,娶于范,前范淑人侄女也;元度,增广生,娶于张;元亮,娶于郑,继娶于张。女三人:萧淑人出者一,适王深仁。沈淑人出者二,一未字卒,一适郑枞。孙四人,孙女一人。今年乙卯十月壬辰,其孤元赓兄弟将奉君之柩,与其前三淑人合葬于邑西南锅培口之新域,而属余为铭。余曰:"余何忍而能辞于铭君?"铭曰:

> 猗欤石帆,无忝前烈。考锡嘉名,帝俞素节。
> 翩翩佳士,云集宫墙。阴阴膏雨,泽浃岩疆。
> 余又服君,卓尔大雅。嵇阮贤流,周程儒者。
> 君兼有之,遂皆似之。先民有作,典型在兹。
> 锅培之口,郁然新域。君宅永康,孙子千亿。

3. 任士凭（1521—1571）

南京刑部侍郎任士凭传①

黄怀祖

任士凭，字可依。生有异禀，好读书。年十八举于乡，越四年成进士②，选庶常。时分宜掌国，不屑攀附。改礼部主事。寻调吏部掌选，以清正称。历顺天府尹，禁科派，抑贵戚，辇下恃以安靖。

尝奏张真人俸赐太滥，怙宠毒民，请削黜治罪。事中寝，出贰南京工部。寻改兵部，巡抚江西。会穆宗初政，有上章请夺真人世封者，下江西守臣议，士凭因力言之，卒行其志。在任正己率属，简静爱民。以忤时，乞罢。复起南京刑部侍郎，卒官，赐葬。

4. 任士审

文学觉亭任公暨配刘孺人继配赵孺人合葬墓志铭③

刘士骥

当任公为诸生时，辄藉甚以然诺，推重闾闬。先大夫高其谊，以不

---

① （明）黄怀祖修《平原县志》卷八《人物志》，乾隆间刻本。
② 毛晓阳点校《登科录》（点校本·下）载任士凭中嘉靖二十六年（1547）第二甲四十九名进士，年二十七岁。疑传文所云"越四年"，当为"越十年"之误。
③ （明）刘士骥《蟋蟀轩草》卷三，《四库全书存目丛书》集部第182册，齐鲁书社1997年版，第497—499页。

佚女弟女公伯子，既缔为葭莩欢，益习公懿行；若赵孺人，阃德甚具。比先大夫不禄，公蹩躠来唁，哭甚哀。已时时语及未尝不洒泣沾襟也。亡何，孺人卒。又九年，公卒。伯子乃并元配刘孺人并窆北郭祖兆，而以志墓之石请。不佞业有馀楚，然毋敢以不敏辞。

任故出东莱之平度，先世仕宋。明初徙濒海氓实内地，曰财富公者，遂迁平原，凡四世，皆力田树德，称隐君子。迨大父天锡公，始业儒，补博士弟子。以孙大司马公士凭贵，封如其官。举子五，而公父造道居最少，娶于唐，实生公。

公讳士审，字汝问，别号觉亭先生。公甫襁褓，而前后两母若父相继圽，赖仲父母呴沫以生。公稚善病，诸父不欲困之读，议入赀成均。公不可，曰："儿不任书即任耜耳。"竟以明经高等受既于校，闻殷文庄公讲艺历下，不远百馀里，负笈从之游。大为文庄器重，既五试不售。业焚笔研，或揕擥谓公："君受糈几二十年，惜也。不几得以岁荐为公车计乎？"公笑谓："即售，奚俟岁荐？且吾宁得与命衡也？"竟谢去其诸生。

公事先甚孝，雅笃宗盟，岁时荐飨，必致丰洁。先垄累累，举宗数千指，几不能容，亟捐腴地扩之。世绝乏祀者，为代其蒸尝。即有缓急，无难倾橐以济子弟。不任修脯，辄启义塾。毋问疏戚，群授之经曰："吾宗一体，而分藉稍见腴瘠，胡以见先人于地下也？"至慷慨务施，好行其惠，故本天性。某孝廉以谒选贷若干缗，其人廉吏，久弗能偿，质亩二百，悉焚其券。尝为黠者所构，积五年始白。已黠抵辟计且死。公顾力周旋其陷曰："夫不可忘于德不于怨也。"唐某属渭阳之戚而贫，公馈问不绝，且预治葬具，翁媪赖以朝夕至九十馀，竟得令终。岁三值侵，公为粥其饥者，药其病者，瘗其道殣者，盖数百千人。里民德公惠，毋异慈父母也！

公既以屡施，而复不喜修什一之术，家稍稍坐旁落，然其自好为义益甚，大都丰于急人，而啬于奉己。生平室不丹腹，器不雕镂，藜糗短褐，取给周身，往来田间，蹀屦十馀里，不一御款段，曰："聊以惜吾福，且令子孙可继耳！"独督课伯子无稍弛斁，谓庶几无堕司马公之世泽也。

晚岁，暨二三父老，结枌榆盟，以杯酒相劳苦，间为声诗乐府，寄感慨悲歌之音。其词具在，风概可征已。公为德既著，咸谓宜获福佑，跻大年。然卒之日，仅六十有二。元配刘孺人有淑行，甫二十卒；继配赵孺人为封长垣公惠女，福建总宪公焞女弟，其孝而善操阃政。公故好客，为具咄嗟而办，臧获分授指挥，井井具有绳度。御贰室荆若李，庄而有恩。抚刘孺人遗女，若两贰室子，噢咻乃甚己出。公好施，而孺人能左右怂恿，以成其德，贤相埒也，亦五十止耳。

子男二：长光谱，邑廪生，博学，工属文，娶陕西按察使刘公中立女，即余女弟也，继娶武城礼部尚书谥文定王公道孙女，赵孺人出；次光谧，娶王三戒女，侧室李出。女五：一适邑庠生隋一琴，刘孺人出；一适邑庠生霍栋，为监察御史霍公从教子；一适邑庠生毛一鹏；一适故城庠生周乔，为南京兵部尚书周公世选子，皆赵出；一适同邑王一鹗，为武阳令王公时泰子，侧室荆出。孙男二：有则，邑廪生，娶州太学生杨应亨女；有刚，娶德州庠生郑大经女，皆光谱出。嗟乎！公虽年未配德，然有贤子孙亦足以暝矣！是宜铭。铭曰：

胡夌于修而逢世弗偶。胡饶于施而食报弗厚。
有封若坊，厥林孔茂。宅斯藏斯，二淑为友。
盖不足者以自居，而有馀者以贻后也耶！

5. 宋仕（1538—1618）

少司寇宋公家传①

李维桢

少司寇宋公名仕，字汝学，平原人也。举辛未进士②。初仕衡水令，巨珰冯保家深州，所置田宅与族类眷属盘互③邑中，公一切绳以法，保衔之，诡语当事以胜剧调遵化。遵化中丞治所，距督府、帅府不数舍，将迎供亿，骚然烦费。至则谢馈问，裁浮滥，清租挈④，祛宿蠹，新学舍，训士以文，行相切磋，诸材官良家子弟时肄习之，文武斌斌并兴。是时大帅有奥援⑤，权出文吏上，独敬忌公。裨将以下闻风相戒，有不善惧为公所知。公以时出塞察彼己情，形画攻守之宜，当事者借筹辄中。

六年用治行高第，征为侍御史。无何，有父丧。服除还台，出按西川，履亩定赋，除其三弊，而民困大苏。知盐政之多秕也，验商引，汰无井无灶之征，而移巡徼吏密迩讥防焉。帅郭成黩货无厌，数其罪去之，将吏敛手回面⑥。永宁酋长奢効忠死，其弟进忠妻其妇奢世统，犹以効忠名与争地，公为文告："法闻子继父，不闻妻继夫。况失身于夫之弟，又

---

① （明）李维桢《大泌山房集》卷六十三，《四库全书存目丛书》集部第 152 册，齐鲁书社 1997 年版，第 84—85 页。
② 黄嘉善撰《明右都御史可泉宋公暨配王氏合葬墓志铭》载：宋仕"生于嘉靖戊戌年（1538），卒于万历戊午年（1618），享年八十有一。"此为实年。而《登科录》载：宋仕"中隆庆五年辛未科（1571）第三甲二百七十六名进士，年三十。"此为官年。
③ 盘互：相互勾结。
④ 挈：通"契"，契约。
⑤ 奥援：暗中有援。
⑥ 即革面敛手，意为改恶从善。

六　平原县卷

何可攘利于夫之子？使者有三尺在。"① 世统惧听命。人谓公一檄胜百万师。以此大比士七十人，极一时之选。布列中处，咸有声绩。

载按东吴，所兴除利害大者十有二事②，厘空役以苏介特③，禁那移以杜侵渔，立循环以稽玩愒，置由票以便收纳，革攀赃以全无辜，惩驿骚以纾粮运，罢调检以远奸伪，惩凌虐以恤幽囚，慎留狱以绝欺罔，罪火化以敦薄俗，布成书以垂永久。吴人施用至今。居台满两考④，迁丞京兆，贰廷尉，以御史中丞拊畿南六郡。

公令时习畿南事，若越人见垣一方人⑤，所布宪有伦有脊⑥，奇兵民兵二营，无以游食冒饷，召募舆隶增其佽直。潞王之国⑦，寄迳部中，中涓奉要束唯谨。有司隐盗不以闻者，盛旌旗金鼓厨传方物取媚使客者，真保营兵暂东戍而沿为故常者，渫恶民窃矿利酿乱者，税敛多羡而以输将费横索者，武弁以赀得官朘下者，平粜无本强括之民官廪积粟以待艰艰而实不符名者，邑令淫刑以逞者，赋役法不画一者，逋军兴苛掊克者，灾伤不白、水利不修、战马不蕃、尺籍不满、品弛胥靡而脱为大寇者，悉按如律。险走集⑧、缮城隍、勤简练、周侦候，屹然重镇⑨，京辇恃以无恐。府库仓庾充、桴鼓不闻、民无愁叹疾苦。阀阅为廷臣最，召入佐院。

寻以副都抚江南，以大理卿任留都未上。而公按吴，于两执政无款

---

① 《明史》卷二百十二："永宁宣抚奢效忠卒，其妻奢世统无子，妾奢世续子崇周幼。前总兵刘显因命世续署宣抚印。世统怒，攻夺其落红寨。世续奔永宁。"
② 下文罗列十一条，不知此处"二"字为"一"之误，抑或事条有漏。
③ 介特：单身无助之民。《左传·昭公十四年》："收介特。"注："介特，单身民也。"疏："《传》称一介行李，逢泽有介麋焉，则介亦特之义也，介特谓单身特立，无兄弟妻子者。"
④ 古代官员考绩，三年初考，六年再考，九年通考，叫三考。经过初考、再考，叫两考。
⑤ 越人：即扁鹊秦越人。《史记·扁鹊列传》："扁鹊以其言饮药三十日，视见垣一方人。"
⑥ 《诗经·小雅·正月》："维号斯言，有伦有脊。"
⑦ 潞王朱翊镠，就国时耗费甚巨。
⑧ 《左传·昭公二十三年》："险其走集。"杜预注："走集，边境之垒壁。"
⑨ 京辇：国都。葛洪《抱朴子·讥惑》："其好事者，朝夕放效，所谓京辇贵大眉，远方皆半额也。"

313

曲。抚畿南纠其戚党之为监司郡守者，言者乘之蚀公，公抗疏，致为臣而去。搆绎幕园以居，土木无所刻饰，衣冠无所标异。旧时同学后进儒生，谈道讲艺，相率以礼让。暇则与里人樵牧耕钓，方幅齿遇①。薪不槎蘖，泽不伐夭，兽长麑麇，鸟翼鷇卵，虫舍蛾螺，俗尚仁厚，邑为善国。

事后母孝，白首依依膝下如婴孺，每言："诸弟，吾一身也。诸父，吾父一身也。"缓急相护，有无通共，推而及于诸子及于支亲及于姻戚乡邻，含醇咏德，讴吟属路。诸台观风使者请召用，章数十上，越二十五年，起家为留都少司寇。比年县官靳名器，刓印②弗予，八座如曙星，承摄去来，法纪陵迟。公以《会典》所载十三子部职守申儆之，率作屡省，诸郎孜孜励翼，而六卿庶府亦惮公修正恪守，官次轨物为之一新矣。老成人利益国家如此哉！

旧史氏曰：公开府畿南，余时分部大梁。诸颂公政者，类曰严明，独邢太仆子愿目公仁人。顷客金陵，亲炙行事，不言而饮人以和，不督而令行，不怒而威于鈇钺。子愿公婚姻相知相尽，其评骘确矣。

6. 姚文渊（1475—1532）

明故陕西布政使姚公神道碑铭③

张 禄

姚氏，世著代绪。宋元中，为乐安茂族。明兴，讳得林者，卜吉平

---

① 《世说新语·贤媛》："李氏在世，得方幅齿遇。"余嘉锡笺疏："六朝人谓凡事之出于光明显著者为方幅。此言方幅齿遇，犹言正当礼遇之也。"
② 刓印：印毁，而不授人。《史记·郦生陆贾列传》："（项羽）为人刻印，刓而不能授。"
③ 曹梦九修，赵祥俊，张元钧纂《（民国）续修平原县志》卷十一，《中国地方志集成·山东府县志辑》第 16 册，凤凰出版社 2004 年版，第 314—315 页。按，张禄，字岱野，平原人。明正德十六年辛巳科进士，历官陈留知县，福建道御史，巡按宣府，河南参议。

六　平原县卷

原,乃平原始有家室云。得林生瓒,瓒生真,真生高,盖布政使君之父也。

使君讳文渊,字宗瀚,别号拙庵。天资纯懿,迥出辈类。壬子岁,以弱冠占省试高衢,明年南宫失利。遂入太学,盍簪缉业,广学甄微,登弘治丙辰进士,授令汤阴。汤阴为两河要路,听讼催科,令鲜克善终。使君独阐心力,五载如一,政事靡忒。汤人以为有己吾之遗风云①。五载始得考绩,列两河治行第一,获被恩命,阶文林郎。

壬戌迁户曹主事,寻督吴越钞关。是地往官多迷利捐声,使君独守厥冲。素即恒课羡馀,商旅罔,疾之,用显乃功。丁卯晋员外郎,监司计储无弗详者。戊辰罹母丧。辛未襄事,起为郎中,逾月即以父丧去。癸酉复补前职,先后典司部署政,八年罔有微愆,上官推重其贤。

甲戌擢守汝宁。汝宁为春秋沈、蔡二国,土沃地广,俗美民淳,匪甲于中原已也。人士指为福地,觊弗易得。乃使君清介铨衡、特择而畀之庸,酬厥人品云。及使君抵任曰:"嘻危哉,汝南不迪。昔者巨寇抢掠,疮痍未痊耳矣。吾为医之。"乃弭慝殿良、剔蠹振疲为久远计。先是阉监怙藩宠者张威贾利,细入毫芒。时惮使君威望,即默夺潜消,弗敢以逞。甫三年,即民康物阜,还旧美焉。观风者疏其才,遂调开封,是为天下剧府第一。使君应事剸繁,如发蒙振落,略无凝滞。

戊寅晋陕西廉访副使,抚治肃宁。使君曰:"兹当以不治治之。"刻意于选徒倡勇,定令相机以备不虞,即所在威声著扬,军民妥帖。六载中西陲晏然无犬羊侵扰,使君之功独多。

壬午皇帝御极改元,乃重闵边事,颁赏酬功,使君与焉。甲申以考绩入长安。不浃旬,西戎猖獗,远迩绎骚。边人靡不相念使君,咸谓:"其御戎之策,用心之密,鲜有逾者。"是岁,晋本省参政,寻晋本省

---

① 张迁,字公方,陈留己吾人。东汉灵帝时任谷城长、汤阴县令。政简民便,吏民怀之。事迹见汉碑《张迁碑》。

廉访使。乃罹生母丧去。戊子襄事，上疏乞休，弗能。遂再授旧职。使君总廉访三载，发摘平反，厘弊肃僚，秦人德之。

庚寅晋本省右布政使。居无何，而观风者憾使君抗直，忽加讥诮。使君哂曰："天日炳如，公议秩如，此心丹如，胡事夫言辩也？"遂飘然东归。盖使君内守坚贞，生平出处，咸听自来，靡所矫强。时尚软媚，以挺挺为逆；仕多机械，以允允为痴。使君犯是二者，奈何能大行也？

归林下二年，杜门谢客，课农训子。往来命驾，伴奂泉石间，澹如也。呜乎！使君能逐时阿势，历官三十馀年，荐疏二十馀章，虽至八座可也。乃在郎署历两都，在守令历两河，在藩臬历三秦，卒被不根之訾，退然恬然，不怒不惊，正古所谓拙也。以拙名庵，不亦宜乎？且体貌丰伟，资性爽豁，以忠孝自励，以请托自誓，故忠孝有堂，请托有文焉。俶傥魁岸，目世之洟沵洝湲者，辄若切身，故阀阅清白，施为耿介。终身无秘储，无妾媵，乡人贤之。其勇于赴义，乐于兴事，汲汲若不足。

然终始宦辙，禄养弗违。友爱日笃，毋分尔我。见故人子弟，即爱护周至。凡被容接者，不忍离去。至案致赃赂，略无少假。有中古遗风。且利欲坌集，靡所渐染；权力嶔崎，靡所倾跂，不可谓不毅也。归未几而卒，乐弗迨忧，禄弗称才，寿弗酬德。呜乎！造物者伊何意也？然论其父，授敕命封文林郎；母刘与张、妻李俱封孺人；弟文溥、文灏，俱为太学生，一门荣盛，在平原者良不多见。

使君生成化乙未七月三日，卒嘉靖壬辰十月四日，享年才五十有八耳。其子曰希韩，以例为正千户；曰希崇，以例为太学生。女三：长适国子生郑俸子武光，次适顺天府通判刘弘仁子伯麟，又次适郎中李禄子皆知，俱茂才也。其孙曰绳武、曰继武，皆出自希韩。孙女一：七姐，为希崇所出。

呜呼！使君之才德，天其识之，将长发夫后人矣。津西子张禄与使君有葭莩之好，既掇其婿伯麟所状，以为碑文复系之铭，曰：

噫嘻使君，岱宗所发。清毅恕明，靡矫靡伐。
颓风涸浊，淫功获禽。若愚若拙，冲玄靓深。
介直来訾，人乎天乎。颠顿泉石，吾道乃孤。
或曰人贤，遗穀于后。令绪孔昭，垂夫永久。

7. 张方晋（1672—1727）

山西潞安府长子县知县虞封张君墓志铭①

孙 勷

君姓张氏，讳方晋，字虞封，号立侪。其先自济南迁平原。曾祖讳国柱，以进士起家，历官四川布政使。祖讳完臣，顺治乙未进士，官国子监助教、需次主事。父拭，康熙乙卯举人，官中书舍人，今予告在籍。母董孺人，余会试座主左都御史讳讷公女弟也。

君天姿绝人，年十五为博士弟子，试辄冠军。康熙癸酉举于乡，公车数上不第。岁庚子，以父命谒选，得山西之兴县，后调任长子，其间历摄岚、平顺、屯留三邑，官晋地凡八年，卒。或以晋叔虞封也，君命名及字适符之，殆若谶云。

其为政也，明察以断，忠信以宽，得先贤仲子之遗典②。太原，西

---

① （清）孙勷《鹤侣斋文稿》卷三，《四库全书存目丛书》集部第254册，齐鲁书社1997年版，第514—515页。
② 仲由，字子路。《孔子家语·辨政》："子路治蒲三年，孔子过之。入其境曰：'善哉由也！恭敬以信矣。'入其邑曰：'善哉由也！忠信而宽矣。'至庭曰：'善哉由也！明察以断矣。'"

鄙也，地逼沙漠，万山环之，民性悍，喜斗讼。君廉得其尤险健者，法绳之，豪猾由是屏息。里胥以盗死者闻曰虎伤，君疑之。趋验得刃伤于颈，乃遍稽逆旅循环薄，得死者姓名。戒捕必毋失贼，不则有严刑。久之，缚杀人者至，一讯而服。有胡成者，年才十八，以过误杀人，所杀乃积贼也。其家赂郡主吏，期必抵，君力白其误，释之，民大悦服。上官知君能，凡疑难案牍，悉以委属。

癸卯，平汾间大饥，天子悯之，遣官赍帑散赈。巡抚诺公①，俾君综理其事。君为设科条，立期会，委曲纤悉，无不周至。郡人多赖全活，克副诏旨焉。

岚有钦案剧盗，卒未易获。前令以是坐黜。诺公语君："君往，贼必得矣。"驰至，悬赏格选捕人，示方略，不两月擒其渠魁。诺公自谓知人且能使任也，以是有长子之调。

长子赋繁讼多，夙称难治。君以民征召不时，吏扰之也，乃画皁于纸，符下争趋，阖境便之。讼牍至，立与决遣，无留滞者。前日秕政为之一清。邑前令滨州薛君塏旧任洪洞，平顺前令郑君纯礼旧任安邑，皆以亏帑罢，计俱无所出。君皆为从容经画，且资送归之，闻者感泣。其重梓里、笃僚友，尤近人所难也。

会屯留令缺，巡抚伊公②复以委君。君念两大人春秋高，陈情终养，伊公慰勉有加，敦令就道。君虽黾勉王事，不遑启居，而瞻望白云，不胜将父将母之感矣。居无几何，遘疾不起。呜呼，惜哉！

余尝请归熙甫先生③所为同州判官许君状言："近世州县官，悉简自天朝，惟权摄则监司得自用，类前世之辟举者，故或其人不称，必不以摄，或少试之，旋即牒去。君之署篆至于四五，可以知其选矣。"于君亦云："君博涉多能，九流书无所不览，尤工痘疹之学。里居时，无

---

① 诺岷（？—1734），纳喇氏，满洲正蓝旗人。雍正元年官山西巡抚。
② 伊都立，伊尔根觉罗氏，伊桑阿子，满洲正黄旗人。雍正三年官山西巡抚。
③ 归有光（1507—1571），字熙甫，号震川，昆山人，推崇唐宋古文。

间亲疏贵贱，有请必行。濒死而生之者甚众。其从弟方远得君术，亦有名于时，今来为君请铭者也。君以不得归养，抑郁以没。而二亲方康强无恙，殊不意君之及此，是可悲也。然君能移孝作忠，立身行道，所以显亲者。既得之，夫又何憾？"

君生康熙壬子四月初一日，卒雍正丁未闰三月十八日，年五十有六。妻封孺人，王氏，助教公同年进士、礼科给事中内升京堂茌平王公讳曰高女孙，候选知县宜绳女也。子，男子一人，予孜，岁贡生，娶于苏。女子五人，苏经、朱绍闻、董系、董元度、谷嵩年，其婿也。孙男子三人，女子三人。中书公将以十一月二十日使予孜葬君于祖茔之次。嘱余为铭。因据予孜所为状，稍节其语以为序，而系之铭。铭曰：

是为长子大尹平原张君之坟。
为政有闻，可以贻子孙。
我为铭文，用慰其二人。

8. 张予介（1699—1749）

赠同进士出身江南新阳县知县张石屏墓志铭①

宋 弼

乾隆己巳之八月十一日，前进士知新阳县事张石屏卒于姑苏，其丧既还，予往哭之而恸，恸石屏之不当止于斯，而不可复作也。石屏性仁厚，幼恂恂然，读书能强记。弱冠补博学弟子员，甲辰中乡试，又十年

---

① （清）宋弼《蒙泉文集》，哈佛燕京图书馆藏乾隆丁亥稿本。

成进士①，谒选得新阳县令。

新阳疲邑，政烦赋重，俗敝民偷。石屏之往也，人或谓其不能，曰："吾尽吾心焉耳。"既抵任，以慈为质，以慎为明，以勤为功，以诚为化，浃岁而得其民心。

民张某被窃，捕执其邻赵、王、戴、顾四人为盗，而蔡某寄赃。石屏视其迹不类，以其征诘捕，捕不能答，皆得白。

民姚成贤者没而有遗产，黠者构其母诬其妇而鬻其产。以讼，即迅则将讲而分其遗。石屏廉得之，怒曰："可令群蠹饱而孤孀泣耶？"悉置诸法，民大悦。

有奸他人女匿之者，若奸邻人妇而匿之者，有富家子尚幼其戚为人所杀而反系之者，皆察其情，而别治之。其去官也，以前欠未完，故人咸咨刑之不厉，而石屏曰："吾固不能也。"学使者校射有坠而踣者，趋视之，后骑横冲其间，被创甚，众大惊，执其人，以俟阅日而苏，置勿问。众以是悦其仁。新阳之人于其既没，状其德而谨志之。时修邑志未竟，将以志诸循良焉，且言曰："嗟乎！予于侯曷谀乎？然使侯之德不见于世，则吾邑惭矣。"呜呼，石屏其能其官矣。

石屏幼而失怙，事继母如母，母亦视如所生。自幼迄长，于子弟之事无违焉。家素清白无厚殖，自石屏之官，所以奉父母者惟恐不至。兄弟戚族友朋，咸分奉给之。盖宁为其厚，而不能为薄者，其天性然也。其自新阳归，祖道者自邑达郡，重抚慰之然后去，及闻其卒，多行哭失声者。讣至家，闻者莫不咨嗟太息，以为石屏不当止于斯也。

君名予介，字济和，石屏其号。距生康熙□年□月□日，年五十有一。娶段氏，子□□人，女一人。以□年□月□日葬于□□。张氏自方伯公始大，于石屏为高祖。曾祖，国子监助教；祖，中书舍人；父，东

---

① 张予介中乾隆元年丙辰科（1736）三甲一百四十名进士。按，甲辰（1724）乡试，据丙辰（1736）廷试，是十二年，非文中所言十年。

阿训导，讳字具《家乘》及予所为训导墓志中，母董氏，继母则予姊也。故予视石屏如甥，石屏事予如舅。年又相若，故予知石屏也。石屏既没，而训导亦卒，前有两兄，其两弟则幼矣。吾姊或有不给，辄抚几而叹，叹介之先逝也。于是，亲戚间乃益叹石屏之不当止于斯也。是可铭吾石屏已。

9. 赵焞（1534—1613）

进阶中大夫福建按察司按察使平原缉斋赵公墓志铭①

邢侗

余以平原为婿乡，受室于赵，而廉访公亲则余内之长伯父也，余得称岳伯父云。于情则尊于里闬，谊则先生长者，且其乡行宦迹燁燁满听睹，穿中②之役，余何敢辞？

按状，公讳焞，字子明，别号缉斋。赵望天水，于《姓苑》③为天下族氏第一。平原之赵则出乐安县，寔用诏徙，以国初至，遂家焉。世务农琐，至封翁惠始服贾，廉而善息，卒以饶裕，生五子，公其长也。

公堕地异群儿，五六岁许，俨雅若成人。八岁肄于塾，所受书辄琅琅成诵。任氏父见而异之曰："此国器也。"字谓封翁，喜极，深相结，以故两家递为婚姻，至今不绝焉。迨公稍长，隶弟子员，益刻厉向学。

---

① （明）邢侗《来禽馆集》卷十五，明万历四十六年刊本。
② 穿指墓穴。《汉书·外戚传下》："时有群燕数千，衔土投丁姬穿中。"颜师古注："穿谓圹中也。"穿中后指墓穴中碑铭。
③ 《姓苑》，南朝宋何承天撰，有关姓氏之书。唐朝林宝撰有同名著作，皆亡佚。文中指《百家姓》一书。

所为文不蹈袭前人一字。夜读恒至分漏，闻鸡即起，令人以柝警①，有矍然之思矣。日督诸弟业，不以家务相嬲。弟所当合醵钱用，往往为代办，不使知。邑王令素重公，延公暨诸名士为要会。一日，诸课皆先成，公潭思独后，甫出舍，则栋折壁頺，当公坐处，几席压覆尽糜烂。众相咤讶，非有鬼神不及此。

是岁戊午，获省荐。礼闱凡数踬，公矢志弥苦，三岁不澣服，文益精进。遂举乙丑试②，令得长垣。长垣，畿南岩邑，号称难治。公至，一意行三尺，罔贷儦獥。然于平民，则极心噢咻，赋繇手自上下，胥史不得窥其指。最严群胥，盖重足一迹③焉。有布商被杀狱，公祷于神，神凭病懂人语曰："城隍索某。"即逮某讯，不两言，服。一民妻戮爪场中，迹所伤，类屠挺斫。公召屠曰："尔等勿恐，谁假尔挺去也？"一屠谓某假挺有日。亟名捕之，不讯自服。岁大旱，公忧惶废寝食，大举雩。日治事于堂，夕一幞被庙所，恒斋四十日，天乃大雨。邻境皆不澍，是日平原乡疃独澍，异矣。适当斋，郡倅过其邑，公一切肃给，独缚牲不杀，倅得故以告直指，直指贤之。会报最，与注上考例封封翁如爵，胡太君、蔡夫人皆如制。

未几，征入，拜河南道监察御史，以岳岳敢言显。唯时平原困大繇，所遣佐傍州役动损数百缗，其在邑供办祇候费计且什百。征兵坐戎马，一马朱提率十流，人不聊生极矣！公具言两台曰："平原，吾乡县也。吾安忍吾联井荼毒至此！"台欣然为汰去其甚，至今安之。用资按广东，不以南粤险远岚疠有难色。抵舍省二尊人，二尊人为辞训之曰："南粤杂夷且万里，中丞主拊循，御史主六条，察今日之政，勿隐为

---

① 《汉书·货值转序》："抱关击柝。"颜师古注："击柝，守夜击柝以警众也。"
② 毛晓阳点校《登科录》（点校本·下）载赵焞中嘉靖四十四年（1565）第三甲进士，年三十二岁。宁波出版社2016年版，第367页。
③ 《汉书·佞幸传·石显传》："自是公聊以下畏显，重足一迹。"颜师古注："言极恐惧，不敢自宽纵。"

义,汝慎勉之。"公拜受教,促驾行。

值广东举乡举,公敕众维谨,期勿负士、负天子。事竣,垂署榜,偶从弃牍得一,曰:"此当连第无稽固者,宜冠耦曹。"遂首之。众心若不尽谐,已而果成进士,同事始叹服。粤人多嚼槟榔避瘴气,公初不尔,及于疾已,感奇梦,始嚼槟榔,疾乃间。已复梦人告语曰:"公病良已,然非服补中益气汤加白五味子,弗全瘳也。"觉,索白五味子,医工莫以对。已复梦前人告语曰:"白五味子,即枸杞子也。"寤而索之,一饮即奏效。

粤故货薮,珠池番舶之为厉阶甚。公峻通山网水禁,民以不烦。地邻蛮府,军兴之不给,公则剂量百计,客主两无害。及瓜,不持一珠,吏人廪廪于包端州矣。侯守怙内援,秽德彰闻,公疏其诸不法,失当途意,叙转江西参议以出。岁馀,改陕西。再岁,迁副使。又再岁,迁苑马卿兼分巡平凉。迩俭塞,非移中监比,马政告弛,厩尹失职久矣。公曰:"此莫非王事,莫非王臣。"振迅拮据,清刷屯牧弊,令人与马相习。马足刍秣资,宽然孳息。季年马乃大倍,茶马使者荐于庭函。

秦多大盗,与巩洛燕赵要,更互为橐橐,莫可究诘。远贾由枣强界遇盗戕于途,狱连多人。抚某属治狱急,人多诬服死。公于秦陇获盗,盗告枣强行劫状,移文案验,盗实戕枣强界中贾,历历明白。直指具狱驰上,旋报平允,盗坐法诛,枣邑系馀累人获全活者数十家矣。用是抚某内愧,唧之,以公入觐官不宜县次续食论,谪少卿。公业迁山西按察使,而秦两台以马政留,改陕西按察使兼马政,谪则视故三品秩。会亦以外艰赴,奔于家。

公淹秦得窘后疾,至是转转以剧。朝一溢米,夕一溢米,哭声若断丝残竹不相属。勉已襄事,形意俱瘁,所为率诸弟修色而娱胡太君者万端,绝口诸弟出分事。凡三年,孝弟为乡闾范焉。服除,补陕西行太仆寺少卿,复迁苑马寺卿。顷之,迁参政,分守临巩道。巩昌土素燥悍乏水泉,即绠长数十丈,犹眢井也,公为苦之。按视近郡,古淤河可治,即掘引直郡中，家家池沼贮，充然口食，而以其支旁溉沃田数千亩，民以永利，人名赵公泉。比公窃窃自语曰："成纪之赤子孑然矣，安得贤守令而相与抚绥生活之？"令连某，乃与其元元仇，诛薙于枯，靡所不至。取逃赋而加贫民，若阳为调停訾省，而实令民倍等输。民见赋溢额，一时謼呼几作，负杆扰憼曰以至。公则为白台，请以连谢百姓，然后以当职谢连。台为愕然，更廉实，论夺职去。

公以是年赍表如京师，归丁胡太君忧。居丧摧毁，不以礼称年至遑哀惊。仲弟奄谢，所遗诸貌孤肩踵相接，公覆育化诲，恳恳不称劳，汔以成立。既葬胡太君，始从诸弟议析箸。初封翁负宅屋资，公独贷贳以偿。又捐俸为二尊人营室，卒不自有，尽推与诸弟。乃什器田产，复占瘠下。诸弟每向人："吾伯氏真所谓仁兄也。"

服除，补福建参政，分守建南，简重清理，闽人甚宜之。而用前所见刻令从中媒蘖，吏垣评官以老人弹事，然卒不能诖履素毛氂。曹议为屈，加按察使衔致仕。归岁馀，前令犹撼引河渠事，谓公受富人金钱，役民掘水，为人灌田。公笑谓："渠在彼中，为公为私灼然耳目间，吾何置辩为？"已而其说竟不行。

先是，原邑儒学玄武库下，堪舆言当治。公帅先畚捐，众力合作，遂隆隆起。及闽归，乃遍行学宫，证前堪舆语为籍以劝，荐绅无不响应。即巨姓贾竖，亦均财力，土木乃大兴。公旦日露盖，躬自程督，时损食为劳。三阁杰然霞起，文物改观，而公子之子，女之子，两及捷科。名邑族姓蝉联，自今日始焉。

公居平以二尊人不逮含殓为恨，朝暮诣主前爇香叩首数下，具馂墓所，朝朔望岁以为常，即小疾苦不敢废。而公念蔡夫人，誓不再娶。夫人贞孝俭睦，卓然女师。公从闺闼间相礼如宾。往公西秦役，夫人病不能从。未几，捐谢。公恸悼居诸不能已。维时甫踰五十，至终身不蓄姬媵。晚岁萧然一榻，一苍头炙衣，一平头瀹茗，三十年目不接婢媪侣。历官所至，二三僮仆随，布衣粗饭，自奉簋食器，兼日荐少滋味耳。负性孤特，即燕居无亵言懒容，望之栗栗，就而倾挹，则又盎如春阳。忠信笃敬家邦，远迩人尽爱戴。长垣为生祠祀之，秦陇有故吏故民颂德碑。

公好读《易》，动则占筮。旁通医术，时赋药活人，门多乞者。雅意置义田，未及终事。心悦城隅西北，菟裘而安之。病及殆，不从诸子请还城居。其寝疾则仍前豫后证，在簣十馀日卒。铭曰：

平原膴膴，乃生哲人，敦仁履义，茹粹含醇。
畴其雕镂，公则璞珍。畴其风波，公则恬津。
如彼五色，素质成彬。如彼五音，宫响君筠。
官归吏范，乡推天民。内行卓卓，夫孰与伦？
王少府辈，阳道州邻。八方宗仰，万众主臣。
挹其嗛受，诒燕振振。揽其遗挂，俯仰闇闇。
佳城有郁，圹石维新。谁为铭者？侗也懿亲。

附　恩县卷

1. 董伦（1323—1403）

礼部右侍郎兼翰林院学士董伦传①

不著撰人

董伦，字安常，故山东恩县人，世居燕之宛平。自处山林间，布褐藜藿。已怀忧世之志，学者多从之游。以所居贝州，因称贝州先生。元末征辟不出，世高其行。

国初擢用单县儒士张宁，以伦荐，征为春坊赞善大夫，赐冠带。事懿文皇太子，陈说多忠厚语。太祖高皇帝闻而善之，由右春坊右赞善，升左春坊大学士，赐文绮六匹，钞五十锭。会东宫晏驾，二十五年，出为河南左参议，尽心民事，名其退食思政之堂曰后乐，方孝孺为之记。尝草封事数千言，无一不当上心者。

---

① （明）焦竑《国朝献征录》卷三十五《礼部三》，《续修四库全书》第526册，上海古籍出版社2002年版，第664—665页。按，此文盖录自（明）黄佐《革除遗事》卷四（明正德二十年抄本）《董伦传》，文字略有异，但不著撰者。

又上书荐肇州吏目诸葛伯衡,太祖遽擢为陕西右参议。三十年以诖误免官,典教滇南。东宫怜其老,赐以白金若干镒。伦至成都,蜀献王深宠之,赋诗八章。以道行至滇,凡作养成就,用夏变夷,渐摩膏煦,皆出于仁义道德,故虽蛮童夷竖,皆知向方。

建文帝即位,眷念东宫旧臣,屡询及之左右,亦多言伦可用,召至京师,慰劳备至,拜嘉议大夫、礼部右侍郎兼翰林院学士,与方孝孺同入内阁侍经筵,赐御书怡老堂三大字,及隐几、玉鸠杖各一赐之。

初监察御史解缙以权臣仇嫉谮之,谪河州卫吏。缙与伦书祈援岁馀,伦为之言,乃召缙还,以为翰林待诏。其汲引人材类如此。

伦为人质直敦厚,富文学,为时所重。建文间屡恳言当务亲睦,不听。文皇即位,时伦年八十馀,有旨令致仕,出京悒悒成疾,数日卒。

2. 段锦（1512—1585）

明故朝议大夫陕西布政使司参议二泉段公墓志铭①

于慎行

二泉段公者,恩县世族也。居邑之段桥。高祖志刚,志刚生荣,荣生兴,兴生赠文林公文高,娶栗孺人,生一子,是为二泉公。

公少从博士受经,为邑名士。嘉靖丙午以书举于乡,明年成进士。授壶关令,治行高第,召入为御史,巡视京通等仓。出按四川,左迁深州判官,稍转大名令。久之,升保定府同知。连丁内外艰,居四年,复除苏州。寻擢河南佥事,备兵颍上。隆庆改元,迁陕西参议,偶遭危

---

① （明）于慎行《穀城山馆文集》卷二十,《四库全书存目丛书》集部第147册,齐鲁书社1997年版,第599—600页。

疾，上书乞罢。诏以参议致仕，病痊召用。久之病良，已两台以闻，而公以无子故终不求出。家居几二十年卒于里第焉。

公讳锦，字美中，二泉其初号也，及后请老，更曰娱怡，以见志云。为人星眸疏髯，姿幹丰硕。居官才敏，所至有声。其令壶关也，虏岁大入，筑城浚隍，日修守御，民以无恐。大府课诸县田租，壶关居最，以公催科有法故。按蜀以惠文，三尺弹治墨吏。重庆守以赃败，上疏劾罢之。守乃当路甥也，以此中伤得谪，而公尝监蜀试，所举首内江阴公至大司马及榜，中显者彬彬众矣。

备兵颖川，于诸邑赎锾一无所取。顾尝捐廪金四百以养诸生贫者，颖人称焉。郑王当世庙时上书直谏，废处凤阳。穆庙即位，公白两台讼王冤状，有诏迎王复国。王欲有以报公，公谢不受，王拜其门而去。退居里中，益务施德行仁，报救贫乏，惟恐不足。岁尝大饥，出粟三千以赈。又尝大疫，施药疗之，岁以为常。又尝出金二百佐修学宫。邑南二十里，漯水经焉，雨涨病涉，尝出百金为桥。又尝凿井于巷，以济汲者，盈尺而得旧甓，里人号其泉曰善感。诸所行皆类此也。

女弟早逝有二子焉，其一治经，延师诲之；其一力农，买田给之。二子亲倚舅氏，忘其失母矣。武邑书生任某，携其二子客游，行至邑境而卒。公召二子养之，比其长也，使以丧归。故人崔某没而遗四子，贫不能存，公朝夕赡给之，使有成立。及他所具棺椁而葬者，不下数百人，里人交口诵之。

然公天性朴介，居常闭门，不修请谒，即客有过问者，亦不数见也。家政严整，谨于宾祭。衣冠筵俎，无不肃洁。独自奉俭朴，非有大会，不轻系鲜，曰："吾以惜福云。"公生而寡兄弟，数举丈夫子又皆不立，长女为王氏妇亦死。比年七十馀，独一少女以字于生愉，赘入承祀，更曰段生。公病且革，手书愉为后，令奉诸姬以居，而召其疏族义子各分予财产有差。抚台延津李公闻状下记告长吏曰："段公立后分财，可谓恩义明白矣。"

配有两郑孺人，赠孺人，平原郑晋女，先公四十三年卒；封孺人，平原郑麒女，先公三年卒。公之微时，赠孺人相之以成其学，及其贡也，封孺人相之以成其宦。然两孺人所举子女，皆夭折无在者，而配喻者出副室康氏，故城康鸾女也。其娠少女三年而产，邑人传其事异焉。愉将以某年月日奉公与二孺人合葬，介谢使君状乞铭，使君深州人，故公门下士也。予往来清河及从诸大夫闻所称段公事与状不谬，而愉以里子执经从游，贤而美秀，奉公烝尝甚谨。嗟乎！段公可谓无子而有子者矣。吾悲而为之铭曰：

夫修名于朝人，可勉也。修行于家，世所罕也。孰是丰德而不延厥世？孰是无子而不失厥祀？前有司马，后有中郎，舆公而三，悲哉此藏！

朝议大夫娱恬段公墓志铭①

周世选

按状，段氏世为山以东恩县人。人即其居，号段桥庄，盖段是望族也。著姓自高祖志刚，刚生荣②，荣生文林郎文高，配栗孺人，实生公。公讳锦，字美中，别号二泉，晚更娱恬，今率称娱恬先生矣。

---

① （明）周世选《卫阳先生集》卷十四，《四库全书存目丛书》集部第136册，齐鲁书社1997年版，第688—689页。
② 文中所述为"高祖志刚、荣、父文高"，曾祖与祖，所述不清。嘉靖二十五年《进士登科录》页六十"段锦"条云："贯山东东昌府高唐州恩县军籍。县学生，治《尚书》经。字美中，行一。年三十一月二十四日生。曾祖荣，祖兴，父文高，母栗氏，具庆下。娶郑氏，继娶郑氏。山东乡试第二十一名，会试第二百六十八名。"嘉靖丙午二十五年进士。故知周氏文"刚生荣"应为"刚生兴，兴生荣"。

夙慧，嗜读书，日上口数十百言，三冬足用①。补博士第子员，称茂才。以嘉靖丙午举于乡，丁未举于朝，出宰壶关。壶关为晋岩邑，逼西鄙虏，虏且大举猎缨角窥上党。公为饬睥睨，增盾阅，以书生掷笔褐当旗鼓如老将，虏畏不敢伺壶关，去。公且以暇完积逋而理冤狱，声闻藉甚。其所脱囚有行暮夜金报者，公毅然谢绝之，壶人以比杨关西②。

壬子报最，拜侍御史，以柱后惠文③弹诸权贵，声震朝野。顷以督储理河有成迹，称上意，使按西川，威惠咸若④，于纪得校。乙卯士所发解，得阴大司马⑤，时号蜀贤书得人焉。事竣报命以荐剡，黜时宰甥，时宰竟嗾当事者摭拾谪卒深公，不以垂翅懈从事，悉志以相厥守。

旋即擢宰大名，治大名如治壶关。旋复擢贰保定，佐保定如佐，深所至有去后思。庚申念两尊人春秋高，请便归省，而文林公亦病且不起。因得侍尝唅葬及情如礼。改岁而栗孺人以念文林公故，亦病不起。亦因复得侍尝唅葬及情如礼如文林公。向使公鞅掌一方，则亦何克襄大事，宁不抱终天恨也者？则所称孝感，非耶？

起复同守苏州，旋擢备兵颍上，颍为南北要害，多劫人风。公至，屏诸赭衣，白郑藩冤事，却解赎罪锾，且捐俸置校里田，颍人复比黄颍川。及隆庆改元，擢参藩关中，而公倦游矣，乞休养疴林泉。即梁大中丞、张侍御荐，公方偃卧手一编，弗为起也。因更号娱恬，以示无用世意。然而济人范俗心，不以出处易。岁侵则出粟绥诸流徙，岁疫则赡饵生诸僵仆，且出橐中俸馀金佐修簧宫、建关梁、凿井泉、救凡民丧，而

---

① 《汉书》卷六十五《东方朔传》："年十三学书，三冬文史足用。"言三个冬天所学，足以可用。
② 杨震（？—124），字伯起，东汉弘农华阴人。人称为"关西孔子杨伯起"。所举秀才王密，夜怀金十斤馈震，且言暮夜无人知者，震以"天知、地知、你知、我知"拒之。
③ 柱后，御史等所逮的帽子，也称惠文冠、獬豸冠。
④ 咸若：教化得宜。《尚书·皋陶谟》："皋陶曰：'都！在知人，在安民。'禹曰：'吁！咸若时，惟帝其难之。'"
⑤ 阴武卿（1527—1588），字定夫，四川内江人。嘉靖三十五年进士，官至南京工部尚书、南京兵部尚书。

尤加心于族属知旧间。若训傅氏子、存任氏孤、拯崔氏艰，尤啧啧人口者，其他惠施殆无算云。

大都公严方简，延接士大夫，对客终日无惰容，言动辄准于礼遇，烈风雷雨无敢戏渝。若吉月，若大典礼，辄衣冠北向顿叩如大常仪。岁时伏猎①，辄荐蘩藻，修大夫家礼。群子姓劳劝之且也业敦儒，素不喜藻绘纷华，曰吾辈自当惜福耳。尤不喜杀生，公宴高会，仅足掩豆。即折柳践豸亦有戒心。盖忠孝仁爱，其天性然也。老惟一女，赘嘉善簿于士鲤子愉。因谋诸族及邑荐绅先生，告于庙，而字以段，俾承先祀，乃段愉，亦恂恂雅伤事舅如所生。人更谓娱恬先生为有子矣。公素病脾，后更剧，即斋榻疆起，以所遗产均之诸同姓，井井有差。别室中有遗腹，亦手记以示券，盖聪明不惰如弱冠时云。

公以正德壬申十一月廿四生，以万历②九月四日卒，年七十四。先后皆配于郑，皆得封孺人。二子，俱殇。女一，归王格心，亦先公卒。如孺人为故城康氏所生女，即所赘段愉为公后者也。今卜以某年月日启二郑孺人之窆而合垄焉。段愉率诸同姓者以谢大夫状谒余，而乞余铭。余雅重公旧矣，敢以不文辞，遂斧状而志之，复稽而铭之。铭曰：

天不可必乎？胡公之仁而寿。

天可必乎？胡公之丰其身而靳其后。

后不必子，寿不必年，惟有所以不死者，是之谓爱而传。

---

① 猎，当为"腊"之误。唐朝户部侍郎萧炅将"伏腊"误读成"伏猎"，被讥为伏猎侍郎。

② 此处即万历元年。

七　齐河县卷

1. 马人龙（1730—1798）

授中宪大夫礼部郎中前工科给事中松云马公墓志铭①

章学诚

君姓马，讳人龙，字友夔，松云其号。先世为诸城人，明永乐间迁居齐河北乡，世有隐德。国朝再徙县城。顺治间有以孝旌于朝，雍正间追祀栗主②于忠孝祠讳朝才者，为君之六世祖。高祖，县学生，赠承德郎、凤阳府通判，讳逢泰。曾祖，国子监生，以孙润贵，赠中宪大夫，户部陕西司员外郎，讳绵禄。祖，增贡生，官凤阳通判，讳绍文。考，岁贡生，讳渊，积学于文，有大名于时。父祖两世皆以君贵，赠中宪大夫、刑部福建司郎中。

君，天姿英毅，岐嶷早征。八岁能属文，弱冠补县学生。乾隆二十

---

① 杨豫修修，阎廷献等纂《民国齐河县志》卷三十二《艺文志》，凤凰出版社2004年版，第508—509页。
② 栗主：先秦时练祭所立神主由栗木做成，故名，后来泛指神主。

四年随举京师,获上第。二十六年上礼部试,赐第,入翰林,散馆,改授刑部山西司主事。越四年,迁四川司员外郎。明年丁考中宪公忧。甫小祥,祖妣张太恭人即世,承父重终丧。服阕,复补刑部,擢福建司郎中。君再官刑部,几及十年。时诸城刘文正公以大学士行刑部尚书事,威望尊严,诸曹白事,莫敢以可否抗议公庭者。君识洞一理,剖判谳牍,独能察其所可矜,情法稍畸必立请直诸尚书,往复辨诘,无所疑阻。文正公以是奇君才,且上君名,将以道若府外移。君以太恭人年逾七十,愿效职辇毂下,得就迎养。

擢福建道监察御史,稽察海运仓。未几,巡视北城,所属地广事繁,司坊官吏稍弛纠察,即狱多系累。君严促所司,随时案问,无宿留。旋授工科给事中,数月间,屡承简命,行将大用,乃以不谐于俗,卒从吏议左迁。已而,例授礼部主客司郎中,兼则例馆提调。

四十四年,奉命典湖南乡试,得士曹承谦等四十五人,多一时才俊。仲弟见龙,时方以华容知县移剧巴陵县,称难治。见龙顾见前县官覆车接踵,骇愕不知所为。君授以方略,不懦不耆,治县数年,而政声日起,君之教也。官礼部四年,以太恭人年益高,请解组,奉安舆归养。时叔氏和龙官平阳府同知、季弟犹龙官内阁中书,巴陵君嗣亦擢蒲州同知,数年间次第请解职事归省,车服品秩,极一门之盛。然食指日繁,家计日以不足。

君悉委家事于诸弟,不以财货自私。先后里居事亲之馀,惟督课子弟励学,季弟犹龙及弟子凤翔,皆秉承指画,获举于乡。两嗣凤章、凤纶,亦皆有名学校。家庭间恪循礼法,身先表率,罔不乐循。当时大吏慕君行谊,皆愿交欢,君益自引嫌,不稍与闻外事。亲故兼以事求缓颊,君皆谢去,终亦未有以不见援望君,盖其素行之有以取信于人如此。

奉太恭人,尤能先意承志。每食,必先尝而后进。太恭人辅车多脱,烹饪火齐未达,则噬啮益艰。然羞膳间或失调,太恭人亦必强为举箸,意不欲使司事稍为受谴。是以益加体察,务使一饭未尝不适。五十二年,中书君殂谢,而又无后。君恐太恭人伤感,立命次子凤纶承嗣,多方宽解，藉以纾忧。逾年，太恭人疾病，君时已年近六旬，子若妇及诸臧获环列侍侧，顾君亲视汤药，昼夜定省，衣不解带者累月。及太恭人终，哀毁几不能胜丧。自是精神日惫，平居惘惘若有所失。五十五年，弟子凤翙病亡。六十年，长子凤章病亡。越明年，叔氏平阳君逝世。君暮年屡遭骨肉之故，内伤于心，不数年而一病不可复救，是可哀也。

君生于雍正八年四月二十四日，卒于嘉庆三年正月二十五日，春秋六十有九。以嘉庆四年四月十三日葬君于华甸之西新阡。以王恭人弟贡士森文与余世好，因疏君事实，请王君为书，不远数千里而乞铭于余。余目废不能书，久之未有以报，然重以王君之命，岂敢忘诸，故为之铭，曰：

> 根茂实遂，川丰羡源。蓄德弗曜，钟美后昆。
> 君承先绪，有闻稚齿。角艺名场，超抡多士。
> 庶常肄习，人羡清华。谓能继志，宠秩荣加。
> 执宪十年，兰台趋侍。方承帝眷，遽遭吏议。
> 再起仪曹，衡阳典试。奉亲归养，服初志遂。
> 怀才未竟，贻厥方长。祝阿风古，清水流芳。
> 幽居斯卜，维后之庆。

2. 王宫臻（1586—1660）

陕西西宁道按察司副使王君小传[①]

张尔岐

君讳宫臻，字符西，一字潔修，别号瑞卿，济南齐河人。父泽需，

---

① （清）张尔岐《蒿庵集》卷三，清乾隆三十八年胡德琳刻本。

有醇行，母钟离氏。君生而好学，万历乙卯以《诗》领乡荐，中崇祯戊辰进士。原名宫榛，主司避亲王偏讳，为易木从至。

筮仕知苏州崇明县，有惠政。以催科不及格，罢。邑人建祠立碑以寄思焉。辛未，署真定府学教授，升国子监助教。寻升南户部员外郎，管浦口仓，又榷武林关税，转郎中。丙子，升山西太原知府。丁父艰，己卯服阕，补嘉兴知府兼摄湖州府事，并以廉幹闻。壬午得貤封其父母。

癸未，升陕西西宁道按察司副使。是时剧盗李自成方自河南转寇陕西，道梗不得之任。未几，有甲申之变，遂杜门自匿。有司奉檄至门促之，终不为起。至顺治庚子凡十有七年而终。

方君之以病辞也，徙居村舍茅屋，藿食泊如也。足迹不至城市，与诸贵人未尝作书问。邑令某以危语动君，迫之见。君幅巾短褐至，投刺曰："民某谨上谒。"从诸生后，伏谒一如部民。令知不可动，遂罢。

君长于韵学及善城守，所著有《简明等韵》《掌上金汤》诸书行世。他著作甚富，并藏于家。

3. 尹秉衡（？—1593）

右军都督府都督佥事镇守保定总兵官齐河尹公墓志铭①

邢侗

齐鲁于文学固其天性，列国而降，率绌兵争而右文学。汉一驷先生，齐产，号精《司马法》，而究厥名实，则子虚乌有耳。及明而骠骑尹公者出。其先盖由即墨徙齐河，三世而为王父天章赠都督。赠都督生

---

① （明）邢侗《来禽馆集》卷十三，明万历四十六年刊本。

纶，是为观察府君，以射策甲科，身自起家，始曹郎，历观察，而最雄于武，亦封都督，则以骠骑贵故。母李，累封夫人。夫人梦遇神人，授以信节而生骠骑也。

骠骑生数岁，就塾矣。塾师课读，骠骑不伊吾。塾师课字，骠骑不挥染，曰："男子堕地，自有一片气，何五车也？"厥考观察公恶其媮媠，笞之百。骠骑内心不服，腾掷泥滓中，号叫震四邻，曰："大人虐大将军，大人不欲身享封侯贵乎？"自是观察公置不问，而骠骑愈益傥荡，不修曲谨，人以狂童目之矣。

一日夜，过故神祠，从屋庑间出数短人，伛踽而前问："大将军亡恙？"已忽不见处。骠骑愈益自负："神示我贵征。"比及总发，盗执邻之父。群盗二十馀曹，狞甚也。骠骑徒步挟弹，持弓而射之，发如流星，创颅洞腋，盗尽奔伏。弱冠举鼎千斤，见白鹇鹑尾而睨焉，寸寸折之，如折蓬蒿，曰："安用此蒲弓苇矢乎？"又尝挈水斗馀，超所立马，忽过别马，观者惊谓犹神。

已随观察句注塞①之署中，益习雁代豪杰，讲明韬略，稍亦亲诗书，恢恢乎有蜣弄八极之思，视九边綦履间物矣。当嘉靖三十三年时，督府东粤翁公疏表天下武略奇才士，骠骑年二十，列名第四，用布衣奉旨置阳和军中。是年虏犯铁裹门，骠骑三突重围，获级二十有七，身被数创，血流殷车，而同表奇才王邦直遂及于难，骠骑裂襦裹尸还辕门，叙功第一，而骠骑貌然若罔闻也，曰："今日之役，主将张达发踪②，邦直死难，宜用第甲乙，衡则何知？且衡，儒门子，行将角巾归私第矣。"于时，督府直指咸谓骠骑退让不伐。疏请置员本学弟子，而所获功，尽以推达，达藉是复其官。骠骑复随观察井陉之署中，历览淮阴、成安交战拔立汉赵两帜地③，曰："了不异

---

① 句注塞：雁门关。
② 发踪：亦作发纵，指挥调度的意思。
③ 典出《史记·淮阴侯列传》韩信破赵井陉口之战。

人意。"

即从署中诣顺天,举武举第二人,随举会试第六人。相国华亭徐公见而奇之,召入邸中,为设食饮甚具,谓:"尹生命世才,非直边庭缓急,吾将借一臂之力焉。"骠骑于例授济南卫镇抚,而督府翁公念前劳未赏,亟请守备苏州,改授标下游击,倚为赞画。明年,倭獗东南,浙督府新督胡公廉知壮勇,疏请骠骑击倭。骠骑被旨南征,所部署豫齐劲卒千五百人,军繇毗陵、槜李、四明、天台,所如必捷。而最后酋长陈东、叶麻挑战两头门,倭佯败走至石矶山,伏兵倏起,尽围骠骑。盖捆而拘者三日,而食马饮溺,得以不死。又越夕,则神气勃勃,提刀冲万人军,坚若堵墙。俄而万人悉见云中壮缪侯现,军自披靡,践伤无算。骠骑贾勇而前,步入倭帅徐海壁,壁所屯军亦悉见云中壮缪侯现,莫敢与交,跳踯还军中。参将登州戚公以酒浇之,骠骑连举大白,已而循发扪胸所中弹二、矢五、枪三,视房之役创乃三倍。戚公抚而哭,骠骑乃大笑。计先后五十馀战,所获级一百二十有四,夺还男妇一千八百三十五名口。督府、直指白其功,乃以他奥援负力先趋,而骠骑次叙稍后,仅得旨升二级云。

倭平,骠骑入内为五军三营参将,分督皇极等门工。大工峻,蒙赉金币踰涯。已复用警,令统五军贰营听征士卒垂入京,而相国徐公推毂愈力。居常召以自近,谘议国是。自馀浙直留都荐,凡二十馀上,而大司马蒲坂杨公①灼知更切,繇参将非久得升左军都督府都督佥事、五军一营副将。复委督修仙禧宫门墙。于时,世皇帝祝厘别馆,间有不时司察,察知骠骑御士卒勤廉。一日见骠骑周行赤日中,曰:"伟哉!丈夫也。其貌与才行适合。"遂出纻丝一表裹,内帑银一百两给之,且命赐茶,骠骑叩头称主臣。厥明至演象所,尽分所赉银,因谕诸卒曰:"一

---

① 杨博(1509—1574),字惟约,山西蒲州人。嘉靖八年进士。自嘉靖二十五年至三十五年,累官至兵部尚书、少保。

钱，上赐也。"庭中尽呼万岁，已复称将军万福，自是名益噪起。而烽火适达，甘泉宫需材甚棘，奉圣旨只着尹秉衡领兵前去，听江东调遣剿杀。江东者，督府江公也。骠骑统军至古北，手斩酋虏五人，声震京师。及叙，复叨赍银踰涯。

居有顷，遂以宿将充保定总兵官，庭受敕予大红织金纻丝二表裏、银二十两。骠骑驾而台省眎顾镇远不堪戎政，至举骠骑为代令典亲军。即上难于格不报，业隐然有重臣之望矣。及至镇，披抉其军典而振之。镇故置私卒千名，其什七率纳顾山钱而以三籍伍。骠骑曰："何用粪土污乃公？且此七百者，不以急县官而令入赇高枕，吾何以令众乎？"遂尽檄入军而复奏拟九边用为旁州。镇有养廉田，岁入几万金。骠骑取以市马，凡得二千七百匹，镇号为尹公厩云。当其时，骠骑所受敕最倨，出相国徐公指，而保定守某不甘为手板礼，遂修郤镇臣。骠骑滋不怿，曰："吾家去华不注峰三十里，历下之亭可邀也，而守臣乃难我。我南当倭、北当胡不怵，而怵一白面书生为？吾行往矣。"凡三请急而予告归。

归而拄一并州铁杖，行履若飞，自署岱下道民，以二童子随。居壶行榼，在所不乏，而所与下上则贫交疏昆弟，困橐与共之。又捐负郭百亩为学田。日读《左氏春秋》，撮其大指，人有叩者，应答如响，乃独不见尊贵人，凡二十年。

而会岛夷倡乱，上忽召元相申公而问之，谓："今尹秉衡何如汉赵充国？"上知公，以老宫监诵平倭事也。于是南北言官尽用上指，章满公车，旋召起为右府金书，即日刻印佩之，称备倭练兵总兵，与太仆少卿兼侍御史王公谦并受特敕，军天津，所招选河朔健儿，所统肄江东步兵。骠骑进两军，谓："北士若虝虎，南士若猿猱。夫侦探狡捷则南士差胜，驰驱犷悍则北士为优。匹夫相能尚相得死，何况主军？我乃衣食心腹，若两军一军，两军一心，倭于何有？"语讫，人尽感奋。寻以解严，改授保定总兵。逾年，移疾还。未几，痈发于股，卒①。弥留，数拊其鲛骨，三问其刀。又二年，刀没于盗云。

志曰：嘉靖间倭大入犯闽越，江南几赭矣。自二三文臣外，以战伐立功名，无不称少保戚公者，然而骠骑固在雁行也。闽无论，论东越、江南，骠骑与存亡而名不著。即诸文学大夫志日本，亦无一言及骠骑者，耳目可尽塗哉！要以文墨议论恒佐鳌弧以先登，则骥尾千里之喻矣。细人之言曰："骠骑北，烽烟熄；骠骑南，鲸波恬。"几若连鳌赑屃，而柱天负地云者，然而志传寥寥无托也。则骥尾千里之喻，然耶！厥初，骠骑将而守臣梗，越二十年再将而人代违。骠骑之不少保也，天乎？徒廑天语，清问从容，而所繇出一老宫监口，亦可思矣。虽然，骠骑、少保而在今日，俱将矣，两公地下共无忘殪贼乎？飒然英灵，庶度辽左。铭曰：

  宣王中兴，吉甫先登。肃皇中兴，云仍作朋。
  云仍伊何？曰惟骠骑。再事今皇，借公左臂。
  尔发皤皤，尔军不颇。尔身寝疴，尔辰耗磨。
  李广不侯，自昔慨叹。骠骑临危，问刀鸣骭。
  行地流水，行天太阳。於戏尹公，邦家之良。
  我志不诬，侪公少保。国有青编，尚赖探讨。

---

① 《神宗实录》卷二百二十五载：万历十八年，神宗与申时行召对："上曰：'前日有御史荐两将官。'时行等对：'所荐将官一是王化熙，曾提督巡捕，臣等亲见，亦是中才，只宜腹里总兵。一是尹秉衡，曾称良将，今老矣。'上曰：'不论年老。赵充国岂非老将？只要有谋。'"同书卷二百五十四载："万历二十年十一月，命右军都督佥事尹秉衡充镇守保定总兵官。"据此可知，尹秉衡卒于万历二十一年（1593）。

八 庆云县卷

1. 崔旭（1767—1846）

崔旭传[①]

徐世昌

崔旭，字晓林，号念堂，庆云人。父大本，有孝行，亦娴吟咏。旭生而端秀，八岁即能诗，中嘉庆五年举人，出张问陶门下，曰："此我之崔不雕也。"

道光六年，以大挑授知县，之官山西，补蒲县知县。建书院，葺城垣仓狱，皆捐赀为之，不出民一钱。县处万山中，民俗剽悍，为减其例供，一以恩育之，民心帖然。听讼之暇，召邑中文士，诗歌唱答，有文翁之目。分校秋闱，所得士为众，多以文章政事显者。告归之日，士民钱送，数十里不绝。归十有二年，卒，年八十。旭为人恬静平淡，幼而嗜学，至老不衰。而尤寝馈于诗，清严雅正，与梅成栋、刘锡齐名。所

[①] 徐世昌《大清畿辅先哲传》卷二十五《文学传七》，北京古籍出版社1993年版，第813页。

著有《念堂集》十二卷,《庆云诗钞》一卷,《念堂诗话》《津门竹枝词》《村居杂忆》《念堂脞录》诸书。

弟昒,字时林,号月沽。嘉庆二十四年举人。诗学郊、岛,著有《月沽诗钞》。

晨,字曙林,工五言诗,著有《柳桥诗草》。

崔旭传①

崔光笏

崔旭,字念堂。性孝友,由乡举知蒲县,城垣、监狱、仓廒、书院多倾圮,又时值旱歉,民俗剽悍。旭至减其供億陋规,衰馀赍,雇贫民,佣趁赴工,诸废具举。决狱曲尽情伪。历署屯留、大宁,所在有声。引疾归,民走送数十里,皆罗拜泣下。

初祖母病笃,减算吁天。教子弟皆成立。生平尤致力于诗。方乡举,日出遂宁检讨张问陶②门,问陶以渔洋门下士崔不雕③目之,赠句云"直胜崔黄叶",一时都下传为佳话。

所著有《念堂诗集》《文集》《诗话》。又与选《畿辅诗传》,自选《沧州诗钞》《庆云诗钞》,纂《庆云县志》。年八十④,卒于家。子光第、光典、俱领乡荐,光笏成进士。

---

① (清)戴绱孙编,(清)崔光笏订《庆云县志》卷二《人物志》,咸丰四年刊本。
② 张问陶(1764—1814),字仲冶,四川遂宁人。乾隆五十五年进士,曾任翰林院检讨、吏部郎中,莱州知府。诗作属性灵派,与袁枚、赵翼齐名。
③ 崔华(1637—?)字不凋(亦作雕),太仓人。顺治十四年举人。学诗,为王士禛弟子。王士禛极赞许崔华绝句"丹枫江冷人初去,黄叶声多酒不辞"中"黄叶"诗句,崔华被时人称为"崔黄叶"。
④ 按,罗绕典《皇清诰赠中宪大夫云南粮储道山西蒲县知县墓志铭》载:"公生于乾隆三十二年闰七月初八日卯时,卒于道光二十六正月三十日酉时,寿八十。"(见张明福《德州明清墓志集注》,线装书局2012年版)

2. 崔光笏（1803—1856）

崔光笏传（附子钟善传）①

徐世昌

崔光笏，字正甫，庆云人，诗人崔旭之子也。弱冠，举于乡。年二十七，成进士②，授山西襄宁知县。有恶僧清照，踞山寺为民害，光笏率众擒之，置诸法。道光十八年，调阳曲，利弊之事，一意兴除。莅任三年，擢代州知州。寻升松江知府，大吏以镇江承大乱后，调署镇江，办善后事宜，条画三月，事悉就理。二十三年，丁母忧，复遭父丧。服阕，起授九江知府，升云南粮储道。

咸丰二年，檄赴长沙襄治军，有功，加按察使衔，署云南按察使。时东川马二花纠众作乱，光笏督兵攻八甲，斩捕数百人，获首犯马鹏程，诛之。马二花旋就擒，正法。在任六年，卒于官，年五十四。

子钟善，字子万。咸丰九年，纳资为郎。同治七年，捻匪扰畿南，回籍治团练。以御贼功，保擢知府。再以河防功，擢道员。光绪十六年，署莱州知府，平度、高密素多盗，钟善仿古保甲遗意，创联捕法，躬捕积匪孟小人、郑某，诛之，四境以宁。

郡旧有北海书院，久废圮，捐廉修葺之，增士子修脯，士人纪之以碑。二十六年，拳匪乱起，钟善著《释惑录》，禁民入其教。明年，即墨民怒税重，纠众围城，檄钟善往，仅携数骑。驰入城，开谕之，擒首

---

① 徐世昌《大清畿辅先哲传》卷三十四《贤能传七》，北京古籍出版社1993年版，第1223—1224页。
② 崔光笏为道光九年（1829）第三甲第21名进士。

犯谭锡麟，散其从者，事以大定，县民为立生祠。三十年，檄总理河工事，高密知县某以河南北岸人民相械斗，牒请威以兵，钟善力争，不能得。德国胶州都督沛禄者亦发书力阻之，曰："有钟善在高密，勿庸兵往也。"三十四年，署盐运使。裁汰陋规，尤以保商为先务。乐陵盐店郑氏案，久讼不能决，钟善检旧册，公剖之，案遂定，人称神明。年六十七，卒官。著有《听雨楼诗草》。

3. 刘清华

刘清华传①

徐世昌

刘清华，字仲实，宁津人。道光十一年贡生，以教习选授萍乡知县，禁开矿之毁田庐、坟墓者。

时湖南岁荒，饥民数千入境，纠煤匪抢掠，拘倡首者，严治之，馀遣送回籍阖境肃然。调靖安，资送逃兵出境。咸丰四年五月，土贼数千来犯，大小数十战，督兵击退之。尾追至境外，破其寨，擒伪司马夏令粹等十一人，置之法。复惩盐枭之滋害者。境赖以安，民建生祠祝之。六年，调玉山，时贼围广信县，民多惊逸，清华谒总兵饶廷选，陈远攻近守之策，遂进军战破之，解广信围。

清华招流亡，筑城堡，治团防，人恃以安。八年，补德化，以防剿功擢知府，加道衔，委署南康。旋改山东，治河有功，再加运使衔。光绪元年，署沂州、泰安等府。卒于官，年七十三。

---

① 徐世昌《大清畿辅先哲传》卷三十四《贤能传七》，北京古籍出版社1993年版，第1224—1225页。

九　武城县卷

1. 苏之中（1623—1672）

太学生黄中苏先生君墓志铭[1]

程先贞

先生讳之中，字黄中，由武城学入太学。先世本兖州人，曾祖讳守成，徙武城，以为郑圃水陆之冲，绾毂燕赵齐鲁之口，得修业而息之，且以交结天下贤士大夫，遂卜居焉。祖讳朝明，父讳君宠，是为明宇翁。时产业日以益饶，德业日以益进，以孝义长于里闬，载在邑乘，昔者吾友沈西溪志之。配袁夫人，举二丈夫子：伯讳之祥，字元履，岁贡进士，次即先生也。

先生形体丰大，音吐如洪钟，在俦伍内，望而知为伟人杰士。幼好古文辞，涉猎经史，一切经济大书，皆能洞悉旨趣，故不肯屑屑于举子业。天性纯孝，事明宇翁与袁孺人，视听于形声之微，务得其欢心而后已。与元履友爱特甚，析产让腴就瘠，怡怡如也。方明宇翁病，医药祈

---

[1]　（清）厉秀芳纂修《续武城县志》卷十四《艺文下》，清道光二十一年刻本。

呼,靡所不至。居丧哀毁,几有灭性之讥。茹素三年如一日。暨居袁孺人之丧,一切如明宇翁。复遵治命,以其第三子为元履嗣。无几何,而元履亦故,三丧皆尽礼尽情,四方吊者大悦。

与朋友交,推赤心,人人腹肠。时其缓急,倾囊付之不少吝。虽负之不悔,诳之不猜也。三党姻亲贫乏者,饥待食,寒待衣,殁待棺衾,殆不可屈指数。性又通敏,能断大事。是非利害,凡聚族而谋所不能决者,待先生一言决之,如菁蔡①然。而一本于光明正大、至诚恻怛之理,以故郡国无遐迩,或远至吴越,翕然悦服,称长者焉。

邑之诸长吏,每亲造其庐,询民间疾苦,先生淡泊宁静,以礼自守,再三而敢后承,皆于地方实有补救,非苟然者。与故令辽阳房公最称莫逆,倚之为左右手。邑自兵兴以来,楼船往复,岁苦牵挽之役,至房公时尤剧,或至道殣相望。先生为悉意筹画,均其劳逸,民大称便。每身历河干直与客交绥,而语以大义责之,客无弗受约束而去者。又能察滞狱,多方为糜粥哺之,所全活甚众。又学宫聩废,鞠为茂草,独任厥责,捐费至二千馀金,使轮奂②一新,尤其事之最著者也。其它如义渡以利病涉,义塾以惠蒙求,乡之人至于今赖之。或曰:"先生胸间度世,掌上匡时,遭值熙朝,奈何不为禄仕?"先生笑曰:"吾幸得一日之暇,岁时酿醇酒,与二三知己投壶雅歌,尽此馀年,何乐如之?而以我为衣绣之牺牲乎?"

其课诸子暨甥侄辈读书,则又甚严,使各习一经,为延致师友,卑礼厚币,久而愈敬。晨起立堂上,趣之出,昏而篝灯至丙夜始息,率以为常,曰:"学以明道,岂在仕与不仕耶?"比伯子、季子分列贤书,知名当时,先生不以为喜,反若以为惧者。曰:"名者,实之宾也。以

---

① 菁蔡:卜筮。《楚辞·王褒〈九怀·匡机〉》:"菁蔡兮踊跃,孔鹤兮回翔。"王逸注:"菁,筮也;蔡,大龟也。"

② 《礼记·檀弓下》:"美哉轮焉!美哉奂焉!"郑玄注:"轮,轮囷,言高大;奂,言众多。"

吾祖宗之泽，向后功名远大，尚未可知。然即此，已属古者明经孝廉之选，当何如思所以副其实而无愧也。"呜呼！可谓谦光矣。

卒之日，神观不乱，具衣冠危坐，大会家众，谈笑而逝。盖先生平生行谊，大略如此。先生生于明天启癸亥年六月初一日未时，卒于大清康熙壬子年十二月二十四日辰时，享年五十。铭曰：

　　瞻彼高原，长松郁翠。既妥既安，伊人悠憩。
　　春秋代而，万宝告成。乾坤老而，六子用事。
　　然而行道之人，犹潸焉而出涕。我作铭诗，藏诸幽隧。
　　是为东郡人豪苏黄中先生之葬地。

2. 苏伟（1642—1699）

敕授征仕郎中书科掌印中书舍人茂弘苏君墓志铭①

王士禛

　　苏氏，古重黎之后。周有忿生为大司寇，邑于苏城，在邺之西，故苏以赵郡为望。其自兖迁武城之郑口，则自子元始也。数传至朝明，生君宠。君宠生之中，游太学，以豪侠闻南北，齐赵间称黄中先生。有丈夫子六人，而中书君最长。

　　君讳伟，字茂弘，一字济夫。自其少魁梧岸异，年十三补博士弟子，明年食廪饩，名压其侪偶。康熙壬子，以选拔贡入太学，乙卯举顺天乡试。辛未始举礼部，成进士。癸酉授中书科中书舍人，顺天武闱分

---

① （清）王士禛《带经堂集》卷八十六《蚕尾续文集》卷十四，清康熙程哲七略书堂刻本。

考。己卯掌科事，奉命典试湖广，道卒于卫辉旅次。

君之捷南宫也，予实为总裁官。榜后识君，倜傥奇男子也。方期以远大，扬历中外，投遗艰巨①，必有所表见于世；或使居言路，陪廷议，必能区别是非，条例时务②，不苟为突梯脂韦③之习，而不谓其竟止于此也。呜呼！惜哉！

君居家事父母尽孝。黄中先生病革，谓君曰："吾新文庙，惟明伦堂工尚未讫，汝毕吾志。"君泣受命，丧葬甫峻，而明伦堂亦成。抚诸弟友爱。晰疑送难，以兄道兼师，有昔人易衣共砚之风。季弟给事君④，先以丙辰登第，有声谏垣，君之教也。

君久困公车，开门授徒，齐赵间名士负笈墙进，率有所成就。其子侄揃染家训，经术通明，拔蝥弧以登者⑤，项背相望。其分考顺天武闱，得曹曰玮为解首，明年状元及第。其典楚试，得彭源等八十人，多知名。盖君老于文学，故以所学递相授受，见于家庭师友间者，彬彬如此。

官京师时，曹务清简，与翰林⑥袁君杜少、庞君雪厓、郎中黄君自先⑦诸名流为诗社，文誉蔼然。家居席黄中先生后，千里慕义，戚族待以举火者甚众。他如立义学、造义舫、施絮衣棺椁，岁以为常，比闾尸

---

① 寄托大事。语见《尚书·大诰》："予造天役，遗大投艰于朕身。"
② 条例时务，《乾隆武城县志》作"指陈利病"。
③ 突梯：圆滑的样子。脂韦：滑柔的样子。《文选》卷三三屈原《卜居》："宁廉洁正直以自清乎？将突梯滑稽，如脂如韦，以洁楹乎？"唐吕向注："突梯滑稽，委曲顺俗也；如脂如韦，能滑柔也；洁楹，谓同诌谀也。"
④ 即苏伟之四弟苏俊，康熙十五年丙辰进士，康熙三十年官兵科给事中。
⑤ 蝥弧：军旗。指携旗取胜。《左传·隐公十一年》："颍考叔取郑伯之旗蝥弧以先登，子都自下射之，颠。"
⑥ "翰林"后，《乾隆武城县志》有"李公公凯"四字。李凯，字公凯，江南山阳人。顺治十八年进士，康熙十八年举博学鸿词科，授翰林院编修。
⑦ 袁佑，字杜少，东明人。康熙十八年举博学鸿词科，授翰林院编修。庞垲，字霁公，号雪厓，任丘人。康熙十八年举博学鸿词科，授翰林院检讨。黄元治，字自先，黟县人。康熙十五年进士。王士禛门人，袁枚称其诗为："国朝边塞诗第一。"

祝之。

君得年仅五十有□①,阶征仕郎,官内府中书科掌科事中书舍人,元配李氏,继配张氏、秘氏,治行相望,先后如一。子男一人,廷礼。女二人。婿田肇丽、张曰铣。以康熙四十四年十月□□日葬某阡。铭曰:

五金之精,磐郢湛卢。
锋锷乍试,龙津已徂。
呜呼!其命也夫!

3. 苏俊（1650—1707）

诰授奉政大夫兵科给事中苏君钝夫暨元配龙宜人合葬墓志铭②

王掞

君讳俊,字用章,别号钝夫。赠君黄中公举丈夫子六,君行四。生而颖异,十五补博士弟子员,弱冠举于乡。旋丁外艰,哀毁襄事,而内奉母宋太君,色养曲慰其志。丙辰成进士,官中书科中书舍人。勤敏供职,逢覃恩授征仕郎,赠父如其官,封母及元配皆儒人。

上雅知君名,命典甲子浙江乡试。入琐院③前一日,正主考吾乡周

---

① "君得年仅五十有□",《乾隆武城县志》作"生于崇祯十五年十二月初二日子时,卒于康熙三十八年十一月二十五日丑时,享年六十岁"。
② (清)厉秀芳《续武城县志》卷十四《艺文下》,《中国地方志集成·山东府县志辑》第18册,凤凰出版社2004年版,第486—488页。王掞,大学士兼礼部尚书。
③ 琐院,亦作锁院。指科举考试时,考生进场后即封锁院门,以防舞弊。

太史庆曾①忽以疾卒，君以一人主其事。监临②持五士姓名密嘱，君峻拒之。继以二人请，复拒之，且严谕各房考官，风清弊绝。是科入彀者，皆单寒之士，为从来所未有。君试竣北归复命，予即奉命视浙江学，浙中官属及乡士大夫咸向予颂述，诧异之。迨予复命返，又闻其方赴浙时，道经里门，邻邑令浼君至戚，挟厚赀，丐关节，厉声拒之。即星夜驰行，以绝觊觎。其还自浙也，行李萧然，仆从尚有衣葛者，皆人情所难也。

自后掌中书科事，虽清秩闲散，而于当世重大之务，无不留心。及辛未考选，上擢居兵垣，悉以生平忠孝正气发之封事，其有未奉谕旨，而圣心谅之，士心感之，久而未尝不行其言者。乡会试抡才一疏也，其叠奉谕旨，而士论快之，天下传之，后世颂之者。

首疏铨法，劾选司变乱成例。曾经八法处分③之官，虽经捐复，不应叙前俸而混；叙前俸应在双月，大选之官而擅改归单月。丁忧起复之官，文到人未到，遇缺不应开列而竟开列。其人其事，凿凿指陈，一时铨部百口难辨，而堂属俱被降罚矣。

次疏齐民捐纳。由俊秀捐贡，三日加至方面，为朝廷慎重名器，于是流品一清，上称："为人所畏而不敢言者，苏俊直指纠参可嘉，特着议叙。"虽仅加一级，而主臣之相得深矣。

又疏劾少宰不敬，再镌其级，而举朝懔懔矣。然而一人谔谔，百夫眈眈，群相与媒孽其间而下之石。给谏固不能以介然之躯，孤立于岩廊④之上矣。君既以原官归休，而奏疏载在简册，忠荩监在圣心，清风

---

① 周庆曾，字燕孙，号屺瞻，常熟人。顺治十八年进士。康熙十八年举博学鸿词科，授翰林院编修。二十三年主考浙江乡试，卒于官。
② 监临：科举乡试中监考官。
③ 明代吏部考察官员的制度方法，康熙后变为六法。《明史》："考察，通天下内外官计之，其目有八：曰贪，曰酷，曰浮躁，曰不及，曰老，曰病，曰罢，曰不谨。"
④ 岩廊：亦作岩郎，高峻廊庑义，借指朝廷。

亮节在天下学士大夫之口。君之失位也，所获不已多乎！

夫忠于君父者，必笃于师友。其省房师车君之疾病，不远千里；恤门生陆子之死生，不遗馀力，又其末也，皆世俗之士所不能也。

元配龙宜人，以名门季女女于君。其幼所渐摩①，长所闻见者，无非士君子之风，而又有治家之才，故吉凶大礼先后十数事，无不指画裕如。一生壶政，孝慈仁恕，无美不具。其临终也，凝然泊然，力诫诸子勿撰行述。其不欲传之人者，此其所以可传也，此其所以与给谏并传也。

君生于顺治七年十月初一日子时，终于康熙四十六年十二月十八日卯时，享年五十有八。宜人，枣强县顺治己丑进士、延安府同知龙君起潜女，生于顺治六年四月十九日子时，终于康熙四十七年四月十七日申时，享年六十岁。今以康熙五十六年十月二十日合葬于祖茔之次，壬山丙向。铭曰：

> 昔有一苏，弟官黄门。与兄颉颃，为宋名臣。
> 君匹其弟，载愈乎昆。一时棣萼，迭掌丝纶。
> 圣主重辙，青锁是任。謇謇匪躬，言无不醇。
> 嘉命三锡，中伤百群。方卜其享，旋履乎屯。
> 大往小来，身屈道伸。五亩之宅，十亩之园。
> 藏其谏草，垂裕子孙。遽压尘俗，返其天真。
> 凤翔千仞，凰亦相因。雍雍喈喈，人忆好音。
> 丹山之穴，月异日新。纯嘏绵绵，券此贞珉。

---

① 渐摩：教育熏陶。《汉书·董仲舒传》："渐民以仁，摩民以谊。"颜师古注："渐谓浸润之，摩谓砥砺之也。"

4. 苏綖

敕授儒林郎例授奉直大夫翰林院检讨记名御史杏村苏君自志铭①

苏 綖

杏村苏子，名綖，字其度，东武城人也。先祖中翰公，自郑镇移居马庄，改名杏林村，而人莫能知。余之号杏村，承祖志也。本生祖②，敕赠文林郎、绛县知县。本生父③，己丑进士，历任连江、万安县知县，三子，杏村其季也。

始生堕地，似欲有言者，母太安人秘氏叱之而止。幼好读书，见他人案头有抄本《太极图说》《西铭》《通书》，辄取而读之，遂成诵。初不知其为何书也，稍长，学为文。诣舅家，舅试之口占东里子产至惠人也，徐问曰："是何题？"对曰："搭题。"曰："用何关合？"对曰："辞之辑矣，民之洽矣。辞之怿矣，民之莫矣。"曰："用经乎？"曰："用传。"舅颔之，遂令成篇。携以示堂邑孝廉宗伯父恒，时在馆舍，署其尾曰："垂髫有此，未敢量所至也。"亦学为诗，顾非所好。岁试，徐令民夫子尝对众诵鸿雁句云："一声开碧落，几点写晴空。岸影留沙白，云身映日红。"其见赏如此，然余功名亦已识于此矣。

---

① （清）厉秀芳《道光武城县志续编》卷十四《艺文下》，《中国地方志集成·山东府县志辑》第18册，凤凰出版社2004年版，第490—492页。
② 苏伸，苏伟二弟，以四子大礼（康熙乙酉科举人）雍正九年任绛县知县敕赠如官。
③ 苏习礼，苏伸二子，康熙四十八年己丑会试中式，康熙五十一年壬辰科三甲第六十九名进士。

尝从恩县盛肇修先生讲学，先生为同邑李闳中先生高弟。闳中先生与先万安公壬午同举于乡，为远近理学第一，有《四书集成改本》，学者宗之揣摩，亦当家有《窗课①成集》未刻。先母舅孟阳先生亦出其门，余说书论文颇得力于此云。余赋命蹇薄，十四岁随任连江，旋丁母忧归，父亦丁忧，以库项羁留。十五寄养于叔祖母家三年。十七岁春入泮，而祖母亡，冬娶妻秘氏，三母舅女也。于时，父亦完项而归，始稍稍团聚，明年又去京师。余依舅氏家，是从盛先生游时也。十九食廪饩，父补任万安。二十，己酉乡试，后省父于江西。越一年，二十二，春归，觅馆舍。二十三，设馆于四留堂，授书諴、讷两堂弟。是年秋，父亦告病归，囊橐萧然。窃自拟舌耕笔耨，仰事俯育，终此生足矣。又半年，二十四岁秋，乃出嗣于长房。长房素饶裕，时已中落，祖母柄家政，余得以卒业。

丁巳戊午间，受知于藩台琨圃先生，召入泺源书院。檄叠至，余以奉养祖母辞，乃止。德州田山薑②表兄自太学归，信宿过从，阅诗文，赠以句云："曾是芸香辛苦地，好将彩笔续风流。"乃屡试不售。未几，先万安公殁。甲子，先祖殁。又遭丧子之惨，亡妹之痛，心绪几碎。

至癸酉，始举顺天乡试，表兄题其门曰："绳其祖武。"盖谓先祖以《礼经》拔贡中北皿③，成进士；縂亦以《礼经》拔贡中北皿故也。

---

① 窗课：学童于私塾中习作的诗文。
② 此处指德州山薑先生田雯之孙小山薑田同之。
③ 清代各省监生参加顺天乡试，分南、北、中三卷。按属省分为北皿、南皿、中皿。"皿"是"监"之省写。《钦定大清会典则例》卷八十三《选举志三》："（顺治）十四年，监生分南、北卷，直隶八府，延庆、保安二州，辽东、宣府、山东、山西、河南、陕西、四川、广西为北皿，江南、浙江、江西、福建、湖广、广东为南皿，视人数多寡定中额。十七年，减各直省中额之半。康熙间，先后广直省中额。五十年，又各增五之一。"

甲戌成进士①，入词林。散馆，二等；大考一次，三等；考差三次，一次三等，两次一等。庚辰顺天乡试同考官，辛巳会试同考官，王杰、张玉树、汪槐、刘秉恬、魏廷抡、邓大林、邱日荣、麦佑、张应、曾祥庆等皆所取士也。保送御史，引见记名。保送上书房，引见候补。遇覃恩封赠父母，虵赠本生父母皆如其官。

壬午丁母忧，三年服阕，有劝以出山者，曰："凡以慰亲耳，亲亡，复何为？"遂不出。计此数十年来，骨肉则聚散无常，行踪则转徙莫定，儿女如浮泡幻影，功名如逆水推船，岂非命哉！余生平与人无忤，亦非有身命磨蝎，而斗口箕舌，正复不少，然总弗之计也。

先祖与前祖母皆祔于河南高祖墓之左，因祭扫不便，欲迁马庄，经营数载，至辛未乃得地以迁，与继祖母秘氏合葬，先嗣父祔葬焉②。近年为人题主作志铭，亦有借名与人而实未见其文者，殊不自爱惜，不欲以微劳薄技，谬自矜贵，绝人太甚也。诸生请业，日进束修之多寡有无，皆听其自便，无非欲与有志者砥砺观成，不以丰啬较也。今病至此，亦可以谢同人矣。余生平无可追述，行负神明，再娶乏嗣。诗文多不自收拾，间有抄录，亦未成编。病中掇其可记忆者，书于隧道之石，他日陵谷变迁，见者或怜而瘗之耳③。呜呼！复何言哉！铭曰：

云何而生，云何而死。

---

① 苏縯中乾隆十九年（1754）甲戌科三甲第十九名进士，属籍为山东省临清州武城县人。

② 此铭碑出土，碑铭于"焉"后有"越一年，癸酉榜发，扬州表兄杜甲官河间，遗书曰：'吾弟忠厚待人，今大魁乡试，是其报也。'"见张明福《德州明清墓志集注》。

③ 二百多年后，苏氏坟墓遭发掘，碑铭重现世间，陵谷变迁之语成谶，沧海桑田难预料也。出土墓志见张明福《德州明清墓志集注》（线装书局2015年版，第318—321页）。

5. 苏襄云（1694—1751）

敕授文林郎山西临汾县知县前翰林院庶吉士木斋苏公暨配沈孺人合葬墓志铭[①]

朱怀栻

余既铭约可苏公[②]之墓，复为其长公木斋铭。呜呼！余铭木斋，不禁风流云散之感矣。木斋，余故知己，亦畏友也。其学问渊深，才气高朗，余万不及一，徒以年相若，志相得，诗酒相过从者二十馀年，褐衣席帽，相逢于峼华、明湖之间，载楫题襟，问寸心之得失相乐也，已而相悲，意谓东流之水，必有西上之鱼，顾迟速有时，弹冠讵无日哉。既而余应荐北上，筮仕江西；木斋遂领乡荐，捷南宫，珥笔清华，栽花赵汾，音问隔绝者又二十馀年。然而逖听风声，自北来者犹能为予道其所以，如立义学、通水渠、缉盗慎刑，筑堤捍患，诸大政籍甚人口。未几，果以"才优守洁，存心爱民"考语卓异。余谓木斋抱负有素，此其表见不过十之二三，将来擢用不次。余亦冀得寸进，相会有期。讵料岁在癸酉，余以丁忧旋里，而木斋已亡逾岁矣，岂不惜哉！

木斋为人端凝简重，善雅谈，喜饮酒，不及乱，宦游后乃嗜垆，他无所好也。至于奋志功名，成先人之志，抚幼弟教子皆成名，此其大者。配孺人沈氏，故城望族、己丑进士候补内阁中书寅清公之孙女、太学生讳文炳公女。孺人生而贞静，十三归木斋，弱龄而能知大体，家人异之。事舅姑以孝，佐夫子成名，待人御下，恩礼有加，先木斋四年

[①] （清）厉秀芳《道光武城县志续编》卷十四《艺文下》，《中国地方志集成·山东府县志辑》第18册，凤凰出版社2004年版，第488—489页。
[②] 苏以礼，字约可。苏佚次子。子进士襄云、举人鹏云。

卒。卒之日，木斋亲制挽章，诔厥德行，于今读之，如孙楚之情文兼至也，孺人亦贤矣哉！

木斋讳襄云，字龙起，今所称其别号也。生于康熙甲戌年二月初五日子时，卒于乾隆辛未年二月十二日子时，享年五十八岁。丙午科经魁，乙酉科河南武闱同考试官，癸丑进士，丙辰翰林院庶吉士，特简山西平阳府赵城县知县，戊午科山西同考官，特简临汾县知县加一级，敕授文林郎。沈孺人，生于康熙乙亥年三月二十六日巳时，卒于乾隆丁卯年十一月十六日申时，享年五十三岁，敕封孺人。兹于乾隆二十年十月初七日合葬于祖茔之次，其冢嗣载丐余为之序，而因以铭之。铭曰：

冰玉方洁，云霄比峻。一载清华，十年汾晋。
惠泽旁流，脂膏不润。德配淑媛，仁孝婉顺。
相继云亡，遽启双殡。德寿长沦，如何不憖？

6. 王士嘉（1369—1455）

侍郎王公墓志铭①

王 直

王氏先居永清，后乃居武城，而忘其所以徙。大父胜刚、父成，皆有德善而不仕。至公乃以儒入官，累进至礼部右侍郎，阶通议大夫。而大父、父，皆得赠通议大夫、礼部右侍郎。妣皆得赠淑人。

公讳士嘉，字道亨，五岁而孤，母淑人教育之。然聪慧喜学，选为

---

① （明）王直《抑庵文后集》卷三十二，《文渊阁四库全书》第1242册，台湾商务印书馆1986年影印本，第248—250页。

邑庠生。年十二已能赋咏，作《古塔诗》云："浮屠何代建？峭拔入云端。绝顶登临处，摩挲星斗寒。"乡先生刘中行见而奇之，以拟寇莱公。年十八，充贡入太学。太学诸生让其能，擢为大同山阴令。

山阴民犷悍，公教之以礼仪，均其徭赋，躬历畎亩，视勤惰而课励之。人知公之爱己也，莫不化服。性明达，善听断。有瞽者赍钞百缗，醉卧城南荆树下，觉而失之，诉于公。公扬言此荆树为孽，当出城按问，民大骇，从之。公令人密捕不往者，得一人，仓皇失措，讯之果服，还其钞而罢。

代府内藏失彩币，而户牖封识宛然，莫知其所自。王知公有知略，召问之。公视气楼似有物尝往来，而非人迹，疑为狙所窃，乃以币列庭中，伺群狙过而观焉。一狙果攫取之，因诘其主，皆款服，尽还之。官人以为神。自是邻邑有疑狱，皆请决于公。母淑人年逾七十，迎养来山阴。有疾，公朝夕侍汤药惟谨。而疾弥甚，忽气绝不可救。公哀号不止，声彻天地。久之，淑人复苏，人以为诚孝所感云。

公忠厚爱人，上每欲用之，而下不忍舍。永乐初，擢为陕西按察佥事，所至无冤民。以西域贡使失供应，三司皆坐免。未几，公复起，监饶州陶器。凡三十馀万，皆如期而办，授都水员外郎。以母忧去。服除，改虞衡。时宫殿大材皆积紫荆关，山西军民防守，虑有失，以公临之，令严而事妥。兴济河决，妨漕运，俾公蒞屯田而往塞之，不劳而成功，升北京行部工曹郎中。而临清舟楫往来带砖者皆颂公之德。

寻升陕西右参政，敕专理司事，他不得擅遣。正统初，以少傅杨先生士奇荐，升礼部右侍郎。勤于稽古礼文之事，两知贡举，皆以公得誉。关中大旱，命公往祷之，辄应。凡其所行，莫不尽诚。己未秋，京师多雨，公之居压焉。上知其贫，命有司赐地东安门外，给以材，俾自营。其素行见知于上如此。既三年，以七十乞致事，不许。又三年，再请乃许焉。陛辞之日，上赐之酒，给以道里费，慰谕而遣之。

公归，怡神养性，手不释卷，汲引后辈尤倦倦。其质干魁伟，言动不妄，人皆望而敬之。历事五朝，享有厚禄，然居处服食如寒士。见人之贫穷无告、孤而不能婚嫁者，辄周给而相成之。若此类盖多。

生于洪武己酉九月七日，以景泰乙亥五月十二日得疾，却药，谓子孙曰："吾年已至此，死生命也，何以药为？惜未有报于君亲。"其神志不乱如平时，越六日乃终，享年八十七。讣闻上，悼惜之，命礼部赐祭，工部为治坟茔于其邑城南先茔之次。

公初娶魏氏，继桑氏，俱早卒，皆封淑人，侧室张氏。子男三人，长玉，取进士，累官至河南按察副使，先公五年卒。次玺，通《春秋》，中山东乡试第一，以公老未仕，皆桑出。次瑄，张出也。女四人，嫁刘子俊、宋铎、右通政殷谦、

士人李谦。孙男十一人，梦熊，景泰庚午贡士，先卒；梦庚缺。孙女二人。玺将以缺年缺月缺日葬公，谓予尝官礼部与公为同僚，今铭公墓以昭德垂远，非予则谁宜？乃属太常卿许君彬述公行状，俾公婿殷通政来请，予实同官，奚可辞？乃序次其事而铭之，铭曰：

生既逢时，出也有为。其德则优，其才具宜。
故功业日章，而誉望四驰。归老于家，不见阙亏。
大耋而终，一往莫追。昭德有铭，百世之恩。

7. 王道（1487—1547）

明吏部右侍郎王公神道碑①

严 嵩

吏部侍郎王公，讳道，字纯甫，山东武城人也。公之行义孚于乡，

---

① （明）严嵩《钤山堂集》卷三十七，《续修四库全书》第1336册，上海古籍出版社2002年版，第317—318页。

而闻誉重于当世，伟矣！昔在正德辛未之岁，举进士①，选入中秘。

时山东寇乱，欲奉祖母避地江南，上疏乞补学职，词极恳切，得应天学教授。居应天学二载，升南京仪部主事。召改吏部验封，历考功、文选。中更忧制，前后在吏部十年，雅操端洁。大学士西樵方公②上言："王某学行纯正，识度宏远，可备宫僚劝讲之职。"乃擢春坊左谕德。公引疾固辞曰："朝廷以名器重，不轻假人以不次之官。而人臣惟义分是安，当致谨于非分之获。伏望收回成命。庶大臣所荐，虽不得经明行修之士，犹不失安分知耻之人。"于是得旨，允以病归。公虽去，而名益高。士大夫日跂其复用。

居一载，起为南京国子祭酒。未几，又以疾乞归。自是一意家居，屏迹城府，读书讲学，种树灌园以自适。盖不通仕籍者十有三年。而当是时，自公卿以至台谏，荐疏日至。嘉靖丙午③，起为南京太常卿。未至，迁南京户部侍郎，寻改礼侍，召掌北雍。履任三月，改吏部右侍郎。然仅阅月，公以属疾，遂不起矣。

公貌厚而气温，学笃而志远。始也，驰骋词翰，既而叹曰："此无益也。"乃遂研精于义理之学，取宋儒程朱书读之。既又取《论语》一部，反覆潜玩，有悦于心，曰："圣门，平实简易之学，固如是也。"公虽潜心理学，而见世之立门户相标榜者，则深耻之。尝言："汉以前无名道学者，其人品如张文成、曹相国、黄叔度、管幼安，皆真道学之流。虽老释二氏，亦各有所见，不可厚非。"凡其言议，不随时苟同，故能表见辈流，大自树立。不为利害所动，进退从容，累迁铨曹，两任国子，执法端教，表率人才，期于俗变风美。入官虽久，自奉如寒素。

---

① 明正德六年辛未科（1511）杨慎榜。

② 方献夫（1485—1544），初名献科，字叔贤，号西樵，广东南海人。弘治十八年进士。正德中官吏部员外郎，从王守仁问学，谢病回家读书十年。嘉靖初还朝，官至吏部尚书武英殿大学士，入阁辅政。

③ 嘉靖二十五年丙午（1546）。

是以君子察其行而考其言，推其用心而需其柄，用以福生民、利国家，而天不慭遗，遽云以殁。呜呼！夫岂斯人之不幸哉！

公所著书有：《大学亿》《老子亿》《易》《书》《诗》《春秋》等亿，《诸史论断》《大学衍义论断》《批点六子书》及《韩柳欧苏文》若干卷。公于书无所不读，精择强记，妙契疾书。其所论著，义理深到，剖决明当。自阴阳、律历、医卜、农桑、刑名、地志之类，靡不通贯晓悉焉。

曾祖，讳复礼。祖，讳纶。考，讳琮，赠吏部郎中，配李氏，生公。公生成化丁未，享年六十有一，卒嘉靖丁未七月二十一日。讣闻，诏赐祭葬如例。元配李氏，封宜人。继张氏。子三人：长幼康，举于乡；次幼广、幼庶。女适曹珮。

往予承乏吏部，以侍郎掌部事，时公为验封郎中，特越序奏改公为文选，予以此忤用事者。至是幼康以神道碑之文为请曰："知先人者莫如公。"然则非余谁宜铭？铭曰：

　　世每迁诱袭利憼，见所可赴若湍奔。
　　往往竞取以争喧，有笃君子视浮云。
　　避远声利耳不闻，退然雅志乐丘樊。
　　玩心高明究典坟，卓然大雅实不群。
　　成均铨署扬令芬，贪者可廉薄使敦。
　　翩兮谢世遗垢氛，有考其不在斯文。

8. 吴中（1372—1442）

故光禄大夫柱国少师工部尚书追封茌平伯谥荣襄吴公神道碑铭[①]

杨士奇

公讳中，字司正，姓吴氏，世家山东之武城，业儒。曾祖渊；祖兴，仕元为任丘令；考成，皆以公贵，累赠荣禄大夫正治上卿少保工部尚书。曾祖妣某、祖妣某、妣某，皆赠夫人。

公，洪武戊寅，自国子生授营州后屯卫经历，升大宁都司经历。太宗皇帝义旗初举，师至大宁，公以众出迎。公洁白丰伟，应对明畅。上一见，拔于群众中，赐袭衣，命守会州，教士卒力田。南兵攻城，率众却之。移守蓟州，捍御抚绥，具有方略。赐衣服器物，以嘉奖之。遂命署北平布政司理问，升本司经历。给饷运，赞城守，并效劳绩，升大理寺丞。是岁旱蝗，公言此由刑滥所致，皆臣等之过，乞戒饬法司，务宽平。无几，升少卿。以发奸慝，升都察院右都御史。

将营北京宫殿，改工部尚书。奉命取材于蜀。还，又命董饷运北京，赐帛六百匹。车驾北征，公扈从兼督饷运。既还，丁外艰，归。起复，仍命董宫殿营缮。公言："营缮吉事，臣丧服未除，非所当预。"改刑部尚书。后以言事忤旨，逮系。

仁宗皇帝嗣位，复刑部尚书。改工部尚书，命兼詹事，进兼太子少保。宣宗皇帝嗣位，尤见信任，升少保，仍兼尚书，赐宝带、金织衣。已而，坐累解少保。

[①] （明）杨士奇《东里文集续编》卷二十六，明嘉靖二十九年刻本。

九 武城县卷

公事三圣，皆见信任。凡车驾行幸，不以遐迩，皆在扈从。三陵之建，皆公董役。竣事，皆有银币之赐。皇上嗣位，以公旧老复少保，重建奉天、华盖、谨身三殿，乾清、坤宁二宫，命公董之。早莫劳勤，致疾，功成。公虽在告，嘉念厥劳，升少师，赐白金文绮加绣麟衣。无几，疾竟不起。正统壬戌六月丙辰，云讣闻辍视朝一日。遣礼部尚书胡濙赐祭，追封茌平伯，赐谥荣襄。命有司治葬，官其子贤，世袭锦衣卫百户。

公为人和易闿爽，勤于奉公。其掌刑宪，宽厚平恕，恒躬视狱中。命除秽恶、疏桎梏、时食饮、戒饬吏卒，以时宽恤。洎迁冬官，职务填委，规措经画，条理井井。心之默识，虽久不遗；襟度有容，虽忤不校。或屈己伸谢，爱护僚属，恒掩其玼。其佐在南京者，尝赋造海艘，材于江西、浙江，江西加数十倍。时论讙哗。公闻骇愕，遽奏罢赋，悉给于公。属官有器能者，率奖进之。先事蓄材以应时需，随用皆足，未尝缺乏。自正统来，京师多大营建，悉出公家，有司不知，百姓不闻。此本皇上之仁，亦公预赞画焉。

明于烛奸，尝四鼓入朝，道遇负钞数十万缗者。公曰："非寇而何?"命从者悉絷以奏诘之，乃造钞匠盗宝钞提举司钞，遂置于法。邂逅有见必上闻，不以出位为嫌。历事四圣，皆承厚遇。所得赐赉，时鲜与拟。宣德中尝赐银章，其文曰："和敏详达。"盖以贶公之行云。所得书诗书图画尤多。自念久病，奏乞停禄，不允。家居，事亲孝，常迎就养京师，备极崇奉。亲没，致御祭之荣。永乐中，命大臣之子入侍皇太孙，公推于其弟。虽贵，待姻戚乡党，相与款洽，如布素时。赒穷恤匮，不间识与不识。与人处，谦和怡愉。大官中贵皆乐亲之。属纩之日，哀悼之众，无间疏戚。享年七十有一。葬良乡县某乡之原。配刘氏，封夫人。子男七，皆侧室某氏出也①。女三：长嫁锦衣卫指挥李

---

① 《嘉靖武城县志》卷八载此碑文云："男六：景春、景贤、景和、景宗、景昌、景芳，皆侧出也。"

361

洪，馀在室。孙男若干。余与公同朝交四十年，至是贤奉少保江陵杨公①所志墓文，求书墓道之碑，遂益以余所知者序之而为之铭曰：

奕奕吴公，兴自成均。发轫伊始，感会风云。
共武之服，从师于迈。摅勤效谟，夙夜靡懈。
乃进棘寺，乃陟栢台。隆隆宠光，享衢弘开。
正法以施，秉公持平。遇灾引咎，帝嘉乃诚。
遂掌邦禁，诘奸刑暴。惟钦惟恤，恭帝之诏。
再入冬官，如古司空。居民时利，饬材考工。
鞠躬致诚，历事四圣。陟降左右，式恒厥敬。
廷多其绩，时伟其望。岩岩师保，六官之上。
曷不憖遗，而遽长归。七十高龄，于古已稀。
寿富考终，亦既宁只。史氏有铭，诒厥来嗣。

---

① 《嘉靖武城县志》卷八载此碑文曰："杨公溥。"

十 夏津县卷

1. 郭四维 (1533—?)

明都察院副都御史郭四维传①

方学成等

郭四维，字汝张，号北野，鼐子。生于嘉靖癸巳。初生时，适有二指挥使经过，避雨立门旁，相顾愕然曰："此贵人也，吾等来为门者矣。"

少长状貌奇伟，聪敏过人。习举子业，馆师往往谢不及。解元潘龙见而异之，因改从受学焉。

弱冠后，遂登乡荐。隆庆戊辰，成进士。历知内邱、紫阳、清苑三县事，以荐最，内升补刑科给事中。寻转兵科，在谏垣多所建白，刚正不阿。出守池阳，清理刑狱，振兴风化，吏畏民怀。未几，擢河南按司副使，整饬霸州兵备道，移治密云。寻加参政。诏称博大有谋，沉雄能

---

① （清）方学成修、（清）梁大鲲纂《夏津县志》卷八，乾隆六年刊本。题名为校注者所加。

断。特简以都察院副都御史、巡抚宣府,赞理军务。四维恩威并济,隐然作万里长城者十馀年,乃致仕,卒。

天启年间,入祀乡贤。子效程,金吾卫千户;则程,光禄寺署丞。孙居厚,鸿胪序班;笃厚,拔贡,判宁州。皆克食旧德云。

2. 栗节（1517—1539）

明诰赠奉政大夫户部郎中栗公暨配封太宜人萧氏合葬墓志铭①

于慎行

万历壬辰,故大参东岩栗君之子时中等以书来请曰:"昔在我先大父赠郎中公,不吊于天。早岁即世。大母萧太宜人,实矢志攻苦,以保我先君列在有位。无禄先君早世,太宜人又保我二孤,以毋坠厥家。幸而终天年矣,将以某年月日祔于郎中公之兆,敢徼福一言以志我大父母之行。岂二孤是为?先君有知,实嘉飨之。"予与大参君同举于乡,犹兄弟也。即病不文,何敢辞?谨撫张君东阳状次于篇,志曰:

赠公讳节,字贞夫,世为东昌夏津人。高祖子成、曾祖刚、祖鉴、太公璋,世有隐德。太公配孟夫人,生二子,伯氏曰科,次即公也。公年十六失恃,事继母李夫人。受博士《尚书》,能通微旨,为文有沉思,弱冠补邑弟子。室,太宜人。太宜人者,同邑萧公明女也。

---

① （明）于慎行《穀城山馆文集》卷二十,《四库全书存目丛书》集部第147册,齐鲁书社1997年版,第605—607页。

公为人长大，清臞伛偻，若不胜衣，而慷慨有奇气。资禀殊异，读书过目辄不忘。与同社潘生出肄僧寺，率数月不归以为常，识者伟之。后遭父丧以毁成疾，大参君尚在抱也。太宜人旦夕吁天求代，谓公："即有不讳，请以身蓐蝼蚁。"公闻而惊曰："以是三岁儿，孱然如线，将以累若？奈何言若是乎？"及卒，泣血累日，水浆不入口。李夫人及外王母辈日夜守之，百方慰解，乃强起抱儿勉为生计。家徒四壁，苦宇土几，形影相吊。常织作至夜，札札杼声与儿啼相和，其时年二十有二矣。一夜风雨大至，抱儿起坐，壁坏压焉。邻妇举烛瞰之，颓楹覆礎，室中之物皆成齑粉。母子被发裂裳，体肤无恙，观者嗟而异之。遂持长斋以报神贶。

太宜人性孝慈，有至行，执妇礼甚修。公没而事外王母及李夫人，甚于公在也。外王母者，先姑孟夫人母。孟夫人没，而从甥孙居。其后王母卧病，太宜人日夜侍疾，衣不解带，至手其唾洟，躬涤溲恶，略无难色。王母且死，与太宜人诀曰："若德我甚厚，吾无以报若，托天福汝耳。"及李夫人卒，哭奠三年，禫而不除。戚党称其孝。

大参君少长，遣就塾师，节衣衣之，节食食之。劝诱督策，无少假贷。大参君感奋，遂有成。太公在时，有田三顷，伯氏力耕，致产田且数倍，至是欲中分之。太宜人呼大参君曰："孺子前，吾汝而无伯氏，何以至今？大父所遗惟是硗确之田，仅以糊口。奈何从伯氏诸子割其所有？"言已，相持而泣。伯氏闻之亦不忍析，同庖如初。邻邑传其事，有垂涕者。

大参君成进士，选为徽州司理，奉太宜人之官，谓大参君曰："立官之道，莫贵于廉。廉者，民怀而神福之。其或浚民膏脂，以实囊橐为子孙计。曾几何时，天怨人尤，灾眚并至，其身与家之不卹。货于何有？吾幸抚成遗孤不陨，而世愿见为清白吏，以毋负若母下报而翁足矣。"大参君顿首："敢不惟命！"隆庆改元推恩内吏，赠公为户部主事，太宜人封如其品。后为郎中，满考乃晋今封。大参君用才望推择备兵塞上，以瘁卒官，太宜人不及见也。

于邑悲哀，羸瘠成疾。自此严训两孙如其训子。两孙禀禀奉教，不敢惰逸亦如父时。太宜人发黟齿坚，形神甚健，谓百岁不啻。一日偶疾，辄出藏衣付孙曰："吾不能待尔成也。"亟呼医环守之，寻少就愈，趋两孙应省试，去十馀日，太宜人卒。盖亦不及见矣。

公没且五十馀年，岁月滋远，不能详其言行。太宜人事近，睹闻颇悉，总之慈祥简默，闲于妇则。处族党姻戚，恩礼备至；综理内政，斩斩有条；驭下严而有惠。平居衣粗食淡，不事鲜华。惟飨祀丰洁，毋所敢爱。性不喜杀生，临终戒家人毋得以牲牢荐，其仁如此。仰事俯畜，施及粟氏，四世赖之。若乃青年矢志，白首告终，干霄凌云，齐光日月可也。今制，观风使者岁采民间贞烈以闻，下诏褒厉。惟命妇则否，谓其己有爵秩，异于闾阎妇女，可无表而彰也。然以翟茀之荣，掩冰蘖之操，议者欿焉。

公生正德丁丑十月三日，卒嘉靖己亥八月二日，得年二十有三。太宜人生正德戊寅六月三日，卒万历辛卯八月十四日，得年七十有四。子一，祁，举壬戌进士，仕至山西参政。孙男二：时中，娶某氏；用中，娶某氏。两孙皆邑诸生，才名甚著，能世其家。孙女一，适诸生姚宗虞。曾孙：男三，榕、柽、彬；女二。铭曰：

> 夫有琼枝林华，方春而摧乎，固世之所悲也。
> 有苍松幽篁，岁寒而贞乎，亦世之所荣也。
> 嗟嗟公嗟宜人，宠于国佐于神，宜尔子宜两孙。
> 有涯者尽不朽者，存千秋万祀，肖然斯坟，尚有考于吾文。

3. 栗祁（1537—1578）

明故大中大夫山西布政使司右参政东岩栗公墓志铭[①]

于慎行

东岩栗公者，讳祁，字子登，世为山东夏津人。大父以上隐德不显。父节，为邑诸生，以公贵赠户部郎中。母萧，封太宜人。太宜人之赋《柏舟》，年二十有二，公盖生三年而孤也。稍长，就外傅，文日有声，烨然为名士。

嘉靖辛酉举于乡，明年壬戌第进士，授徽州府推官。徽俗故黠好气，闾里小不相下，辄聚徒格斗。或有所杀伤，人投诸水火，则诣吏讼，常十馀年不决，吏甚苦之。公察其情，谓此难以法弹治。顾常为好语，三覆劝譬之，民反输写心腹，有所感动，老吏咸啮指悚服。

乙丑，擢南京户部主事，榷税杭州。杭州物力华侈，号为金穴。公益以清操自矢，月俸之外，鱼盐蔬米，无私毫毛。越中士大夫，皆慕而歌诵之。

已擢本部郎中，满考诣阙。隆庆辛未，以望拜湖州府知府，下车即移记与吏民约："太守为天子牧养百姓，轻徭平赋，相与休息，不多为条教以渎其耳目，令长以下皆体此意。"守湖二年，政和役简，民无忧焉。决狱惟务平反，不喜以微巧文中人，曰："吾为民父母，奈何挠三尺法以罔赤子？"然至豪舞文吏，铢两之奸，又无不立发矣。郡海水灾民，大饥，亟谒部使上书，蠲其税十之二三。又漕卒故代他卫输十馀

[①]（明）于慎行《穀城山馆文集》卷十七，《四库全书存目丛书》集部第147册，齐鲁书社1997年版，第531—533页。

艘，请还其籍，军困以纾。往郡多钱谷，若贾人榷会，岁致羡金若干为管库费，公悉谢罢之。湖人颂公，至不容口①。尚书潘公，每为人言："吾自儿时至今，所见贤郡太守，无如栗公矣！"

乙亥，擢山西按察副使，备兵怀隆。去郡，父老夹车毂泣送不下千人。怀隆者，在上谷渔阳间，号当路塞②，东南护陵寝。自虏款关，少烽燧，然治兵者，常重其选，非才识练习不使往，故以属公，至则大修筑边。公行视故亭障，徒取文具，雨至辄坏，乃躬立畚锸间，劳苦吏士所筑险固称雄。又以其暇，秣马训兵，修屯庀具，士毋敢解甲以嬉。军中有讼不甚裁以文法，惟笞而遣之曰："塞卒困极矣。日负土石，操戈寝所，入不盈庾斗，慊慊苦饥。一传爱书，即三月廪立尽。使当虏，奈何？"以故所居塞整办过于他道，而吏士戴之。居三年，贡市告成，有诏赐白金文币，即拜山西参政。两台交章荐公，大臣阅边还报，称公可大用，而廷中议，遂以公开府北边矣。一旦搆小疾，即不起。惜哉！

公为人，丰颐重厚，举止雍容，美文词。平恕不苛，驭下取宽简，而持己独严，所至有廉名。自筮仕，往来踪迹，多在江左。每北归，惟图书数卷，尝自称曰："今为吏，试右职，率务积橐装，为子孙计。多藏厚亡，反受其殃。或喜蓄玩好，不惜千金购之，至以贾怨。不肖子持之，曾不博一饱，徒为人指笑何益？"嗟呼！有味哉是言。足知公平生矣。

公生嘉靖丁酉五月十三日，卒万历戊寅十二月廿三日，得年四十二岁。以万历庚辰二月廿六日葬于城东之原。配高氏，封宜人。子男二：时中，娶蒋氏，举人似鲁女；用中，娶姜氏，户部郎中密女。女二：一未聘，一字清平姚氏子宗虞。铭曰：

---

① 不容口：言不绝口。
② 当路塞：要塞。《汉书·匈奴传上》："自是后，匈奴绝和亲，攻当路塞，往往入盗于边，不可胜数。"颜师古注："塞之当行道处者。"

谓仁罔祐,以彼贞母,克昌厥后。
谓天可凭,以此吉人,而啬其龄。
辟如导江,坎而蓄之,其流乃长。
膴膴原隰,铭而藏旃,维公之室。

十一　禹城市卷

1. 房守士（1537—1604）

明巡抚大同兵部右侍郎兼都察院右佥都御史赠兵部尚书房公传[①]

史可法

夫太上立德，其次立功。然或德修而未能以淑世，功懋而致感于遗行，虽足传之不朽，未为品之完焉，如房公者直兼之矣。

公讳守士，守升甫，号备吾，山东齐河人也。始祖庭训，有四子，其四生迪，迪生璿，璿生巍，公为巍之仲子。祖父璿敦侠好义，遇岁歉，尝焚千金券，更借粟米以济里中人，至今诵义。以嘉靖丁酉七月朔生公于伦镇里[②]。公生而颖异，自髫龄即嶙岩露头角，识者谓："千金之券，天之偿房氏者，定在公。"少师邑名士王雉堞，雉堞尝谓公父

[①] 杨豫修修，阎廷献等纂《民国齐河县志》卷三十二，凤凰出版社2004年版，第462—464页。按，本文史可法《史忠正公文集》未收。
[②] 按，伦镇今属禹城市，南向二十公里。

曰："是儿昂云耸壑，他年公辅望也。"父亦呫呫私异之。甫七岁，父即见背。母太夫人王最贤，日夜暗涕洟，望公与兄两弱子庶几乎成人，无愧夫子。枣修之暇，务以义方为训迪。公天性纯笃，恪承意旨。母一食亦一食，母再食亦再食，不敢怠，不敢忘。公叔，齐之文学士也。母令公禀承之，且诫之曰："父早殁，祖老矣。慎自为，勿辜若叔教。"公惟叔命是从。虽孩提，绝儿戏，以听贤母之训已也。

稍长，知奋志攻苦，下帷不辍寒暑。弱冠补博士弟子员，试辄弟子冠，于是乎蜚声藉藉二东间。然公初不屑以艺文自命也。为诸生，即以匡济为己任。遂贯官礼诸书，并旁及黄石、孙吴之学，慨然以古豪杰自期。然衿怀磊磊，又不以功名为急，故一时交游者，莫不以大器诩公。尝从颍川邹颖泉①游，邹亦甚伟之。及其由恩贡领京闱，乡荐中癸酉第六名，丁丑成进士。

除授户部陕西司主事，管浑石桥仓②。内多宦寺耗蠹，法禁久坏，公严稽查，清额数，毫无所贷，闻风皆敛迹，浑石之弊除。再管天津仓，一时吏胥黩法，其扰如市。公出禁令，厘弊窦，收诸黩法者，悉案之两司，会计所至，风烈凛如也。

历转户部郎中，出守承天。承天故汤沐地，其中贵人凭陵寝之势，往往格杀人，吏不敢问。大珰藉楚相之寄，纵肆尤甚，吏亦不敢问。公独执法，悉绳之，皆惕然不敢犯。承天当昏垫之后，疮痍未起，公下车便亟请蠲恤，使郢人不得于岁，犹得于君。雪冤狱，课农桑，整学校，更加百计拊循，常如不及。郡有伯父谋产，用贿陷其侄子，业已成狱，公谳得其情，将诸陷害者置之法，出被陷害者。

会郧阳兵变，两台以公才请调繁，郢之士女不忍使公去，攀辕遮道者数日，为公之实利吾郢也。公谕以不可留之义，终不得留，相向皆失

---

① 邹善，号颖泉，江西安福人。嘉靖三十五年进士，官山东提学佥事，常与诸生讲学。
② 浑，地名。顾炎武《天下郡国利病书·北直二·关支》："兴州后屯前屯二卫浑石仓，义谷吴家桥二仓。"

声,公亦为之泪下。遂之郧。以单车直驰入郧,人犹不知公之来也。入,先谕诸徒党,君命安民,意无他。然后讯其魁而歼之,故斩哮卒而人不惊,兵不用而定郧乱,易于反掌。

寻迁榆林兵备。榆林号天下精兵,天下承平日久,武备久驰。公任榆林,除诸耗蠹,勤简阅,严走瞭,造器械,备粟刍,时时以战守为要。隶本部兵有三百名,前任往往坐食其粮,徒开空名入册,公则一名亦不侵食,更教以战伐,务使精练。东道神木榆林之要冲,敌人寒盟①,侵扰内地,兵犯东道。当事者皆以高垒固守为便。公毅然曰:"朝廷用边臣,毋亦为是封疆尽听其侵扰而不一顾,如委任何?愿破敌。胜则边境无虞,不胜退守未晚。且敌人犯我关隘,劳逸之势既分,主客之理又殊,失今不击,是弃成功而长边寇也。"遂决计赞制府击之。环甲冒矢石为士卒先,引三百兵作乡导。所部三百兵皆公平日所精练者,遇敌于皋兰之下,莫不鼓勇向前。敌犹欺其兵之少也。直驰敌垒,麾旗大呼,莫不以一当百。敌众大骇,溃乱遁去,遂进剿。敌再合,及再战,大军并至,共击之。凡两战,皆奇捷,斩首数千级,获马匹无数,敌远遁。事闻上,赐金币有差,晋爵一级,升山西布政司参政,备兵紫荆等关。

寻改按察使,寻又升河南左布政使。河南大祲,赋逋欠,诸藩廪禄并各项公费俱仰给于县官,公为酌缓急,那移调停,民不称病。首革赃吏出纳之弊,州邑便之。上贪墨不职,吏并得报罢去,是公之遗爱于中州也。

转升大同巡抚。朔方之役震邻,撦力克②藉佛僧西助。公以恩威谕诸降人,檄曰:"西陲祸若矣,若蔑三十年大德耶。自蹈于危而冀人之安,智者不取。"敌折箭誓不往。公初至云中,云中乃大敌窥伺要冲,见其土地凋敝,兵储空虚,遂画战守之策。即疏曰:"臣愿款为縻战,

---

① 寒盟:背弃盟约。
② 撦力克(?—1607),明代蒙古土默特部领主,受明廷册封,为第三代顺义王。

守为经。"并上备边十数策，上皆嘉纳之。又请建北关城、灵邱诸堡，以备不虞。大同采榷三监相继纵恣，不亚楚档。公概调之以法，不悛即章奏罢之。大同屡岁不登，民不自保，至于野无爨烟。而矿税、子粒、名马、采榷仍行，公独忧之，疏陈一镇不堪四征，天变人穷可虑，请旨蠲除，未得。乃极力那移调停，使民不病。当公之任大同，敌不敢犯，然公亦未尝遣一将用一兵也。因材而用之，相时而处之，裕其策，握其算，自闻风而远迹。上屡褒之，赠王父母，父母如公官，加兵部右侍郎。荫其长子，入胄监。赐白金文绮，倚任甚重。然操节公正，凡有建白，后终为宵小所沮。以疾力乞休，疏凡五上，始得归。

归家闭门扫迹，课子之馀，尝狎于野老，不自以为己贵者。以病卒于家。卒之后，铨部犹以大用，请加兵部尚书起公，不得。先是上加都察院右佥都御史起用公，以公疾不得起。至是适有边警欲起公，公已卒。上闻之，痛悼如有所失。议恤典，仍赠兵部尚书，再荫其次子。公生平好德，不邀功而功自立。尝曰："匡世者才，坚才者守，不廉者不才。"少孤，事王父母孝。丁内艰哀毁三年尽礼。尝让产于兄。敦族人，凡薪水不给者，多取给于公，公一无所吝。乡党虽甚愚，不敢以才智相先。莅任二十六年，驭下最严，无少贷。然非犯法处，寻常待之，则又甚宽。不争口角较财利，故中贵人客啗边，谢不问。内臣诬奏，付不辨。例有题请之，公费而不题。所至好为经久计，膺大任，节俭如平民，故屡奏成效，而独以忠贞契枫宸。

公享年六十有九，配刘氏，封淑人。子三，长美轮，以廪生荫；次美奂，廪生，即恤典所又荫者；次美俗，早卒。轮娶府庠生齐河颜公仕进女，生泰亨，廪生，承祖荫，历官刑部郎中。公忠，有祖父风，以恤刑出东林，故忤内宦斥归，遂终身不再仕。奂娶山阳令德平郭公璲亨①

---

① "璲亨"，《光绪德平县志》作"鐩"，卷六《选举志》："郭鐩，嘉靖戊辰选贡，陕西山阳知县。"卷七《人物志》："郭鐩，由选贡知陕西山阳县，名作有为。家居，善奖掖后进。"

女，生乾亨、谦亨。

明巡抚大同兵部右侍郎兼都察院右佥都御史赠兵部尚书房公墓志①

孙承宗

万历之甲辰十二月二十八日，巡抚大同、兵部右侍郎兼都察院右佥都御史齐河房公，卒于家。明年东省抚臣以恤请，会上念云中大阅劳，诏从优恤，得再荫次子入胄。其葬祭如例，赠兵部尚书。盖公当乞休时，小有言，故恤议或重持之，乃数年叙格适与议。会此，足明皇上不忘旧臣。而公之忠贞笃棐，不必尽白人人而简在皇上也。

公尝谓："匡世者才，坚才者守，不廉者不才。"故生平当大任、定大梦，而卒以忠贞笃棐成其廉。筮仕民部，筦金谷，则沧宿蠹不腻一锱。迨两守郡、两备兵、两司藩，至开府，岁且四而一锱不腻如民部。

其守安陆，当大祲。岁括赎羡以待乏食，垂橐而觐归，定郾谨，归榆林，榆林当天下精兵张空拳耳。公为塞耗窦，至辍薪水以飨士。备上谷，隶二十郡邑，往或藉交际钩赎金，藉拥呼之，馀实橐。公故匙竿糇，即有遗者，郡邑吏赍之，谢不受，从吏却寄。尝粲然曰："隶三百兵于中权，无亦时其训练备它虞？岂其供苴扉而不以闻，则按名籍实之不利一丁也？"分晋辖独佐画诺，至专辖中州，核出入惟谨，积羡至千万不一顾，亦不以闻。云中榷采名马、子粒杂至。比岁不登，公尽捐岁课当宣索，而馀资平籴岁课，故题奏供幕府费，公不私也。

公当居约时，辄乐振人急，不以急劳人。即廪饩可为族人应公役，

---

① 杨豫修修，阎廷献等纂《民国齐河县志》卷三十二，凤凰出版社2004年版，第488—490页。按，本文孙承宗《高阳集》未收。

乃季父资予，亦函不发。有饷千金者不顾。以故历六七宦，辄居有利，去有遗。至损贤者所必取，而令故人不敢为馈，其素植也。然而，媒孽者不免，宁谁为赋《青蝇》者？世多谓廉狷者抗拗不化，故识局于帷中，干阁于宇下，乃公又何硍硍通敏也？

公驭吏严，禁不得谰语，而任师帅，谈名理娓娓，雅不喜藉人为壁，而接士大夫甚恭。法不欹，嘱而务索其情。浑石桥在瑴下，日与中贵人居。公能使法行于中贵人，乃安陆诸中贵，冯陵寝为蠹，不减瑴下。公绳之法，至诬奏不少动。大珰藉楚相之寄，势甚张。公法调之云中，三监势又不减楚珰。公概调以法，驯者义夺，不驯者露章弹之，事得罢。诸贵人客挟声焰出啮边，公谢不问，即贵人以戚弁属者，三年不问。然安陆有成狱，公力白之："以十二岁时，其伯谋产诬尔。"计中州八郡吏若悉一二，有吏诬注跛，公特察其不跛。历梁、代①，奉法以约诸宗人。即代藩不私交，而不令有司以宗禄见风裁。

居平温温，动大难，郡卒哗，单车以旃先，立定。西陲寒盟，公决计赞中丞君剿之，有奇捷。一日夜，鬊皤如也。朔方之役震邻，公以恩威谕诸降人，折其萌，撺力克籍佛僧西助，公檄谕之曰："西陲祸若矣，若蔑三十年大德耶。秦人角之，晋人掎之。或取一秉秆焉，甲在门矣。"敌折箭，誓不往。当初，镇云中即疏曰："臣愿款为縻战，守为经，故无日不讨军实，而申警之。期不匿一卒实伍，不滥一金实饷，若镇北郭，若平敌，王家诸要害，皆予甓甃。至税繁而私土者嫁祸于邻。"公独以天变人穷上请，得即于宽。既而旱相仍。公谓："赤地未可箕敛，而疆宗悍卒未可舌却也。"于是，请蠲以恤灾，请漕请年例以补蠲。既得俞则请轻折缓扣，更以税课千万买谷关内以济。公所至，好为经久，不自为储而民是储。在榆镇，尝以广储，蒙幕府特荐，在紫荆

---

① 指湖北安陆、山西大同两地。明朝梁王朱瞻垍，永乐二十二年受封为王，封地湖广安陆州（今湖北钟祥市）。朱桂于洪武二十五年改封代王，封地山西大同。

建斋堂城，储其中。犹忆按部予邑谢索仓粟者曰："豆区釜钟之数，异时民命，予任德耶。独奈何有司以振士者自予也？"

公天性恺弟，而少从学使者邹颖泉，学故守定，而才足以为。少孤，事王父母孝。丁内艰，哀毁如礼。尝让产于兄，稍立义田，睦族人，以不逮事两尊人为憾事。事叔父如父，事姨母如母。尝谓："仕如酒政，主未厌而去者，两适。"在云中，乞身者四，又再疏而归。归而阖门课子，甚适也。无何，卒。卒之后，铨部尚疏名以大用请也。

按公，讳守士，字升甫，备吾其别号。父曰巍，赠都御史，加赠兵部右侍郎。母王氏，赠淑人。以嘉靖之丁酉七月朔生公于伦镇里。盖公之始祖庭训有四子，其四生迪，迪生璿，赠如公官，配李氏，继张氏、杨氏，赠也如淑人。璿生巍。璿豁达敦大义，尝焚千金券。故再传而有公，公为巍之仲子，配刘氏，封淑人。

公少颖异，入泮辄有声，以恩贡中京闱。癸酉，乡试第六人。丁丑，成进士，授户部陕西主事，历云南司员外郎，贵州司郎中，迁知承天府。丁亥，以兵变，调繁郧阳。己丑，迁陕西按察司、榆林兵备副使。壬午①，以大阅予俸级，迁山西布政司参政，整饬紫荆等关兵备。寻以辛巳②剿敌功加按察使，馀如故。甲午，迁山西右布政使。明年，以旧宁夏捣巢遏敌功予俸级。丙申，迁河南左布政使。戊戌，迁都察院右副都御史、巡抚大同。辛丑，以东西叙功，两蒙赐金币。三年报绩，加兵部右侍郎，赠及其王父母，始荫长子美轮入胄监。有三子：长即美轮，以廪荫，娶颜氏，府庠生齐河颜公仕进女；次美奂，廪生，即公殁后以叙功荫者，娶郭氏，山阳令郭公燧③女；三美俗，早卒。女一，适河南按察司兵备历城贾希夷子、郡廪生槐。孙，泰亨，轮出，娶举人禹城杨公大庭女；乾亨、谦亨，奂出。孙女，轮出者二，幼未字；奂出者

---

① 壬午，疑为"壬辰"之误。
② 辛巳，疑为"辛卯"之误。
③ "燧"，应作"鐩"，详见前文史可法《房守士传》注释。

二：一适陕西兵备历城陈公载春子太学生枢；一适延绥中丞历城王公见宾孙德珣。二子将以丙午二月二十二日葬公于长清之原。而美轮来乞铭。嗟乎！公进予于诸生十年馀矣，忍不为公铭？铭曰：

> 廉者抗遗，而公行悉。才者员通，而公行特。
> 悉以才敏，特以廉饬。肃如雝如，刚克柔克。
> 显畀壮猷，式嘉明秩。固我宁人，殿我疆域。
> 匪计一时，而图万亿。有弁者角，谁克翼口？
> 有澜者沙，谁克域只？帝简如天，臣心如日。
> 五恳而归，一病而毕。东门之原，堂如尔室。
> 岩岩在前，凭是正直。文子文孙，斯继斯遹。
> 太史有辞，千古无斁。

2. 毛琦（1438—1513）

明奉直大夫前军都督府经历毛公墓志铭①

边　贡

公讳琦，字季温。其先姓王氏，临汾人也。国初，讳皋者，始从临汾来居禹城，娶毛氏妇，而生子祯。毛氏妇病且死，语祯曰："尔能嗣尔外王父，使勿绝，吾将瞑目焉。"于是，祯又随母氏姓，而遂为禹城人矣。祯仕为河间卫经历，赠文林郎，又赠奉直大夫。配桂氏，赠孺人，又赠宜人。是为公之父母，其赠也，皆以公贵也。

---

① （明）边贡《华泉集》卷四，《文渊阁四库全书》第1264册，台湾商务印书馆1986年版，第207—208页。

公生二十有八年，而始举于乡。举于乡者凡二十年，而授后军都督府都事，阶文林郎。为郎者，又八年，乃升前军都督府经历，阶奉直大夫。为大夫者才五年，则致仕归矣。归十有七年而卒。卒之日，为正德癸酉三月丙戌，距其生正德戊午四月乙卯，盖七十有六也。配同邑刘氏女，封宜人，先公一年生，又先公五年卒，得寿七十有二。其葬也，则合窆于城西之原。其日则公之卒之年九月之乙酉也。

边生曰："余尝窃闻之，公为儿时，业能画地为字，以教其傍舍儿。其长也，则又能以其经教乡人。其乡之人之以书传鸣者，皆其弟子也。宜有以自异也。"公退然若无能焉。其为举人，则会试者屡也，皆不售焉。其抑也，亦极也。而公不曰有司者之过也，曰有命焉。此其贤何如耶？

至于其仕也，其上官者，则皆武人也，公事之弗陵焉，亦弗随焉。其掌则居庸之与山海关也。有过焉者，得府帖而后启焉。又闽也、广也、云贵之远也，袭荫之牒，于是焉证也。公一切划剔吏伪，无遗焉。有恩德于人焉。呜呼！其亦能已。

弘治乙卯，诏选民家子弟尚公主，而公之子九思君在首列，当是时四方之豪贵之来也，骈如也。有中贵人者语人曰："毛氏子，诚贤俊，吾能轩轾之。即弗贿，必弗庸也。"人以语公，公曰："非吾事，亦非吾子志也。"不为动。既又求一见焉。公曰："屈身以求富，吾不能为也。"卒不见中贵人。中贵人怒，乃卒摈弃公之子，如其说弗庸。始公子之在选也，有贵官者见而美之，会既摈弃，即自往许婚焉。公辞曰："吾下吏也，不敢求系援也。"乃又触贵官怒，竟以逐归。人曰："甚矣哉！毛公之憨也。自贻戚矣。"公笑曰："是安知余哉？"

乃后甲子乡试，而九思君竟取高第。其进也，盖炎炎然如旭也。传曰："知子莫如父。"非公之谓耶？然余又闻刘宜人之归公也，数年无所出，谋于姑置庶室焉。公闻而亟止焉，后生九成，又生九思，又生诸女子，谓天道无知耶。而九思君，则又甚贤于公之生也，克事之丧也，克执之葬也，克举之行也，克状之其状之事也。核其文，古也，类太史公焉，可必传无疑也。故余于志也，略焉。然则公与宜人之永也，其在子矣。铭曰：

  胡尔弗惬，于仕弗捷。虽则弗捷，骏声则煤。
  势弗尔劫，威弗尔奢。屡步屡跲，匪尔则荣。
  尔嗣業業，绳尔世业。胡尔弗惬？

3. 刘庄

送冀州马曹刘判官序[①]

黄　堂

  豪杰生寰宇间，负才往往不羁。使任其意之所适，则无往而不惊人。一以法度绳之，辄郁郁不快人意，凡事皆然，不独于文字间也。故宋之秦太虚，文士之杰然者也，为古文诗词则跌宕流洒，出入班马屈宋间。一涉场屋绳尺事，则涩舌不能使人读，是岂有他哉？才则然也。当太虚时，使无苏东坡识之，则太虚卒老于笔砚间，而不得一登灵荐草也，彰彰矣。豪杰之士，凡负不羁者，而恒急于求知己者之见，而汲汲惟迟暮之惧者，有由然哉！

  予场屋旧友禹城刘庄惟寅，亦不羁才也。素抗奇节，负才使气，虽不如太虚之侠之雄，而向望之心务期必底孔孟，虽苏黄有所不屑，肯以

[①] （清）董鹏翱修，（清）牟应震《嘉庆禹城县志》卷八《艺文志》，《中国地方志集成·山东府县志辑》第10册，凤凰出版社2004年版，第500页。按：黄堂，山东临清人，明弘治十八年进士，官太常寺少卿。刘庄，明正德间贡生，其孙刘金，万历二年进士，历任临汾、长桓知县。

太虚自画耶！文喜为古作，见有为时俗文字者，则弃去，不之省。以故不工场屋绳尺之文，屡试有司，连跆不振，良可慨惜。乃今以国子生待铨部选，三年于兹矣，始得冀州之马曹判官。一日诣予邸告别，且曰："仆散人也。今将事事有司，如以身之污而求沐于胶也。其不克自解，又岂在明也哉？子历紫薇、列清卿有年矣，将有不药我以一匕之良而起膏肓于久废耶？"余辞以不佞。及别去，乃使人谢曰："为官与士异术，子勿前见是执，则攸往靡不宜。《诗》曰：'秉心塞渊，騋牝三千。'又曰：'思无邪思，马斯徂。'慎是行之，则今之称马曹良有司者必吾子矣。其无以世之无东坡，而以太虚之才自昧也。顾曰：'马曹马曹，予不辨。'"

正德甲戌，太常寺丞前中书舍人清源黄堂书。

4. 刘贵

敕封征仕郎中书舍人加四品服色禹城东冈刘公暨封孺人元配王太君合葬墓志铭①

邢 侗

谷城②、井野③二亭相望犹布棋，而两邑之亲戚故旧狎暱如朱陈。余识封君刘公，以子总宪君故；以总宪君故，复识总宪子孝廉。盖总宪君，昔者吾友，而封君，余父党也。孝廉敬状大父及大母，属致诸石，余何敢辞？

---

① （明）邢侗《来禽馆集》卷十四，明万历四十六年刊本。
② 《汉书·地理志上》："临邑，有泲庙。莽曰穀城亭。"
③ 井野：当为"野井"之误。《后汉书·郡国志四》："祝阿，春秋时曰祝柯。有野井亭。"嘉庆《禹城县志》卷十《艺文志》载于騄《野井新亭记》。

按封君讳贵,别号东冈,世为邑人,谱可考。则唯大父海,海生峻,峻实生公,公母则张夫人云。公生十有四年而孤,张夫人遣就塾矣。顾家贫不能为塾师寿,遂罢读归田间。田污邪,农琐谷嗛,无以养也。然又自矢,非力不衣食,拮据以万状,而后母氏稍稍获宁居矣。

　　公性与欢伯①善,日尽淳于一石,不问瓶中粟。每醉辄呼王孺人:"儿子大吾门,儿子大吾门。"谓总宪君也。公督总宪君学,无间刻晷。冬之日,窥其帷曰:"鸿雪深耶!"夜乃从青荧中望见占毕②状,曰:"儿真不负馀光之在四壁者。"不觉顿衣起舞已,低回泣下曰:"而翁衣褐,而衣绣,吾志毕矣。"总宪君跽前受训言。无几何,崛然起家成进士,拜官中书。又三载,封公为中书舍人。公拜敕于庭曰:"幸甚!国恩良厚。闾阎小家子,何德以堪焉?"乃顾苍头:"取吾故褐衣而褚之,非褐之父何以博儿曹绣衣?"盖书遗总宪君络绎不绝于京,而大端不越四言也,曰:"惰嫚者欷,趑趄者偾,懊懊者乖,绰惹者扰。而其勿欷、勿偾、勿乖、勿扰,何官不可为?"总宪君出以示同侪,人人吐舌,谓:"安得刘父良箴?"迨后总宪君守黄门,率用公指,称名谏官。

　　寻以忤大相,出参陕藩。公曰:"乐哉!借令儿俯首攒眉,墨墨而至九卿乎,不如落落一节函谷关也。"总宪君任职为参议,而会皇第一子诏,诏得晋公视参议四品服,公复拜诰于庭,曰:"幸甚!闾阎小家子,跨再命而临乡里乎!吾滋惧矣。"乃日与所知故人饮,故人半皆疲薾、偃仰、短后、蒙芒③,而公亟讲均敌之礼,拍浮④达宵。间出之市

---

① 欢伯:酒的别称。焦延寿《易林》卷二《坎之兑》:"酒为欢伯,除忧来乐。"
② 占毕,《礼记·学记》:"今之教者呻其占毕,多其讯。"注:"呻吟也。占,视也。简谓之毕,讯犹问也。言今之师不晓经之义,但吟诵其所视简之文,多其难问也。"
③ 疲薾:困顿。偃仰:卧立。短后:短后衣。蒙芒:草鞋带。
④ 拍浮:饮酒娱情。刘义庆《世说新语·任诞》:"毕茂世云:'一手持蟹螯,一手持酒杯,拍浮酒池中,便足了一生。'"

中，一款段马不施连钱①，途遇所知及厮下马鞭相揖，咄咄道主臣②。有微时小隙者某惧共及也，公谓："此曹吾故人，贫老厚遇宜无如此曹。"又总宪君素所最善某守济南，雅敬礼公。里人觇知守意，夜怀百金求居间，公叱曰："吾恶用此粪土污我濯濯。郎君不速去，执付逻矣。"宗党周亲，连甍接井，宜婚则筐，见骼则棺，古所称班财赴义，视公宁有二哉！

公配为封孺人，邑处士王公永嘉女，娶于李，生孺人，即从总宪、孝廉所称太君者。太君十四而归公，柔嫕少也。会姑张夫人性颇卞急，操下严，即遇新妇，无少假贷，而太君壹意恭顺曲侍噢寝，晨昏寒暑无懒容，张夫人极安之。当公治田谷嗛拮据万状时，太君无见愠也。昼缀雉常之皮，宵绩吉贝之絮，手为龟裂不云劳，曰："吾以佐君子而事君姑，终恐妇道有亏耳。"及总宪君就外傅，太君市珥为帖括费，躬缩腹裁为束修饼饵资，靡厌也。又时时取儿所肄书，寻行数墨而程之，务令翻澜然后已。所谓鸿雪深而馀光荧者，太君悉用雉常、吉贝之业先之，不翅勤矣。太君居恒教诫总宪君曰："尊官大位无难，清白吏为难。"以故总宪君卒为大儒廉宦，一切名实飞照海寓，唯母之训，不独封君之力云。太君素性慈良，好掩护人，即臧获小过，绝去诃责。晚受封命，益安为节俭。不澣不易衣，不飨不加豆。嘉礼郑重，副祎一临，餘唯大布之裳，絳繐蒙冒，见者不知其为廉访太君也。公常谓人："吾内实代吾为当户，辅吾为严君，吾所不忘。"盖相将白首，肃穆如宾，一门风范，良足以观矣。

孝廉君持状歔歔泣，向余曰："吾父，自为参议、为副使、为参

---

① 连钱：即连钱障泥，装饰著连钱花纹的垂于马腹两侧遮挡尘土的东西，此处指豪华的鞍鞴。

② 主臣：惶恐貌。《史记·陈丞相世家》："上曰：'苟各有主者，而君所主者何事也？'平谢曰：'主臣！陛下不知其驽下，使待罪宰相。'"裴骃集解："张晏曰：'若今人谢曰惶恐也。'"

政,必取道归觐大父母前。最后迁总宪归,大父偶微疾,拟自言谢矣,而大父色动,促之行。甫抵秦,而三奏记台,台复温语勉之留。天乎!遂不及与大父诀也。又不旋踵而从大父,无幸殁也。父盖有不化之心焉。顾孤不肖曰几一第,俾吾大母生见之。而大母复已矣。其胡以安地下二父为?盖两世有隐中之痛也。惟先生一赐发明之,庶有闻于世,而励将来,不肖孤有至愿焉。"

盖岁戊戌,孝廉赴礼闱,文卷绝奇,中縠矣。而以终场甲乙署误格不录。主者自恚寄言:"刘君,此巨鳌。吾纲目良疏,甚愧刘君。"孝廉谢不敏。余比闻于仪制臧君及乡者同里诸孝廉,具道如此。孝廉行复戊戌之踦,以安大父母、父地下云。铭曰:

> 庭中闱中,白衣其黼。有美灵鼍,畴桴乃鼓。
> 闻子闻孙,驷马其户。有美东筠,畴羽乃楛。
> 乡归义评,门亢功祖。以考厥家,不仰而俯。
> 祝阿之阴,长原膴膴。千秋乐且,王媪刘父。

5. 刘中立(1541—1590)

明故嘉议大夫陕西提刑按察司按察使禹坪刘公墓志铭①

范 谦

公讳中立,字健甫,别号禹坪,济南禹城人也。世为邑著姓。曾大

---

① (明)范谦《范文恪先生双柏堂集》卷十九,《明别集丛刊》第三辑第61册,黄山书社2016年版,第679—681页。

父曰海，大①。父曰贵，号东冈。幼业儒，早孤且贫，遂业农，岁比不登，贫益甚，意气豁如也。娶于王，生公。东冈公谓王曰："汝毋苦贫，是儿将大吾门矣。"

公生而颖敏，弱不好弄。七岁受塾师学，同舍儿群聚而嬉，公独得手一编不辍，篝灯夜分乃寐，昧爽辄起诵益力。祖母张恐其过苦，公曰："儿自乐此，不为苦也。"十三能属文，十五试于平原，平原令揖之曰："此大受器，何云弟子？"十八补邑诸生，家复屡空，公不以屑意，独肆其力于文章，祖母让之曰："若颛颛事占毕，奈生计何？"公谢曰："愿卒业，遑恤其他。"时督学云山曹公有人伦鉴，试公大奇之，召公肄于会城湖南书院中，亲课其业，公文日益进。甲子举于乡。明年上春官，不第。归而卒业砥志如初，操持尤甚笃慎，非公事未常至于有司之室。

辛未成进士，授中书舍人，使晋藩治葬。嗣王意重公，馈遗有加，悉辞不受。薇省故优闲，公日取高皇帝律令读之，曰："他日庶几藉手以从事，毋为刀笔吏所愚。"至累朝典制、名臣事迹、边防吏治与夫百家之言皆讨论其故，而筹度其可行者，不徒务为博而已。满三载，貤封父征仕郎、如其官，母王封孺人。

丁丑选工科给事中，初奉诏给散诸卫卒绵絮。往者吏胥多侵渔，卒不被其实。至是左右畏公严明，无敢为奸者。诸卫卒欢如挟纩，颂刘公者载道云。时滹沱水溢为畿辅患，公上章言三事，一曰复故道，一曰一事权，一曰议钱粮。谓："深州束鹿旧河淤当浚，然须特遣宪臣使便宜从事，乃有专责其经费，宜令所司议处，毋加赋困民。"疏入事虽寝，识者谓公知经国计。公为谏官，弹劾不避权幸，朝省肃然，严惮之。时相有所昵少司马某大干清议，而忌器者莫敢言，公具疏极言其贪庸状，同官以危言阻，公不听，疏入。时相滋不悦，力庇某，不罢。久之，某

---

① "大"后，当脱"父曰峻"。

竟以言去，人益服公之早见。

己卯迁礼科右给事中，册封德藩。还，迁兵科左给事中。时政尚操切，而驿禁尤严。朝臣以非啣命乘传罢黜者甚众，有司争核上违例者，主名以猎锐声。河南某县令遂以齗齗其所不悦者，某报治驿宪臣所会事白不治。时相稍闻之，大怒，使人谓公劾其状来，公曰："事在彼中，虚实固未可知，劾可妄耶？"所使者嗾之再三，终不听，意乃大沮，竟出公为陕西右参议，治商洛。商洛僻在万山中，俗颇淳。公治但持大体，日召讼者譬解之使去，一年囹圄渐空。先是矿盗为患，闻公名盗不复起。

无何，迁河南按察副使，小民焚香泣送者千人。至河南，所司者清戎兼备兵，公旌别武弁，简汰冗卒，禁执事朘削军实者，戎政大理。开封故多盗，公檄有司制捕盗法，盗起无不获者，及有蔓引，或迹涉疑似，则反覆考验，必使无枉然后置于理。

乙酉迁山西右参政，守河东。河东矿盗，视商洛尤剧。公诛其首恶，解散党与千馀人。时山西大饥，民多流亡。公忧甚，为区画荒政，至废寝食。寻奉诏给民饘粥，公谕主者籍名稽核，俾得均，被所全活者以千万数。

三载，迁陕西按察使，过家觐省。时东冈公年高且善病，公意不欲行，方草疏乞终养。东冈公不悦，逼之行，不得已就道。然居秦时时念东归也。既受事，持法严密，而不为一切小苛。所需自俸入之外，毫发不以及帑。饮冰茹蘗，操行如初仕时。会直指使者虑囚，公列所平反者甚众，直指皆如公拟。居数月，复乞归养，两台未报，而东冈讣至矣。公徒跣东奔，哀毁过礼，抵家益疢心疾首，久之，竟以心痛卒。

公貌修伟玉立，双眸炯然，见者知为非常人。好学嗜古，乃其天性。立朝侃侃多大节，终其身无一事诡随于世，尤严于取予。历官二十年，家无长物，持己峻整。而居乡与里人游处温然可亲，若不知其贵宦者。故卒之日，无论远迩，闻者靡不伤悼悲涕不能自已。公抱经济大略，位不究用，然抗直于言路，而尽瘁于藩屏，卒以哀慕终。忠孝大节，无愧古人，斯可以托于世矣。

公生于嘉靖辛丑八月二十一日，卒于万历庚寅六月二十七日，寿甫五十。配魏氏，封孺人。子一，士骥，以万历乙酉乡试魁山东，娶褚氏，尉氏丞弘济女。女二，长适平原庠生任光谱，次未聘。孙男四，孙女一，尚幼。

余昔滥竽词垣时，公以中舍奏最，赞书属余视草，业已知公行业之大矣。暨余视学东方，又得士骥于诸生中，彬彬大雅，言论德谊，有父风，则公之不死者，不但以功名已尔。公甫殁而适余再役于齐，延访名德则公已为古人矣。方心悼之，士骥卜以辛卯正月九日葬公于北郭首甲趾庚从吉兆也，谓余知公夙，泣以铭请。余方以献寿诣阙下，谢不敏。寻入领成均，淬典三礼。越乙未，士骥复诣公车，因申前请，余愧久负诺责，遂按密云令杨君所述状而为之铭。铭曰：

明有谏臣，济上之刘君。其言侃侃，其政淳淳。
生而显亲行道，死而慕亲终身。五十非短，清白非贫。
所不可竟者，以俟后之人。

求撰诰敕文行略[①]

刘士骥

先府君讳中立，年二十四岁举于乡，嗜学安贫，于世味泊如[②]也。

[①] （明）刘士骥《蟋蟀轩草》卷三，《四库全书存目丛书》集部第182册，齐鲁书社1997年版，第505—506页。
[②] 泊如，恬淡自在貌。《汉书·扬雄传》："时雄方草《太玄》，有以自守，泊如也。"

又七年成进士①，授中书舍人，考最，授征仕郎，选工科给事中。府君持重不妄发，然于军国大计，慷慨论列，无所避。江陵相党②少司马某势张甚，府君弹射之，遂大相忤。已迁礼科右，已迁兵科左。江陵相有所衔某，一再属府君论劾，皆不应，遂出为陕西参议、治商洛。已迁河南副使，清戎兼兵备。已迁山西参政，守河东。已迁陕西按察使。所至俱有威惠。丁外艰归，寻以哀毁卒，年甫五十。里人识与不识，皆为累欷流涕。盖又十年，而思其德不置，举祀乡贤。

府君立朝謇直，耻为诡随。扬历藩臬，务持大体，不苛小失。居里无竞，周穷恤孤，人人称长者。终其身兢兢矩矱于辞受。宦游廿载，家徒壁立，详具大宗伯志③中。

母魏氏，处士魏公女，归先府君，属家贫拮据，中馈以佐先府君学。先府君既通籍，则又拮据，中馈以佐先府君宦。先府君于米盐琐屑无所问，而阃以内井井如也。比先府君捐馆，益操家政不懈，曰："不欲妨儿诵读耳！"不佞骥举于南宫，母不色喜，曰："士所当为，未止此也。"不佞骥为庶常，母来视，谆谆以守己听命为训云。

刘士骥年十七补诸生。二十举乡试第四。三十九成进士，改翰林院庶吉，四十二授检讨。寡闻尠学，滥竽辞林。复荷恩纶，深怀惭怍。妻褚氏，尉氏县县丞褚公女，年十七归不佞，事家大父母、父母惟谨，丝枲浆炙，躬自总理，颇使不佞无内顾忧，然妇职之常无足称说耳。

---

① 刘中立中隆庆辛未年（1571）第三甲三百九名进士。
② 张居正，江陵人，居相位，其势力称江陵相党。
③ 《嘉庆禹城县志》卷九《人物志·刘中立传》云："礼部尚书范谦为撰墓志。"

6. 刘士骥（1566—1613）

翰林院检讨征仕郎祝阳刘公暨元配褚孺人行状[①]

李若讷

祝阿刘太史公于余也，侨札而朱陈，相视莫逆。倾盖以历下，同为孝廉；联镳以燕中，同为贤良。既而太史公春容铃阁，藜火莲炬，灿郁班行。余逐逐牛马走，江州之泪不能掬向锦袍一滴矣。然讯讯时及謦咳亦时亲，大抵浅则颇商于文字，深则间入于玄指，皆公所嗜好。以余窥公度粹而识密，操洁而器玹，正不可以谈麈舌本竟者，谓必为吕圣功、韩稚圭之俦侣。

壬子冬踏雪访之祝阿，公方苦块，形神似瘁。未及一稔，公讣至矣。呜呼！天夺良宰，讵人失良友耶？公之谈麈舌本且不可得，而公之长君、次君以其行纪贻余，又宛然謦咳时也。余溯之倾盖迄于踏雪者，强半备其行纪中。长君、次君代余口，余又代长君、次君口。呜呼！影响羹墙[②]哉。

公之先世本河间人，明初有天泽者受廛于济之禹城，数传生海，海生峻，为义官。峻生贵，公之大父，称东冈公，敕封中舍进四品服，淳德表里闻。贵生中立，即公父，称禹坪公。举隆庆辛未进士，历中舍、给谏，剔绩藩臬，至陕西按察使以没。没祀于乡，赠通议大夫，朝推野祝，岿然钟鼎。按察公[③]及魏淑人征异梦而生太史公。

---

① （明）李若讷《五品稿·文稿二》，明万历刻本。
② 羹墙：仰慕圣贤。《后汉书》卷六十三《李固传》："昔尧殂之后，舜仰慕三年，坐则见尧于墙，食则睹尧于羹。"
③ 刘中立曾官河南按察副使、陕西按察使。

太史公，名士骥，字允良，别号祝阳，生有异质，眉目秀莹，翩翩李长源之秋水①。七岁工为偶句，试如响而有奇。八岁属文，灼灼多神藻映出。按察公时官京邸，携示同游缙绅先生，阅所结构，叹为千里骏足无留行矣。旋随按察公于陕，其业愈颛，下帷篝灯，不间寒暑，且贾其馀勇，旁及古今载籍。狐白鸡跖，综粹良苦，性命理济，且腹以之。人谓公少成者也。

壬午属论秀之年，学使者蹇公②试士，公以儒士参试博士诸生中，援笔就五义，蹇公大嘉赏。是终童之后再妙山东者，置第一，饩于庠。遂入闱，主司复大嘉赏，将得隽而以是妙英弃襦，稍需之以待其入，竟置名于乙。然自学使试后，一时脍炙齐州，人人知祝阿有刘子云。

旋随按察于汴，不以小蹶介意，耑业贾馀，以汴为陕所操觚为义，较陕酌其醍醐倍俊永也。崑冈容公③见其人、课其文，直以魁弼占之。盖公之遇辄知已如此。乙酉魁于乡，年甫弱冠，其文传写纸贵，不胫而走四方。四方谓燕金如许，尽酬此骏不为侈，乃春官不售。已屡上屡不售，其学益邃，居然知通统类之儒④。戊戌之役，文奇妙甚，太史性宇刘公⑤绝赏之，已入彀，以他阻。公为书上刘公，侑以句几千馀言，刘公为加扼腕。

至甲辰而始脱囊出也。太史长石曾公⑥绝赏之如刘公。曾公梦李于麟先生来谒，寤而得公卷，符采合古意必名士，启其名而知为公，随睹

---

① 李泌（722—789），字长源，京兆人。少年时，贺知章一见而赞曰："此稚子目如秋水，必拜卿相。"
② 蹇达（1542—1608），字汝上，号理庵，巴县人。嘉靖四十一年进士。曾官山东提学佥事，兵部尚书。
③ 容若玉，字昆石，安庆人。万历二年进士。
④ 《荀子·儒效篇》："志安公，行安修，知通统类，如是，则可谓大儒矣。"
⑤ 刘一燝（1567—1635），字季晦，江西南昌人。万历二十年进士，选庶吉士，授检讨。官至礼部尚书兼东阁大学生，吏部尚书，中极殿大学生。
⑥ 曾可前（1560—1611），字退如，号长石，湖北石首人。万历辛丑一甲第三名进士，授翰林院编修。

曩所为书与句，恨相见晚。余犹记发榜后，曾太史遣使数辈促公，趾趾相属纷杳至，不啻昔人倒屣焉。廷试名第在后，金庭朱相国①理之于佚帙中，三复其文，且赏且恨，与龙江沈相国②怅然失天子一佳门生也。于是中秘之誉已定。

未几，改庶常吉士，馆阁先达如抑所唐公、荆岩杨公、毅庵黄公深加识拔，试辄推毂。而公为文若诗，精栗秩至，完于水蚕之锦，无尺寸丝理愧，侪偶心折之。公顾引退循墙，不以其颖见。人亦安之，不觉其窕越，抑不觉其贬降，相率而才公德公者夥颐耶！即诸先达长者安之，无异于侪偶矣。解馆时，东省二吉士，一留一出，直斋王公③以馆元例当留，公当出为省台。公之狎于铅椠者，孜孜如故，或讪之，公曰："士之服官衣裳，幅也。今日幅于袒，袒之；明日幅于袂，袂之。余知幅耳。"众以此益称其度。迄丁未解馆，政府诸公佥以东观之选论才不论地，竟授检讨。一省留两中秘，自公始，不啻中朝之挨宿者也。公之青云知已。

自韦布以至绅冕，一日哉授馆。后适值覃恩授征仕郎，诰赠按察公为通议大夫，魏母为太淑人。华贯崇阶一瞬而集，公可云遭矣。公以通德雅才，既在木天之署④，益留心古今经济之务，典章制度孜镜抉搜，细大不捐，务使罗心组手，真可借山龙藻火。而其温纯剀至之文，又蕲以光朝家丝纶⑤，吐摅云日。公之为品，殆驺虞而鸑鷟⑥者乎？已复自念词林之授，破二百年株守之格，骧得盛名，无乃兰膏自煎，桂实自

---

① 朱赓（1535—1609），字少钦，号金庭，绍兴人。明隆庆二年进士，官至内阁首辅。

② 沈一贯（1531—1615），字肩吾，号龙江。浙江鄞县人。隆庆二年进士，万历二十九年为首辅。

③ 王家植，字木仲，山东滨州人。万历三十二年进士，选庶吉士，三年后散馆，为翰林院检讨。

④ 木天之署：木制天棚，此指翰林院。

⑤ 朝家：朝廷。丝纶：指皇帝的诏旨。

⑥ 驺虞：义兽。鸑鷟：凤凰，祥瑞之鸟。

蠹，而太淑人又老而善病。以彩服为初服，云亭之间，良足枕籍。乃谒告归山中，休暇不废图书，杜门精舍，一吟一咏。时时理玄，修资恬性，二事之外，视太淑人潞瀡而已。已太淑人逝，哀毁过，鸡骨柴立。而又感褚孺人之先殂。家秉琐琐，儿辈呱呱，用以拂心者多，遂病。病至壬子九月不起。呜呼！已矣。公之著作之业，若崑圃璠玙，磕砻缜润，而售于世者十可四五。坊表之谊，若净土莲花，都无垢浣，而售于世者十可二三。擘画之识，若龙泉在室，不妄裁削，而售于世者十一，仅仅耳。

公事亲至孝，代按察公侍中舍公。及中舍公、按察公继逝，孑然一身，泣血徒跣，力图佳兆。按察公俎豆学宫，实借象贤①，侍养魏淑人尤征孺慕②。与人交，推其至诚，不设城府。由家食及通籍，凡同社同籍同馆若通家戚属，无不甘若蔗境、醉若醇饮者，而尤谨于里中，吊问必亲。遇少年必讲敌礼③，质素自将，出其天性。不嗜酒，不延声伎，不蓄游客，入手一编。出或徒步，或款段蹩蹩，桑梓见者不知其为登瀛抱椠之贵，取予廪廪一介。魏淑人病，家奴乘间鼠窃，邑令逋索金若干，微可疑者，悉还之，曰："以他人肉贴吾面，不安也。"出金者感入骨。慎于口过，若广众及偶居谈人诖误则默默不出。有穷之者，逊谢不知，终不欲以忌供粲④。乃其大者，在不结纳、不居间。

馆选时，人情坌涌争途，泽以自呈。黠者至为飞语翻波，务相龉龃剔齾，公湛然听之。居家，有当道过邑者，不先加礼，不往谒。即加

---

① 象贤：能效法先人的贤德。《仪礼·士冠礼》："继世以立诸侯，象贤也。"郑玄注："象，法也。为子孙能法先祖之贤，故使之继世也。"

② 孺慕：对父母的孝敬、怀念。《礼记·檀弓下》："有子与子游立，见孺子慕者。有子谓子游曰：'予壹不知夫丧之踊也，予欲去之久矣。情在于斯，其是也夫。'"郑玄注："丧之踊，犹孺子之号慕。"

③ 敌礼：平等相待之礼。《左传·僖公二十四年》："有丧，拜焉。"孔颖达疏："宋氏先代之后，王以敌礼待之。"

④ 供粲：授人口实。

礼，止一刺，往报未有杯酒曛就。或勉之曰："渠匆匆疆邑之役，宁暇曲席三巡。"若邑有覆盆，有向隅，必欲白之。某某误成大狱，力救于主者。始而疑，及洞然，乃大敬服。

岁大侵，民遭征急。公与卿绅以状言于上官，得缓且鹊。复同乡绅煮糜以食饥者，多所全活。观察凤皋张公①谊之②："安得家食尽刘太史公也？"公为人醇懿恺悌多类是，而两者又仁者之勇。故为孝廉二十载，居官十载。远近知与不知，多称其德器。掩棺之日，里巷黄白走泣如雨。士绅闻其讣，咨嗟感动。而公之生平概可卜已。至于天性嗜书，百家无不噉呋，玄门诸品则江瑶柱③不以易。此论今昔理窟，事林霏霏，春条葱蒨，而发明五千道德之言，直以若木挹之。夫其一授官而即去，修然自远，野处不嚣，斯亦黄石、赤松之仿佛，非徒托之方外流霞煮石者。假令竟其树立，岂必在邺侯功名后耶？

为文密丽，兼采汉魏，其神骨酷肖欧苏。为诗工致而清郁，王孟钱刘出入毫颖，后乃综元白之趣。字法颜鲁公、王雅宜④，而自出以整束。阴阳家如堪舆录命，亦皆抉其髓，随以析之。然文中四六、诗中排律，又其丹臆朱髹，质文苞焕，人所啧啧叹羡竞愧不及者也。公病中自叙其意："由立德立功立言三不朽，自昔记之。余自少砥砺不欺，多见信爱而循省恐疚于德，若戒僧小律。少习文辞时，为先进同侪欣誉而才思恐未及于言，若媛姝学语。少见世故相迫，或愿因分自策而未获一事之试于功，若铅刀待割矣。"

公自道固多自匿，然以想见意指与余曩之所窥者亦不相远已矣。惟

---

① 张鹤鸣（1551—1635），字元平，号凤皋。颍州人。万历二十年进士，官至兵部、工部尚书。

② 谊之：认为他有大义。《史记·霍光列传》："光召尚符玺郎，郎不肯授光。光欲夺之，郎按剑曰：'臣头可得，玺不可得也！'光甚谊之。"

③ 江瑶柱：名贵海味。江瑶也叫江珧，用江珧贝闭壳肌制成的加江珧柱。

④ 王宠（1494—1533），字履仁，后字履吉，号雅宜山人。苏州府吴县人。国子监贡生。工书画，行书疏秀出尘，秒得晋法。于书无所不窥，诗刻尚风骨。

十一 禹城市卷

其谈麈舌本者，余与二君忆之耳。二君纪中叙太史公配褚孺人甚翔，余忆昔周旋太史公时，褚孺人内美，盖耳属也。孺人姓褚氏，禹之望族，父弘济，号强庵公，以太学丞尉氏。强庵公负奇志，慷慨好施，有侠者存区生死之概。母孙氏生孺人，端慧。强庵公以门楣期之，口授《内则》《女诫》诸书，辄解。稍长，寡言笑，工德具备，磬丝彤管，里人羡其淑训。强庵公慎雀屏之选，素耳太史公才，许字焉。

辛巳，于归太史公，公读炎寒攻苦，孺人蓄泉篝火以佐之，机杼声与吾伊声应。魏淑人性严，庭内一如朝宁。孺人卮柂①悉谨，无寸趾错，而又洽于诸妹，曲尽其款，翁姑两世熙然。堂坳间内外鲜不贤孺人之克妇。乙酉，太史公乡荐，值按察公宦游，孺人与太史侍大父于家如父事者。大父、父继没，一切含殓厝祭，孺人实佐太史拮据焉。太史公车久不遇，发愤不窥园中，一切婚嫁具孺人庀度，竣始请太史公主之，勿以向平琐琐溷子云②寂寂也。甲辰，太史公成进士，官词林，孺人就京邸，勤俭倍平时。每当朝谒，视夜夙兴，治茗粥以待太史公行。客至，自中馈噉庖滁具，按客侪之，以供太史公欢。太史公委蛇玉署阃外，且暇不问阃内矣。

丁未，太史公以覃恩封孺人，翟衣方熙怡而太淑人病，太史公请告疏上，不报，孺人代太史公归，事昕夕无怠，不改卮柂之始。又诸子成室，食指日烦，孺人肩镵缉理，米盐周至。太淑人瘥，第额之耳。太淑人既康，太史公亦少内顾。已而太史公归，太淑人病急，孺人呼天请代。无何，太淑人以逝，孺人之能妇乃然，后无纤愧也。

呜呼！孺人天性俭朴，屏去华腴。时自浣澣，寻常授衣，均有手

---

① 柂，当是"匜"之误。卮柂即当为"卮匜"。《礼记·内则》："父母、舅姑之衣、衾、簟、席、枕几不传，杖、屦祗敬之，勿敢近。敦、牟、卮、匜，非馂莫敢用；与恒食饮，非馂莫之敢饮食。"按，本文"柂"字重见，释同。

② 向长：字子平。东汉高士，隐居不仕，子女婚嫁既毕，遂漫游山川。扬雄，字子云。左思《咏诗》其四："寂寂杨子宅，门无卿相舆。"

泽。持所业絁缯，以示子妇，不少弃。抚诸子爱而劳，有愆忧形于色，渐除乃平。驭下严，不假贷。每食又必遍给而后尝，雅恤孤穷，不难分甘佐苦，里妪皆沾其惠。岁时问遗孜孜，若自忘为檀施者。自处冲抑贫窭，得与抗礼，暱近不知其贵人。晚年慈仁益甚，蠕动稚卉不忍拟攘微加。孺人尝语家人曰："吾讵不知自华逸？顾贵自后妃以至士大夫配，咸兢兢玄紞纮綖大带祭服，濯袯经纬之不遑。以故未尝一日忘妇功，子孙贤者，视余勤俭可也。且妇容妇言，不善用之，或启非议。手此妇功即妇德斧藻矣。壶中复有别德哉！噫！余不能深解书理，所耳于父若夫者若右。"孺人此言即为大家座右铭，故佳。无乃其为妇大节耶！宜乎二君忆不忘也。

太史公生于隆庆丙寅四月六日，没于万历癸丑九月三日，寿四十有八。孺人生于隆庆丙寅四月十八日，没于万历庚戌八月二十日，寿四十有五。子五人，长鸣玉，郡庠生，入国学，娶平原举人张公尊周女。次执玉，邑庠生，娶平原庠生赵公时雍女。三怀玉，娶长清举人张公其孝女。四振玉，聘余女，夭；娶陵邑陕西佥事杨公文忠女。五韫玉，未聘。女一人，适同邑举人杨公大烈子、邑庠生日暄。孙男二人，一肃，聘同邑举人邵君周达女，执玉出。一毅，未聘，怀玉出。孙女二人，尚稚。长君、次君偕诸君将以太史公厝葬于佳兆，手行纪以命余状。余念生平不可辞以椎，敬叙述之，以待如椽之笔。

参考文献

边贡：《华泉集》，明刻本。
陈廷敬：《午亭文编》，清康熙四十七年林佶刊本。
程珌：《程右丞稿》，《明别集丛刊》第二辑第93册，黄山书社2016年版。
方苞：《望溪先生集外文》，清咸丰元年戴钧衡刻方望溪先生全集本。
高珩：《栖云阁文集》，《四库全书存目丛书》集部第202册，齐鲁书社1997年版。
葛守礼：《葛端肃公集》，清嘉庆七年葛周玉刻本。
韩菼：《有怀堂文稿》，《四库全书存目丛书》集部245册，齐鲁书社1997年版。
韩锡胙：《滑疑集》，清同治甲戌重刊浙江处州府署藏版本。
何绍基：《东洲草堂文钞》，《续修四库全书》第1529册，上海古籍出版社2002年版。
黄怀祖修：《平原县志》，清乾隆十三年刻本。
黄克缵：《数马集》，《四库禁毁书丛刊》集部第180册，北京出版社1997年版。
纪昀：《纪文达公遗集》，《续修四库全书》集部第1435册，上海古籍出版社 2002 年版。

（清）姜宸英撰，黄叔琳编：《湛园集》，《文渊阁四库全书》第 1323 册，台湾商务印书馆 1986 年影印本。

焦竑：《国朝献征录》，《续修四库全书》第 526 册，上海古籍出版社 2002 年版。

李若讷：《五品稿》，明万历刻本。

李维桢：《大泌山房集》，《四库全书存目丛书》集部 152 册，齐鲁书社 1997 年版。

刘大櫆：《海峰文集》，《续修四库全书》第 1427 册，上海古籍出版社 2002 年版。

刘鸿翱：《绿野斋文集》，清道光七年刊本。

刘士骥：《蟋蟀轩草》，《四库全书存目丛书》集部第 182 册，齐鲁书社 1997 年版。

卢见曾：《雅雨堂文集》，《续修四库全书》第 1423 册，上海古籍出版社 2002 年版。

陆奎勋：《陆堂文集》，《四库全书存目丛书》集部 270 册，齐鲁书社 1997 年版。

毛奇龄：《西河合集》，《清代诗文集汇编》第 88 册，上海古籍出版社 2010 年版。

潘耒：《遂初堂文集》，《四库全书存目丛书》集部 250 册，齐鲁书社 1997 年版。

钱大昕：《潜研堂文集》，《续修四库全书》第 1439 册，上海古籍出版社 2002 年版。

钱谦益：《牧斋初学集》，明崇祯十六年刻本。

申时行：《赐闲堂集》，《四库全书存目丛书》集部第 134 册，齐鲁书社 1997 年版。

施闰章：《施愚山先生全集》，清乾隆刻本。

宋弼：《蒙泉文集》，清乾隆丁亥稿本。

孙勷：《鹤侣斋文稿》，《四库全书存目丛书》集部第254册，齐鲁书社1997年版。

田同之：《二学亭文涘》，清乾隆间德州田氏刻本。

田雯：《古欢堂集》，《山东文献集成》第一辑第35册，山东大学出版社2006年版。

田肇丽：《有怀堂文集》，《四库全书存目丛书》集部第272册，齐鲁书社1997年版。

汪懋麟：《百尺梧桐阁文集》，《清代诗文集汇编》第151册，上海古籍出版社2010年版。

汪琬：《尧峰文钞》，清康熙三十二年刻本。

王士禛：《带经堂集》，清康熙程哲七略书堂校刊本。

王直：《抑庵文后集》，《文渊阁四库全书》第1242册，台湾商务印书馆1986年影印本。

吴宽：《匏斋家藏集》，明正德刻本。

吴名凤：《此君园文集》，清道光二十一刻本。

邢侗：《来禽馆集》，明万历四十六年刊本。

杨士奇：《东里文集续编》，明嘉靖刻本。

于慎行：《穀城山馆文集》，《四库全书存目丛书》集部第147册，齐鲁书社1997年版。

余有丁：《余文敏公集》，《续修四库全书》第1352册，上海古籍出版社2002年版。

张尔岐：《蒿庵集》，清乾隆三十八年胡德琳刻本。

张玉书：《张文贞公集》，《清代诗文集汇编》第159册，上海古籍出版社2010年版。

赵尔巽等：《清史稿》，中华书局1977年版。

赵执信：《饴山文集》，《清代诗文集汇编》第210册，上海古籍出版社2010年版。

周世选：《卫阳先生集》，《四库全书存目丛书》第136册，齐鲁书社1997年版。

附录　德州明清人物传记续目

【德城区卷】

◎程绍

张廷玉等修《程绍传》,《明史》卷二百四十二,中华书局1974年版①。

◎程泰

卢世㴁《祭程鲁詹文》,《尊水园集略》卷十,《续修四库全书》第1392册,上海古籍出版社2002年版。

◎储乾修

卢世㴁《德州左卫指挥同知储乾修墓志铭》,《尊水园集略》卷十一。

◎党淳

程珆《祭故中顺大夫运司同知党公文》,《程右丞稿》卷八,明抄本。

◎冯廷櫆

赵尔巽等《冯廷魁传》,《清史稿》卷四百八十四,中华书局1977

---

① 说明:续目中所列文献信息,凡不是首次出现者,均省略著者、出版社和版本等内容,只存书名及卷数。

年版。

王锺翰点校《冯廷魁传》,《清史列传》卷七十二,中华书局 1987 年版。

郑方坤《舍人诗抄小传》,《国朝名家诗抄小传》卷二,清光绪十二年万山草堂刻本。

◎李允祯

王锺翰点校《李允祯传》,《清史列传》卷七十四。

王士禛《诰授奉政大夫广西分巡左江道按察司佥事李公墓志铭》,《带经堂集》卷四十七《渔洋文集》卷九,清康熙程哲七略书堂刻本。

◎李允祯妻董氏

张玉书《诰封太宜人李母董太君墓志铭》,《张文贞公集》卷十二,《清代诗文集汇编》第 159 册,上海古籍出版社 2010 年版。

◎李浃

王士禛《陶庵诗选序》,《带经堂集》卷四十《渔洋文集》卷二。

◎李莱

宋弼《岁贡生亦堂李君墓志铭》,《蒙泉文集》卷三,清乾隆丁亥稿本。

◎李蓄

宋弼《文学李君墓志铭》,《蒙泉文集》卷三。

◎李应科

卢世㴶《祭李忠庵先生文》,《尊水园集略》卷十。

◎李玉峰

王士禛《敕封征仕郎翰林院检讨玉峰李先生墓志铭》,《带经堂集》卷八十六《蚕尾续文》卷十四。

◎梁鸿翥

赵尔巽等《梁鸿翥传》,《清史稿》卷四百十。

◎刘三祝

田同之《武德将军刘封翁墓志铭》，《二亭学溇》卷三。

◎刘蒙亨

卢世㴞《刘山泉先生墓志铭》，《尊水园集略》卷十一。

◎刘汝梅

卢世㴞《刘玉台先生墓志铭》，《尊水园集略》卷十一。

◎刘景和

孙勷《灵山卫教授晓城先生墓志铭》，《鹤侣斋文稿》卷三，《四库全书存目丛书》集部第254册，齐鲁书社1997年版。

◎卢宗哲

程珌《祭光禄卿涞西卢公文》，《程右丞稿》卷八，《明别集丛刊》第二辑第93册，黄山书社2016年版。

◎卢道悦妻程氏王氏

刘大櫆《卢氏二母传》，《海峰文集》卷六，《续修四库全书》第1427册。

◎卢世㴞

卢世㴞《具䌽求友人作生志》，《尊水园集略》卷十一。

◎卢道悦

卢见曾《先府君梦山公暨先母程王两孺人行述》，《雅雨堂文集》卷四，《续修四库全书》第1392册。

◎卢道和

卢世㴞《先叔顺也墓志铭》，《雅雨堂文集》卷四。

◎卢勷明

卢世㴞《祭勷明七哥文》，《尊水园集略》卷十。

◎卢显曾

宋弼《卢府君墓志》，《蒙泉文集》卷三。

◎卢荫溥

赵尔巽等《卢荫溥传》，《清史稿》卷一百二十八。

◎孟平野

卢世㴶《孟平野先生墓志铭》，《尊水园集略》卷十一。

◎孙于盛

孙勷《壬午科举人冢男于盛圹志》，《鹤侣斋文稿》卷三。

◎孙于盩

孙勷《丁未进士候选知县第七男慎夫墓志》，《鹤侣斋文稿》卷三。

◎陶良

李若讷《陶孝子传》，李若讷《五品稿》文一，明刻本。

◎田实栗

朱彝尊《德州田君墓表》，《曝书亭集》卷七十三，清康熙五十三年刻本。

◎田绪宗

汪琬《田先生传》，田雯等《田氏家谱》，清道光间刻本。

萧惟豫《蓼庵田先生行状》，《田氏家谱》。

曹禾《皇清丽水县知县累赠奉政大夫户部员外郎田先生墓表》，《田氏家谱》。

叶方蔼《皇清丽水县知县累赠奉政大夫蓼庵田公墓表》，《田氏家谱》。

◎田绪宗妻张氏

赵尔巽等《田绪宗妻张氏》，《清史稿》卷五百八。

张玉书《先太恭人行略》，《田氏家谱》。

◎田雯

赵尔巽等《田雯传》，《清史稿》卷四百八十四。

郑方坤《古欢堂诗抄小传》，《国朝名家诗抄小传》卷二，清光绪十二年刻本。

田需《行状》，《古欢堂集附蒙斋年谱》，《山东文献集成》第一辑第35册，山东大学出版社2006年版。

倪璠《墓志铭》,《古欢堂集附蒙斋年谱》。

◎田雯夫人马氏

田雯《诰封夫人先室马氏墓铭》,《古欢堂集·铭表卷二》,清康熙刻本。

◎田霢

卢见曾《书〈田香城先生自作墓志铭〉后》,《雅雨堂文集》卷四。

◎田肇丽

田同之《祭先考朝议大夫苍厓府君文》,《二学亭文涘》。

◎田贻丽

田肇丽《从弟南陔墓志铭》,《有怀堂文集》,《四库全书存目丛书》集部第272册。

◎田廷梅

田瑛《皇清敕赠文林郎内阁中书加一级显考雪崖府君行述》,《田氏家谱》。

◎田有麟

田晋《皇清诰封奉直大夫显考若陵府君显妣李太君行述》,《田氏家谱》。

◎王开之

卢世㴶《孝廉王开之墓志铭》,《尊水园集略》卷十一。

◎萧惟豫母

王苹《萧母程孺人八十寿序》,《蓼村集》卷四,清乾隆三十八年胡德琳刻本。

◎谢陞

赵尔巽等《谢陞传》,《清史稿》卷二百三十八。

◎谢重辉

田肇丽《祭谢方山先生文》,《有怀堂文集》,《四库全书存目丛书》集部第 272 册。

◎叶洪

张廷玉等《叶洪传》,《明史》卷二百六。

程珌《祭故给事中洞庵叶太公文》,《程右丞稿》卷八。

◎邹颐贤

宋弼《〈卢南集〉叙》,《蒙泉文集》卷二。

◎赵如陆

宋弼《文学赵阜亭传(代父作)》,《蒙泉文集》卷二。

【乐陵卷】

◎史袠

邢侗《诰封奉政大夫陕西西安府同知拙斋史公墓志铭》,《来禽馆集》卷十五,明万历四十六年刊本。

◎汪荆川

刘鸿翱《鬲津汪氏重修总谱序》,刘鸿翱《绿野斋前后合集》卷四,天津图书馆藏道光二十四年刻本。

【临邑卷】

◎纪纲

张廷玉等《纪纲传》,《明史》卷三百七。

◎李汝相

李若讷《明河南布政司左参议进阶朝议大夫李公行实》,《五品稿》文二。

◎马廷荆

邢侗《敕封文林郎永平府通判后斋马公墓志铭》,《来禽馆集》卷十五。

◎王三迁

邢侗《累诰封中宪大夫潞安府知府绍庭王公行状》，《来禽馆集》卷十九。

◎王凭

李若讷《月滨王大参公传》，《四品稿》卷五，《四库禁毁书丛刊》集部10册，北京出版社1997年版。

◎邢如约

于慎行《明敕封监察御史邑涯邢公暨配赵万二孺人合葬墓志铭》，《穀城山馆文集》卷二十三，《四库全书存目丛书》集部147册。

◎邢如约妻万氏

邢侗《累敕封孺人先妣万太君行状》，《来禽馆集》卷十八。

◎邢小原

邢侗《延安府同知进阶朝列大夫元兄小原邢公传》，《来禽馆集集》卷十二。

◎邢王道

邢侗《乡进士遵道邢长君行状》，《来禽馆集》卷十八。

◎邢悾

宋弼《清故太学生邢君元配张孺人祔葬墓志铭》，《蒙泉文集》卷二。

◎许继光

邢侗《鸿胪寺序班近田许公墓志铭》，《来禽馆集》卷十三。

◎许荺

邢侗《诏授征仕郎官故孝廉洲亭许公墓志铭》，《来禽馆集》卷十三。

【附：德平卷】

◎葛智

葛守礼《大明赠通议大夫吏部右侍郎先祖考恂正先生府君墓表》，

《葛端肃公集》卷十，清嘉庆七年葛周玉刻本。

◎葛守礼

张廷玉等《葛守礼传》，《明史》卷二百十四。

张四维《葛端肃公墓志铭》，《葛端肃公文集》卷首。

◎葛昕

邢侗《奉政大夫修正庶尹尚宝司卿加四品服俸德平龙池葛公行状》，《来禽馆集》卷十九。

邢侗《祭尚宝司卿龙池葛公文》，《来禽馆集》卷十九。

◎郭湛

葛守礼《郭盘浒暨配周孺人合葬墓志铭》，《葛端肃公集》卷八。

◎郭文显

葛守礼《松江府通判郭君墓志铭》，《葛端肃公集》卷九。

◎靳天寿

葛守礼《明故医学训科靳君墓志铭》，《葛端肃公集》卷九。

【陵县卷】

◎谷本嘉

傅王露《单县训导谷君墓志铭》，《陵县志》卷十六，清道光二十六年刊本。

◎谷本盛

傅王露《莱阳训导谷君墓志铭》，《陵县志》卷十六。

◎蔺刚中

路之谦《中顺大夫分守山西督粮道布政使司参议蔺公坦生殉难记略》，《陵县志》卷十六。

◎康溥

高珩《远峰康公墓志铭》，《陵县志》卷十六。

◎康桧麟

孙勷《陵县庠生康公桧麟墓志铭》,《鹤侣斋文稿》卷三。

◎徐迪吉

邢侗《文林郎洛南县知县心禹徐公元配郭孺人暨次配王令人合葬墓志铭》,《来禽馆集》卷十四。

【宁津卷】

◎刘书畲

徐世昌《刘书畲传》,《大清畿辅先哲传》卷三十五,北京古籍出版社1993年版。

◎田鸾

葛守礼《处士田鸣世墓志铭》,《葛端肃公集》卷八。

◎战子述

宋弼《战君念初暨妻节孝王氏墓志铭》,《蒙泉文集》卷二。

◎战企初

宋弼《待赠文林郎企初战君暨配蒙孺人墓志铭》,《蒙泉文集》卷三。

◎张若阳

徐世昌《张若阳传》,《大清畿辅先哲传》卷三十五。

【平原卷】

◎董元度

黄叔琳:《旧雨草堂诗》序,《旧雨草堂诗》,《四库未收书辑刊》第拾辑第13册,北京出版社1997年版。

◎杜绳春

田肇丽《修职郎杜封翁暨元配王儒人合葬墓志铭》,《二学亭文涘》卷三。

◎宋以方

于慎行《明赠监察御史近野宋公暨配杨孺人合葬墓志铭》,《穀城山馆文集》卷十八,《四库全书存目丛书》集部第147册。

◎张敬

邢侗《刑部江西司郎中平原张公墓志铭》,《来禽馆集》卷十三。

◎张方载

宋弼《东阿训导律翁张先生墓志铭》,《蒙泉文集》卷二。

◎张榆村

卢见曾《张榆村平山诗草序》,《雅雨堂文集》卷二。

【附:恩县卷】

◎董伦

张廷玉等《董伦传》,《明史》卷一百五十二。

【齐河卷】

◎郝炯

申士秀《贲如郝公传》,《民国齐河县志》卷三十二,凤凰出版社2004年版。

◎马见龙

曹厚庵《直隶广平府知府马公在田传》,《民国齐河县志》卷三十二。

◎马润

纪昀《户部陕西员外郎季荀马公墓志铭》,《纪文达公遗集》卷十六,《清代诗文集汇编》第三五四册。

◎王宫臻

张溥《齐河王瑞卿宰崇明生祠碑记》,《民国齐河县志》卷三十二。

◎王俊

于绍舜《提督四川学政按察司佥事齐河王静庵先生墓志铭》,《民国齐河县志》卷三十三。

◎尹纶

李邦珍《山西按察司副使封骠骑将军左军都府都督佥尹公墓表》,《民国齐河县志》卷三十三。

◎张光宇

于慎行《明故奉直大夫直隶安州知州凤冈张公暨配封孺人傅氏合葬墓志铭》,《榖城山馆文集》卷二十二,《四库全书存目丛书》集部147册。

◎张其忠

刘士骥《明故承德郎户部云南司主事献宸张公暨元配赠孺人刘氏合葬墓志铭》,《蟋蟀轩草》卷四,《四库全书存目丛书》集部第182册。

◎赵文

焦竑《中允赵先生文传》,《国朝献徵录》卷十九《詹事府二》,明万历丙辰刻本。

◎赵允振

李澄中《衡山知县赵公传》,《白云村文集》卷二,《清代诗文集汇编》第120册。

王国玺《衡山令崇祀乡贤圣苞赵公暨元配石孺人合传》,《民国齐河县志》卷三十二。

◎赵瑞晋

朱轼《行取科道罗城县知县升庵赵公暨元配张孺人合葬墓志铭》,《民国齐河县志》卷三十三。

【武城卷】

◎苏廷礼

程盛修《敕赠儒林郎候选翰林院孔目采臣苏君墓志铭》,厉秀芳

《道光武城县志续编》卷十四《艺文下》，凤凰出版社 2004 年版。

◎王道

严讷《王文定公传》，（清）骆大俊纂修《乾隆武城县志》卷十四《艺文下》，凤凰出版社 2004 年版。

王守仁《别武城王纯甫序》，（清）骆大俊纂修《乾隆武城县志》卷十三。

【夏津卷】

◎栗节

宋仕《明诰赠奉政大夫户部郎中志庵栗公墓碑并铭》，（清）方学成修，（清）梁大鲲纂《乾隆夏津县志》卷十上，凤凰出版社 2004 年版。

【禹城卷】

◎刘士骥

李若讷《王刘二太史公外传》，《四品稿》文卷七，《四库禁毁书丛刊》集部第 10 册，北京出版社 1997 年版。

◎刘振玉

李若讷《祝阿刘生墓志铭》，《四品稿》文卷七。

◎于跃渊

姚涞《于跃渊传》，（清）董鹏翱修，（清）牟应震纂《禹城县志》卷九，凤凰出版社 2004 年版。

后　　记

　　2007年我参加庞金殿教授主持的项目"明清德州籍诗人群研究",接触到谢重辉《杏村诗集》,从此开启了我对德州历代诗人及著述的关注。2014年,张明福先生整理的《德州明清墓志集注》出版,该书资料主要是德州新近出土的碑铭,间或采录别集、方志的文章,是对德州明清人物传记的选编整理。该书选文重新拟目,不用原题,出土碑石,未详藏地。

　　2019年我阅读了《田氏家谱》《田雯年谱》(介盦先生点校),随后标点了明代禹城诗人刘士骥《蟋蟀轩草》与清代德州诗人田雯《古欢堂集》。从2022年6月起,我着手收集传世文献中德州明清人物传记资料,书稿拟名《德州明清人物传记举要》。

　　书稿以时下德州辖属十一个区县分卷,以传世文献为材料来源,以文集为主,偶用方志、家谱的资料做补充。人物选择侧重在学业与仕途上的卓立独行者,彰显人物德行与学识之品格,展示跌宕起伏的人生轨迹。选文标明版本出处,文章中关联人物略作介绍。

　　在确定了书稿的体例,完成了材料收集,具体实施校注时,我邀请王元民先生参与此役,他整理了齐河卷、庆云卷、武城卷、夏津卷、恩县卷中的二十多篇传记。

　　书稿整理过程中,我们遇到很多疑难问题,或是刻本抄本字迹不清,或文章语义不明,其间多向我师李升民先生、我弟贺同赏先生请教，每每疑问得到冰释。李升民老师审订校改了"整理说明"及全书注释。临邑文献研究专家修广利先生提供了李若讷为刘士骥撰写的行状材料。同时还得到黄传波、戴孝军、杨延华、张学强、沈列国、昝风华、高险峰、孙孝军、陈法勇、庞永杰、程宪恩、高进、李东、李付合、张志国、俞泽峰、王社庄、李伟强、乔毅、刘伟、丁文等亲友同学的支持帮助，在此一并表示谢忱。

谨以此书向先父吉水公、先师杨效雷公致敬！

张金平

2024年10月13日于禹城伦镇